핵심 로마서

기독교 복음 진리의
요점

핵심 로마서

초판 1쇄 발행 | 2019년 5월 1일

지 은 이 | 하정완
펴 낸 이 | 이한민
펴 낸 곳 | 아르카

등록번호 | 제307-2017-18호
등록일자 | 2017년 3월 22일
주   소 | 서울 성북구 숭인로2길 61 길음동부센트레빌 106-1805
전   화 | 010-9510-7383
이 메 일 | arca_pub@naver.com

홈페이지 | www.arca.kr
블 로 그 | arca_pub.blog.me
페이스북 | fb.me/ARCApulishing

책   값 | 뒤표지에 있습니다
ISBN | 979-11-89393-07-6 03230

아르카ARCA는 기독출판사이며 방주ARK의 라틴어입니다(창 6:15).
네가 만들 방주는 이러하니 … 새가 그 종류대로, 가축이 그 종류대로,
땅에 기는 모든 것이 그 종류대로 각기 둘씩 네게로 나아오리니 그 생명을 보존하게 하라 _창 6:15,20

기독교
복음 진리의
요점
—

하정완 지음

핵심 로마서
The Core Romans

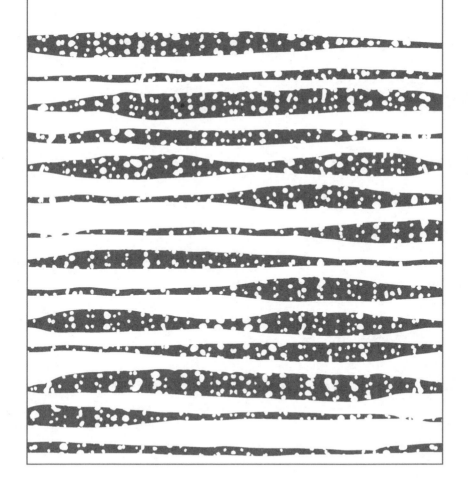

아르카

당신에게도
필요한
바울의 인사

¹예수 그리스도의 종 바울은 사도로 부르심을 받아 하나님의 복음을 위하여 택정함을 입었으니 ²이 복음은 하나님이 선지자들을 통하여 그의 아들에 관하여 성경에 미리 약속하신 것이라 ³그의 아들에 관하여 말하면 육신으로는 다윗의 혈통에서 나셨고 ⁴성결의 영으로는 죽은 자들 가운데서 부활하사 능력으로 하나님의 아들로 선포되셨으니 곧 우리 주 예수 그리스도시니라 ⁵그로 말미암아 우리가 은혜와 사도의 직분을 받아 그의 이름을 위하여 모든 이방인 중에서 믿어 순종하게 하나니 ⁶너희도 그들 중에서 예수 그리스도의 것으로 부르심을 받은 자니라 ⁷로마에서 하나님의 사랑하심을 받고 성도로 부르심을 받은 모든 자에게 하나님 우리 아버지와 주 예수 그리스도로부터 은혜와 평강이 있기를 원하노라 _롬 1:1-7

로마서에서
복음의 핵심을 직면하다

청소년과 청년 시절은 물론이고, 36년 동안 목회를 해오면서 나를 가장 힘들게 만든 것은 바로 나 자신이었습니다. 매번 흔들리는 나 자신이 두려웠습니다. 도무지 해결할 수 없을 것 같았습니다. 그러던 어느 날, 로마서를 읽는 중에 바울이 보였습니다. 바울의 고백이 바로 나의 고백이었습니다.

> ¹⁹내가 원하는 바 선은 행하지 아니하고 도리어 원하지 아니하는 바 악을 행하는
> 도다 ²⁴오호라 나는 곤고한 사람이로다 이 사망의 몸에서 누가 나를 건져내랴
> _롬 7:19,24

이것이 단순한 겸손의 고백이 아니라 실제라는 걸 알게 된 것은 수없이 터져 나오는 목회자들의 불의와 무너져 내리는 모습 때문이었습니다. 존경하던 선배 목사님들부터 정말 근사하게 목회하던 동료, 젊은 후배까지 예외가 없었습니다. 그때, 바울을 더 공부하고 싶어졌습니다. 그 역시 자신이

무너질지 모른다는 두려움에 사로잡혔던 존재였기 때문입니다. 그래서 매일 자신을 쳐서 복종하는 삶을 살았습니다.

> 내가 내 몸을 쳐 복종하게 함은 내가 남에게 전파한 후에 자신이 도리어 버림을 당할까 두려워함이로다 _고전 9:27

이 말씀을 다시 풀어 쓰면 다음과 같은 의미입니다.

> 내가 다른 사람들에게 멋있게 복음을 전하였고 사람들은 열광하며 복음을 받아들였습니다. 그들 모두 그 복음의 신비 가운데서 구원의 목표에 이릅니다. 그런데 어이없게도 나는 내가 전한 복음의 기준대로 살지 않으므로 자격미달이 되어 탈락하는 것입니다. 그것이 나는 두렵습니다. _고전 9:27, 하정완의 역

그 날부터 바울이 걸었던 구도적 추구는 나에게 매우 중요한 교본이 되었습니다. 그런 의미에서 로마서는 강력한 지침서였습니다. 실제로 어거스틴, 마틴 루터, 요한 웨슬리와 같은 수많은 신앙의 위인들이 로마서를 통해 회복되었습니다. 이 사실을 알게 되면서, 나는 로마서를 더 깊이 읽고 싶어졌습니다. 그래서 시작한 것이 로마서 강해설교였습니다. 순전히 나를 위한 이기적 동기에서 시작한 것입니다.

2002년, 그렇게 처음 로마서 강해를 시작했는데 마치기까지 약 2년 정도 세월이 걸렸습니다. 그러나 그것으로 충분하다고 느끼지 못했습니다. 그

리고 10년이 지난 후, 다시 2년가량 로마서 강해를 하였습니다. 그렇게 해서 이 책을 쓸 수 있게 되었습니다.

나는 확신합니다. 내가 로마서를 묵상하고 강해하면서, 많은 교인들이 변화를 경험하였다고 고백한 것보다 내가 먼저 변화되었다는 사실 때문입니다. 당연히 복음 때문이고, 그 복음은 언제나 능력이기 때문입니다. 그러므로 그 복음의 핵심이 매우 정확하게 녹아있는 책, 로마서를 읽을 때 온전한 구원의 역사가 일어날 것입니다.

> 내가 복음을 부끄러워하지 아니하노니 이 복음은 모든 믿는 자에게 구원을 주시는 하나님의 능력이 됨이라 … _롬 1:16

목사로서 로마서 강해를 책으로 내는 것만큼 영광스러운 일은 없습니다. 이 책을 쓰도록 이끄신 하나님께 감사드립니다. 이 말씀을 함께 나눌 수 있었던 꿈이있는교회 지체들과 동역자이자 아내인 서은희의 기도가 아니었다면 이 책은 세상에 나올 수 없었습니다. 더불어 이 책을 출간할 수 있게 수고한 아르카 이한민 대표를 비롯해, 저를 위해 기도해주시는 모두에게 감사드립니다.

하정완 목사

목차

2부

오, 경사스러운 죄여!

1부

상승과
하강의
차이

사람들이 로마서를 연구하기 시작할 때 실로
어떤 일이 일어날지 알 수 없다.
그러므로 지금까지 그 서신서(로마서)를 읽은
사람들은 그것(로마서)을 더 읽을 때 어떤
결과들이 나타날지에 대해 각오하도록 하자.
독자들에게 경고하는 바이다.

바울을 부르시다!

갈라디아서 1:11-2:1

예수 그리스도를 죽이려던 대제사장과 유대인 권력층의 계획은 성공하였습니다. 특히 예수를 십자가에 매달려던 계획이 획기적이었습니다. 예수 운동이 그것으로 종료되었던 것입니다. 실제로 예루살렘에 입성할 때는 그토록 소리치며 열광하던 예루살렘의 백성들과 제자들은 쥐 죽은 듯 조용해졌습니다.

그토록 열광적이던 예수 운동이 왜 갑자기 시든 것일까요? 예수가 십자가에 달렸다는 것은 하나님으로부터 저주를 받았다는 뜻이기 때문입니다. 하나님의 저주를 받은 예수가 메시아일 리 없다고 생각했던 것입니다.

… 나무에 달린 자는 하나님께 저주를 받았음이니라 _신 21:23

대제사장과 유대 종교지도자들이 그토록 예수를 십자가에 못 박으려고 노력한 이유가 바로 이것입니다. 하나님의 저주를 받은 자로 몰아가면 예수 운동이 끝장날 것이라고 본 것입니다. 이때 등장하는 대표적 인물이 바로 바울입니다.

바울은 소아시아의 중심이며 헬레니즘의 문화적 본산인 다소에서 태어났습니다(행 22:3). 그는 가말리엘 문하에서 공부하였고 로마 시민권자입니다. 성전과 율법에 대한 열성을 예배 방식으로 여기던 열혈당 지지자로서 행동파 신학자이며(빌 3:5), 바리새인으로서 철저한 율법주의자였고 극단적 보수주의를 추종하는 삼마이 학파에 속했습니다. 그런 바울에게 하나님의 저주를 받아 십자가에 못 박혀 죽은 예수와 그를 믿고 따르는 무리들, 곧 교회와 기독교인은 사라져야 할 대상이었습니다. 이같은 이해 때문에 교회와 기독교인을 향한 핍박을 전혀 죄로 여기지 않았습니다. 오히려 핍박하는 일에 열심이었습니다. 그들은 율법을 어긴 자들이기 때문입니다.

바울의 열심은 스데반을 돌로 쳐 죽이는 일을 주동하게 했고, 스데반이 죽어가는 것을 보면서도 "그 죽임 당함을 마땅히 여기는"(행 8:1) 모습으로 나타났습니다. 그는 잔인했고 살육을 일삼는 흡혈귀 같은 존재였습니다. 성경은 이런 바울을 "주의 제자들을 대하여 여전히 위협과 살기가 등등하여"(행 9:1)라고 표현하는데, 이를 헬라어로 읽어보면 더 섬뜩한 표현임을 알 수 있습니다. "여전히 살기가 등등하다"는 '에피 엠프네온 포누'인데, '포누'의 원형 '포노스'는 '살인' 혹은 '살해'라는 의미이고, '엠프네온'의 원형 '엠프네오'는 '들이마시다', '숨쉬다'라는 의미도 있습니다. 직역하면 "여전히 살해를 숨쉬고 있다"(still breathing murder)가 됩니다. 그러니까 바울은 마치 피맛을 본 흡혈귀 같은 살인마였습니다. 악해질 때로 악해져 더 이상 돌이킬 수 없는 지경에 이른 것입니다. 하지만 바울에게 이것은 '여호와 하나님을 모독한' 이들에 대한 열정적 응징일 뿐이었습니다. 이 일에 바울은 목숨을 걸다시피 했습니다. 그는 자신을 이렇게 표현하였습니다.

율법을 지키는 것에 너무나 열심이었으므로 교회를 핍박하기까지 하였습니다. 내가 모세의 율법을 지키고 따르는 데 있어서는 그 어느 누구도 헛점을 찾을 수 없을 정도였습니다 _빌 3:6, 쉬운성경

바울이 다메섹으로 내려간 이유도 그 '열정' 때문입니다. 예수 믿는 이들을 잡아 죽이려는 것이었습니다. 그런 바울에게 메시아가 나타나셨습니다. 하나님의 현현이었습니다.

사울이 길을 가다가 다메섹에 가까이 이르더니 홀연히 하늘로부터 빛이 그를 둘러 비추는지라 _행 9:3

하나님의 현현, 그것만으로도 엄청난 일인데, 메시아가 하신 말씀이 더 기가 막혔습니다.

땅에 엎드러져 들으매 소리가 있어 이르시되 사울아 사울아 네가 어찌하여 나를 박해하느냐 하시거늘 _행 9:4

살인마 같던 바울

"내가 메시아이신 이를 핍박한다고?"

바울로서는 기가 막히는 말씀입니다. 자신은 하나님을 위하여 정말 열심히 일하고 있는데 말입니다. 더 기막힌 사실은 하나님의 영광으로 나타나신 메시아라는 분이 놀랍게도 나무에서 저주받은 자, 예수였습니다.

대답하되 주여 누구시니이까 이르시되 나는 네가 박해하는 예수라 _행 9:5

그로선 끝장이었습니다. 자신이 하나님의 영광을 보는 것만으로도 죽음에 이르는 길에 들어선 것인데, 그 영광의 존재를 핍박했다니 말입니다. 하지만 그것보다 더 큰 혼란이 바울을 지배하였습니다. 신명기 말씀(신 21:23)에 비추어볼 때, 십자가에 달려 죽은 예수는 분명 하나님의 저주를 받은 자입니다. 그래서 실제로 예수가 죽었을 때, 열광하던 이스라엘은 잠잠해졌고 예수 운동은 종료되었습니다. 그런데 다메섹 도상에서 만난 예수가 메시아입니다. 바울은 혼란스러워졌습니다. 이런 질문이 들지 않을 수 없었습니다.

"나무에 달린 자는 하나님께 저주를 받은 자인데 어떻게 저주받은 예수가 그리스도, 곧 메시아가 될 수 있는가?"

그 순간 바울의 모든 것이 무너졌습니다. 자기가 그동안 따르며 살아왔던 삶의 태도, 열심, 율법, 노력에 대해 깊은 혼돈에 빠진 것입니다. 성경은 그의 혼란과 절망을 이렇게 기록합니다.

> [8]사울이 땅에서 일어나 눈은 떴으나 아무 것도 보지 못하고 사람의 손에 끌려 다메섹으로 들어가서 [9]사흘 동안 보지 못하고 먹지도 마시지도 아니하니라 _행 9:8,9

식음을 전폐하다! 바울의 혼란을 설명하기에 충분한 묘사입니다. 그런 다음, 사도행전의 기록만 보면 바울은 아나니아를 통해 회복되고, 그 후 다메섹에서 즉시 복음을 전한 것으로 보입니다.

> [17]아나니아가 떠나 그 집에 들어가서 그에게 안수하여 이르되 형제 사울아 주 곧 네가 오는 길에서 나타나셨던 예수께서 나를 보내어 너로 다시 보게 하시고 성령으로 충만하게 하신다 하니 [18]즉시 사울의 눈에서 비늘 같은 것이 벗어져 다시 보

게 된지라 일어나 세례를 받고 ^{19}음식을 먹으매 강건하여지니라 사울이 다메섹에 있는 제자들과 함께 며칠 있을새 … ^{20}즉시로 각 회당에서 예수가 하나님의 아들이심을 전파하니 … ^{23}여러 날이 지나매 유대인들이 사울 죽이기를 공모하더니 ^{24}그 계교가 사울에게 알려지니라 그들이 그를 죽이려고 밤낮으로 성문까지 지키거늘 ^{25}그의 제자들이 밤에 사울을 광주리에 담아 성벽에서 달아 내리니라 ^{26}사울이 예루살렘에 가서 제자들을 사귀고자 하나 다 두려워하여 그가 제자 됨을 믿지 아니하니 _행 9:17-20, 23-26

우리가 사도행전 기록을 평면적으로 읽으면, 바울이 회심 후 다메섹에서 복음을 전하다 강하게 저항을 받자(행 9:21-25) 예루살렘으로 간 것으로(행 9:26-30) 이해할 수 있습니다. 하지만 사실은 그렇게 간단한 행적이 아닙니다. 갈라디아서는 다른 기록을 적고 있기 때문입니다.

^{16}그의 아들을 이방에 전하기 위하여 그를 내 속에 나타내시기를 기뻐하셨을 때에 내가 곧 혈육과 의논하지 아니하고 ^{17}또 나보다 먼저 사도 된 자들을 만나려고 예루살렘으로 가지 아니하고 아라비아로 갔다가 다시 다메섹으로 돌아갔노라 ^{18}그후 삼 년 만에 내가 게바를 방문하려고 예루살렘에 올라가서 그와 함께 십오 일을 머무는 동안 ^{19}주의 형제 야고보 외에 다른 사도들을 보지 못하였노라

_갈 1:16-19

갈라디아서를 보면, 바울은 다메섹으로 가는 길에서 예수님을 만난 후 다메섹에서 복음을 전하다 핍박을 받자, 예루살렘으로 간 것이 아니라 먼저 아라비아로 갔다가 다메섹으로 돌아간 후, 다시 예루살렘으로 간 것입니다. 앞뒤 정황으로 볼 때, 사도행전에서 며칠간 일어난 일처럼 기록하고

있는 '다메섹 도상-다메섹-예루살렘' 행적(행 9:17-26)이 실제로는 아라비아를 거친, '다메섹 도상-다메섹-아라비아-다메섹-예루살렘' 행적이었던 것입니다.

우리가 또한 주의해야 할 것은 "그후 삼 년만에 … 예루살렘에 올라가서"(갈 1:18)라는 기록입니다. 얼핏 보면 '그 후'를 아라비아에서 다메섹으로 돌아온 후로 이해할 수 있지만, 사도행전 9장과 비교해서 읽으면 '3년'이 다메섹에서 보낸 시간인지 아니면 아라비아에서인지 알 수 있습니다.

> 25그의 제자들이 밤에 사울을 광주리에 담아 성벽에서 달아 내리니라 26사울이 예루살렘에 가서 제자들을 사귀고자 하나 다 두려워하여 그가 제자 됨을 믿지 아니하니 _행 9:25,26

> 17또 나보다 먼저 사도 된 자들을 만나려고 예루살렘으로 가지 아니하고 아라비아로 갔다가 다시 다메섹으로 돌아갔노라 18그후 삼 년 만에 내가 게바를 방문하려고 예루살렘에 올라가서 그와 함께 십오 일을 머무는 동안 _갈 1:17,18

이같은 정황을 살피면 갈라디아서 1장 18절의 '그후 3년'이란 다메섹 체험 후 3년이라고 보아야 옳을 것입니다.[1] 이같은 관심을 가지고 사도행전을 읽으면, 바울이 다메섹에서 열심을 다해 유대인들을 복음으로 '굴복'(행 9:22)시키려고 노력하는 과정에서 유대인들이 바울을 죽이려고 했기 때문에, 바울이 예루살렘으로 올라간 시점은 그들로부터 피신하면서 3년이 지

---

1 F. F. Bruce나 김세윤은 이 견해에 동의한다. : F.F. Bruce, 바울, 크리스천다이제스트, 95; 김세윤, 바울 복음의 기원, 엠마오, 105-106

난 때였던 것을 알 수 있습니다.

치명적인 세 가지 질문

바울이 다메섹에서 예수를 메시아로서 만났을 때 그에게 생긴 심각한 혼란을 정리하자면, 다음 세 가지 혼란스러운 질문이 생긴 것으로 보입니다.

첫째, '나무에 달린 자는 하나님께 저주를 받은 자'(신 21:23)인데 어떻게 저주받은 예수님이 그리스도가 될 수 있는가?

둘째, 자신은 예수를 직접 핍박한 적이 없는데, 도대체 자신의 어떤 행위가 예수를 핍박했는가?

셋째, 자신이 정말 죄인이라면, 왜 죄인 중의 괴수인 자신을 당장 죽이지 않고 살려두신 것인가?

이같은 질문들이 바울을 사로잡은 까닭에, 그는 사도행전의 기록처럼 회복되자마자 당장 예수를 그리스도라 증언하며 전도하지 못했을 것입니다. 이것이 많은 신학자들이 3년 동안의 아라비아 사막 체류설을 주장하는 이유이기도 합니다. 그 중 유동식 박사의 설명이 흥미롭습니다.

그는 먼저 아나니아와 다메섹 교인들로부터 기독교의 복음에 대한 설명을 들었다. 그러나 그것으로 만족할 수는 없었다. 바울은 자기가 만나본 부활하신 그리스도를 이해하기 위하여 직접 하나님과 사귐을 가져야 한다고 생각했다. 그리하여 그는 다메섹을 떠나서 홀로 아라비아 사막으로 들어갔다. 거기서 그는 명상과 반성과 기도를 통해 하나님과 깊은 교제를 가졌다. 그리고 그가 만난 그리스도의 의미를 명확히 파악하였으며, 그리스도 안에서 사는 자기를 다시금 인식하였다. 또한 그가 앞으로 해야 할 일에 대해 그리스도께

서 명하신 내용을 분명히 정리하였다.[2]

유동식 박사가 주장하는 것처럼, 바울이 예수에 대하여 누군가에게 배우지는 않았지만 누구보다 정확하게 예수를 알고 해석한 것은, 예수님을 만난 경험과 함께 아라비아 사막에서의 깊은 묵상과 관련이 있음을 알 수 있습니다. 그런 바울이 3년 동안 아라비아 사막 생활을 마치고 돌아왔다면, 앞에서 언급한 세 가지 질문에 대한 답을 찾았다는 뜻입니다.

그가 묻고 찾은 첫 번째 질문과 답입니다.

"신명기 말씀에 의하면 '나무에 달린 자는 하나님께 저주를 받은 자'인데, 어떻게 저주받은 예수님이 그리스도가 될 수 있는가?"

바울이 분명히 아는 것은 구약의 말씀이 틀릴 수 없다는 것입니다. 그렇다면 예수가 십자가에 매달려 저주받은 것은 사실입니다. 그래서 혼돈에 빠졌던 것입니다. 하지만 그가 아라비아 묵상을 통해 깨달은 것은 놀라웠습니다. 예수가 십자가에 매달려 죽음으로 저주받은 것은 사실이지만, 예수가 받은 저주는 예수 자신의 죄로 인한 저주가 아니라 우리들의 죄를 대신 짊어지심으로 받은 저주입니다. 물론 예수가 대신 받은 저주에는 바울 자신을 위한 것도 포함되어 있습니다. 바울은 그 놀라운 깨달음을 이렇게 적었습니다.

그리스도께서 우리를 위하여 저주를 받은 바 되사 율법의 저주에서 우리를 속량하셨으니 기록된 바 나무에 달린 자마다 저주 아래에 있는 자라 하였음이라

_갈 3:13

---

2   유동식, 예수 바울 요한, 대한기독교서회, 137

치명적인 '첫 번째 질문'이 해결되었습니다. 하지만 바울이 이해할 수 없는 '두 번째 질문'이 있었습니다. 예수가 하셨던 말씀 때문입니다.

사울아 사울아 네가 어찌하여 나를 박해하느냐 _행 9:4

예수를 직접 핍박한 적이 없는 바울에게, 주님의 이 말씀은 놀라운 사실을 이해하게 해주었습니다. 그것은 그리스도와의 연합이라는 비밀입니다.

³무릇 그리스도 예수와 합하여 세례를 받은 우리는 그의 죽으심과 합하여 세례를 받은 줄을 알지 못하느냐 ⁴그러므로 우리가 그의 죽으심과 합하여 세례를 받음으로 그와 함께 장사되었나니 이는 아버지의 영광으로 말미암아 그리스도를 죽은 자 가운데서 살리심과 같이 우리로 또한 새 생명 가운데서 행하게 하려 함이라 ⁵만일 우리가 그의 죽으심과 같은 모양으로 연합한 자가 되었으면 또한 그의 부활과 같은 모양으로 연합한 자도 되리라 _롬 6:3-5

바울은 우리가 그리스도 안에서 한 몸이 되었다는 사실을 깨달은 것입니다.

이와 같이 우리 많은 사람이 그리스도 안에서 한 몸이 되어 서로 지체가 되었느니라 _롬 12:5

예수님과 한 몸이 된 사람들이 기독교인이기에, 기독교인을 핍박하는 것은 예수님을 핍박하는 것과 같다는 인식에 이른 것입니다. 이 사실은 그에게 엄청난 충격이 되었습니다. 하나님이신 그리스도가 피조물인 인간들과 자신을 동일시한다는 사실은 감당할 수 없는 감격이고 흥분되는 사건입니다. 이 사실을 깨달은 순간, 바울은 더 이상 자신을 위해 사는 것에 의미가 없어졌습니다.

> 우리가 살아도 주를 위하여 살고 죽어도 주를 위하여 죽나니 그러므로 사나 죽으나 우리가 주의 것이로다 _롬 14:8

더 나아가 바울은 이제는 자신이 사는 것이 아니라, 주님이 자기 안에 계셔서 주님이 사는 것이라는 고백을 하기에 이릅니다.

> 내가 그리스도와 함께 십자가에 못 박혔나니 그런즉 이제는 내가 사는 것이 아니요 오직 내 안에 그리스도께서 사시는 것이라 이제 내가 육체 가운데 사는 것은 나를 사랑하사 나를 위하여 자기 자신을 버리신 하나님의 아들을 믿는 믿음 안에서 사는 것이라 _갈 2:20

예수 그리스도께서 자신을, 바울만 아니라 모든 크리스천과 동일시하신다는 사실을 깨달으면서, '세 번째 질문', 곧 죄인들의 괴수인 자신을 당장 죽이지 않고 살려두신 이유가 자연스럽게 이해되었습니다. 바울은 나중에 아그립바 왕 앞에서 재판받을 때 이것을 정확하게 설명합니다.

> [15]내가 대답하되 주님 누구시니이까 주께서 이르시되 나는 네가 박해하는 예수라 [16]일어나 너의 발로 서라 내가 네게 나타난 것은 곧 네가 나를 본 일과 장차 내가 네게 나타날 일에 너로 종과 증인을 삼으려 함이니 _행 26:15,16

바울을 살려두신 것은 분명 은혜였지만 동시에 기회였습니다. 이 사실을 안 바울에게 주를 위한 '수고'란 없었습니다. 예수를 위해 살 수 있는 것이 오히려 놀라운 축복이고, 심지어 고난당하는 것도 '즐거운 일'이었습니다.

> 내가 복음을 전할지라도 자랑할 것이 없음은 내가 부득불 할 일임이라 만일 복음을 전하지 아니하면 내게 화가 있을 것이로다 _고전 9:16

> [20]나의 간절한 기대와 소망을 따라 아무 일에든지 부끄러워하지 아니하고 지금도 전과 같이 온전히 담대하여 살든지 죽든지 내 몸에서 그리스도가 존귀하게 되게 하려 하나니 [21]이는 내게 사는 것이 그리스도니 죽는 것도 유익함이라
> _빌 1:20-21

이런 까닭에 바울은 로마의 감옥에 연금되었을 때도 즐거워했습니다. 주를 위해 죽을 수 있기 때문입니다. 심지어 하나님의 사람들을 위해 살 수 있다는 것은 견딜 수 없는 쾌락이었습니다. 그의 고백을 들어보면 알 수 있습니다.

> [17]만일 너희 믿음의 제물과 섬김 위에 내가 나를 전제로 드릴지라도 나는 기뻐하고 너희 무리와 함께 기뻐하리니 [18]이와 같이 너희도 기뻐하고 나와 함께 기뻐하라 _빌 2:17,18

두 번째 아라비아 사막

바울이 아라비아에서 3년간 묵상한 후에 간 곳은 예루살렘이었습니다. 그가 과거에 스데반을 죽였던 곳, 자신을 지지하던 대제사장을 비롯해 예수

와 기독교를 혐오하는 무리들이 있는 곳입니다. 그러나 이제 예루살렘으로 가는 가장 큰 이유는 베드로를 비롯해 예수와 함께 3년 동안 살았던 제자들을 만나기 위함입니다. 하지만 바울이 예루살렘을 방문하였을 때, 제자들은 모두 그를 의심하였습니다.

> 사울이 예루살렘에 가서 제자들을 사귀고자 하나 다 두려워하여 그가 제자 됨을 믿지 아니하니 _행 9:26

이때 바울에게 큰 도움을 준 사람이 바나바입니다. 바나바는 그를 사도들에게 데리고 가서 소개하고 변호하는 역할을 하였습니다.

> 바나바가 데리고 사도들에게 가서 그가 길에서 어떻게 주를 보았는지와 주께서 그에게 말씀하신 일과 다메섹에서 그가 어떻게 예수의 이름으로 담대히 말하였는지를 전하니라 _행 9:27

바나바와 함께 바울을 적극적으로 받아들인 이는 베드로였던 것으로 보입니다. 바울은 무려 15일 동안 베드로와 함께 있었습니다.

> ¹⁸그후 삼 년 만에 내가 게바를 방문하려고 예루살렘에 올라가서 그와 함께 십오일을 머무는 동안 ¹⁹주의 형제 야고보 외에 다른 사도들을 보지 못하였노라 _갈 1:18-19

바울은 15일 동안 베드로와 함께 있으면서 많은 질문을 하고 확인했던 것으로 보입니다. 그가 아라비아 묵상에서 깨달은 것들과 다메섹 체험이 확실해지는 기회였을 것입니다. 드디어 바울은 베드로와 예루살렘 교회를 통해 복음을 정리합니다. 짧지만 정확한 복음의 내용이었습니다.

> [3]… 이는 성경대로 그리스도께서 우리 죄를 위하여 죽으시고 [4]장사 지낸 바 되셨다가 성경대로 사흘 만에 다시 살아나사 _고전 15:3,4

바나바가 그를 도왔고 베드로와 야고보 정도가 수용적이었지만, 그럼에도 불구하고 예루살렘 공동체는 여전히 긴장하고 있었습니다. 그들은 바울의 개종을 신뢰하지 않았던 것으로 보입니다. 사실 더 심각한 문제는 유대인들의 분노였습니다. 유대인들은 바울의 개종을 심각한 문제로 여기고 있었습니다. 그래서 그들은 바울을 죽이려는 계획을 세웁니다.

> [28]사울이 제자들과 함께 있어 예루살렘에 출입하며 [29]또 주 예수의 이름으로 담대히 말하고 헬라파 유대인들과 함께 말하며 변론하니 그 사람들이 죽이려고 힘쓰거늘 _행 9:28-29

위기였습니다. 양쪽 그룹 모두 바울을 '공공의 적' 1호로 삼은 것입니다. 사역이 불가능할 정도였습니다. 그래서 바울은 형제들의 권면을 받아들여 자신의 고향 다소로 돌아갑니다.

> … 그 사람들이 죽이려고 힘쓰거늘 형제들이 알고 가이사랴로 데리고 내려가서 다소로 보내니라 _행 9:29-30

갈라디아서 1장 21절도 사도행전 9장 30절과 같은 기록을 하고 있습니다. 단순히 '수리아와 길리기아 지방에 이르렀으나'로 기록하지만, 다소는 길리기아의 수도이기 때문입니다. 바울이 다소로 내려가자 시끄럽던 유대교와 기독교의 갈등이 일단 수면 아래로 내려앉았습니다. 흥미롭게도 사도행전은 이렇게 기록하고 있습니다.

> ³⁰... 다소로 보내니라 ³¹그리하여 온 유대와 갈릴리와 사마리아 교회가 평안하여 든든히 서 가고 주를 경외함과 성령의 위로로 진행하여 수가 더 많아지니라
> _행 9:30-31

그 즈음에 이상한 일이 벌어지고 있었습니다. 스데반을 비롯한 크리스천에 대한 바울의 박해사건 여파가 복음 확장의 역사로 전개된 것입니다.

> ¹⁹그 때에 스데반의 일로 일어난 환난으로 말미암아 흩어진 자들이 베니게와 구브로와 안디옥까지 이르러 유대인에게만 말씀을 전하는데 ²⁰그 중에 구브로와 구레네 몇 사람이 안디옥에 이르러 헬라인에게도 말하여 주 예수를 전파하니 ²¹주의 손이 그들과 함께 하시매 수많은 사람들이 믿고 주께 돌아오더라
> _행 11:19-21

스데반 사건으로 흩어진 헬라파 기독교인들이 전방위적으로 말씀을 전하는 사건이 벌어진 것입니다. 스데반 집사의 죽음이 복음 전파의 절박감을 더 갖게 한 것으로 보입니다. 특히 베니게, 구브로, 안디옥 등으로 흩어진 곳에서 말씀을 전하자 수많은 사람들이 복음을 받아들였습니다. 그 중에서도 안디옥이 가장 들썩였습니다. 재미있게도 스데반 사건의 주범이었던 바울이 중심이 된 박해가 촉발시킨 일이었습니다. 이같은 소식에 예루

살렘 교회가 놀랐습니다. 예루살렘 교회는 가장 신뢰할만한 지도자이며 거의 사도 수준인 바나바를 안디옥으로 파송합니다.

새로운 종족의 등장

여기서 바울을 말하기 전에 바나바를 좀 살필 필요가 있습니다. 사실 바울 때문에 과소평가된 느낌이 있지만, 바나바는 초대교회와 이방인 선교에서 매우 중요한 인물입니다.

예루살렘 교회는 오순절 성령 체험 후 매우 뜨거웠습니다. 당시 초대교회는 세상과 물질보다 하나님의 나라에 더 큰 관심을 갖고 있었습니다. 그런 초대교회에 놀라운 동력을 일으킨 사건 중에 대표적인 것이 '바나바 사건'입니다. 원래 레위인이었던 바나바는 구브로에서 태어난 헬라파 유대인입니다. 그가 예수를 믿으면서 자신의 밭을 팔아 사도들에게 내어놓은 것이 그 사건의 발단이었습니다.

[36]구브로에서 난 레위족 사람이 있으니 이름은 요셉이라 사도들이 일컬어 바나바라(번역하면 위로의 아들이라) 하니 [37]그가 밭이 있으매 팔아 그 값을 가지고 사도들의 발 앞에 두니라 _행 4:36,37

그는 사도들의 가르침을 따라 행동한 것입니다. 이어 5장에서 아나니아와 삽비라가 바나바를 흉내내어 땅을 팔아 바치려 했다가 빗나간 이야기가 등장합니다. 이같은 상황으로 볼 때, 바나바는 매우 믿을 만한 예루살렘 교회의 지도자였습니다. 그래서 바나바를 안디옥으로 보낸 것입니다.

바나바가 안디옥으로 내려가 사역하면서 교회는 안정적으로 부흥하였습니다. 교회가 부흥하자 바나바는 자신의 동역자로 바울을 생각합니다. 드디어 바나바가 다소에 칩거하던 바울을 불러냈습니다. 그와 함께 안디옥 교회에서 사역을 하였는데, 놀라운 부흥이 일어났습니다. '예수에게 미친 사람들'이란 뜻인 '그리스도인'이라는 명칭이 붙은 것도 이때였습니다. 새로운 종족으로서 그리스도인의 등장이었습니다.

그 즈음 예루살렘은 흉년이 들어 매우 어려운 상황이었습니다. 그때 안디옥 교회가 예루살렘 교회를 위해 헌금하고, 그 전달자로 바나바와 바울을 선택합니다(행 11:28-30). 이 부분은 갈라디아서 2장 1절과 연결됩니다.

> 십사 년 후에 내가 바나바와 함께 디도를 데리고 다시 예루살렘에 올라갔나니
> _갈 2:1

우리가 주의해야 할 것은 바로 '십사 년 후에'라고 언급한 부분입니다. 이 언급은 바울이 다소에 어느 정도 머물러 있었는지 추측하게 하기 때문입니다. 재구성해서 살피면, 바울은 아라비아에서 3년을 보낸 후 예루살렘을 방문했습니다. 하지만 거기서 강력한 반대에 직면하자 다소로 내려갑니다. 그리고 안디옥 교회의 부흥으로 바나바가 파송되고, 이어 바나바가 바울을 데리러 다소로 갑니다. 그때부터 바울은 바나바와 같이 사역하지만, 이내 예루살렘에 헌금을 전달하러 올라갑니다. 그때가 다메섹 체험 후 14년이 지난 시점이었습니다.

그렇다면 바울은 아라비아 사막에서 3년, 그리 길어 보이지 않는 바나바와 함께 한 안디옥 교회 사역 기간을 빼면 길게는 10년, 적게 잡아도 5년 이상 다소에 칩거하고 있었다고 계산할 수 있습니다. 어쩌면 이 기간 동안 바울은 신학을 정리하고 체계화하는 기회를 가졌을지 모릅니다. 그것이 또

다른 의미의 아라비아 사막 경험이라고 부를 수 있는 이유입니다.

하나님의 절묘한 준비

거의 바울행전이라고 불릴 만큼 바울에 대한 기록이 가득한 사도행전에서
9장 32절부터, 즉 바울이 다소로 내려간 후부터는 안디옥 교회와 바울이
다시 등장하는 11장 19절까지 바울에 대한 기록이 전혀 없습니다. 그 사이
에 베드로에 대한 흥미로운 기록이 등장합니다.

베드로는 욥바에 있는 죽은 여제자 도르가의 집에 갔다가 그를 살려냅니
다. 그것이 욥바의 부흥으로 이어집니다(행 9:41-42). 그리고 여러 날을 피
장이 시몬의 집에 머물게 되었는데, 그곳에서 보자기 환상을 봅니다(행 10
장). 그런 다음 로마 백부장 고넬료를 만나게 되고, 그곳에서 말씀을 전할
때 성령이 임재하는 역사를 경험합니다. 그때 베드로가 모든 법칙을 깨고
그들과 밥을 먹고 세례를 베풀었습니다(행 10:44-48). 베드로의 이같은 행
위는 예루살렘 교회의 강력한 항의에 부딪힙니다. 그것이 11장의 이야기입
니다. 하지만 예루살렘 공동체는 베드로의 말에 결국 동의합니다. 오순절에
임했던 성령의 역사가 똑같이 임했기 때문입니다.

¹⁵내가 말을 시작할 때에 성령이 그들에게 임하시기를 처음 우리에게 하신 것과
같이 하는지라 ¹⁶내가 주의 말씀에 요한은 물로 세례를 베풀었으나 너희는 성령으
로 ¹⁾세례를 받으리라 하신 것이 생각났노라 ¹⁷그런즉 하나님이 우리가 주 예수 그
리스도를 믿을 때에 주신 것과 같은 선물을 그들에게도 주셨으니 내가 누구이기
에 하나님을 능히 막겠느냐 하더라 _행 11:15-17

드디어 예루살렘 교회가 이방인 사역을 인정하는 순간이었습니다. 이렇게 기록하고 있습니다.

그들이 이 말을 듣고 잠잠하여 하나님께 영광을 돌려 이르되 그러면 하나님께서 이방인에게도 생명 얻는 회개를 주셨도다 하니라 _행11:18

그리고 이어지는 절묘하고 놀라운 역사를 예루살렘 교회가 듣습니다.

[9]그 때에 스데반의 일로 일어난 환난으로 말미암아 흩어진 자들이 베니게와 구브로와 안디옥까지 이르러 유대인에게만 말씀을 전하는데 … [22]예루살렘 교회가 이 사람들의 소문을 듣고 바나바를 안디옥까지 보내니 _행 11:19,22

'그 때에', 곧 하나님이 정해놓으신 때가 있었던 것입니다. 다소에서 약 10년 전후의 세월 동안, 바울은 분명 많은 연구를 통해 복음을 전할 준비를 하고 있었을 것입니다. 그리고 하나님은 예루살렘 교회의 변화를 준비시키고 있었습니다. 그것이 바나바와 베드로가 바울과 함께 일하게 되는 배경이 되었습니다. 그렇게 10년 전후의 세월을 보내던 어느 날, 안디옥 교회의 바나바가 바울을 찾아와 같이 일하자고 제안했습니다. 바나바가 바울을 기억하고 있었던 것입니다. 아니, 하나님이 기억하고 계셨습니다. 이제 바울이 본격적으로 사역하기 시작합니다. 바울이 드디어 역사의 전면에 나서는 순간이었습니다. 다메섹 체험 후 14년 만이었습니다.

바울과 로마 교회

로마서 15:18-29

바나바가 다소로 찾아와 바울을 안디옥 교회의 공동 목회자로 초빙한 후, 헬라 세계의 복음 전도는 새로운 국면을 맞이하였습니다. 바나바와 함께 한 바울의 열정적 전도사역은 소아시아 전역에 복음 열풍을 일으켰습니다. 하지만 안디옥 교회로 돌아왔을 때, 바울과 바나바는 매우 심각한 도전을 받았음을 볼 수 있습니다. 특히 예루살렘 교회로부터 온 것으로 보이는 몇몇 사람들이 문제를 제기한 것이 발단이었습니다. 안디옥 교회는 이방인 사역에 대해 예루살렘 교회의 허락을 받는 것이 옳다고 생각하였습니다.

> [1]어떤 사람들이 유대로부터 내려와서 형제들을 가르치되 너희가 모세의 법대로 할례를 받지 아니하면 능히 구원을 받지 못하리라 하니 [2]바울 및 바나바와 그들 사이에 적지 아니한 다툼과 변론이 일어난지라 … _행 15:1-2

그때까지 예루살렘 교회는 이방인 선교를 묵인하고 있었지만, 더욱 왕성해지는 상황을 보면서 걱정하며 소극적으로 대처했던 것으로 보입니다. 예수를 믿으려면 먼저 유대교로 개종하고 율법을 지켜야 한다고 여전히 생각하고 있었습니다. 특히 바리새파 사람들이 그런 주장을 강하게 하였습니다. 그러던 차에 바울과 바나바의 예루살렘 방문은 그 같은 논란을 더욱 부추기게 하였습니다.

> [4]예루살렘에 이르러 교회와 사도와 장로들에게 영접을 받고 하나님이 자기들과 함께 계셔 행하신 모든 일을 말하매 [5]바리새파 중에 어떤 믿는 사람들이 일어나 말하되 이방인에게 할례를 행하고 모세의 율법을 지키라 명하는 것이 마땅하다 하니라 _행 15:4-5

격렬한 토론이 있었습니다. 하지만 이미 하나님이 일하고 계셨습니다. 욥바 피장이 시몬의 집에서의 경험과, 이방인 백부장 고넬료 집에서 성령의 임재 사건을 체험한 베드로의 설득이 주효하였습니다. 결국 예루살렘 교회는 바울의 이방인 선교를 공식적으로 인정합니다(행 15:19).

바울과 바나바는 그때부터 매우 자유롭고 행복하게 복음 전하는 일에 전념할 수 있게 되었습니다. 그래서 그들이 돌아온 지 며칠 지나지도 않았는데 다시 전도여행을 떠나려 합니다. 물론 바울이 더 적극적이었습니다.

> 며칠 후에 바울이 바나바더러 말하되 우리가 주의 말씀을 전한 각 성으로 다시 가서 형제들이 어떠한가 방문하자 하고 _행 15:36

하지만 시작부터 순탄치 않았습니다. 1차 전도여행 도중에 이탈한 마가를 같이 데리고 가자는 바나바의 주장을 바울이 반대한 것입니다. 결국 바울과 바나바는 갈라집니다. 바나바는 자신의 조카였던 마가(골 4:10)를 데리고 1차 전도여행 지역으로 갔고, 바울은 실라를 데리고 소아시아 지역으로 떠났습니다. 다시 기회를 주자는 바나바와 달리 그럴 수 없다는 바울의 태도에 문제가 있어 보입니다. 하지만 엄밀하게 보면 둘 다 틀린 것은 아니라고 생각합니다. 그들 내면의 동기는 모두 복음을 전하려는 것이기 때문입니다. 약간 심하게 반대한 바울의 미숙함이 아쉽지만, 그의 관심사는 복음이었고 신실함이었습니다. 그래서 양보할 수 없었습니다. 주를 위해 죽고 싶을 만큼 간절했던 바울입니다.

사족이지만, 재미있는 것은 마가의 회복입니다. 골로새서 4장을 보면 마가는 아리스다고와 유스도와 함께 바울과 함께 옥에 갇혔다고 쓰고 있는데, 그들에 대하여 바울은 "이들만은 하나님의 나라를 위하여 함께 역사하는 자들이니 이런 사람들이 나의 위로가 되었느니라"(골 4:11)라고 기록합니다. 바울이 그토록 반대했던 마가가 하나님의 종으로 놀랍게 쓰임받은 것입니다.

2차 전도여행과 하나님의 개입

바나바와 결별하고 떠난 2차 전도여행에서 하나님이 바울에게 허락하신 사람은 루스드라에서 만난 디모데입니다. 어머니가 예수를 믿는 유대인이었고 아버지는 헬라인으로(행 16:1), 헬라 세계에 익숙하게 자랐을 뿐 아니라 신앙이 매우 깊은 집안의 신실한 청년입니다. 전형적인 헬라파 크리스천으로서 할례는 받지 않은 상태였습니다. 바울은 앞으로의 사역을 위해 그에게 할례를 받게 하였습니다(행 16:3).

바울에게 중요한 또 한 사람은 바로 실라입니다. 실라는 예루살렘 교회가 결의한 것을 전달하기 위하여 바울과 바나바와 함께 안디옥에 파송된 인물입니다(행 15:22-23). 실라의 태생 배경은 바울과 비슷합니다. 그 역시 로마 시민권을 갖고 있었고(행 16:37) 예루살렘 교회가 신임하던 인물입니다. 바울, 디모데, 실라는 하나님이 바울의 이방인 사역을 위해 최적화된 사람들로 구성하신 완벽한 팀입니다. 그러나 바울이 양육한 사람들은 아니었습니다. 하나님이 준비해놓으신 사람들입니다.

마가 사건으로 바나바와 갈라진 바울이 별도로 전도여행을 떠났지만, 모든 것이 순탄하게 진행되지는 않았습니다. 순전히 하나님의 개입 때문이었습니다. 성령께서 바울 사역의 방해자로 등장하셨습니다. 그를 막으신 것입니다.

> [6] 성령이 아시아에서 말씀을 전하지 못하게 하시거늘 그들이 브루기아와 갈라디아 땅으로 다녀가 [7] 무시아 앞에 이르러 비두니아로 가고자 애쓰되 예수의 영이 허락하지 아니하시는지라 _행 16:6-7

성령이 말씀을 전하지 못하게 하시다니! 왜 그렇게 하신 것일까요? 몇 가지 이유로 설명할 수 있습니다.

첫째는 바나바 때문이었을 것입니다. 지역은 다르지만, 어쩌면 바울은 같은 소아시아 지역에서 전도하는 바나바보다 더 잘하고 싶은 마음을 갖고 있었을 것입니다. 성령의 개입은 바나바를 배려했던 것인지도 모릅니다.

둘째는 당연히 바울 때문입니다. 바울의 자기열망과 자기주장이 지나치게 강하고, 지금은 괜찮아 보이지만 이상하게 변질될 위험을 주님께서는 알고 계셨습니다. 모든 이단이나 잘못된 지도자들 대부분은 '조금 더 나아가는 것'에서 비롯됩니다. 바울은 충분히 그럴 수 있었습니다. 자신의 능력을 과신하거나 자기 뜻을 지나치게 주장할 때 벌어지는 문제입니다. 마가의 경우에서 드러난 것처럼 말입니다.

그러므로 '막히다', 그것은 새로운 기회입니다. 하나님은 소아시아를 넘어서고 계셨습니다. 성령이 막으셨지만 계속된 여행과 추구의 결과가 바로 드로아에서 마게도냐 사람의 환상을 보는 것이었습니다. 그리고 소아시아를 넘어 유럽으로 가는데, 그 첫 성이 마게도냐 지역의 빌립보였습니다.

마게도냐의 첫 성 빌립보에서 첫 전도 열매는 자주 장사 루디아가 예수를 영접한 것입니다. 이를 시작으로 빌립보, 데살로니가, 그리고 베뢰아로 이어지는 전도여행이 계속되었고, 마게도냐 지역에 세 개의 교회가 세워집니다. 빌립보는 바울에게 처음으로 독립적인 전도지역이었고 첫 번째 교회가 세워진 곳인 까닭에 깊은 애정을 보입니다. 물론 빌립보 교회 역시 바울을 깊이 사랑하고 신뢰합니다.

빌립보 교회 못지않게 바울이 애정했던 교회는 데살로니가 교회입니다. 그곳에서 그의 복음 증거는 매우 효과적이었지만, 야손 일행의 강력한 방해를 받습니다. 그들이 바울 일행을 고소하면서 한 말입니다.

천하를 어지럽게 하던 이 사람들이 여기도 이르렀도다(이르매) _행 17:6

바울은 어쩔 수 없이 밤을 틈타 데살로니가를 떠나 베뢰아로 이동합니다. 베뢰아 사람들은 예상 외로 진지하여 복음을 듣기에 적합한 이들이었습니다. 하지만 데살로니가의 유대인들은 그곳까지 쫓아와 방해하였습니다. 바울은 또 급히 피해야 했습니다. 마게도냐를 떠나 아가야 지방의 아덴(아테네)으로 움직입니다.

하지만 바울은 디모데와 실라를 두고 혼자 빠져나온 것이 마음에 걸렸습니다. 그래서 디모데와 실라가 빠져나올 때까지 아덴에 머무르며 그들을 기다렸습니다. 그러다가 바울이 "그 성에 우상이 가득한 것을 보고 마음에

격분"(행 17:16)이 일어납니다. 아덴은 그리스 신화의 중심 아테네를 말합니다. 바울은 아덴에서 유명한 아레오바고 광장에서 복음 토론을 벌입니다. 그러던 중 디모데와 실라가 돌아옵니다. 그런데 데살로니가 때문에 속상했던 바울은 마치 아무 일도 없었던 것처럼 행동할 수는 없었습니다. 데살로니가 교회가 마음에 걸린 것입니다. 그래서 아덴에 온 디모데를 데살로니가 교회로 돌려보냅니다.

그동안에 바울의 아레오바고 논쟁을 통하여 '아레오바고 법정의 판사인 디오니시오'(공동번역, 행 17:34) 등이 복음을 받아들입니다. 하지만 기본적으로 아덴은 완강하였습니다. 이원론 경향 때문이었겠지만, 특히 부활을 강력히 거부하였습니다(행 17:32). 그것이 이유였는지 자세히 알 수 없지만, 바울은 아덴을 떠나 BC 27년에 아가야 지방의 수도가 된 고린도로 이동합니다. 고린도는 아덴과 달리 모든 문화의 중심지일 뿐 아니라 인구가 10만 명인 대단히 큰 도시였습니다.

하나님이 완벽하게 준비하시다

바울이 고린도에 도착한 때는 정황상 AD 50년 경이었다고 추측됩니다. 바울은 그곳에서, AD 49년 클라디우스 황제의 유대인 추방령 때문에 피신하여 고린도에 와 있던 로마 교회 교인, 아굴라와 브리스길라 부부를 만납니다. 그들은 천막 만드는 일을 하고 있었습니다. 바울 역시 천막을 만들었던 터라 서로 돕는 관계로 같이 살게 됩니다.

¹그후에 바울이 아덴을 떠나 고린도에 이르러 ²아굴라라 하는 본도에서 난 유대인 한 사람을 만나니 글라우디오가 모든 유대인을 명하여 로마에서 떠나라 한 고

로 그가 그 아내 브리스길라와 함께 이달리야로부터 새로 온지라 바울이 그들에게 가매 ³생업이 같으므로 함께 살며 일을 하니 그 생업은 천막을 만드는 것이더라 _행 18:1-3

그 뒤 아들 같았던 디모데와 실라가 데살로니가에서 돌아오자 바울은 안정이 되었습니다. 이때부터 바울은 주간에는 천막 일을 하고 안식일에는 늘 하던 대로 회당에서 말씀을 전하였습니다. 하지만 이곳에서도 역시 유대인들의 강력한 반대가 있었습니다. 바울은 어쩔 수 없이 유대인 회당 근처에 있는 디도 유스도라는 사람의 집에 자리를 잡고 이방인 전도사역을 시작합니다. 바울의 전도사역은 많은 열매를 맺습니다. 회당장 그리스보와 온 집안이 믿었고 '수많은 고린도 사람'(행 18:8)들도 말씀을 듣고 믿고 세례를 받았습니다. 그런데 바울이 고린도에 머물며 폭발적으로 사역하게 된 결정적 이유 중의 하나는 고린도의 총독으로 갈리오가 부임한 것 때문입니다. 사실 그전까지 반대하는 사람들을 만나면 데살로니가에서처럼 도망가야 했습니다. 그런데 부임한 갈리오는 원로원 회원인 세네카의 아들로서 권력의 실세였습니다. 갈리오는 유대인들이 "이 사람(바울)이 율법을 어기면서 하나님을 경외하라고 사람들을 권한다"(행 18:13)는 죄목으로 바울을 고소한 것을 유대교 내의 단순한 송사로 취급하여 개입하기를 거부하였습니다. 갈리오의 이 판결은 바울의 선교에 유리하게 작용하였습니다.

¹⁴… 너희 유대인들아 만일 이것이 무슨 부정한 일이나 불량한 행동이었으면 내가 너희 말을 들어 주는 것이 옳거니와 ¹⁵만일 문제가 언어와 명칭과 너희 법에 관한 것이면 너희가 스스로 처리하라 나는 이러한 일에 재판장 되기를 원하지 아니하노라 _행 18:14-15

갈리오처럼 영향력 있는 지방 장관의 판결이 최소한 복음을 자유롭게 전할 수 있는 상황을 만든 것입니다. 더구나 고린도는 매우 부도덕했습니다. 그 당시 '고린도 소녀'는 '창녀'와 동의어였고 '고린도 사람처럼 행한다'는 말은 부도덕과 방탕의 의미로 쓰이는 관용어였습니다. 시내가 내려다보이는 높은 언덕에 1천여 명의 여사제들이 거주하며 매춘 행위를 하는 아프로디테 신전이 있었고, 치유의 신 아스클레피우스, 바다의 신 포세이돈과 이집트 여신 이시스 등의 사원들이 있던 매우 개방적이고 문란한 도시였습니다. 바울이 복음을 전할 마음이 가득 생기는 도시였습니다. 하나님이 모든 조건을 충족시키고 완벽하게 꾸미신 것입니다. 바울이 드디어 고린도 사역을 시작합니다. 바울은 고린도에서 최초로 1년 6개월이라는 비교적 장기간 동안 정착하며 목회합니다. 그때 많은 역사가 일어났습니다. 회당장 그리스보가 예수를 믿는 일까지 벌어졌습니다(행 18:8). 이같은 바울의 행동에 불만을 품었던 유대인들이 바울을 고소하는 등 갈등이 많았지만, 복음을 열심히 전하다가 아굴라와 브리스길라 부부와 함께 고린도를 떠나 에베소로 옮겼고, 바울은 그 부부를 에베소에 남겨둔 채 다시 안디옥으로 돌아옵니다(행 18:22). 이것이 2차 전도여행의 끝입니다.

3차 전도여행과 마게도냐 환상의 성취

다시 시작한 바울의 3차 전도여행은 갈라디아와 브루기아 땅을 지나 아굴라와 브리스길라가 있는 에베소로 가는 것이었습니다. 바울은 2년 동안 에베소에서 두란노서원을 세우고 복음을 전하였습니다. 2년 사역의 끝자락에 에베소에서 아데미 신전을 섬기던 자들의 폭동이 있었고, 바울은 그후 마게도냐를 지나 아가야 지방에 이릅니다. 고린도로 간 것입니다(행 20:1-2). 이

곳에서 석 달 정도 체류합니다(행 20:3).

[1]소요가 그치매 바울은 제자들을 불러 권한 후에 작별하고 떠나 마게도냐로 가니라 [2]그 지방으로 다녀가며 여러 말로 제자들에게 권하고 헬라에 이르러 [3]거기 석달 동안 있다가 배 타고 수리아로 가고자 할 그 때에 유대인들이 자기를 해하려고 공모하므로 마게도냐를 거쳐 돌아가기로 작정하니 _행 20:1-3

이때 바울은 드디어 예루살렘으로 가기로 작정한 것으로 보입니다. 실제로 그 이후는 예루살렘으로 돌아가는 여정이었습니다.

바울이 아시아에서 지체하지 않기 위하여 에베소를 지나 배 타고 가기로 작정하였으니 이는 될 수 있는 대로 오순절 안에 예루살렘에 이르려고 급히 감이러라 _행 20:16

바울은 석 달간 머물렀던 고린도에서 로마서를 쓴 것으로 보입니다. 이때 소아시아 중심 사역은 정리해야 한다고 생각한 것 같습니다. 그곳에서 복음은 충분히 전하였고, 이제는 복음을 듣지 않은 자들에게 전해야 할 때가 되었다고 판단했습니다. 이 부분이 로마서 15장과 연결되는 것입니다. 바울이 로마 교회에 보낸 편지의 말미에서 그 소회를 밝힙니다.

… 내가 예루살렘으로부터 두루 행하여 일루리곤까지 그리스도의 복음을 편만하게 전하였노라 _롬 15:19

일루리곤을 넘으면 바로 이탈리아 반도를 만나게 됩니다. 로마가 코앞이었습니다. 2차 전도여행 때 드로아에서 봤던 마게도냐 환상을 성취한 것입니다. 이처럼 바울은 마게도냐를 넘어서면서 로마를 생각했습니다. 그래서 일루리곤을 넘어 로마로 가려고 시도했던 것으로 보입니다. 그러나 몇 번을 시도했지만 가는 길이 막힙니다. 더구나 일루리곤에서 복음을 전하는 것도 충분해진 상태였습니다. "이제는 이 지방에 일할 곳이 없다"(롬 15:23)라는 결론을 내렸습니다. 그런데 로마로 넘어가는 것도 힘든 상태였습니다. 바울은 그런 상황이 벌어진 이유가 이미 로마에 복음이 전해졌기 때문이라고 이해합니다(롬 15:20-22).

> 그래서 여러분을 찾아가려던 나의 계획이 번번이 좌절되었습니다
> _롬 15:22, 공동번역

바울은 그동안 "그리스도의 이름이 알려진 곳 말고, 알려지지 않은 곳에서 복음을 전하는 것"(롬 15:20, 새번역)에 힘써왔던 까닭에 계획을 수정했습니다. 바울이 즐겨 쓰는 방법입니다. 막히면 다른 곳으로 방향을 선회하는 것입니다. 그래서 바로 서바나(지금의 스페인)로 가기로 결정합니다.

서바나 선교의 전초기지

그렇다면 왜 바울이 로마 교회에 편지를 보내는 것입니까? 바울의 관심은 이제 로마가 아니었습니다. 바울의 관점에서 로마는 이미 복음이 전해진 지역이었기 때문입니다. 바울이 로마서를 쓴 것은 앞에서 이야기한 것처럼 서바나에 관심이 있었기 때문인데, 안디옥이 소아시아 선교의 전초기지로 쓰인 것처럼, 서바나 선교를 위해 로마가 사용되기를 원한 것이었습니다.

²³이제는 이 지방에 일할 곳이 없고 또 여러 해 전부터 언제든지 서바나로 갈 때에 너희에게 가기를 바라고 있었으니 ²⁴이는 지나가는 길에 너희를 보고 먼저 너희와 사귐으로 얼마간 기쁨을 가진 후에 너희가 그리로 보내주기를 바람이라

_롬 15:23-24

하지만 바울의 이런 의도를 잘 모르고 있던 로마 교회 입장에서는 바울을 경계했을지 모릅니다. 그런 것을 의식해서 그랬는지 모르지만, 바울은 재차 "(로마에) 들렀다가 서바나로 가리라"(롬 15:28)라고 강조하였고, 또한 매우 강력한 어조로 이렇게 말하였습니다.

또 내가 그리스도의 이름을 부르는 곳에는 복음을 전하지 않기를 힘썼노니 이는 남의 터 위에 건축하지 아니하려 함이라 _롬 15:20

여하튼 바울은 이런 이유로 로마에 갈 예정이었습니다. 하지만 먼저 해야 할 일이 있었습니다. 예루살렘에 가는 것입니다. 바울이 예루살렘에 가는 목적은 "마게도냐와 아가야 사람들이 예루살렘 성도 중 가난한 자들을 위하여 기쁘게 얼마를 연보한 것을 전달하기 위함"(롬 15:26)이라고 분명히 밝혔지만, 그동안의 사역을 정리하려는 목적도 있던 것으로 보입니다. 사실 예루살렘에 헌금을 전달하는 일에는 매우 중요한 의미가 있습니다. 첫째, 이방 교회의 헌금은 이방 교회와 유대 교회가 하나가 되는 상징이었기 때문입니다. 예루살렘 교회가 이 헌금을 받으면 이방 교회를 정당한 교회로 인정한다는 뜻이었습니다.

둘째, 바울은 이방인들이 종말에 자기들의 보화를 가지고 시온을 찾아 온다는 순례 사상의 일환으로 헌금한 것으로 이해했습니다. 이같은 이유와

계획 때문에 바울이 예루살렘으로 가지만, 유대인들은 그를 잡아 죽이려고 벼르고 있었습니다. 바울과 함께 온 에베소 사람 드로비모가 예루살렘 성내에 있음을 보고, 이방인이 바울과 함께 성전에 들어간 것으로 여기고 바울을 성전 모독죄로 잡아 성 밖으로 끌어내 죽이려 합니다.

> ³¹그들이 그를 죽이려 할 때에 온 예루살렘이 요란하다는 소문이 군대의 천부장에게 들리매 ³²그가 급히 군인들과 백부장들을 거느리고 달려 내려가니 …
>
> _행 21:31-32

일촉즉발의 순간에 천부장이 백부장들과 군사를 이끌고 도착합니다. 천부장 일행을 보자 소동은 일단 잠잠해졌고, 천부장은 바울을 쇠사슬로 결박하였습니다. 그후 유대인들은 바울을 죽이려고 계속 기회를 노렸지만 수포로 돌아가던 차에, 바울은 자신이 로마 시민권자라는 이유로 가이사에게 상소합니다.

> 만일 내가 불의를 행하여 무슨 죽을 죄를 지었으면 죽기를 사양하지 아니할 것이나 만일 이 사람들이 나를 고발하는 것이 다 사실이 아니면 아무도 나를 그들에게 내줄 수 없나이다 내가 가이사께 상소하노라 _행 25:11

결과적으로 바울이 가이사에게 상소한 것은 '신의 한 수'였습니다. 그가 로마로 가려는 간절한 마음 때문에 요청한 것인지 아닌지 알 수 없지만, 원래 계획은 그것이 아니었습니다. 스스로 서바나로 갈 수 있고, 가는 길에 로마 교회의 도움을 받는 것을 분명히 계획했습니다. 그런데 아니었습니다. 하나님은 다른 방법을 계획하고 계셨습니다. 단지 바울이 눈치채지 못한 것뿐입니다. 바울이 이같이 가이사에게 상소하였지만, 총독 베스도와 아그립바 왕에 이르기까지 그가 무죄인 것은 의심할 바가 없었습니다. 만일 바울이 가이사에게 상소하지 않았더라면 당장 석방할 상황이었습니다. 물론 상소했을지라도 얼마든지 석방할 수 있었지만, 유대인들이 보일 반발과 바울의 요구 때문에 로마로 보내기로 결정합니다.

바울의 강점

바울의 로마행을 호송하는 책임은 아구스도대, 곧 친위대의 백부장 율리오가 맡았습니다(행 27:1). 바울과 다른 죄수들이 탄 배가 가던 도중 치명적인 위기의 광풍 '유라굴로'(행 27:14)를 만나기도 하지만, 결국 로마에 도착합니다. 바울이 그토록 가고 싶어했던 로마입니다. 하지만 바울의 마음은 근심으로 가득했을지 모릅니다. 그런데 놀랍게도 그를 맞이한 것은 로마 교회의 지체들이었습니다. 바울이 감격한 이유입니다.

> 그 곳 형제들이 우리 소식을 듣고 압비오 광장과 트레이스 타베르네까지 맞으러 오니 바울이 그들을 보고 하나님께 감사하고 담대한 마음을 얻으니라 _행 28:15

가만히 보면 바울은 하나님께 완전히 맡기는 삶의 방법을 좇았던 것을 알 수 있습니다. 그는 땅 끝까지 이방인에게 복음을 전하는 큰 그림을 가지고 움직였습니다. 계획도 디테일하게 세우고 추구하였지만, 실제로 자신의 계획을 고집하지는 않았습니다. 디테일은 하나님께 맡겼습니다. 하나님이 이끄시는 대로 움직였던 것입니다. 그것이 바울의 강점입니다.

바울은 로마에서 더 놀라운 일들을 경험합니다. 바울이 로마에 왔지만,

그곳은 베드로와 사도 계열의 크리스천이 많은 곳이었을 뿐 아니라, 무엇보다 유대인들 때문에 불안했습니다. 그래서 유대의 지도자들을 초청해 자신을 설명하는 시간을 갖습니다. 잔뜩 불안한 마음으로 오해를 풀려고 말을 꺼냈습니다.

> ¹⁷사흘 후에 바울이 유대인 중 높은 사람들을 청하여 그들이 모인 후에 이르되 여러분 형제들아 내가 이스라엘 백성이나 우리 조상의 관습을 배척한 일이 없는데 예루살렘에서 로마인의 손에 죄수로 내준 바 되었으니 ¹⁸로마인은 나를 심문하여 죽일 죄목이 없으므로 석방하려 하였으나 ¹⁹유대인들이 반대하기로 내가 마지 못하여 가이사에게 상소함이요 내 민족을 고발하려는 것이 아니니라 ²⁰이러므로 너희를 보고 함께 이야기하려고 청하였으니 이스라엘의 소망으로 말미암아 내가 이 쇠사슬에 매인 바 되었노라 _행 28:17-20

그런데 바울은 의외의 대답을 듣습니다. 그들은 오히려 바울의 사상을 듣고 싶어했다는 사실입니다. 그들은 바울을 배척하고 있지 않았습니다.

> ²¹그들이 이르되 우리가 유대에서 네게 대한 편지도 받은 일이 없고 또 형제 중 누가 와서 네게 대하여 좋지 못한 것을 전하든지 이야기한 일도 없느니라 ²²이에 우리가 너의 사상이 어떠한가 듣고자 하니 이 파에 대하여는 어디서든지 반대를 받는 줄 알기 때문이라 하더라 _행 28:21-22

바울이 지레 걱정했던 것입니다. 그래서 열심히 복음을 설명하기 시작했습니다. 자신이 가진 모든 지식을 동원해 예수를 설명한 것입니다.

그들이 날짜를 정하고 그가 유숙하는 집에 많이 오니 바울이 아침부터 저녁까지 강론하여 하나님의 나라를 증언하고 모세의 율법과 선지자의 말을 가지고 예수에 대하여 권하더라 _행 28:23

이같은 설명에 "믿는 사람도 있고 믿지 아니하는 사람도 있어"(행 28:24)라고 기록되었지만, 그것은 기회였습니다. 바울이 가지고 있던 지식만큼 복음이 설득되는 것이었습니다. 그런 의미에서 지식이 설명입니다.

오늘날도 마찬가지입니다. 우리는 무조건 세상이 복음을 거부한다고 생각합니다. 하지만 충분히 설명하지 못하는 우리의 삶과 말이 문제는 아닌지 돌아보아야 합니다. 우리가 더 열심히 공부하고 준비해야 하는 이유입니다.

로마 연금에서 풀려난 후

사도행전의 마지막 기록에서 알 수 있듯이, 바울은 AD 60년에서 62년경으로 보이는 약 2년 동안 재판을 기다리면서 가택에 연금된 상태에 있었습니다. 분명 군사들이 바울을 지키고 있었지만(빌 1:13-14; 4:22) 비교적 자유롭게 사람들을 만나고 복음을 전할 수 있었습니다. 이때 빌립보서, 에베소서 등의 옥중서신을 썼습니다.

[30]바울이 온 이태를 자기 셋집에 머물면서 자기에게 오는 사람을 다 영접하고 [31]하나님의 나라를 전파하며 주 예수 그리스도에 관한 모든 것을 담대하게 거침없이 가르치더라 _행 28:30-31

얼마 되지 않아 연금 상태에서 풀려날 기미가 보일 즈음, 옥바라지를 하던 에바브로디도가 거의 죽을뻔하다 살아나자 걱정하는 빌립보 교회를 위해 에바브로디도를 먼저 보냅니다. 그때 에바브로디도 편에 자신의 소식을 전했지만, 더 자세한 소식을 전하기 위하여 디모데를 보낼 계획과 자신도 직접 방문할 계획을 세웁니다(빌 2:23-24). 그러다가 바울이 연금에서 풀려납니다. 그때 바울은 빌립보 교회로 가고 싶었을 것입니다. 하지만 빌립보에는 디모데만 보내고 자신은 에베소로 갑니다. 밀레도 해변에서 에베소 장로들과 만났던 일 때문이었는지도 모르겠습니다(행 20:24-25). 바울이 에베소에 있을 때 빌립보에 보냈던 디모데가 돌아오자, 디모데에게 에베소 교회 목회를 맡깁니다. 그리고 자신은 그토록 그리웠던 빌립보로 떠납니다.

> 내가 마케도니아(행 16:12 참조, '마게도냐 지방의 첫 성'으로 빌립보를 기록한 것을 볼 때 마게도냐는 빌립보로 여겨진다)로 떠날 때에 간곡히 부탁한 대로 그대는 에페소에 머물러 있으시오. _딤전 1:3, 공동번역

에베소를 떠난 후, 바울은 이내 디모데가 걱정되었습니다. 물론 다시 돌아올 계획을 세우고 있었지만(딤전 3:14) 디모데를 걱정하여 쓴 목회서신이 바로 디모데전서입니다.

그후 바울은 빌립보만 아니라 여러 곳을 자유롭게 다닌 것으로 보이는데, 그레데 섬으로 전도여행을 가서 그곳에 디도를 남겨 사역하게 하였습니다(딛 1:5). 목회서신 디도서가 쓰인 곳입니다. 이처럼 로마 연금에서 풀려난 후 바울은 자유롭게 복음을 전하는 삶을 살 수 있었습니다. 로마의 연금 상태에서도 복음을 전했던 바울이, 연금에서 풀려난 후 자유롭게 온 세상을 다니며 복음을 전했을 것은 당연합니다. 이것이 바울입니다. 이런 것

을 참조할 때, 바울의 전도여행은 그가 그토록 가고 싶어했던 서바나까지 계속되었을 가능성이 있습니다. 1세기가 지나기 전에 기록된 로마의 클레멘트의 기록을 보면 "바울이 서방세계 끝에 도착했다"(클레멘트전서 5:7)라고 기록하기 때문입니다. 하지만 정확한 것이라고 말할 수는 없습니다. 다만 한 가지 분명한 것은 바울이 매우 폭넓게 전도여행을 다닌 것은 확실합니다. 그 같은 흔적은 이후 드로아에서 긴급 체포되어 감옥에 간힌 2차 투옥시절에 쓴 디모데후서를 보면 알 수 있습니다. 디모데에게 부탁하는 내용에서 바울이 다녔던 곳을 추측할 수 있습니다.

> [13]네가 올 때에 내가 드로아 가보의 집에 둔 겉옷을 가지고 오고 또 책은 특별히 가죽 종이에 쓴 것을 가져오라 [20]에라스도는 고린도에 머물러 있고 드로비모는 병들어서 밀레도에 두었노니 _딤후 4:13,20

만일 바울이 그동안 다녔던 전도여행의 최종 목적지가 서바나였다면 역으로 추적할 수 있을 것 같습니다. 스페인, 그리스, 고린도, 빌립보, 드로아를 지나 약속한 대로 에베소로 가려다가 드로아에서 체포된 것으로 보이는 것입니다. 디모데후서에 나오지만, 나중에 디모데에게 가져오라고 특별히 부탁한 '겉옷, 특별히 가죽 종이에 싼 책'(딤후 4:13)은 구약성경으로 보이는데, 이것들을 두고 그냥 로마로 돌아갔을 리가 없기 때문입니다. 만일 바울이 드로아에서 체포되었다면, 그것은 64년 7월에 일어난 로마 대화재 사건 때 네로가 기독교인을 희생양으로 삼은 일에 영향받은 것으로 보입니다. 이같은 시대적 상황에 편승해 유대인들이 바울을 고소할 명분을 다시 충분히 얻었을 수 있습니다. 그 배경이 어떠하든지, 바울은 2차로 로마에 투옥됩니다.

두 번째 로마 감옥에 갇힐 때

바울이 로마 감옥에 2차로 투옥되었을 때 상황은 1차 연금 때와 비교할 수 없을 만큼 심각했습니다. 빌립보서 같은 옥중서신을 쓸 때의 낙관적인 분위기와 달리 매우 얼어붙은 분위기였습니다. 이 즈음에 바울을 떠나거나 변호하기를 회피하는 이들이 생겨났습니다.

> ¹⁰데마는 이 세상을 사랑하여 나를 버리고 데살로니가로 갔고 그레스게는 갈라디아로, 디도는 달마디아로 갔고 ¹¹누가만 나와 함께 있느니라 네가 올 때에 마가를 데리고 오라 그가 나의 일에 유익하니라 _딤후 4:10-11

이들 중에 눈에 띄는 사람은 데마입니다. 사실 데마는 3,4년 전까지만 해도 로마의 1차 투옥 상황에서 누가와 함께 바울을 지키던 이였습니다. 골로새서를 보면 알 수 있습니다.

> 사랑을 받는 의사 누가와 또 데마가 너희에게 문안하느니라 _골 4:14

이처럼 바울과 잘 동행하던 데마가 마지막 순간에 떠난 것입니다. 그런데 그 이유가 우리 마음을 저리게 만듭니다. "이 세상을 사랑하여 나를 버리고"라는 기록 때문입니다. 눈에 보이는 고난을 피해 세상을 택한 것입니다. 마냥 비난할 수 없는 것은 우리도 그럴 수 있어서 그렇습니다.

바울은 자신을 떠난 데마와 몇 사람을 마음에 두고 법정으로 갔습니다. 외롭고 힘들고, 그들이 원망스럽기도 했을 것입니다. 하지만 바울은 오히려 그들을 염려했습니다. 마지막 순간이 가까워진 바울의 모습은 예수를 닮은 것이었습니다.

내가 처음으로 재판정에 나갔을 때에 한 사람도 나를 도와주지 않고 모두가 버리고 가버렸습니다. 그러나 나를 버리고 간 그들이 엄한 벌을 받지 않게 되기를 바랍니다. _딤후 4:16, 공동번역

한 사람도 자기를 도와주지 않고 홀로 재판정에 선 바울은 외로웠을 것입니다. 하지만 그의 내면은 단단했습니다. 편지에 쓴 것처럼 바울은 자신을 버린 이들을 긍휼히 여겼습니다. 그는 끝까지 바른 경주를 하고 있었습니다. 바울이 홀로 있을 때에도 주님을 깊이 경험하고 있었기 때문입니다. 이어지는 구절을 보면 알 수 있습니다.

주께서는 나와 함께 계시며 나에게 힘을 주셨습니다. 그리하여 나는 하나님의 말씀을 완전히 선포할 수 있었고 그 말씀이 모든 이방인들에게 미치게 되었습니다. 그리고 주께서 나를 사자의 입에서 구해 주셨습니다. 앞으로도 나를 모든 악한 자들에게서 건져내어 구원하셔서 당신의 하늘 나라로 인도하여 주실 것입니다. 그분께 영광이 영원 무궁토록 있기를 빕니다. 아멘. _딤후 4:17-18, 공동번역

그래도 바울은 외로웠습니다. 그래서 마가와 디모데를 찾은 것입니다.

⁹너는 어서 속히 내게로 오라 ¹¹누가만 나와 함께 있느니라 네가 올 때에 마가를 데리고 오라 그가 나의 일에 유익하니라 ²¹너는 겨울 전에 어서 오라
_딤후 4:9,11,21a

이것이 사도 바울의 마지막 기록입니다. 이후 바울이 디모데와 마가를 만났는지는 확인할 길이 없습니다. 하지만 분명히 만났을 것입니다. 그러지

않았어도, 모든 경주를 마치는 날에 분명히 만날 것입니다.

> [7]나는 선한 싸움을 싸우고 나의 달려갈 길을 마치고 믿음을 지켰으니 [8]이제 후로
> 는 나를 위하여 의의 면류관이 예비되었으므로 주 곧 의로우신 재판장이 그 날에
> 내게 주실 것이며 내게만 아니라 주의 나타나심을 사모하는 모든 자에게도니라
> _딤후 4:7-8

그동안 바울의 서신들은 대체로 심각한 문제가 발생한 배경에서 쓰였습니다. 유대적 크리스천들이 강세를 보이거나 여전히 바울의 사도성을 문제삼는 교회들에게 쓰는 편지였습니다. 그러므로 매우 자유롭게 자신의 의견을 펼치기보다 목적성 편지 성격이 짙습니다. 물론 로마서에 그런 형태와 경향이 없다는 의미는 아닙니다. 로마 교회 역시 복잡한 모습을 갖추고 있었던 것이 사실입니다. 하지만 여타 교회들과 현저한 차이는 있습니다. 그렇게 보는 가장 큰 이유는 바울이 직접 로마 교회에 간 적이 없기 때문입니다. 아굴라와 브리스길라와 고린도에 함께 있으면서 들었던 것처럼 간접 경험이 전부였을 것으로 보입니다. 사실 이같은 상황은 우리에게는 유익한 것일 수 있습니다. 왜냐하면 바울이 비교적 담담하게 성경 전체를 관통하는 하나님의 역사와 섭리를 말할 수 있었기 때문입니다. 당연히 바울이 진정 말하고 싶었던 주제가 나올 수밖에 없었습니다.

문제는 우리가 더 큰 문제일 수 있다는 것입니다. 바울은 공평했을지라도 우리는 그렇지 못하기 때문입니다. 로마서를 읽을 때 우리를 지배하는 생각은 루터가 종교개혁의 화두로 삼은 1장 17절, "오직 의인은 믿음으로 말미암아 살리라"라는 주제입니다. 그러니까 '오직 믿음으로'라는 루터의 놀라운 명제 앞에 서는 바람에 로마서를 기록하게 된 상세한 정황은 놓치

는 일이 벌어진 것입니다. 그런 까닭에 우리가 로마서의 논지를 정확히 이해하기 위해서는 로마 교회의 상황을 깊이 이해할 필요가 있습니다.

로마 교회는 누가 세웠는가?

이제 로마 교회가 어떤 교회인지 살펴보겠습니다. 우선 이런 질문을 던지겠습니다. "로마 교회는 누가 세운 교회입니까?" 로마천주교회는 오래 전부터 베드로가 로마 교회를 세웠다고 주장합니다. 한국 천주교 주교회의(CBCK : Catholic Bishop's Conference of Korea)에서 발간하는 〈사목〉(司牧) 지에 로마천주교회의 입장이 정리되어 있습니다. 이 글을 쓴 분은 그 당시 선목신학대학 학장이던 정하권 신부로, '특집 교황과 교황청' 중에서 '교황은 누구인가'라는 소논문에 실은 내용입니다.

베드로는 그의 활동 초기에는 예루살렘과 팔레스타인에서 보내고, 박해가 심해지자 예루살렘을 떠나서 '다른 곳으로 떠나갔다'(사도 12,1). 역사에 의하면 베드로는 AD 42-43에 예루살렘을 떠났고, 다른 곳에도 전도여행을 했겠지만, 미구에 로마에 정착하였다. 최초의 로마 신자가 언제부터 있었는지 모르지만, 로마 교회의 아주 오랜 전통은 베드로를 로마 교회의 창설자로 보고 있다. 그는 로마에서 AD 63-64에 베드로1서를 썼고(1베드 5,13), 네로 박해 시에 로마에서 순교하였다(AD 64).[3]

여기서 정하권 신부는 '다른 곳으로 떠나갔다'라는 말씀을 인용하는데,

---

3 정하권, 교황은 누구인가, 사목 92호, CBCK, 1984.3.8.

헤롯 왕이 야고보 사도를 죽이고 난 후 베드로 등 제자들을 죽이려는 과정에서 나온 말씀입니다. (사도 12,1은 12,17, 즉 12장 17절을 잘못 쓴 것으로 보입니다.) 성경은 베드로가 감옥에 갇혀 있다가 성도들의 기도로 옥문이 열려 빠져나온 이야기의 끝자락에 베드로가 떠나갔다고 기록하고 있습니다. 로마 교황청은 이 구절을 근거로, 베드로가 이즈음에 로마 교회를 세웠을 것이라고 주장합니다. 하지만 이같은 주장에는 약간 무리가 있습니다. 왜냐하면 사도행전 15장, 곧 AD 49년 경에 개최된 예루살렘 총회 때 베드로가 등장하기 때문입니다. 더 중요한 것은 바울이 로마 교회에 편지를 쓰는 내내 단 한 번도 베드로를 언급하지 않은 것입니다. 만일 베드로가 그곳에 있었다면 그럴 수 없기 때문입니다.

그렇다고 베드로가 로마 교회와 전혀 관계 없다고 말할 수는 없습니다. 클레멘스의 '고린도 서간'과 외경인 '베드로복음서'와 '베드로행전'이 베드로의 로마 체류 사실과 함께 그의 순교 사실을 전해주고 있고, 전승에 의하면 베드로는 네로 황제에 의한 박해 때 로마를 탈출하려 했습니다. 그런데 압피아 문 근방에서 로마로 가고 계신 주님을 만납니다. 그때 베드로가 "주여 어디로 가시나이까?"(쿠오바디스 도미네)라고 묻자 예수님이 "네가 버린 십자가를 지러 로마로 간다"라는 말씀을 하셨다고 합니다. 헨리크 시엔키에비치(Henryk Sienkiewicz)가 쓴 소설 《쿠오바디스》와 영화 〈쿼바디스〉로 잘 알려진 이야기입니다.

그렇다면 베드로는 언제 로마에 온 것일까요? 신학자들은 대체로 바울이 1차로 투옥되었던 AD 62-64년 경에 온 것으로 보고 있고, 이 즈음에 베드로전서를 쓴 것으로 보고 있습니다. 그리고 네로 박해 때, 바울과 같은 시기(AD 64)에 로마에서 순교한 것으로 알려지고 있습니다.

그렇다면 로마 교회는 어떻게 형성된 것입니까? 일반적으로 신학자들은 사도행전 2장 10절을 주목합니다. 바로 오순절 때의 기록입니다. 그때 오순절의 강력한 역사를 경험한 사람들 중에 로마에서 온 사람들이 있음을 알 수 있습니다(로마로부터 온 나그네 곧 유대인과 유대교에 들어온 사람들, 행 2:10). 대부분의 학자들은 이들이 오순절 때 성령의 강력한 역사를 체험하고 난 후 로마에 복음을 전한 것으로 봅니다. 이들이 로마로 돌아가면서 교회를 세웠을 것으로 보는 것입니다. 4세기의 교부 암브로시우스도 같은 의견을 냈습니다.

로마의 교회는 어떤 특정한 사도에 의해서 세워진 것이 아니라 유대인의 의식을 따라 - 유대인들 사이에서 - 그리스도에 대한 믿음을 소유하게 되었다.[4]

예루살렘에서 복음을 받고 돌아온 그들은 유대인의 규칙을 따라 회당에서 예배를 드렸을 것입니다. 하지만 그곳에서 복음이 전해지기 시작하였고, 특히 개종한 이방인 유대인들이 적극적으로 복음을 받아들였습니다. 그리고 점차 교회가 확장되어가자 유대 크리스천들과 유대인들 사이에 갈등이 생겼을 것입니다. 이같은 갈등은 로마 사회에 적지 않은 파장을 일으켰습니다. 드디어 클라우디우스 황제가 AD 49년 칙령을 내리기에 이릅니다. 클라우디우스 황제의 전기를 쓴 수에토니우스(Suetonius)는 이렇게 기록했습니다.

"크레스토(그리스도) 때문에 집요하게 분란을 선동하는 유대인들을 그는 로

---

4 PL 17, col, 46, 재인용, 한천설, '로마서 설교를 위한 배경연구', 로마서 어떻게 설교할 것인가, 두란노 아카데미, 14

마로부터 추방하였다."[5]

앞에서 살핀 것처럼 성경이 이같은 역사를 뒷받침하고 있습니다. 바울이 고린도에 갔을 때 아굴라와 브리스길라 부부를 만난 기사에서 이 역사적 사실을 기록하기 때문입니다.

> [1]그후에 바울이 아덴을 떠나 고린도에 이르러 [2]아굴라라 하는 본도에서 난 유대인 한 사람을 만나니 글라우디오가 모든 유대인을 명하여 로마에서 떠나라 한 고로 그가 그 아내 브리스길라와 함께 이달리야로부터 새로 온지라 바울이 그들에게 가매 _행 18:1-2

클라우디우스 황제가 내린 추방령의 대상은 모든 유대인들이었습니다. 그래서 크리스천이든 아니든 모든 유대인이 추방되었습니다. 이 말은 그동안 유대인 중심의 로마 교회가 완전히 이방인 중심으로 바뀌게 되었다는 뜻입니다. 유대 크리스천이 중심이었던 그동안과 달리, 모임의 형태와 색깔도 바뀌게 됩니다. 우선 모임 장소가 '회당'에서 '인슐라'라는 일터와 주거공간이 합쳐진 장소로 바뀌기 시작했습니다. 동시에 그동안 그들에게 끊임없이 요구되었던 안식일과 정결법 준수 같은 유대교 전통과 관습은 점차 불필요한 것으로 간주되었습니다.[6]

그리고 54년 클라우디우스가 죽고 네로가 새로운 황제가 되면서 유대인들은 다시 로마로 돌아올 수 있었지만, 교회는 이미 이방인 크리스천들 중

---

5 'Iudaeos impulsore Chresto assidue tumultuantes Roma expulit', Life of Claudius, 25, 4
6 정승우, 로마서의 예수와 바울, 이레서원, 31

심으로 재편된 후였습니다. 유대 크리스천이 소수로 전락한 것입니다. 실제로 람페(P. Lampe)의 분석에 의하면, 16장에 거명되는 이름 중 대략 15퍼센트 가량만이 유대적 기원을 지니는 이름일 것으로 추정되는 것에서도 알 수 있습니다.[7] 여기서 우리는 왜 로마서에 이방인에 대한 적극적 우호 분위기가 없는 것과, 무조건 유대인을 책망하는 논조가 사라졌는지 이해할 수 있습니다. 이같이 바뀐 로마의 상황을 알고 있던 바울은 유대인에게나 이방인에게나 모두 비교적 자유로울 수 있었습니다. 그동안 수세에 몰린 이방인들을 격려하고 북돋아주던 이야기 방식에서, 이방인들에게 하고 싶은 말을 자유롭게 하게 된 것입니다. 그 유명한 돌감람나무 비유를 읽어보면 알 수 있습니다.

> 그런데 참 올리브 나무 가지들 가운데서 얼마를 잘라 내시고서, 그 자리에다 돌 올리브 나무인 그대를 접붙여 주셨기 때문에, 그대가 참 올리브 나무의 뿌리에서 올라오는 양분을 함께 받게 된 것이면, 그대는 본래의 가지들을 향하여 우쭐대지 말아야 합니다. 비록 그대가 우쭐댈지라도, 그대가 뿌리를 지탱하는 것이 아니라, 뿌리가 그대를 지탱한다는 것을 명심해야 합니다. _롬 11:17-18, 새번역

바울은 로마서 1장에서 3장까지, 초기에 발생했던 유대인들의 우월감이나 선민사상에 의해 복음이 제한된 것을 언급하였습니다. 하지만 시간이 지나면서 유대인 크리스천들이 역차별당하는 일이 생깁니다. 그래서 바울은 9장부터 11장에서 이방인 크리스천들에게 유대인 크리스천들을 인정할 것을 요청하면서, 약간 교만해진 이방인 크리스천들을 질책합니다. 바울

---

7   P. Lampe, 'The Roman Christians of Romans', 16, 재인용, 정승우, 32

은 믿음 안에서 유대인 크리스천이나 이방인 크리스천이나 동등하다는 것을 강조하고 싶었던 것입니다. 그것이 차별없는 '하나님의 의'였습니다.

> 곧 예수 그리스도를 믿음으로 말미암아 모든 믿는 자에게 미치는 하나님의 의니 차별이 없느니라 _롬 3:22

로마서의 영향력

어거스틴은 그의 나이 32살이던 386년 여름, 자신이 묵고 있던 집의 정원에서 아이들이 반복해서 '톨레 레게'(집어 읽으라)라고 부르던 소리를 듣고서, 로마서 13장 11-14절을 읽고 회심합니다. 이와 유사한 사례들을 보면 로마서의 영향력은 놀랍고 무섭습니다.

마틴 루터는 1505년 21살의 나이에 어거스틴파 수도원에 들어가 금욕적 생활을 하였습니다. 지옥에 가지 않고 천국으로 가기 위해서 말입니다. 하지만 그의 안에는 하나님에 대한 분노가 가득하였습니다. 이에 대해 존 스토트는 이렇게 설명했습니다.

> "하나님은 그에게 자비로운 구원자이기보다는 사람들을 두렵게 하는 재판관처럼 보였기 때문이다."[8]

하지만 로마서 1장 17절 말씀을 통해 루터는 '하나님의 의'의 의미를 깨닫습니다. 그는 놀라운 진리인 '이신칭의', 곧 은혜에 의해 믿음으로 말미암

---

8 존 스토트, 로마서 강해, IVP, 16

아 구원에 이른다는 깨달음에 이른 것입니다. 이것은 바로 종교개혁의 근원이 되었습니다.

요한 웨슬리는 올더스게이트에서 열린 집회에서 누군가 읽던 루터의 로마서 주석 서문을 듣다가 마음이 뜨거워지는 회심을 경험합니다.

존 번연은 베드포드 감옥에서 로마서를 읽다가 변화되어 천로역정을 썼습니다. 칼 바르트가 1차 세계대전의 잔인한 살육을 바라보면서 읽은 로마서는 그에게 '절대적으로 유일한 존재인 하나님의 능력, 그리고 주도권과 인간의 죄와 죄책의 심각성'을 경험하게 하였습니다.[9]

브루스(F. Bruce)는 이토록 놀라운 책인 로마서에 대해 말하면서, 이 책이 단지 위대한 사람들에게만 영향을 준 것은 아니라는 뜻으로 이렇게 덧붙였습니다.

매우 평범한 남녀들도 그 책에 의해 영향을 받았기 때문이다. 사람들이 로마서를 연구하기 시작할 때 실로 어떤 일이 일어날지 알 수 없다. 그러므로 지금까지 그 서신서를 읽은 사람들은 그것을 더 읽을 때 어떤 결과들이 나타날지에 대해 각오하도록 하자. 독자들에게 경고하는 바이다.[10]

---

9 존 스토트, 19
10 존 스토트, 19-20

구별됨과 부르심

로마서 1:1

예수 그리스도의 종 바울은 사도로 부르심을 받아 하나님의 복음을 위하여 택정
함을 입었으니 _롬 1:1

모든 책은 언제나 첫 문장이 중요합니다. 첫 문장에는 일반적으로 저자
가 그 책에서 말하고 싶은 내용을 푸는 매우 중요한 생각들을 풀어놓기 때
문입니다. 그렇다면 바울은 왜 이같은 문장으로 시작한 것입니까?

우선 우리가 관심을 가져야 할 것은 바울이 자신을 정의한 부분입니다.
'예수 그리스도의 종 바울은'이라고 표현한 부분입니다. 대체로 바울 서신
들이 대부분 이 방식을 택하고 있습니다.

하나님의 뜻을 따라 그리스도 예수의 사도로 부르심을 받은 바울과 형제 소스데
네는 _고전 1:1

사람들에게서 난 것도 아니요 사람으로 말미암은 것도 아니요 오직 예수 그리스도와
그를 죽은 자 가운데서 살리신 하나님 아버지로 말미암아 사도 된 바울은 _갈 1:1

하나님의 뜻으로 말미암아 그리스도 예수의 사도 된 바울은 … _엡 1:1

하나님의 뜻으로 말미암아 그리스도 예수의 사도 된 바울과 형제 디모데는 _골 1:1

우리 구주 하나님과 우리의 소망이신 그리스도 예수의 명령을 따라 그리스도 예수의 사도 된 바울은 _딤전 1:1

그리스도 예수를 위하여 갇힌 자 된 바울과 및 형제 디모데는 _몬 1:1

바울 서신서들의 첫 문장들입니다. 간단합니다. 로마서의 시작과 다른 것을 알 수 있습니다. 예상 외로 로마서의 자기소개는 긴 편이기 때문입니다. 바울은 왜 이렇게 로마서를 시작했을까요?

비교적 긴 자기소개

일반적으로 다른 서신들은 자신에 대한 정의(소개)를 하고 난 후 수신자에게 안부 인사를 한 다음, 자신이 하고 싶은 메시지, 곧 교회에 필요한 내용을 적었습니다. 혹, 빌립보서처럼 자신을 자세히 설명할 필요가 없는 경우에는 "그리스도 예수의 종 바울과 디모데는"(빌1:1)이라고 더 간략히 쓰고 곧바로 필요한 내용을 적었습니다. 하지만 로마서는 다릅니다. '예수 그리스도의 종 바울은'으로 시작하여 자신을 길게 설명한 것입니다. 최소한 바울에 대한 자기 소개는 17절까지 이어지고 있다고 보아야 옳고, 더 길게 잡아도 틀리지 않습니다. 이같이 길게 서술한 이유는 로마 교회가 자신이 세운 교회가 아니었기 때문입니다. 그래서 자신의 사도됨을 자세히 설명할 필요가 있다고 판단한 것입니다. 그렇지만 먼저 다른 서신서처럼 요약한 내용을 적습니다. 바로 1절입니다.

> 예수 그리스도의 종 바울은 사도로 부르심을 받아 하나님의 복음을 위하여 택정함을 입었으니 _롬 1:1

여기서 바울이 쓴 '택정함을 입었다'라는 표현이 중요합니다. 여기에 쓰인 단어가 '아포리조'이기 때문입니다. 이 단어의 의미는 '경계선에 의해 규정되고 구별되다'입니다. 그래서 많은 영어번역본들은 'seperated to'라고 번역하였고, NIV나 NASB는 'set apart for'라는 표현을 쓴 것입니다. 세상에 살고 있는데 '따로 불러 세웠다'는 말입니다. 바울은 이 사실을 강조하고 싶었습니다. 사실 바울의 머릿속에는 자신을 따로 불러 세우신 것에 대한 자부심이 강했습니다. 갈라디아서에도 유사한 표현이 나옵니다.

> 그러나 내 어머니의 태로부터 나를 택정하시고 그의 은혜로 나를 부르신 이가
> _갈 1:15

바울은 이처럼 특별한 부르심에 대해 자부심이 강했습니다. 그 이유는 그가 예레미야 선지자의 글을 알고 있었기 때문으로 보입니다.

> 내가 너를 모태에 짓기 전에 너를 알았고 네가 배에서 나오기 전에 너를 성별하였고 너를 여러 나라의 선지자로 세웠노라 하시기로 _렘 1:5

'성별하다'로 번역된 히브리어 단어가 바로 '분리하다. 구별하다. 거룩하

게 하다'라는 의미의 '카다쉬'입니다. 예레미야를 구별하여 부르신 것처럼, 바울의 사도됨 역시 같은 관점에서 이해해야 한다는 것을 강조한 것입니다. 그래서 바울은 로마 교회에 보내는 편지의 서두를 예레미야 말씀을 연상시키는 문장으로 시작합니다. 이같은 표현은 안식일과 정결법을 넘어 구약까지 중요하게 여기지 않는 경향이 있었던 헬라파 크리스천에게 구약의 중요성을 강조해주는 동시에, 유대파 크리스천에게는 자신의 사도성에 대해 정확한 입장을 전하는 것이었습니다.

그러면 이제 하나님은 어떤 과정을 통하여 어떻게 사람을 구별하여 사용하시는지 살펴보도록 하겠습니다.

하나님의 계획 안에서 이미 택하심

하나님이 사람들을 쓰시는 첫째 방법은 하나님의 계획과 관계 있습니다. 하나님은 모든 사람들을 택하셨습니다. 이것이 중요합니다. 성경의 핵심 구절인 요한복음 3장 16절을 읽어보겠습니다.

> 하나님이 세상을 이처럼 사랑하사 독생자를 주셨으니 이는 그를 믿는 자마다 멸망하지 않고 영생을 얻게 하려 하심이라 _요 3:16

하나님의 사랑과 선택의 무제한적 보편성입니다. 하나님은 세상의 모두를 사랑하셔서 예수를 주셨습니다. 그리고 '그를 믿는 자마다', 다시 말해서 어떤 조건과 자격과 관계없이 모두를 택하셨습니다. 모든 사람을 하나님의 구원 안에 두신 것입니다. 바르트는 이것을 '모두 구원하기로 예정되었다'라고 표현하였습니다. 이 말이 옳습니다. 하나님은 우리 모두를 구원하기로 정하셨습니다.

그 다음이 부르심입니다. 계획을 가지고 부르신 것을 말합니다. 하나님의 부르심은 중요합니다. 하지만 바울은 이상한 구조로 말하였습니다.

> 부르심을 받아 하나님의 복음을 위하여 택정함을 입었으니 _롬 1:1

자세히 읽어보면 알겠지만, 하나님은 부르실 때 이미 어떻게 사용하실지 계획을 갖고 계십니다. 그같은 계획을 가지고 부르십니다. 그래서 주님은 제자들을 부르실 때 그 계획을 함께 발표하신 것입니다.

> 예수께서 이르시되 나를 따라오라 내가 너희로 사람을 낚는 어부가 되게 하리라 하시니 _막 1:17

이것이 부르시기 전에 이미 세워놓으신 하나님의 계획입니다. 예레미야를 부르실 때 장면을 다시 보면 금세 알 수 있습니다.

> 내가 너를 모태에 짓기 전에 너를 알았고 네가 배에서 나오기 전에 너를 성별하였고 너를 여러 나라의 선지자로 세웠노라 하시기로 _렘 1:5

그러므로 부르심에는 언제나 목적이 있습니다. 바울은 자신을 설명할 때 '복음을 위하여'라고 말하고 있습니다.

눈치채셨는지 모르지만, 부르심의 목적은 어떤 세속적인 일을 이루는 것이 아닙니다. 에스더가 왕비가 되었을 때, 이스라엘 백성들이 모함을 받아 멸절당할 위기에 처했습니다. 그때 모르드게가 에스더 왕비에게 이렇게 말합니다.

> 이 때에 네가 만일 잠잠하여 말이 없으면 유다인은 다른 데로 말미암아 놓임과 구원을 얻으려니와 너와 네 아버지 집은 멸망하리라 네가 왕후의 자리를 얻은 것이 이 때를 위함이 아닌지 누가 알겠느냐 하니 _에 4:14

우리는 왕비가 되는 것이 부르심의 목적인 줄 착각합니다. 세상에서 직장에 들어가고 무슨 직업을 가지는 것으로 다 끝난 줄 압니다. 그게 아닙니다. 그것을 통하여 무슨 일을 이루고 있는지가 더 중요합니다. 그러므로 하나님의 계획은 일이나 직업이 아니라 그것으로 인해 이루어질 하나님나라에 관한 것입니다. 만일 어떤 직업을 가지고서 그 일에만 집중하여 그것만을 위해 살고 있다면, 그 사람은 하나님의 부르심을 제대로 이해하지 못한 것입니다. 그래서 우리가 항상 물어보아야 하는 것은 이 일을 통해 지향하는 곳이 하나님 나라와 관계되어 있는지 여부입니다. 하나님으로부터 부름을 받았다면 분명히 부르심의 목적인 하나님 나라와 관계된 것에 대한 이해도 있어야 하는 것입니다.

구별됨의 과정과 보내심의 지향점

하나님이 우리를 부르셨습니다. 하지만 그것만으로 하나님의 목적이 우리를 통해 바로 진행되는 것은 아닙니다. 그 다음 단계가 '구별됨'입니다.

주님이 제자들을 부르셨을 때 그들이 즉시 주님의 일에 투여된 것이 아닙니다. 그들에게는 예수님과 함께 하는 3년의 시간이 있었고, 그후에도 비참한 일을 많이 경험한 후에야 보냄을 받습니다. 그 시간이 바로 구별되는 과정이었습니다.

바울 역시 다메섹 도상에서 부름받은 후 바로 사역을 시작한 것이 아닙니다. 최소한 3년, 엄밀히 길게 잡으면 14년입니다. 바울은 아라비아 사막에서 3년, 다소에서 11년이 지난 후에 하나님의 보내심을 받았습니다. 그러므로 바울에게는 14년이 구별됨의 기간이었습니다.

우리가 지금 바로 그 시간을 지나가는 것일 수 있습니다. 구별되어 세워지는 시간 말입니다. 사실 이 시간은 지루합니다. 답답할 수 있고 갑갑하기도 합니다. 원래 그렇게 온전히 구별되고 거룩해지기 위해서는 시간이 필요합니다. 우리가 거룩해짐으로 세상과 구별된 삶을 살 수 있을 때까지입니다. 따라서 간혹 무엇이 잘 된 것처럼 보이고 성공적으로 진행될지라도 아직 이룬 것은 아닙니다. 하나님이 세워놓으신 부르심의 끝 지점까지 도달한 것이 아니라는 말입니다. 그래서 다 이룬 것처럼 행동할 수 없습니다.

하나님을 먼저 우리를 부르시고, 그런 다음 구별되고 준비되면, 그때 보내십니다. 바울은 자신이 그렇게 해서 보냄받은 자라는 사실을 강조합니다. 그것이 '사도'의 의미입니다. '사도'로 번역된 헬라어 '아포스톨로스'는 '보냄받은 자'라는 뜻입니다. 그러므로 자신을 정의하면서 '사도'라고 말한 것은 이미 보냄받았다는 것을 말합니다. 보냄받았다면 무엇을 위해 보냄받았는지에 대한 인식도 당연히 분명할 것입니다. 바울은 그 지향점이 '복음'이라는 것을 적시하였습니다.

예수 그리스도의 종 바울은 사도로 부르심을 받아 하나님의 복음을 위하여 택정함을 입었으니 _롬 1:1

'복음'이 그의 존재 이유라는 말입니다. 복음은 바울의 가슴을 뛰게 하는 유일한 것이었습니다. 그래서 그의 소원은 복음을 전하는 것이었습니다. 이를 위해 바울은 스스로 주님의 종이 되기로 결정합니다. 그래서 자신을 소개할 때 그 어떤 것보다 자신의 정체성을 '종'이라고 표현한 것입니다. 종, 노예가 얼마나 비참하고 천박한 것인지 아는 로마의 크리스천들이 볼 때 매우 충격적인 표현이었을 것입니다.

사실 우리는 예수님의 제자, 사도, 신부, 심지어 친구와 벗이라는 말을 좋아합니다. 주님이 우리를 그렇게 부르셨기 때문입니다. 옳습니다. 하지만 우리는 먼저 주님의 종이 되어야 합니다. 바울은 그것에 집중했습니다.

오늘날 기독교의 문제는 무엇입니까? 종이 되기를 원치 않는 것입니다. 종 말고 다른 근사한 무엇으로서 예수를 믿고 싶은 것입니다. 하지만 예수를 제대로 믿기 원한다면, 우리는 "제가 주님의 종입니다"라는 고백부터 시작해야 합니다. 그런데 우리는 왜 종이 되길 싫어합니까? 종은 자신의 뜻대로 살지 못하고 주인의 뜻대로 사는 자이기 때문입니다. 그래서 싫습니다. 내 마음대로 하고 싶습니다. 내가 원하는 대로 들어주시는 '자판기 하나님' (deus ex machina) 정도로 주님이 존재하기를 원하기 때문입니다. 그렇다면 바울은 분명 스스로 종이 되길 자청한 것입니다. 프란시스 쉐퍼가 이에 대하여 이렇게 설명하였습니다.

"바울이 노예의 쇠사슬을 자신의 목에 건 것은 그럴 수밖에 없었기 때문이 아니라 그가 자신의 의지로 그것을 목에 걸었기 때문이다."[11]

그러므로 로마서의 시작 부분에서는 '예수 그리스도의 종 바울'이라는 바울의 첫 번째 자기 정의(소개)에 집중해야 합니다. 바울이 복음을 설명하는 로마서를 쓰기 전에 하고 싶었던 말이기 때문입니다.

---

11 Schaeffer, Finished Work of Christ, p.14; 재인용, 케네스 보아 외, Main Idea로 푸는 로마서, 디모데, 39

'종 바울.'

바울의 이 놀라운 자기 정의가 이해되고 우리의 정의로 고백될 때, 우리는 비로소 주를 위해 사는 온전한 제자가 되는 것이기 때문입니다.

복음이 무엇인가?

로마서 1:2-4

우리 신앙의 위기는 무엇 때문에 발생합니까? 복음이 모든 문제의 해답인데, 정작 복음을 제대로 모르기 때문입니다. 그렇다면 복음이 무엇입니까? 바울은 이렇게 대답하였습니다.

> ²이 복음은 하나님이 선지자들을 통하여 그의 아들에 관하여 성경에 미리 약속하신 것이라 ³그의 아들에 관하여 말하면 육신으로는 다윗의 혈통에서 나셨고 ⁴성결의 영으로는 죽은 자들 가운데서 부활하사 능력으로 하나님의 아들로 선포되셨으니 곧 우리 주 예수 그리스도시니라 _롬 1:2-4

약간 길게 설명하였지만, 한마디로 말하면 "예수 그리스도, 우리를 위하여 죽으시고 부활하신 분"(롬 1:4)이라는 사실이 복음입니다. 이 놀라운 소식은 바울을 무너지게 하였습니다. 그동안의 삶을 송두리째 바꿔버렸습니다. 복음의 내용이 너무나 강력했기 때문입니다.

강력한 복음의 핵심, 그것은 바로 그리스도의 죽음입니다. 놀랍게도 십자가에서 그리스도의 죽음이 바울 자신에게 집중하고 있다는 사실을 알게 되었습니다. 우리가 살핀 것처럼 아라비아 사막 묵상을 통하여 깨닫게 되었던 '나무에 달린 자' 예수 그리스도의 십자가 비밀은 자신을 포함하여 인류 모두를 위해 저주받았다는 사실입니다.

> 그리스도께서 우리를 위하여 저주를 받은 바 되사 율법의 저주에서 우리를 속량하셨으니 기록된 바 나무에 달린 자마다 저주 아래에 있는 자라 하였음이라
>
> _갈 3:13

그런데 더 기막힌 사실은, 이 놀라운 사건이 어느 날 우연히 일어난 일이 아니라는 것입니다.

> 이 복음은 하나님이 선지자들을 통하여 그의 아들에 관하여 성경에 미리 약속하신 것이라 _롬 1:2

"하나님이 미리 약속하셨다"는 것입니다. 이것은 바울에게 충격이었을 것입니다. 우리에게 다 알려진 사건, 스데반을 돌로 쳐 죽이는 사건을 비롯해 모든 적그리스도적인 행동에도 하나님은 인내하고 계셨다는 것이 드러났기 때문입니다. 아니, 기다리고 계셨습니다.

더 놀라운 비밀이 또 있습니다. 하나님이 미리 예수 그리스도의 십자가를 계획하셨다는 것은 우리를 심판하실 의지가 우선이 아니었다는 것입니다. 죄를 지을 수밖에 없는 우리의 연약함을 알고 계셨고, 그로 인해 벌어질 죄악도 알고 계셨기에 세우실 수 있는 계획입니다. 이 놀라운 하나님의 마음은 예수님이 십자가에 못 박히실 때 예수 그리스도를 통하여 우리에게 보여주신 마음입니다. 예수님이 자신을 십자가에 못박고 능욕하고 죽이는

자들을 향하여 하신 이 말씀 때문에 분명히 알 수 있습니다.

> ³³해골이라 하는 곳에 이르러 거기서 예수를 십자가에 못 박고 두 행악자도 그렇게 하니 하나는 우편에, 하나는 좌편에 있더라 ³⁴이에 예수께서 이르시되 아버지 저들을 사하여 주옵소서 자기들이 하는 것을 알지 못함이니이다 하시더라
> _눅 23:33-34

그들이 범하는 죄에 대한 주님의 태도였습니다. 사실 하나님 앞에서 죄는 중요한 것이 아닙니다. 하나님의 관심은 우리이기 때문입니다. 그래서 하나님은 우리가 죄를 범할지라도 마지막 순간까지 기다리고 계시는 것입니다. 끊임없이 일하시면서 말입니다. 이 놀라운 하나님의 염원이 예수 그리스도와 십자가를 통해 우리에게 드러난 것입니다.

주님의 동일시

더구나 바울이 깊게 충격을 받은 이유는 다메섹 도상에서 하신 주님의 말씀 때문입니다. 바로 이 말씀입니다.

> 사울아 사울아 네가 어찌하여 나를 박해하느냐 _행 9:4

바울이 박해한 사람은 스데반처럼 예수를 믿는 이들인데, 직접 만난 적도 없을지 모르는 예수가 자신을 박해하고 있다는 말을 하신 것입니다. 이 말씀은 주님이 모든 크리스천과 자신을 동일시하신다는 것을 의미했습니다. 이것이 바울이 사역을 끝까지 진행할 수 있었던 이유입니다. 즉, 바울은

매일 매일 주님의 일을 하면서 주님을 경험한 것입니다. 특히 고난을 당할 때, 바울은 더 깊이 주님을 만났습니다. 주님이 인도하시는 것을 매일 경험하였기 때문입니다.

> 그래서 지금 나는 이런 고난을 당하고 있습니다. 그러나 나는 이것을 부끄럽게 생각하지는 않습니다. 나는 내가 믿어온 분이 어떤 분이신지 잘 알고 있으며 또 그분이 내가 맡은 것을 그 날까지 지켜주실 수 있다는 것을 확신합니다
> _딤전 1:12, 공동번역

여기서 잊지 말아야 할 것은 주님이 우리와 함께 계시는 이유입니다. 그것은 우리가 예수를 믿을 때 벌어지는 신분의 변화 때문입니다. 곧, 하나님의 자녀가 된 것입니다. 그러므로 당연히 하나님의 자녀들은 하나님의 영의 인도를 받습니다.

> 무릇 하나님의 영으로 인도함을 받는 사람은 곧 하나님의 아들이라 _롬 8:14

하나님의 영의 인도를 받기 때문에 우리의 모든 일에 하나님이 함께 하십니다. 그래서 주님의 일을 할 때 우리가 매일 새로운 힘을 얻는 것입니다. 주님은 우리가 고통당할 때만 함께 계시는 것이 아니라, 우리가 선한 사역을 할 때에도 함께 하십니다. 그래서 주의 일을 하는 자들은 언제나 새 힘을 얻습니다(사 40:31).

그러므로 주의 일을 하면서 낙심하고 있다면 깊이 자신을 돌아보아야 합니다. 주님이 함께 하는 사역에 어떻게 낙심과 탈진이 일어날 수 있습니까? 있을 수 없습니다. 만일 주님의 일을 할수록 힘을 얻지 못한다면 인간적인

사역이기 때문일 것입니다. 인간으로서 하는 일이고 하나님의 통치를 받는 하나님의 일이 아니기 때문입니다. 물론 육체적으로는 힘이 들고 어려울 수 있습니다. 하지만 우리 내면은 더욱 강해질 것이기 때문입니다.

> 그러므로 우리가 낙심하지 아니하노니 우리의 겉사람은 낡아지나 우리의 속사람
> 은 날로 새로워지도다 _고후 4:16

복음이 축복이다

바울은 주님을 위해 일할 수 있다는 사실이 너무 행복했습니다. 바울이 들었던 "사울아 사울아 네가 어찌하여 나를 박해하느냐"(행 9:4)는 말씀은 바울의 능력이 되었습니다. 주님의 임재를 말하는 것이기 때문입니다.

바울은 드디어, 예수님이 십자가에 못 박히심이 모든 인류를 품은 강력한 사랑이었다는 것을 깨닫습니다. 그래서 바울도 자신있게 이 고백을 합니다.

> 내가 그리스도와 함께 십자가에 못 박혔나니 그런즉 이제는 내가 사는 것이 아니
> 요 오직 내 안에 그리스도께서 사시는 것이라 이제 내가 육체 가운데 사는 것은
> 나를 사랑하사 나를 위하여 자기 자신을 버리신 하나님의 아들을 믿는 믿음 안에
> 서 사는 것이라 _갈 2:20

이제 삶의 중심이 완전히 예수 그리스도에게로 이동된 것입니다. 바울은 이렇게 외칩니다. "우리 주 예수 그리스도의 십자가 외에 결코 자랑할 것이 없다"(갈 6:14).

내가 너희 중에서 예수 그리스도와 그가 십자가에 못 박히신 것 외에는 아무 것도 알지 아니하기로 작정하였음이라 _고전 2:2

바울의 삶에 전면적인 전환이 찾아왔습니다. 또한 복음을 아는 순간 그 동안 자신이 추구해왔던 모든 것들이 배설물처럼 가치 없다고 느껴졌습니다. 더 이상 그런 것들을 추구하는 삶을 살 수 없었습니다.

[7]그러나 무엇이든지 내게 유익하던 것을 내가 그리스도를 위하여 다 해로 여길뿐 더러 [8]또한 모든 것을 해로 여김은 내 주 그리스도 예수를 아는 지식이 가장 고상하기 때문이라 내가 그를 위하여 모든 것을 잃어버리고 배설물로 여김은 그리스도를 얻고 [9]그 안에서 발견되려 함이니 내가 가진 의는 율법에서 난 것이 아니요 오직 그리스도를 믿음으로 말미암은 것이니 곧 믿음으로 하나님께로부터 난 의라 _빌 3:7-9

이제 바울이 할 수 있는 일은 이 복음을 전하는 것입니다. 복음을 위해 살기로 한 것입니다. 하지만 복음 중심의 삶은 자기 공로를 내세울 수 있는 것이 아니요, 그 일을 할 수 있는 것만도 영광으로 생각해야 한다고 바울은 이해하였습니다. 드디어 극단적인 표현으로 자신의 마음을 드러냅니다.

내가 복음을 전할지라도 자랑할 것이 없음은 내가 부득불 할 일임이라 만일 복음을 전하지 아니하면 내게 화가 있을 것이로다 _고전 9:16

이 놀라운 비밀을 칼 바르트는 재미있게 번역하였습니다.

강요가 내 위에 있습니다. 내가 복음을 전하지 않으면 화가 나에게 미칠 것입니다.

_고전 9:16, 칼 바르트의 번역

그렇습니다. 복음에 대한 온전한 이해와 경험은 우리에게 강요로 다가옵니다. 정확히 말해 하나님이 강요하시는 것이 아니라 우리가 알게 된 복음의 비밀이 우리를 강요하기 때문입니다. 복음이 우리의 결단을 요구하고 우리의 싸움을 요구한다는 말입니다.

복음이 강요한다

고등학생인 여학생이 집을 가출할 마음을 먹었습니다. 그래서 친구들을 따라 집을 나왔는데, 도무지 집으로 돌아가지 않을 수 없더랍니다. 도무지 하룻밤도 다른 집에서 잘 수 없었습니다. 어머니가 아른거립니다. 그 어머니가 그 딸에게 돌아오라고 강요하는 것을 딸은 안 것입니다. 어머니가 나를 사랑하시고, 나로 인해 마음 아파하실 것이라는 생각이 집으로 돌아가게 강요한 것입니다.

복음은 우리에게도 동일하게 강요합니다. 복음이신 예수 그리스도를 아는 순간, 나를 위해 죽으시고 흘리신 그 피 냄새를 맡는 순간, 그 피가, 그 복음이 우리에게 싸울 것을 요청합니다. 맥 놓고 패배하는 삶을 사는 것이 아니라, 내 안에서 치열한 전투가 벌어지게 만든다는 말입니다. 더욱이 우리가 하나님의 자녀이기에 우리가 복음에 참여하는 것, 곧 복음이 강요하는 바를 따라 사는 것은 당연하게 됩니다. 바울은 이렇게 고백하였습니다.

[16]성령이 친히 우리의 영과 더불어 우리가 하나님의 자녀인 것을 증언하시나니

¹⁷자녀이면 또한 상속자 곧 하나님의 상속자요 그리스도와 함께 한 상속자니 우리가 그와 함께 영광을 받기 위하여 고난도 함께 받아야 할 것이니라 _롬 8:16-17

바울은 '고난을 즐겁게 받을 수 있는' 신앙의 깊이까지 이른 것입니다. 하지만 우리는 고난을 무서워합니다. 조금이라도 더 헌신과 희생을 하게 될 것 같으면 화들짝 놀랍니다. 그리고 계산합니다. 왜 그렇습니까? 복음을 모르기 때문입니다. 온전히 하나님을 알지 못하기 때문입니다. 아직 성숙하지 못하기 때문입니다. 또한 잘못된 가르침 때문입니다.

지금까지 우리는 복음을 말하면서 세상적인 복과 동일한 것으로 잘못 설명해왔습니다. 하지만 복음은 세상적인 복과 상관이 없습니다. 그것과 비교할 수 없을 만큼 강력한 가치가 있습니다. 복음 자체가 복의 근원이기 때문입니다. 바울이 그 복음을 안 것입니다. 그래서 바울은 자신이 "하나님의 복음을 위하여 택정함을 입었다"(롬 1:1)라고 자랑스럽게 고백한 것입니다.

나는 복음을 위하여 이 모든 일을 하고 있습니다. 그것은 내가 복음의 복에 동참하기 위함입니다 _고전 9:23, 새번역

복음이 복이 됩니다. 복음을 아는 것은 인생을 살아갈 근거를 발견한 일이기 때문입니다.

우리는 모두 사도다

로마서 1:5-7

클라우디우스 황제가 내린 AD 49년의 칙령으로 모든 유대인이 추방되었다가, 54년에 클라우디우스가 죽고 네로가 황제가 되면서 그들은 다시 로마로 돌아올 수 있었습니다. 하루아침에 아무런 보상도 없이 쫓겨났다가 다시 돌아온 유대인들 중에 유대 크리스천들, 그리고 남아 있던 이방인 크리스천들은 로마 정부의 강력함을 체험한 사람들이었습니다.

그들은 다시 돌아왔지만, 로마 사회는 여전히 녹록치 않았습니다. 그렇다고 해서 본격적으로 기독교 박해가 시작된 것은 아니었지만, 로마는 이미 광기의 모습을 보이기 시작하고 있었습니다. 네로 이전의 티베리우스, 칼리굴라, 클라우디우스 같은 황제들이 하나같이 포악하고 방탕했기 때문입니다.

여기서 우리는 네로를 좀 살펴볼 필요가 있습니다. 그가 기독교를 박해한 대표적인 인물로 기독교 박해 잔혹사의 서문을 열기 때문입니다. 네로를 이해하기 위해 그의 어머니 아그리피나를 언급하지 않을 수 없습니다. 아그리피나는 아우구스투스 황제의 증손녀였고 칼리굴라 황제의 여동생이었습니다. 15세 때 오빠인 칼리굴라에게 강간을 당한 후 아그리피나의 비극은 시작됩니다, 공교롭게도 두 번 결혼을 하였지만 불행하게도 남편들은 누명을 쓰거나 병으로 짧은 생을 보냈습니다.

필리프 반덴베르크가 쓴《네로 광기와 고독의 황제》(한길사)라는 책을 보면 아그리피나는 자신의 남편 아헤노바르부스를 독살하고 숙부인 클라우디우스의 부인이 됩니다. 이때까지 네로는 칼리굴라 황제와 아무런 관계가 아니었습니다. 하지만 아들 네로를 왕위에 올리기 위해 황제의 딸인 옥타비아를 네로와 혼인시키고 네로를 황제의 양자로 입적시킵니다. 야망이 강력했던 아그리피나는 54년 10월 클라우디우스 황제까지 독살하였습니다. 결국 네로 황제가 즉위했고, 유대인들과 유대 기독교인들이 로마로 돌아올 수 있게 된 것입니다.

신앙생활하기 힘든 분위기

아그리피나의 욕망은 끝이 없었습니다. 그녀는 여전히 권력을 지향하였습니다. 그 결과 아그리피나는 자신의 아들인 네로마저 성의 노예로 만들었습니다. 이것은 네로로 하여금 동성애 성향을 갖게 만들었고, 왜곡된 인성을 갖게 한 결정적 이유가 되었습니다. 결국 아그리피나는 네로에게 죽임을 당합니다. 권력에 대한 욕망이 결국 아들까지 망치는 결과를 빚었던 것입니다. (이를 볼 때, 어머니 아버지의 욕망보다 하나님의 뜻이 무엇인지 묻는 것이 더 중요합니다.) 결국 내내 죄책감과 환청에 시달리던 네로 황제는 31살에 자살로 생을 끝냅니다.

사실 네로는 좋은 황제가 될 뻔 하였습니다. 17세에 왕위에 올랐을 때 그의 주변에는 근위대 장관이었던 브루투스(Brutuce)와 철학자이며 스승이었던 세네카(Seneca)가 있었습니다. 실제로 그는 해방된 노예들을 정부 기관에 등용했고 세금을 감면했으며, 매관매직을 근절시키고 원로원의 의견을 존중하는 등 선정을 베풀었습니다. 하지만 어머니의 왜곡된 욕망과 함께, 근위대 장관인 브루투스가 병사(病死)하고 세네카마저 은퇴하면서 폭정과 광란의 삶으로 치닫게 된 것입니다.

아직 기독교 박해가 본격적으로 시작되지는 않았지만, 크리스천이 제대로 신앙생활하기 힘든 사회 분위기였습니다. 하지만 그 같은 상황에서 로마의 크리스천들은 치열한 믿음의 생활을 잘 견지하고 있었습니다. 그런 로마 교회에 대한 평판은 좋았고, 바울의 귀에도 들린 것 같습니다.

> 먼저 내가 예수 그리스도로 말미암아 너희 모든 사람에 관하여 내 하나님께 감사함은 너희 믿음이 온 세상에 전파됨이로다 _롬 1:8

뿐만 아니라 로마 교인들은 충분히 말씀을 공부하여 지식적으로 부족함이 없었고 선하게 살려고 애쓰는 교회였음이 분명합니다. 그래서 바울은 이렇게 말합니다,

> 내 형제들아 너희가 스스로 선함이 가득하고 모든 지식이 차서 능히 서로 권하는 자임을 나도 확신하노라 _롬 15:14

바울이 볼 때 로마 교회는 복음과 함께 복음을 수행하는 교회가 되어야 했습니다. 책임에 대한 질문을 던진 것입니다. 그런 관점에서 다시 1절을 읽어보겠습니다.

예수 그리스도의 종 바울은 사도로 부르심을 받아 하나님의 복음을 위하여 택정

함을 입었으니 _롬 1:1

바울은 여기서 매우 중요한 이야기를 풀어갑니다. 바울만이 아니라 로마 교회도 부르심을 받았다는 것을 지적한 것입니다.

로마에서 하나님의 사랑하심을 받고 성도로 부르심을 받은 모든 자… _롬 1:7

언뜻 같은 부르심으로 보일 수 있지만, 바울은 미묘하게 자신이 부름받은 것과 로마 교회가 부름받은 것에 차이가 있음을 말합니다. 자신은 '사도'로 부름받았지만, 로마 교회는 '성도'로 부름받았다는 것입니다.

얼핏 보기에 성도로 부름받은 것과 사도로 부름받은 것은 별다른 차이가 없어 보입니다. 뿐만아니라 사도라는 특별한 신분으로 부름받은 것은 열두 제자와 바울에게만 국한되는 것으로서 차이의 차원을 넘어섭니다. 그러나 분명 어떤 차이가 있음을 말합니다.

성도와 사도의 구분 원칙

먼저 성도에 대해 말해보겠습니다. 성도가 되는 것은 하나님의 부르심에 응답함으로, 즉 예수를 믿음으로 이루어집니다. 우리의 거룩함, 즉 성별됨은 우리에 의해 이루어진 것이 아니라 하나님의 은혜에 대한 우리의 응답으로 이루어진 것입니다. 구원의 주도권이 전적으로 하나님에게 있다는 뜻입니다. 이같은 일방적인 은혜와 구원의 주도권에 의해 이미 우리의 의지와 상관없이 우리를 거룩하게 하셨고, 우리를 초청하셨고, 우리가 응답함으로 그 거룩함이 우리 것이 된 것입니다.

그러므로 예수도 자기 피로써 백성을 거룩하게 하려고 성문 밖에서 고난을 받으
셨느니라 _히 13:12

이 뜻을 따라 예수 그리스도의 몸을 단번에 드리심으로 말미암아 우리가 거룩함
을 얻었노라 _히 10:10

주 예수 그리스도의 이름과 우리 하나님의 성령 안에서 씻음과 거룩함과 의롭다
하심을 받았느니라 _고전 6:11

이런 의미에서 하나님의 부르심은 거룩으로의 부르심입니다. 우리를 거
룩하게 구별되도록 준비하신 하나님의 부르심이기 때문입니다. 그리고 로
마 교회는 그 거룩한 부르심에 응답하므로 하나님의 거룩한 사람들이 되었
고, 그런 의미에서 그들이 성도라고 바울은 말한 것입니다. 그렇지만 로마
교인들이 아직 사도로 부름받은 것은 아닙니다.

바울이 말한 사도란 보냄받은 사람을 말합니다. 지금 분명히 하나님의
일을 하고 있고, 그 사역의 근거가 분명히 하나님이심을 확인할 수 있는 사
람입니다. 열두 사도와 바울 정도가 이에 해당됩니다. 어쨌든 로마 교회는
성도인 것은 틀림없지만 사도는 아닙니다. 정확히 말해 사도의 수준까지
올라가지는 못한 것입니다. 바울은 왜 이런 구분을 한 것일까요?

그들의 문제점은 어쩌면 팍스 로마나에 익숙해지고 원래의 기독교 정신
을 잃은 것이었는지도 모릅니다. 로마의 기독교인들이 다시 로마로 돌아오
면서, 그들 스스로 신앙을 자기 공동체에만 제한하려 했을 가능성이 있습
니다. 그러므로 바울은 복음을 전하고 적극적으로 신앙생활을 하기보다 제
한된 신앙을 추구하고 싶어할 로마 교회에게 강력한 도전을 주기 위해 이

런 말을 한 것입니다.

사실 바울의 관심사이자 본심은 단순히 하나님의 거룩하심을 입은 성도로 사는 것으로 만족하지 말라고 강조하고 싶었던 것입니다. 그의 관심사는 우리 모두가 성도를 넘어 사도로 부름받았으며, 그러므로 우리는 반드시 보냄받아야 된다는 것에 있었습니다. 그래서 바울은 부르심의 근거인 복음을 말한 후에(롬 1:2-4), 우리가 은혜를 입은 자라면 반드시 부르심과 보내심에 순종하여 모두 사도가 되어야 한다고 강조한 것입니다. 그것이 우리가 이루어야 하는 목적지라는 말입니다.

> 우리는, 그 이름을 전하여 모든 이방 사람으로 하여금 믿어서 순종하게 하려고 그를 통하여 은혜와 사도의 직분을 받았습니다. _롬 1:5, 표준새번역

바울의 말을 다시 생각해보면 이런 뜻입니다. 사도는 단순히 열두 사도에게만 국한되는 것이 아닙니다. 복음을 이해하고 주님의 부르심을 받고, 복음을 위하여 보내심을 받은 모든 사람들입니다. 그래서 바울은 우리도 사도라는 사실을 상기시킨 것입니다. 동시에 사도는 성도와 의미가 다르다고 말합니다. 바울이 말한 사도와 성도의 차이는 무엇입니까? 바울은 자신이 사도임을 강조하면서 그 의미를 다음과 같이 말했습니다.

사도는 자신이 종인 것을 확실히 아는 사람입니다. 자유롭게 주님의 종이 되는 것, 그것이 사도가 되는 가장 중요한 조건입니다. 그래서 바울은 편지의 첫 장에서 자신이 예수 그리스도의 종이라고 우선 밝힌 것입니다.

바울이 여기서 말하는 종이란, 이미 자유인이 되었지만 주인을 사랑하여 계속 종으로 살기로 작정한 사람을 의미합니다. 출애굽기 21장에 그런 종에 관한 이야기가 나옵니다. 기한이 지나 자유인이 될 수 있는 종이 자유를

포기하고 평생 종으로서 주인을 모시고 싶어할 경우, 주인은 종의 귀에 송곳으로 구멍을 뚫어(출 21:6) 영원한 종이 되었음을 표시합니다. 바울이 말한 종의 의미는 바로 그것이었습니다.

분명 주님은 우리를 거룩하게 하셨고, 보내시기 원하십니다. 그런데 그 보내심은 종에게만 주어지는 것임을 알아야 합니다. 즉, 주인의 음성을 듣고 좇기를 원하는 사람에게만 주어지는 것입니다. 바울은 바로 그렇게 자유한 종이었습니다.

그러므로 우리가 사도가 되지 못하는 이유는 무엇입니까? 어떤 사역을 시작하기 전에 주님의 종이 되겠다는 결단을 하지 않았기 때문입니다. 주인의 뜻을 따르는 노예가 아니라, 아직도 내 마음과 생각대로 살기를 원하기 때문입니다. 그래서 아직 보냄받은 사도가 아니며, 보내기에 부적합한 사람입니다.

종은 자신이 보냄받은 사실을 인식할 때 늘 주인의 마음과 뜻에 집중하게 됩니다. 그래서 바울은 주님의 뜻인 복음 전파에 집중한 것입니다. 주님이 그를 보내신 이유가 바로 복음이기 때문입니다. 그래서 바울은 자신의 주인이신 주님의 비전, 곧 복음이 자신의 비전일 수밖에 없습니다.

그리스도 예수의 종인 나 바울은 사도로 부르심을 받아, 하나님의 복음을 전하라고 따로 부르심을 받았습니다. _롬 1:1

보내심을 받지 못하는 이유

간혹 우리는 우리들의 비전이 불확실하고 불분명한 것에 대하여 괴로워하고 혼돈스러워 합니다. 당연히 비전은 나에게서 나오는 것이 아니며 하나님에게서 나오기 때문입니다. 이 비전은 보내심이라는 말과 관련 있습니다. 비전을 받았다는 말과 보내심을 받았다는 말은 사실 같습니다. 하나님이 나를 통하여 이루고 싶어 하시는 것이 비전이라면, 하나님이 나를 통해 이루고 싶은 일을 위하여 나에게 가라고 말씀하시는 것이 보내심이기 때문입니다.

그러므로 우리가 비전이 불분명한 것은 주님으로부터 보내심을 받지 않았기 때문입니다. 우리가 주님으로부터 보내심을 받지 못한 이유는 단적으로 말해 우리 자신을 종으로 드리지 않았기 때문입니다. 자신을 포기하지 않는 이를 주님이 보내실 이유가 없기 때문입니다. 주님이 하시고자 하는 대로 나를 내려놓고 맡길 때, 주님은 보내시기 때문입니다. 하나님의 부르심은 누구에게나 임하지만, 보내심은 자신을 내려놓고 종으로 자신을 주님께 드린 자들에게만 행하십니다.

한 부자 청년이 주님께 찾아 왔습니다. 그는 매우 선한 사람이었고 계명을 열심히 지켜왔습니다. 주님은 그 청년을 대견해 하시면서 부르셨습니다. 당연히 보내기 위한 부르심입니다.

네게 아직도 한 가지 부족한 것이 있으니 네게 있는 것을 다 팔아 가난한 자들에게 나눠 주라 그리하면 하늘에서 네게 보화가 있으리라 그리고 와서 나를 따르라 _눅 18:22

제자들을 부르실 때와 마찬가지 이유로 부자 청년을 부르신 것입니다. 그러나 그는 응답할 수 없었습니다. 그는 아직 자신을 포기할 수 없는 자기 자신의 주인이었기 때문입니다.

우리의 비전이 늘 불확실하고 혼돈스러운 것은 보냄받지 않았기 때문입니다. 보냄받지 않은 이유는 당연히 우리가 우리 자신을 움켜쥐고 있기 때문입니다. 주님께 나의 보좌를 내어드리고 종으로서 나를 바치지 않았기 때문입니다. 부자 청년처럼 아직도 자신이 주인으로, 자기가 살아가고 있기 때문입니다.

우리는 모두 거룩하게 부르심을 받았습니다. 그리고 성도라 일컬음을 받는 거룩한 사람으로 구별되었습니다. 그러나 그것이 우리가 하나님의 비전인 복음을 따라 보내심을 받은 사도가 된 것을 의미하지는 않습니다. 우리는 아직도 자기 자신의 구원에만 관심을 가진 성도로만 살아갑니다. 사도로서의 삶은 살아가고 있지 못합니다. 우리 모두가 사도로 부르심을 받았음에도 불구하고 말입니다. 그러니 하나님의 부르심을 이해하고 종으로서 헌신하고 살아감으로, 그의 보내심을 받게 되기를 바랍니다.

핵심 로마서

성숙한 기독교

로마서 1:8-15

예수 그리스도, 이름만 불러도 견딜 수 없이 아름다운 주님에게 사로잡혀 있었던 바울이 볼 때, 로마 교회는 아름다웠습니다. 로마 교회 또한 복음이신 예수 그리스도를 사랑하고 있었기 때문입니다. 바울이 직접 전도한 지역은 아니었지만 좋은 소문을 들었습니다. 세상에 알려질 정도로 로마 교회의 믿음이 근사했던 것입니다.

> 내가 예수 그리스도로 말미암아 너희 모든 사람에 관하여 내 하나님께 감사함은 너희 믿음이 온 세상에 전파됨이로다 _롬 1:8

그래서 아직 한 번도 간 적이 없는 로마 교회, 아굴라와 브리스길라 등 몇 명 말고는 얼굴도 모르는 로마 교회 사람들이지만, 바울은 먼저 하나님께 감사를 드린 것입니다. 정말 그렇습니다. 주님을 진심으로 사랑하는 사람들을 만나면 너무 행복합니다. 바울의 마음을 충분히 이해할 수 있습니다.

간혹 우리 교회에 오는 이들 중에 믿음이 견고한 사람들을 보면 참 감사합니다. 그들을 잘 양육하고 훈련시킨 이전의 교회들, 어쩌면 시골의 교회

일 수 있고 외국의 어느 교회일 수도 있습니다. 사실 대부분 작은 교회일 확률이 많습니다. 그런 교회들이 참 고맙고, 그 교회의 목회자들이 고맙습니다. 대형교회들은 그런 교회들에게 빚을 진 것입니다. 대형교회들이 목회를 잘해서가 아니라는 말입니다. 저희 교회도 잘난 척하고 싶은 마음이 없습니다. 사실 저희 교회를 섬기며 열심히 헌금하고 봉사하는 교인들 중에 놀랍게도 외부에서 온 분들이 많습니다. 그 분들이 충성스럽게 봉사해서 우리 교회가 이 정도로 성장한 것입니다. 마찬가지로 시집을 가고 이사를 가서 저희 교회를 떠나는 사람들에게도 부탁합니다. 정말 좋은 교인으로서 그 교회들을 잘 섬길 것을 부탁합니다.

여하튼 바울도 하나님의 나라를 위해 일하는 사람만 보면 행복했던 것이고 형제임을 느꼈습니다. 그래서 바울은 늘 로마 교회를 위하여 기도하는 일을 멈출 수 없었습니다.

항상 내 기도에 쉬지 않고 너희를 말하며 _롬 1:9

그렇게 오랫 동안 기도하던 바울에게 로마 교회를 사모하는 마음이 생겼습니다. 어쩌면 로마 교회를 짝사랑했던 것인지도 모릅니다. 그래서 바울은 로마로 가기를 소원합니다. 바울은 좀 더 구체적인 몇 가지 이유로 로마로 가고 싶다고 말하는데, 이를 통해 우리들이 가져야 할 교회의 모습, 혹은 크리스천의 삶에 대한 힌트를 얻을 수 있습니다.

너희가 보고 싶다

첫째, 바울이 로마로 간절히 가고 싶은 이유는 사랑하는 로마 교회에게 무엇인가를 주고 싶은 마음 때문입니다.

> 내가 너희 보기를 간절히 원하는 것은 어떤 신령한 은사를 너희에게 나누어 주어
> 너희를 견고하게 하려 함이니 _롬 1:11

이 말씀은 그가 하나님처럼 어떤 은사를 나눠줄 수 있다는 뜻이 아니라 하나님이 자신에게 주신 영적인 복을 나누고 싶다는 뜻입니다. 바울은 하나님이 자신에게 주신 은혜와 은사들을 그들에게 나누면서 도움을 주고 싶은 열망이 생긴 것입니다. 로마 교회는 그렇게 아름다운 교회였습니다.

예수님이 부활하셨을 때의 일입니다. 예수님은 부활하신 후 제자들과 갈릴리 어느 곳에서 만나기로 약속하셨습니다. 그러니까 예수님은 부활하자마자 갈릴리로 가시면 됩니다. 그래서 천사는 무덤을 찾아 온 여인들에게 예수님이 부활하셨음을 알렸고, 제자들에게 전할 것을 부탁한 것이 기록되어 있습니다(막 16:7). 그것으로 천사의 역할은 끝났습니다.

그런데 성경은 재미있는 장면을 기록하고 있습니다. 예수님이 갈릴리로 먼저 가시지 않고, 베드로나 야고보나 요한 같은 제자들이 아니라 유독 한 사람, 막달라 마리아에게 나타나신 장면입니다.

> 예수께서 안식 후 첫날 이른 아침에 살아나신 후 전에 일곱 귀신을 쫓아내어 주신
> 막달라 마리아에게 먼저 보이시니 _막 16:9

여기서 '먼저' 라는 단어는 헬라어로 '프로톤'인데, 그 의미는 '무엇보다도 먼저'입니다. 이 구절을 다시 번역하면 '예수께서 안식 후 첫날 이른 아침에 다시 살아나신 후 무엇보다 먼저, 누구보다 먼저 막달라 마리아에게

보이셨다'가 됩니다.

예수님이 누구보다 먼저 막달라 마리아에게 자신을 보이신 이유가 무엇인지 알 수 없지만, 한 가지 분명한 것은 예수님이 어느 누구보다 먼저 자신을 보여주고 싶었을 만큼 막달라 마리아는 사랑스러운 사람이었음에 틀림이 없습니다. 바울에게 로마 교회는 이런 교회였다는 말입니다. 마음속에서 단 한순간도 잊을 수 없는 교회였던 것입니다.

그렇다면 생각해보십시오. 나는 주님에게 어떤 사람입니까? 자기 구원으로 만족한 교인에 불과합니까? 아니면 주님이 사모할 만큼 준비되고 아름다운 성도입니까?

위로받고 싶다

둘째, 이토록 아름다운 로마 교회였기 때문에 바울은 로마 교회로부터 위로받고 힘을 얻고 싶었습니다. 그래서 바울은 로마 교회로 가고 싶었던 것입니다. 대 사도 바울이 로마 교회로부터 격려받고 싶을 만큼 로마 교회는 아름다웠고, 그들 품에 안기고 싶었다는 말입니다.

다시 말하면 우리가 함께 지내면서 여러분과 내가 피차의 믿음을 통하여 서로 격려를 받으려는 것입니다 _롬 1:12, 공동번역

개역성경에서는 '너희와 나의 믿음'이라고 표현하고 있는데, 그 표현에서 알 수 있듯이 바울이 로마 교회의 믿음을 자신의 믿음과 동격에 놓고 말할 만큼 로마 교회는 강하고 왕성하였습니다. 그래서 바울이 위로를 구할 만큼 아름다웠고 성숙한 교회였던 것입니다. 바울이 이런 표현을 한 것은

단순히 동격이 아니라 로마 교회의 견고한 영성을 대변한 것입니다. 생각해보십시오. 자기보다 힘이 없고 힘들어하는 사람에게 위로를 구하는 사람은 없습니다. 위로를 줄 만한 사람에게 위로를 구하는 것이 당연합니다.

저도 그렇습니다. 주님을 사랑하며 믿음이 견고한 사람을 만나면 기대고 싶습니다. 그가 비록 어릴지라도 그에게 주님의 향기가 있기 때문입니다. 그러므로 우리는 다른 이들이 우리에게 위로를 구할 만큼 성장해야 합니다. 우리 각자의 목표는 사람들이, 교회가, 심지어 저 같은 목사조차 위로를 구할 만큼 성장하는 것입니다.

그렇다면 바울은 단순히 로마 교회가 사랑스럽기 때문에, 그래서 위로받고 싶어서 로마로 가고 싶다고 말한 것이었습니까? 그것이 전부입니까? 그렇지 않습니다. 가장 큰 이유는 로마 교회라는 믿음의 고수들을 만나 이야기하고 함께 세계선교의 비전을 나누고 싶었던 것입니다. 대화가 될 것이기 때문입니다. 아, 얼마나 멋있습니까? 가끔 만날지라도 그 대화가 하나님 나라와 의, 교회를 위한 것이라면 말입니다. 우리는 거기까지 성장해야 합니다. 그런 까닭에 하나님 나라를 품고 사는 이들이나 교회를 만나면 가슴이 뜨거워집니다. 그들과 함께 있는 것만으로 주님의 위로와 하나님의 격려를 경험합니다.

어느 지역 코스타에 갔다가 선교사들의 기도회를 인도할 때였습니다. 말씀을 마치고 함께 기도하는 시간에 그들이 저에게 기도제목을 요청했습니다. 그때 저의 기도제목은 교회, 사역, 민족밖에 없었습니다. 굳이 저의 개인 기도제목을 물었을 때에도 저의 개인기도제목은 고작 '좋은 목사'가 되는 것이었습니다. 다른 기도제목이 사라진 지가 오래된 것을 알았습니다. 이미 개인적 삶을 포기하고 선교사로 나선 그들에게 요청할 다른 기도제목은 없었습니다. 그리고 나눴던 선교와 사역에 대한 비전은 행복했고 나를 새롭게 하였습니다. 바울이 볼 때 로마 교회는 그런 교회였습니다. 개인의 문제가 사라져버린 교회 말입니다. 세계 선교를 함께 이야기하고 도와달라고 말할 수 있는 교회였습니다.

어쩌면 세계선교보다 중요한 것

앞에서 설명했지만, 바울의 비전, 곧 세계선교의 내용은 무엇입니까? 우리는 그 내용을 알기 위해, 로마서 1장 서두에서 간략하게 이야기한 것에 대해 로마서를 마무리하는 15장에서 다시 자세히 설명한 것을 미리 살펴볼 필요가 있습니다. 바울은 로마로 가는 주된 목적이 당시 세계선교의 핵심이며 종착역인 서바나 선교였음을 분명히 언급했습니다.

> 여러 해 전부터 여러분에게로 가기를 바라고 있었으므로, 내가 스페인으로 갈 때에, 지나가는 길에 여러분을 만나보고, 잠시 동안만이라도 여러분과 먼저 기쁨을 나누려고 합니다. 그 다음에 여러분의 후원을 얻어, 그곳으로 가게 되기를 바랍니다. _롬 15:23-24, 표준새번역

그 당시의 서바나, 지금의 스페인은 지중해를 중심으로 원을 그릴 때 끝부분에 있습니다. 당시 관점에서 볼 때 스페인은 세계의 끝이었습니다. 그러므로 바울이 스페인으로 가고 싶다는 말은 세계선교를 마무리하고 싶다는 말이었고, 이 거룩한 선교의 비전을 로마 교회와 함께 나누고, 후원을 받아 그 선교를 하고 싶다는 말이었습니다. 그러나 이 모든 것을 가능하게 하는 것은 먼저 복음에 든든히 서는 것입니다. 그러므로 우리는 바울이 세계선교를 떠나기 이전에 동역자 바나바가 태어난 섬 구브로를 중심으로 1차

전도여행을 시작한 것처럼, 그리고 유대인에게 먼저 복음을 전했던 것처럼, 우리도 이런 순서를 좇아 살아야 합니다.

> 오직 성령이 너희에게 임하시면 너희가 권능을 받고 예루살렘과 온 유대와 사마리아와 땅 끝까지 이르러 내 증인이 되리라 하시니라 _행 1:8

오늘 우리가 살고 있는 자리에서 복음을 전할 수 없다면 세계선교의 비전은 꿈에 불과할 수 있다는 말입니다. 그래서 바울은 로마 교회를 향하여 품고 있는 세계선교의 비전을 이야기하면서도 다시 그 기초인 복음을 강조한 것입니다.

> 그러므로 나는 할 수 있는 대로 로마에 있는 너희에게도 복음 전하기를 원하노라 _롬 1:15

이 말씀은 할 수만 있다면 복음을 전하겠다는 뜻이 아닙니다. 원문의 의미를 NIV 성경이 잘 번역하였는데, 이것입니다.

> That is why I am so eager to preach the gospel also to you who are at Rome _Rm1:15, NIV

즉, "복음을 전하고 싶어 견딜 수가 없다"(so eager to preach the gospel)는 말입니다. 아무리 매일 강조해도 다함이 없는 복음, 우리가 더 큰 세계선교를 말할 만큼 성장해도 오히려 더 강조해야 할 복음의 기초 위에 견고히 서 있어야 한다는 것을 깨닫게 됩니다. 그러므로 기억해야 합니다. 우리가 세계선교를 꿈꾸고 혹은 그보다 더 멋있는 사역들을 꿈꿀지라도, 가장 먼저 준비해야 할 것은 복음이라는 기초에 서는 일입니다. 복음이 없으면 우리는 아무 것도 아니기 때문입니다.

역사를 바꾸는 창조적 소수

드디어 바울은 자신의 소원대로 로마로 가긴 하지만, 자유로운 몸이 아니라 감옥에 갇히는 몸으로 갑니다. 바울이 잡힌 몸이지만, 그러나 그의 소원과 기도대로, 그가 로마에 간 것만으로도 로마에 복음의 불길이 일어납니다. 빌립보서를 보면 알 수 있듯이, 바울이 등장한 것만으로 로마 교회는 뜨거운 열심을 가지고 복음을 전합니다. 빌립보서에서 이렇게 기록했습니다.

> 형제 중 다수가 나의 매임을 인하여 주 안에서 신뢰하므로 겁 없이 하나님의 말씀을 더욱 담대히 말하게 되었느니라 _빌 1:14

바울의 열심은 감옥에 매이고 죽음을 당하더라도 기꺼이 복음을 전하고 싶은 것이었습니다. 이 뜨거운 마음을 읽었던 것일까요? 로마는 결국 기독교 국가가 됩니다. 당연히 로마 교회의 뜨거운 선교 열정 때문이었을 것입니다. 그 밑바닥에 바울과 같은 이들의 자유로운 헌신이 있었음을 부인할 수 없습니다. 더 놀라운 사실은 로마 교회를 통하여 바울이 꿈꾸던 세계 복음화의 꿈이 현실화되었다는 점입니다. 하나님이 그 비전을 이루신 것입니다. 아놀드 토인비는 이런 말을 했습니다.

"역사를 바꾸는 것은 맹목적인 다수가 아니다.

역사는 창조적 소수(creative minority)에 의해 진행된다."

    창조적 소수의 절대치인 바울에 의해 뜨겁게 진행된 세계선교가 로마 교회라는 창조적 소수에 의해 이루어진 것을 우리가 보게 되었습니다. 당시엔 엄청나게 큰 나라, 세상의 중심이고 전부 같았던 로마제국은 이 창조적 소수에 의해서 복음화되고 기독교 국가로 바뀝니다. 그러므로 중요한 것은 양이 아니라 질적 차이가 있는 소수임을 깨닫게 됩니다. 그 자리에 우리가 있기를 소원합니다. 이 땅과 세상을 향한 하나님의 대책인 창조적 소수, 그 명단에 우리 이름이 오르기를 소원합니다.

복음이 부끄럽지 않다

로마서 1:16

바울은 놀라운 복음에 사로잡힌 사람입니다. 그는 어디든 갈 수 있는 열정의 사람이었습니다. 바울의 열정 때문이 아니라 복음의 열정 때문이었습니다. 그래서 바울은 매우 단순하게 복음에 대한 입장을 밝힌 것입니다.

나는 복음을 부끄러워하지 않습니다. _롬 1:16, 새번역

바울이 이미 고린도교회에 보낸 편지에서 밝힌 복음을 다시 소개하겠습니다.

성경대로 그리스도께서 우리 죄를 위하여 죽으시고 장사 지낸 바 되셨다가 성경대로 사흘 만에 다시 살아나사 _고전 15:3-4

요약하고 집중하면 '예수 그리스도'에게로 모아집니다. 우리가 '복음은 예수 그리스도'라고 짧게 말하는 이유입니다. 그러므로 로마서 1장 16절은 다시 이렇게 표현할 수 있습니다.

"나는 예수 그리스도를 부끄러워하지 않습니다."

30년 넘게 직장, 청년, 청소년 집회를 인도하면서 복음을 전하고 결신을 요청할 때마다 응답하는 이들을 보면서 매번 감격합니다. 수많은 사람들이 예수를 주로 고백하기 때문입니다. 기적이었습니다. 그때마다 깨닫는 것은 나의 능력이 아니라 복음의 능력입니다. 복음을 부끄러워할 수 없는 이유입니다.

> 나는 복음을 부끄러워하지 않습니다. 이 복음은 유대 사람을 비롯하여 그리스 사람에게 이르기까지, 모든 믿는 사람을 구원하는 하나님의 능력입니다.
>
> _롬 1:16, 새번역

당연히 복음은 능력입니다. 그런데 왜 그동안 복음이 충분히 드러나지 않았던 것입니까? 저는 복음을 전할 때마다, 그 복음이 강력하게 능력으로 나타날 때를 경험합니다. 그때는 언제나 복음을 부끄러워하지 않을 때였습니다. 다시 말해 나의 부끄러움을 드러낼 때였습니다. 그것은 진정 복음이 부끄럽지 않다는 고백이기 때문입니다.

나의 부끄러움이 복음의 능력이다

제가 복음을 전할 때마다 어김없이 말하는 것은 저에 대한 이야기입니다. 공부 못한 이야기, 부모님의 별거, 어머님의 비참한 경험, 어린 시절의 낮은 자존감과 열등감을 가진 모습과 그 이유, 시간이 갈수록 말하고 싶지 않은 경험들입니다. 저의 부끄러운 이야기들입니다.

그런데 놀라운 일을 경험하였습니다. 그 부끄러운 이야기를 하면 할수록 복음이 능력으로 등장하는 것입니다. 복음을 부끄러워하지 않는 것, 곧 복음을 자랑하는 것은 나의 부끄러움을 복음의 날개 아래에서 치유받고 자유롭게 합니다.

그렇게 복음을 전할 때, 가끔 저를 좇아온 지체들과 제 아내의 눈빛이 보입니다. 그런 부끄러운 이야기를 하지 않고도 얼마든지 말씀을 전할 수 있지 않느냐는 눈빛입니다. 그들의 손과 발까지 오그라들게 만드는 이야기를 굳이 할 필요가 있는가 하는 눈치였습니다. 저도 종종 그들의 눈치를 보게 됩니다. 그래서 간혹 제 이야기를 빼고 말씀을 전하기도 합니다. 하지만 복음을 전할 때면 어김없이 복음이 얼마나 큰 능력인지 말하고 싶고, 그렇다면 내가 얼마나 일어서기 힘든 존재였는지를 솔직히 말하게 됩니다. 그것은 복음이 능력인 사실을 드러내는 가장 솔직한 길임을 알기 때문입니다.

마태복음을 읽다 보면 예수의 족보가 나오는데 기막힌 사실이 기록되어 있습니다. 남성 중심의 족보 체계에서 여성, 곧 예수의 할머니들이 기록되어 있는 것입니다. 분명 자랑스러운 존재들이니 여성임에도 불구하고 기록한 것이라고 여기셨을 것입니다. 그런데 그게 아닙니다. 부끄러움의 극치인 여인들이었습니다.

다말은 야곱의 아들 유다의 며느리였습니다. 다말이 드셌는지 모르지만, 다말의 남편이 되면 유다의 아들들은 모두 죽었습니다. 그래서 다말은 친정으로 돌아가야 했습니다. 그후 오랜 시간이 지난 어느 날이었습니다. 유다가 딤나로 올라갔습니다. 그 소식을 들은 다말이 창녀처럼 위장하고 자기 시아버지 유다를 유혹하여 성관계를 맺습니다. 그 아이가 바로 예수의 족보에 등장하는 쌍둥이 베레스와 세라입니다. 얼마나 부끄러운 이야기입니까?

다윗의 증조부가 되는 보아스는 아버지 살몬과 기생 라합 사이에서 나온 사람입니다. 당연히 할머니가 기생이라는 사실은 부끄럽습니다. 그런데 그 부끄러운 기생 출신 할머니 라합을 족보에 드러나게 한 것입니다.

보아스의 아내가 된 룻은 이방인인 모압 족속 여인입니다. 자랑할 만한 일이 아니었습니다.

더 기막힌 사람은 다윗의 아내가 된, 우리야의 아내였던 밧세바입니다. 남편이 전쟁에 나가 없는 틈에 다윗과 통간한 여자입니다. 물론 왕권을 가진 다윗의 일방적인 강요 때문일 수 있었지만, 이후 밧세바는 다윗의 총애를 받는 일곱 번째 아내로 살았습니다. 그녀는 자신의 남편을 죽인 다윗과 부부의 연을 맺고 산 부도덕한 여자였습니다. 그런 부끄러운 여자가 족보에 등장합니다.

이런 여인들이 예수님의 족보에 등장한 것은 복음의 능력을 말합니다. 그 어떤 것도 복음의 크기 앞에 보호받고 회복되고 치유되지 못할 것은 없다는 뜻입니다.

저도 한때는 고상하게 복음을 전하고 싶었습니다. 하지만 언제부터인가 아예 그렇게 하지 않습니다. 주님이 복음을 고상하게 말씀하지 않으셨기 때문입니다. 복음에는 아무리 개 같은 모습이라도 변화시키는 능력이 있습니다. 그것이 복음을 자랑하고, 복음을 말하는 이유입니다.

복음의 위기

그런데 지금은 복음이 위기인 시대, 복음의 능력이 사라진 시대입니다. 복음의 능력이 사라진 이유는 무엇입니까? 기독교가, 교회가 고상해진 것입니다. 복음을 부끄러워하기 시작한 것입니다. 고상해지다 못해 화려해지고 세상과 담장을 쳐서 거룩한 자기들만의 세상을 만들었기 때문입니다.

로마가 왜 망했습니까? 고상해진 교회 때문입니다. 로마 교회가 복음을 부끄러워한 것입니다. 창녀 같은 여자, 간통녀처럼 부끄러워 보이는 사람들을 가리고 거룩하게, 화려하게, 고상한 척 행동했습니다. 그래서 교회 스스로 부끄럽게 만든 자들이 교회를 외면하면서 벌어진 일입니다.

복음이 능력으로 드러나는 날은 크리스천 스스로 부끄러운 위치이지만 솔직하게 내려가고 겸손해지고 낮아지고, 무엇이든 버릴 만큼 허리를 굽힐 때입니다. 물질의, 세상의, 권력의, 고상함의 노예가 되지 않고, 그리스도 때문에 어떤 것도 부끄러워하지 않을 때입니다.

제가 70-80살이 되면 그때는 지금보다 훨씬 더 명성을 얻은 사람이 되어 있을 것입니다. 그때도 저는 저의 부끄러웠던 삶을 이야기할 것입니다. 복음은 우리의 모든 허물을 덮는 능력이기 때문입니다.

복음은 부끄러운 것이 아닙니다. 그러므로 이 복음을 위해 사는 것은 우리의 즐거움이고 최고의 영광입니다. 그렇게 부끄러워하지 않고 자랑하며 살 수 있다면 말입니다.

내게 유익하던 그 모든 것을 나는 그리스도를 위해 다 버렸습니다. 더구나 내가 모든 것을 잃어버린 것처럼 여기는 것은 내 주 그리스도 예수님을 아는 지식이 훨씬 더 가치가 있기 때문입니다. 나는 그리스도를 위해 모든 것을 잃어버렸습니다. 내가 그 모든 것을 쓰레기처럼 여기는 것은 그리스도를 얻고 그분과 완전히 하나가 되기 위한 것입니다 _빌 3:7-9, 현대인의 성경

하나님의 믿음으로 산다

로마서 1:17

로마서 1장 17절은 매우 중요한 구절입니다. 구원에 이르기 위하여 무던히 노력하던 마틴 루터를 단 한순간에 새롭게 한 말씀이고, 그로 인하여 종교개혁을 촉발시켰기 때문입니다.

알다시피 종교개혁을 일으킨 루터는 로마천주교회의 사제였습니다. 그는 하나님 앞에 바르게 살려고 부단한 노력을 기울였습니다. 그러나 여전히 그 안에서 떠오르는 죄와 구원의 문제를 해결할 수 없었습니다. 자신의 죄를 생각하면 할수록 새로운 죄가 떠오르고, 그 죄는 하나님의 진노로 연결되었습니다. 그는 자신의 죄에 대해 괴로워하며 로마의 한 성의 계단을 무릎으로 기어서 오르내렸고, 그렇게 자신의 죄를 회개하는 일을 반복하였습니다. 그러나 아무런 평안과 확신이 없었습니다. 그러던 어느 날 루터가 주님의 음성을 듣게 되는데, 바로 로마서 1장 17절, 로마서의 핵심이 되는 말씀입니다. 수없이 들어온 이 말씀이 답답한 가슴을 환하게 여는 감동을 주었습니다.

오직 의인은 믿음으로 말미암아 살리라 _롬 1:17

그 유명한 종교개혁 정신의 핵심 고백인 'Sola Fidei', 곧 '오직 믿음으로' 라는 고백이 이 말씀에서 나왔습니다. 그러므로 "호 테 디카이오스 에크 피스테오스 제이세타이, 오직 의인은 믿음으로 말미암아 살리라"라는 이 기막히게 아름다운 말씀의 의미를 살피는 것만으로도 감격스럽습니다.

누구의 믿음으로?

우리는 일반적으로 "의인은 믿음으로 말미암아 살리라"를 해석할 때, 이 말씀 속의 믿음을 우리의 믿음으로 해석합니다. 그래서 "주님을 믿음으로 의인이 된 사람은 여전히 그 믿음으로 산다"라고 해석합니다. 이 해석도 틀려 보이지 않습니다. 문제는 우리의 믿음이 실제로 능력으로 나타나지 않는다는 것입니다. 루터가 몸부림쳤던 것처럼 말입니다.

우선 중요한 이유는, 루터가 깨달았던 '오직 믿음으로'라는 고백이 전혀 새로운 것이 아니기 때문입니다. 그 이전에도 "믿음으로 말미암아 살리라"라는 고백은 있었습니다. 루터를 포함한 많은 사람들이 믿음으로 살고자 추구하였던 말씀이기 때문입니다. 그런데 루터가 이 말씀에서 새로운 것을 깨달은 것입니다. 그는 무엇을 새로 깨달은 것일까요?

사실 그 때까지 교회는 면죄부에서 알 수 있듯이 믿음을 행위로 해석하는 경향이 짙었습니다. 그런데 루터가 행위가 아닌 '오직 믿음으로'라는 말씀을 들고 나왔습니다. 그것 때문에 종교개혁의 모토에 두 가지 오직(Sloa)이 더 첨가된 것인지도 모릅니다. 또한 말씀 그대로를 강조하기 위하여 '오직 성경으로'(sola scriptra)라는 고백이 병행된 것이고, 동시에 율법이 아닌 믿음에서 전적인 하나님의 은혜적 측면을 강조하기 위하여 '오직 은혜로'(sola gratia)라는 고백이 이어진 것으로 보입니다.

루터가 로마서 1장에서 발견한 것은 복음이 능력이라는 사실입니다. 루터가 쓴 로마서 주석에서 특히 16절, "이 복음은 모든 믿는 자에게 구원을 주시는 하나님의 능력이 됨이라"라는 말씀을 강조합니다.

복음은 복음을 믿는 모든 자를 구원하는 능력이다. 복음을 의지하는 모든 자를 구출하는 능력이 있는 하나님의 말씀이다. 사실 이것은 하나님을 통해서 이루어지고, 하나님으로부터 온다! '하나님의 능력'이라는 말은 하나님 자신이 전능하신 하나님으로서 가지고 계시는 능력이 아니라 하나님이 어떤 사람 또는 어떤 대상을 능력 있거나 힘 있게 만드는 그런 능력으로 이해해야 한다.[12]

루터는 '하나님으로부터 오는 능력'을 강조하였습니다. 행위적 믿음으로 의와 능력을 얻는다는 인간 중심의 기존 주장과 다르게 말입니다. 놀라운 발견이 아닐 수 없습니다. 그런 의미에서 이 본문을 다시 살펴볼 필요가 있습니다. 짝을 이루는 16절과 17절을 이해하기 위해 15절부터 읽겠습니다.

[15]그러므로 나는 할 수 있는 대로 로마에 있는 너희에게도 복음 전하기를 원하노라 [16]내가 복음을 부끄러워하지 아니하노니 이 복음은 모든 믿는 자에게 구원을 주시는 하나님의 능력이 됨이라 먼저는 유대인에게요 그리고 헬라인에게로다 [17]복음에는 하나님의 의가 나타나서 믿음으로 믿음에 이르게 하나니 기록된 바 오직 의인은 믿음으로 말미암아 살리라 함과 같으니라 _롬 1:15-17

---

12 마르틴 루터, 루터의 로마서 주석, 크리스천다이제스트, 51

본문을 헬라어 성경으로 읽어보면 이상한 단어가 반복되는 것을 볼 수 있습니다. '왜냐하면'이라는 뜻의 접속사 '가르'입니다. 그런데 일부 영어번역본들을 제외하고 대부분의 한글 번역본이 그 단어를 생략했습니다. '가르' 곧 '왜냐하면'을 넣고 개역성경을 풀어 다시 읽어보겠습니다.

> 나는 할 수 있는 대로 로마에 있는 너희에게도 복음 전하기를 원합니다. (왜 그렇게 복음을 전하려 하는 것입니까? 왜냐하면) 내가 복음을 부끄러워하지 아니하기 때문입니다. (왜 복음을 부끄러워하지 않습니까? 왜냐하면) 이 복음은 모든 믿는 자에게 구원을 주시는 하나님의 능력이 되기 때문입니다 … (아니, 능력이라요? 왜 구원을 주시는 능력이 되는 것입니까? 왜냐하면) 복음에는 하나님의 의가 나타나서 믿음으로 믿음에 이르게 하기 때문입니다. _롬 1:15-17

'왜냐하면'이란 의미를 가진 접속사 '가르'를 포함해 해석하는 순간 확연하게 조명되는 단어가 '하나님의 의'임을 알 수 있습니다. 복음에 하나님의 의가 집약되어 있다는 말입니다. '하나님의 의'가 곧 '복음'을 말하고 있음도 알 수 있습니다. 그러므로 '하나님의 의'는 매우 일방적으로 십자가의 대속으로 행하신 하나님의 행위, 곧 그리스도의 구속을 말하는 것입니다. 이같은 구속의 행위에 우리가 한 일이라고는 1퍼센트도 없습니다. 완벽한 하나님의 행위입니다. 그래서 복음인 것입니다.

이처럼 하나님의 일방적인 행위로 우리를 구원하신 것에 실제적인 힘이 있습니다. 모든 이에게 미치는 능력입니다. 이미 우리 모두에게 구원이 임했습니다. 하나님이 먼저 우리를 사랑하신 것입니다. 이제 남은 것은 우리가 받아들이는 것뿐입니다. 바울이 강력하게 강조한 것이고, 루터가 새삼스럽게 깨달은 것이었습니다.

하나님 아버지의 믿음 덕분에

탕자의 이야기를 아시지요? 허랑방탕하게 생활하던 탕자는 스스로 비참한 지경에 이르러 돼지가 먹는 쥐엄 열매조차 얻어 먹기 힘들게 되자 아버지 집을 생각합니다. 그리고 아버지 집으로 돌아가기로 결단합니다.

> [15]이에 스스로 돌이켜 이르되 내 아버지에게는 양식이 풍족한 품꾼이 얼마나 많은가 나는 여기서 주려 죽는구나 [18]내가 일어나 아버지께 가서 이르기를 아버지 내가 하늘과 아버지께 죄를 지었사오니 [19]지금부터는 아버지의 아들이라 일컬음을 감당하지 못하겠나이다 나를 품꾼의 하나로 보소서 하리라 하고 _눅 15:17-19

아들이 아버지에게 돌아가기로 한 것입니다. 그러나 엄밀히 말해 아들로서 돌아가는 것은 아닙니다. 아버지 집의 품꾼은 가뭄에도 풍족하였기에, 아버지 집에 품꾼으로 취직하면 밥은 배불리 먹을 수 있겠다고 생각했습니다. 그래서 돌아간 것입니다. 하지만 아들은 도무지 아버지 집에 들어갈 수 없었던 것 같습니다. 집에서 멀리 떨어져 주저하고 있었기 때문입니다. 바로 그때, 도무지 상상할 수 없는 일이 벌어집니다.

> 아직도 거리가 먼데 아버지가 그를 보고 측은히 여겨 달려가 목을 안고 입을 맞추니 _눅 15:20

아직 집과 거리가 먼 곳에 있는데, 아버지가 아들을 먼저 발견하고 달려왔습니다. 아버지는 아들을 기다리고 있었던 것입니다. 아버지는 상상할 수 없을 만큼 빠르게 아들의 귀향을 기뻐하고 즐거워했습니다.

²²아버지는 종들에게 이르되 제일 좋은 옷을 내어다가 입히고 손에 가락지를 끼우고 발에 신을 신기라 ²³그리고 살진 송아지를 끌어다가 잡으라 우리가 먹고 즐기자 _눅 15:22-23

아버지는 탕자를 한 순간도 아들이 아니라고 생각해본 적이 없습니다. 그 순간 '품꾼의 한 사람으로 보소서'라고 말하려던 아들은 슬그머니 그 말을 하지 않습니다(눅 15:21). 더 이상 할 이유가 없어진 것입니다. 결국 이 기막힌 사실을 받아들이고 인정하는 것 외에 아들이 한 것은 아무 것도 없습니다. 바울은 이것을 '하나님의 의가 나타났다'고 말합니다.

여기서 유심히 살펴봐야 할 것이 생깁니다. 그 아들이 무엇으로 생명을 얻었는가 하는 점입니다. 아들이 아버지를 신뢰한 것 때문입니까? 그렇다고 말하기 부끄러울 정도입니다. 엄밀히 말해서 아들이 한 것은 아무 것도 없습니다. 이것이 우리의 믿음입니다. 우리가 한 것은 아무것도 없습니다. 이런 이해를 가지고 17절을 다시 읽어보겠습니다.

복음에는 하나님의 의가 나타나서 믿음으로 믿음에 이르게 하나니 기록된 바 오직 의인은 믿음으로 말미암아 살리라 함과 같으니라 _롬 1:17

우리의 믿음이 아무 것도 아니라는 것을 안다면 "오직 의인은 믿음으로 말미암아 살리라"라는 말을 자신있게 고백할 수 없습니다. 사실 엄밀하게 말해서 탕자가 산 것은 그의 믿음 때문이 아니기 때문입니다. 그렇다면 어떻게 해석해야 합니까? 이 말씀은 하박국서 2장 4절 말씀을 인용한 것인데, 이렇게 쓰여 있습니다.

보라 그의 마음은 교만하며 그 속에서 정직하지 못하나 의인은 그의 믿음으로 말
미암아 살리라 _합 2:4

재미있는 사실은 팔레스타인을 떠나 지중해 연안의 여러 곳에 흩어져 사
는 유대인들 중 히브리어에 익숙하지 못한 유대인들을 위하여 BC 200년
경에 번역된 헬라어 구약성경 '70인역'(LXX)이 하박국서의 이 구절을 단
순히 '믿음으로 말미암아'(엑크 피스테오스)로 번역하지 않고 '엑크 피스테오
스 무'(나의 믿음으로 말미암아)라고 번역한 점입니다. '무'는 '나의'라는 뜻이
기에, 다시 번역하면 이렇게 됩니다.

"그러나 의인은 나의 믿음으로 살리라."

70인역에서 '나의'라는 일인칭 소유격의 주어가 삼인칭 단수인 '의인'이
라는 것을 감안할 때 '의인'과 '믿음'은 주체가 다르다는 것을 알 수 있습니
다. 왜 이렇게 번역한 것입니까? 그 당시의 번역자들도 '자신들의 믿음'에
초점이 맞춰지는 것을 고민했음을 알 수 있습니다. 우리의 믿음이란 것이
보잘것없기 때문입니다. 그래서 '나의'라는 뜻의 '무'를 넣어 번역한 것으로
여겨집니다. 하박국서를 읽으면 알 수 있지만, 이 본문의 화자가 하나님이
란 사실을 볼 때, 소유격 '무'를 쓴 것은 믿음의 주체가 하나님이심을 강력
하게 어필한 것입니다.

우리 믿음의 의미

사실 우리의 믿음은 의미가 없습니다. 그 믿음의 근거에 하나님이 행하신

것이 없다면 말입니다. 우리의 믿음이 하나님이 행하신 것에 기초하지 않는다면 아무것도 아닙니다. 그러므로 우리의 믿음은 하나님의 행위에 의지하는 것입니다. 그렇다면 하나님의 행위란 무엇입니까? 아들을 포기하지 않고 기다리시는 아버지의 믿음입니다. 여기에서 우리의 믿음에 의미가 생깁니다. 하나님은 우리가 믿을 때 우리를 자녀로 삼으셨습니다. 본질적으로 죄인이었지만 우리를 의롭다고 인정해주셨습니다. 그런데 다시 죄를 범합니다. 그래도 하나님은 끝까지 참으시고 우리를 기다리십니다. 우리가 하나님의 자녀이기 때문에 우리를 향해 믿음을 가지고 계신 것입니다.

하나님은 우리를 기다리시면서 용서와 의롭다 하심을 들고 계십니다. 우리가 하나님의 신실하심, 곧 하나님의 믿음을 신뢰하며 받아들일 때 우리는 구원에 이릅니다. 탕자의 이야기로 말하자면, 저 동구 밖까지 뛰어가는 아버지의 행위와 여전히 아들로 여기시는 것을 인정하는 것을 말합니다. 그러므로 탕자를 살게 한 것은 아버지의 믿음입니다. 드디어 여기에서 아들의 믿음은 그 깊이를 얻습니다. 그래서 바울은 "복음에는 하나님의 의가 나타나서 믿음에서 믿음으로 이르게 한다"(롬 1:17)고 쓴 것입니다. 이 말씀을 지금까지 논의한 구조로 정리하면 이렇게 될 것입니다.

"하나님의 믿음으로 우리는 진정한 믿음에 이르게 된다."

즉, 아버지의 믿음으로 우리가 진정한 믿음의 차원에 이르게 된다는 뜻입니다. 그러므로 우리의 자신감은 단순히 우리의 믿음에서 나오는 것이 아니라, 정확히 말해서 하나님의 믿음에 대해 경험하고 하나님을 만난 우리의 믿음에서 나오는 것입니다. 그럴 때 복음은 '모든 믿는 자에게 구원을 주시는 하나님의 능력'이 됩니다. 하나님으로부터 능력이 온다는 말입니다.

그래서 우리가 세상을 이길 수 있습니다. 하나님으로부터 일방적으로 오는 능력이기 때문입니다.

> 무릇 하나님께로부터 난 자마다 세상을 이기느니라 세상을 이기는 승리는 이것이니 우리의 믿음이니라 _요일 5:4

바로 이 놀라운 사실을 탕자가 알았습니다. 자신이 설 수 있는 능력의 비밀이 아버지에게 있다는 것을 말합니다. 자신을 기다려준 아버지의 믿음 말입니다. 그가 고백합니다.

> [18]내가 일어나 아버지께 가서 이르기를 아버지 내가 하늘과 아버지께 죄를 지었사오니 [19]지금부터는 아버지의 아들이라 일컬음을 감당하지 못하겠나이다 나를 품꾼의 하나로 보소서 하리라 하고 _눅 15:18

이 감동적인 탕자의 고백을 헬라어 성경에서 직역하면 이렇게 됩니다.

> 아버지여, 내가 하늘의 이치를 거역하고 아버지 앞에서 죄를 범하였습니다. 나는 더 이상 아버지의 아들이라고 일컬음을 받을만한 가치가 없습니다.

얼마나 감동적인 고백입니까? 이 고백의 핵심은 무엇입니까? 나를 살게 한 것은 아버지가 나를 지금까지 참아주시고 믿어주심 때문이라는 것입니다. 나에게 있는 것은 모두 쓸모없는 쓰레기에 불과하다는 뜻입니다. 심지어 내가 가지고 있는 행위적 관점의 믿음의 행위도 아무 쓸모가 없다는 말입니다. 그러므로 우리를 살아 있게 하는 것은 우리를 향한 하나님의 믿음에 근거한 믿음입니다. 그 믿음으로 살아갈 때 빛이 나는 것입니다.

하나님의 신실하심으로

탕자는 이제야 비로소 그 기막힌 아버지의 사랑을 깨닫습니다. 아마 그는
그후 평생 아버지를 위하여 살았을 것입니다. 그렇게 아버지를 위하여 사
는 것이 자신을 부요하게 하는 것도 알았을 것입니다. 이처럼 아버지를 아
는 것이 능력입니다. 바울은 이 사실을 일찌감치 알았습니다. 그래서 이렇
게 말했습니다.

> 내가 복음을 부끄러워하지 아니하노니 이 복음은 모든 믿는 자에게 구원을 주시
> 는 하나님의 능력이 됨이라 _롬 1:16

겉으로 보기에는 예수 그리스도라는 복음 자체가 십자가, 희생, 죽음 같
은 단어들 때문에 좀 칙칙해 보이지만, 그는 그 속에 숨겨져 있는 비밀, 곧
복음의 능력을 안 것입니다.

우리가 생각할 때 하나님을 떠나 내 마음대로 사는 것이 훨씬 멋있고 행
복할 것처럼 보이지만, 예상 외로 우리는 심각하게 타락한 존재이며 감옥
과 같은 죽음에서 스스로 벗어날 수 있는 존재가 아닙니다. 그래서 칼 바르
트는 이렇게 말합니다.

> 우리들은 스스로 생각하는 것보다 훨씬 하나님으로부터 이탈되어 있고, 그
> 로부터 우리는 더 심각하게 타락되어 있으며, 그것이 가져오는 결과는 더욱

확대되어 가고 있다.[13]

우리는 구원받은 이후에도 여전히 우리 자신을 믿을 수 없을 만큼 본래적으로 타락한 존재임을 알고 있습니다. 우리는 매일 다시 범죄하고 하나님을 떠나는 것을 시도합니다. 그러므로 단 한순간이라도 하나님이 우리를 붙잡지 않으시면 우리 자신으로서는 도무지 어떻게 할 수 없는 존재임을 우리는 알고 있습니다. 바울은 그래서 감격한 것입니다. 믿는 자들에게 구원을 주시는 하나님의 능력 때문입니다. 뿐만 아니라 구원의 감격을 계속해서 유지하게 하시고, 우리의 작은 믿음을 지탱하게 도우시는 하나님의 거룩한 믿음, 곧 신실하심 때문입니다.

칼 바르트는 이 위대한 구절인 "믿음에서 믿음에 이르게 하나니"를 "하나님의 신실이 인간의 믿음과 만나는 바로"라고 번역합니다. 17세기 신학자 요한 벵겔도 이 부분을 "그 제안을 하신 하나님의 믿음으로부터 그것을 받은 인간들의 믿음으로"라고 해석하였습니다.[14]

잊지 말아야 합니다. 매일 무너지고 넘어지는 우리가 살 수 있는 것은 우리를 향하신 하나님의 믿음 때문입니다. 늘 동일하게 우리를 참고 계시며 기대하고 계시는 바로 그 믿음으로 우리가 사는 것입니다.

---

13 칼 바르트, 로마서 강해, 한들출판사, 26
14 존 스토트, 79

하나님의 경고의 사인

로마서 1:18-19

우리가 이 세상에서 살 수 있는 것은 우리의 얄팍한 믿음 때문이 아니라 하나님이 믿음으로 우리를 받으시고 사랑하시기 때문입니다.

사실 탕자가 자신을 품꾼이라고 여기면서 아버지께 돌아왔다는 것 자체가 아버지의 사랑에 대한 모독입니다. 아버지는 단 한순간도 아들을 품꾼으로 생각하지 않으셨기 때문입니다. 그래서 그것은 또한 아버지에 대한 전적 무지의 표현이었습니다. 그만큼 아들은 아버지를 모르고 있었던 것입니다. 그런 아들을 보면서 아버지는 분노할 수 있습니다. 그런데 아버지는 아들을 그렇게 보지 않습니다. 그가 스스로 품꾼이라고 생각하면서 돌아온 것을 나무라지도 않습니다. 그대로 받으셨습니다. 그리고 그를 회복의 자리로 올려놓으셨습니다.

아들을 다시 만났을 때의 아버지를 상상해보십시오. 그때 아버지가 뭐라고 말했을 것이라고 생각되십니까? 저는 아버지의 말을 유추해보기 전에 성경의 다른 이야기를 읽고 싶습니다. 누가복음 15장에 나오는 잃은 양 이야기입니다. 일백 마리 양을 키우던 목자가 그 중 한 마리를 잃어버렸습니다. 성경은 사람들이 어떻게 수근거릴지에 대해 아무런 관심도 없이 이렇게 기록하였습니다.

> 너희 중에 어떤 사람이 양 백 마리가 있는데 그 중의 하나를 잃으면 아흔아홉 마
> 리를 들에 두고 그 잃은 것을 찾아내기까지 찾아다니지 아니하겠느냐 _눅 15:4

목자가 아흔아홉 마리를 들에 내버려두고 한 마리를 찾으러 다닌 행동을 한 것을 비난하지 마십시오. 그런 논리적인 이야기를 하려는 것이 아닙니다. 양 한 마리를 향한 목자의 마음이 어떠한지 말하려는 것입니다. 목자는 정신없어 보이더라도 그렇게 행동한 것뿐입니다. 그렇게 하시는 분이 우리 하나님이십니다. 이 이야기에는 하나님의 참 마음이 잘 드러나 있습니다. 하나님이 우리를 정신없이 사랑하고 계시다는 것을 말하고 싶은 것입니다. 비이성적인 하나님이십니다. 사실 하나님이 인간이 되신 이야기는 비이성적 사건의 최고봉입니다. 이것은 이성적으로 이해되는 부분이 아닙니다. 그러므로 다른 논증을 하기보다 이것만 생각하십시오. 내가 잃어버린 양 한 마리였다! 그런데 그 양을 드디어 찾은 것입니다. 성경은 그 장면의 감격을 이렇게 기록하고 있습니다.

> 5또 찾아낸즉 즐거워 어깨에 메고 6집에 와서 그 벗과 이웃을 불러 모으고 말하되
> 나와 함께 즐기자 나의 잃은 양을 찾아내었노라 하리라 _눅 15:5-6

한 번도 목자의 어깨에 타본 적이 없었을 양은 당황했을지 모릅니다. '주인이 왜 이러실까' 하는 질문을 던졌을지 모릅니다. 하지만 이것이 평소 목자의 마음이었습니다. 양은 그것을 몰랐던 것입니다.

돌아와줘서 고맙다

이제는 이런 가정을 해보겠습니다. 양 한 마리를 찾아 헤매는 목자 앞에 잃어버린 양이 스스로 찾아왔습니다. 그랬다면 목자는 어떻게 반응했겠습니까? 이것이 탕자 이야기의 핵심입니다. 아버지는 분명, 스스로 자신을 품꾼이라 생각하면서라도 찾아온 아들을 끌어안으며 이렇게 말했을 것입니다.

"잘 왔다. 얘야. 네가 이렇게 돌아와줘서 고맙다. 그래도 아버지를 생각해줘서 고맙다."

아버지는 "돌아와줘서 고맙다, 착하다"라고 연신 말했을 것입니다. 이것이 엄청난 복음의 핵심입니다. 바울이 그것을 먼저 말했습니다.

> 하나님의 진노가 불의한 행동으로 진리를 가로막는 인간의 온갖 불경과 불의를 치시려고 하늘로부터 나타납니다. _롬 1:18

여기서 우리가 집중해야 할 것은 "하나님의 진노가 인간의 온갖 불경과 불의를 치시려고 나타났다"라는 말씀입니다. 정말 놓치지 말아야 할 말씀입니다. 이 말씀을 제대로 읽으면 이런 뜻입니다.

> "우리가 모든 불의와 하나님을 인정하지 않는 행동을 할 때에는 하나님의 진노하심의 사인(sign)이 삶 속에서 나타난다."

이것을 신학적인 언어로 달리 말하면 '경고, 예언'입니다. 주님이 예를 드신 것처럼 말입니다.

> ²예수께서 대답하여 이르시되 너희가 저녁에 하늘이 붉으면 날이 좋겠다 하고

³아침에 하늘이 붉고 흐리면 오늘은 날이 궂겠다 하나니 너희가 날씨는 분별할 줄 알면서 시대의 표적은 분별할 수 없느냐 _마 16:2-3

그러므로 하나님은 언제나 우리에게 경고하시고 사인을 주십니다. 탕자의 이야기에도 그런 경고가 있습니다. 성경은 이렇게 기록하고 있습니다.

¹⁴다 없앤 후 그 나라에 크게 흉년이 들어 그가 비로소 궁핍한지라 ¹⁵가서 그 나라 백성 중 한 사람에게 붙여 사니 그가 그를 들로 보내어 돼지를 치게 하였는데 _눅 15:14-16

나라의 흉년, 개인의 궁핍, 정말 하나님은 그렇게 경고하십니다. 물론 아무에게나 하는 경고는 아닙니다. 그가 아들이기 때문입니다. 그 아들 때문에 한 나라에 흉년이 들게 하기도 하십니다. 그만큼 중요한 사람이기 때문에 반드시 돌아와야 합니다.

결국 그 경고, 곧 사인은 탕자로 하여금 아버지에게 돌아가도록 이끌었습니다. 그러므로 내가 범죄하고 있는데도 아무런 사인이 없다면 내가 둔감하든지, 아니면 하나님과 상관이 없는 사람입니다. 하지만 만일 내가 하나님의 사람이라면, 하나님은 내가 알 때까지 사인을 주실 것입니다. 심지어 온 세상이 나에게 경고할 것입니다.

전혀 하나님의 말씀을 듣지 않고 반대로 행동하는 발람에게 자신이 타고 다니던 나귀가 갑자기 주인의 뜻대로 행동하지 않았습니다. 채찍질을 해도 말을 듣지 않았습니다. 그때 하나님이 나귀의 입을 열게 하셨습니다. 그 대화를 소개하겠습니다.

마침내 야훼께서 나귀의 입을 열어 주시니 나귀가 발람에게 항의하였다. "내가 무슨 못할 짓을 했다고 이렇게 세 번씩이나 때리십니까?" 발람이 나귀에게 "네가 이렇게 나를 놀리지 않았느냐? 내 손에 칼만 있었으면 당장 쳐죽였을 것이다" 하고 말하자 나귀가 발람에게 말했다. "나는 당신의 나귀가 아닙니까? 오늘날까지 당신은 나를 줄곧 타고 다니셨는데 내가 언제 주인께 이런 일을 한 일이 있었습니까?" 그가 대답하였다. "없었다." _민 22:28-30, 공동번역

이 사건을 통하여 발람은 하나님을 봅니다. 하나님의 뜻을 안 것입니다. 나귀의 반란을 통해서 말입니다.

하나님이 자신을 드러내시는 법
우리가 알아야 할 것이 바로 이 지점에 있습니다. 하나님이 우리에게 드러나 말씀하시는 방법이 성경 외에 또 있다는 것입니다. 바울이 그것을 말하고 있습니다. 18절과 19절을 공동번역으로 읽겠습니다.[15]

하나님의 진노가 불의한 행동으로 진리를 가로막는 인간의 온갖 불경과 불의를 치시려고 하늘로부터 나타납니다. 사람들이 하나님께 관해서 알 만한 것은 하나님께서 밝히 보여 주셨기 때문에 너무나도 명백합니다 _롬 1:18-19, 공동번역

하나님은 자신을 보여주십니다. 온 세상을 통하여, 그리고 우리의 양심을 통하여, 또한 하나님의 말씀을 통하여 당신을 드러내시는 것입니다.

---

15 이 책에서는 공동번역의 '하느님' 표기를 '하나님'으로 바꾸어 인용하였습니다.

그러므로 가만히 돌아보면 신앙의 사람들은 그 사인을 감지했습니다. 그 사인에 민감하게 반응하고 바른 방향을 잡았습니다. 그들은 '잎새에 이는 바람에도 나는 괴로워했다'라고 고백한 윤동주 시인처럼 삶의 자리에서 하나님의 경고, 곧 사인을 경험했습니다. 그래서 온전한 침륜과 죄에 빠지지 않은 것입니다. 그 반응이 윤동주가 고백한 '괴로움', 곧 죄에 대한 괴로움입니다. 참 아름답습니다.

서시

죽는 날까지 하늘을 우러러
한 점 부끄럼이 없기를.
잎새에 이는 바람에도
나는 괴로워했다.
별을 노래하는 마음으로
모든 죽어가는 것을 사랑해야지.
그리고 나한테 주어진 길을
걸어가야겠다.

오늘밤에도 별이 바람에 스치운다.

-하늘과 바람과 별과 시, 1941

마음에 두기 싫어하다

로마서 1:20-32

모든 신앙의 시작은 하나님을 아는 것에서부터 시작합니다. 잠언서의 핵심 명제가 말하듯이 말입니다.

여호와를 경외하는 것이 지식의 근본이거늘 미련한 자는 지혜와 훈계를 멸시하느니라 _잠 1:7

그런 까닭에 하나님은 우리를 자신에게 드러내셨습니다. 우리가 알 수 있도록 말입니다. 왜냐하면 우리가 알아야 우리가 살기 때문이고, 거기에서 인간은 의미를 찾기 때문입니다. 그래서 하나님은 온 우주 만물 가운데 자신을 드러내셨습니다.

¹⁹이는 하나님을 알 만한 것이 그들 속에 보임이라 하나님께서 이를 그들에게 보이셨느니라 ²⁰창세로부터 그의 보이지 아니하는 것들 곧 그의 영원하신 능력과 신성이 그가 만드신 만물에 분명히 보여 알려졌나니 그러므로 그들이 핑계하지 못할지니라 _롬 1:19-20

뿐만 아니라 하나님이 우리 안에 양심을 두셔서 하나님이 주신 율법의 역할을 하게 함으로써 우리 스스로 옳고 그름을 판단할 수 있다고 바울은 말합니다. 우리 스스로 하나님이 계심을 증명하고 있다는 뜻입니다.

> [14]율법 없는 이방인이 본성으로 율법의 일을 행할 때에는 이 사람은 율법이 없어도 자기가 자기에게 율법이 되나니 [15]이런 이들은 그 양심이 증거가 되어 그 생각들이 서로 혹은 고발하며 혹은 변명하여 그 마음에 새긴 율법의 행위를 나타내느니라 _롬 2:14-15

물론 이 말씀의 뜻이 우리의 능력으로 선한 일을 하여 구원에 이를 수 있다는 뜻은 아닙니다. 우리들의 능력으로 하나님을 찾아낼 수 있다는 뜻도 아닙니다. 예수 그리스도를 통한 계시 외에는 우리가 하나님을 인식할 길은 전혀 없습니다. 우리가 구원과 하나님을 아는 일에서 아무 것도 할 수 없지만, 단지 정직하게 자신을 돌아보면 거대한 하나님의 존재를 느낄 수 있다는 말입니다. 두말할 것도 없이 그 마지막은 예수 그리스도에게로 모아질 수밖에 없습니다. 예수가 길이라는 것을 알게 된다는 말입니다. 그러므로 만일 우리가 이같은 자의식을 가지고 예수 그리스도가 나의 구주가 되심을 인식하게 되었다면, 그것은 놀라운 지적 열매입니다.

지식의 끝

성철 스님을 아실 것입니다. 그는 1993년 82세의 나이로 죽기 전까지 치열하게 수행하였습니다. 그의 삶 전체에서는 누린 부가 없었습니다. 그의 죽음 앞에 남은 것이라고는 국화꽃 두 바구니, 벽에 걸린 낡은 장삼, 그리고 몽당연필. 편지지, 주장자(拄杖子) 하나가 전부였습니다. 그는 살아가는 동안 철저한 자기 도(道)와 선을 추구하였고, 이를 위하여 앉아서 잠을 잔다는 장좌불와(長坐不臥)도 8년이나 치렀습니다.

그는 다른 스님들과 달리 돈오점수(頓悟漸修)를 비판하고 돈오돈수(頓悟頓修)를 주장하였습니다. 돈오점수는 불교에서 돈오(頓悟), 즉 문득 깨달음에 이르는 경지에 이르기까지에는 반드시 점진적 수행단계가 따른다는 말입니다. 반면에 성철은 돈오돈수를 주장하였는데, 그것은 '단박에 깨치고 단박에 닦는다'라는 뜻으로, 단박에 깨쳐서 구경각(究竟覺:궁극적이고 완전한 지혜를 얻는 경지)에 이름으로써 더 이상 수행할 것이 없는 경지에 도달하는 것을 말합니다. 그렇다면 성철 스님이 깨달은 것은 무엇입니까? 우리가 다 알 수는 없지만, 그가 죽으면서, 곧 열반에 들기 전에 남긴 열반송에 깨달은 모든 것이 담겨 있다고 생각합니다.

평생에 걸쳐 남녀의 무리를 속였으니 生平欺誑男女群
하늘에 가득한 죄업이 수미산보다 높구나 彌天罪業過須彌
산 채로 무간지옥에 떨어져도 한이 만 갈래나 되네 活陷阿鼻恨萬端
한 덩이 붉은 해는 푸른 산에 걸려 있다 一輪吐紅掛碧山

사실 성철의 열반송은 그가 평생 추구하던 것의 깨달음의 극치였습니다. 그가 24세 때 가정을 버리고 출가할 때 그 기개와 꿈은 대단하였습니다. 그의 꿈은 인생을 깨닫고 이 세상을 바르게 이끌고자 하는 열정이었습니다. 그것이 그로 하여금 출가하게 한 이유였습니다. 그의 출가송은 이렇습니다.

하늘에 가득한 큰 일도 붉은 화롯불에 한 점 눈송이로다

바다를 뒤덮는 큰 틀도 밝은 햇살 아래 한 방울 이슬이로다
누가 꿈속 같은 세상에 잠깐 나와 꿈만 꾸다 떠나가랴
만고의 진리를 찾아 나 홀로 걸어가리라

그런데 죽게 되었을 때 그가 단박에 깨달은 것, 돈오돈수의 내용 중 하나는 '미천대업'의 꿈이 결국 '미천죄업'으로 끝났다는 것입니다. 그가 그렇게 선을 추구하며 살고자 하였지만, 깨달은 것은 자신이 구제불능의 죄인이라는 사실이었습니다. 더욱이 놀라운 것은 자신의 삶이 수많은 사람을 속이는 것이었고, 끝이 없는 지옥으로 떨어지는 것이 전부라는 고백이었습니다. 죄를 지은 삶, 그가 진지한 구도자로서 얻은 삶의 결론이었습니다. 그것은 사실 로마서가 말하는 인간의 진실입니다.

의인은 없나니 하나도 없다 _롬 3:10

성철 스님이 깨달은 것입니다. 그래서 이어지는 고백이 나온 것입니다.

산 채로 무간지옥에 떨어져도 한이 만 갈래나 되네
(그러나) 한 덩이 붉은 해는 푸른 산에 걸려 있다

불가에서는 이 열반송에서 특히 문제가 되는 두 구절을 다음과 같이 해석합니다.

나는 지은 죄를 안고 무간지옥에 떨어져 가지만 (사실 그는 지옥을 제도하러 갔다) 내가 바라본 푸른 산은 언제나 그대로 거기 있으니 너희들은 공부를

게을리하지 말라

하지만 성철 스님은 돈오점수보다 돈오돈수를 주장하기에 그의 글에 분명한 정답이 있다고 생각합니다. 이 글을 다시 천천히 해석해보겠습니다.

평생 거짓된 가르침으로 많은 사람들에게 잘못된 가르침과 방향을 제시하였으니 그동안 내가 지은 죄는 수미산보다 크다(불가에서 세계의 중심에 있는 상상의 산으로 주변에는 8개의 산과 8개의 대양이 존재하는데, 그 중심에 서 있기에 상상할 수 없을 만큼 큰 산이라 말할 수 있다. 그런데 그 산보다 높을 만큼 허다한 죄를 지었다는 뜻). 그러므로 살아 있는 채로 고통을 당하며 끝이 없는 지옥에 떨어지게 되어도 불평할 수 없으니 한 맺힌 죽음이 되는구나. 그러나 내가 하고 싶은 이야기는(혹은 내가 깨달은 것은) 한 덩이 붉은 해는 푸른 산에 걸려 있다는 것을 기억하라는 것이다.

성철 스님이 진정으로 깨달았다면, 그가 추구했던 지식의 종점은 하나님이실 것이고, 그 결론은 예수 그리스도일 것입니다. 그러므로 또 다시 조심스럽게 해석해보겠습니다. 그 결론에 예수 그리스도가 있다고 생각하고 말입니다. '한 덩이 붉은 해는 푸른 산에 걸려 있다'(一輪吐紅掛碧山)를 다시 풀어보면 '한 덩어리 붉은 피를 토한 것이 푸른 산에 걸려 있도다'입니다. 혹시 이 말이 골고다 푸른 언덕 위에 달려서 피를 토하며 돌아가신 주님을 말한 것이 아닌가 하는 생각을 해봅니다. 불가에서 들으면 동의할 수 없겠지만 달리 말할 길이 없습니다. 예수 그리스도가 지식의 끝이기에, 성철 스님 역시 그 지식 추구의 끝에 이르렀다면 예수에 이르는 것이 당연히 이상한 일이 아니라고 생각합니다.

치명적인 문제

문제는 우리에게 있습니다. 우리는 이미 하나님이 우리 가운데 드러내신 예수 그리스도를 믿는 존재이기 때문입니다. 그런데 그런 우리가 하나님을 온전히 바르게 믿지 않고 있다고 성경은 말합니다. 성경에 반복되는 단어로 그 이유를 설명할 수 있습니다.

마음의 정욕대로 _롬 1:24
그 상실한 마음대로 _롬 1:28

내 마음대로 살고 싶은 것입니다. 내 정욕대로 행동하고 싶은 것입니다. 그런데 하나님이 보입니다. 하나님은 우리가 우리 마음대로 살기를 원하지 않으십니다. 그래서 우리는 우리 마음에 드는 하나님을 만듭니다. 그것이 우상입니다. 하나님을 부정할 수는 없으니 말입니다.

21하나님을 알되 하나님을 영화롭게도 아니하며 감사하지도 아니하고 오히려 그 생각이 허망하여지며 미련한 마음이 어두워졌나니 22스스로 지혜 있다 하나 어리석게 되어 23썩어지지 아니하는 하나님의 영광을 썩어질 사람과 새와 짐승과 기어 다니는 동물 모양의 우상으로 바꾸었느니라 _롬 1:21-23

그래서 하나님이 우리에게 내리시는 형벌이 유기(遺棄)입니다.

24그러므로 하나님께서 그들을 마음의 정욕대로 더러움에 내버려 두사 그들의 몸을 서로 욕되게 하게 하셨으니 25이는 그들이 하나님의 진리를 거짓 것으로 바꾸어 피조물을 조물주보다 더 경배하고 섬김이라 _롬 1:24-25

하나님이 내버려두자 벌어진 일이 두려움이 사라진 것입니다. 죄를 범해도 두렵지 않습니다. 어떤 종류이든 끔찍한 일을 저지르게 되었습니다. 성경은 이런 예를 들고 있습니다.

> [26]이 때문에 하나님께서 그들을 부끄러운 욕심에 내버려 두셨으니 곧 그들의 여자들도 순리대로 쓸 것을 바꾸어 역리로 쓰며 [27]그와 같이 남자들도 순리대로 여자 쓰기를 버리고 서로 향하여 음욕이 불 일듯 하매 남자가 남자와 더불어 부끄러운 일을 행하여 그들의 그릇됨에 상당한 보응을 그들 자신이 받았느니라
>
> _롬 1:26-27

전해오는 기록에 의하면 대부분의 로마황제들은 양성애를 즐기던 사람들이었다고 합니다. 또한 재미있는 것은, 로마의 역사학자 타키투스의 기록에 의하면 로마 황제들의 최대 고민은 성병이었습니다. 그같이 부패하고 타락한 성적 부끄러움의 잔해는 화산에 잠긴 도시 폼페이가 발굴되면서 우리들에게 분명히 알려졌습니다. 그건 요즘의 일부 동성애 문제와 근본적으로 다른 것 같습니다. 태어나면서부터 동성애 지향을 가진 것에 대해서는 깊이 돌아봐야 하지만, 그것과 달리 좀 더 쾌락을 위해 동성애를 즐기는 것은 문제가 있습니다. 물론 쾌락을 위해 여러 이성과 성적인 쾌락을 추구하는 것도 마찬가지입니다.

끔찍한 존재의 탄생

이런 일들을 서슴지 않고 하는 이유는 이미 마음에 하나님이 없기 때문입니다. 그것을 성경은 "저희가 마음에 하나님 두기를 싫어하매"(롬 1:28)라고

표현하고 있습니다. 그 결과는 끔찍한 존재의 탄생이었습니다.

> 28또한 그들이 마음에 하나님 두기를 싫어하매 하나님께서 그들을 그 상실한 마음대로 내버려 두사 합당하지 못한 일을 하게 하셨으니 29곧 모든 불의, 추악, 탐욕, 악의가 가득한 자요 시기, 살인, 분쟁, 사기, 악독이 가득한 자요 수군수군하는 자요 30비방하는 자요 하나님께서 미워하시는 자요 능욕하는 자요 교만한 자요 자랑하는 자요 악을 도모하는 자요 부모를 거역하는 자요 31우매한 자요 배약하는 자요 무정한 자요 무자비한 자라 32그들이 이같은 일을 행하는 자는 사형에 해당한다고 하나님께서 정하심을 알고도 자기들만 행할 뿐 아니라 또한 그런 일을 행하는 자들을 옳다 하느니라 _롬 1:28-32

사실 이것이 오늘을 사는 죄인들의 모습 아닙니까? 교회는 다니지만 심장에 하나님이 없는 자들의 모습 아닙니까? 그런 자들이 세상에서 성공하고 복 받기 위해 하나님을 믿는 것은 구역질나는 행위 아닙니까? 십자가는 어디에 있고, 주를 위한 고난은 어디에 있습니까? 그러므로 만일 죄를 지으면 두렵고 부끄럽고 비참하고, 그래서 회개하고 있다면 옳은 것입니다. 아직 하나님을 제대로 믿고 있는 것입니다. 그것이 시작입니다.

저는 가끔 속이 늘 쓰릴 때가 있습니다. 주로 자극적인 음식을 먹어서 그렇습니다. 그때 사람들은 쓰린 속을 다스리기 위해 약을 먹습니다. 우리가 음란함 같은 더러움을 없애기 위해 애를 쓰는 것과 같습니다. 물론 그런 약은 필요합니다. 그러나 그보다 더 중요한 것은 커피 같은 자극적인 음식을 먹지 않고 부드럽고 단순한 음식을 먹는 것입니다.

동일합니다. 죄를 짓고 회개하기를 반복하기보다, 당연히 하나님을 아는 지식을 높이고 그분과의 관계를 세워나가는 것이 중요합니다. 그것이 우리로 하여금 모든 불의와 죄에서부터 자유케 하고 하나님이 자유롭게 쓰시는 사람이 될 수 있는 비밀인 것입니다.

하나님이 주님을 통하여 그것을 우리에게 드러내셨습니다. 그것이 곧 복입니다. 그 사실을 알고 있고 믿는 우리는 모든 복을 다 받은 것입니다. 그것을 인정하십니까?

우리는 은혜로 산다

로마서 2:1-16

로마서의 핵심 말씀, "오직 의인은 믿음으로 말미암아 살리라"라는 선언에서 보는 것처럼, 우리는 '믿음으로 말미암은 구원'을 강조하는 바울을 만났습니다. 이 말씀과 함께 로마서 전체가 믿음을 강조하면서, 믿음이 전체를 주도하고 있습니다. 그런데 바울이 갑자기 의외의 말을 꺼냅니다. 그것은 우리의 행위를 보시고 심판하신다는 말씀입니다.

하나님께서는 "각 사람에게 그가 한 대로 갚아 주실 것입니다." _롬 2:6, 새번역

믿음을 통한 구원을 강조하던 바울이 갑자기 행위를 주장한 것은 무엇 때문입니까? 믿음도 중요하지만 행위도 구원과 밀접한 관계가 있다는 말입니까? 바울이 입장을 바꾼 것입니까?

행위로 살겠는가?

우리는 이 말씀이 '남을 판단하는 사람들'(롬 2:1)의 행위를 꾸짖으며 나온

것에 유의해야 합니다. 자신의 잣대를 가지고 다른 사람들을 평가하고 판단하여 정죄하는 잘못된 '선민의식' 혹은 '자기중심적 의인의식'에 대한 말씀입니다.

우리는 사실 주변이나 자신에게서 이런 모습을 발견할 때가 많습니다. 잘못된 의인의식은 사소한 문제에도 목숨을 걸고 발끈하는 경향이 있습니다. 그렇다면 왜 우리는 사소한 문제에 얽매이는 것입니까? 당연히 자신을 감추기 위한 행동양식이기 때문입니다. 그래서 바울은 사람들이 자신의 죄를 감추기 위해 목소리를 높이는 것으로 이해한 것입니다. "방귀 뀐 놈이 성낸다"라는 속담처럼 말입니다. 바울은 그런 사람들을 향하여 "그렇다면 너희들이 좋아하는 행위대로 판단해보자. 하나님은 너희들을 반드시 행위를 좇아서 판단하실 것이다"라고 독설처럼 내뱉은 것입니다.

그런데 자세히 생각해보면 그것은 독설이 아니라 진실입니다. 열심히 자신의 의에 빠져서 살아가십시오. 그러면 하나님은 우리가 좇은 의를 가지고 판단하시고 심판하실 것입니다. 분명히 하나님은 우리의 행위를 좇아 우리를 판단하시고 심판하실 것입니다. 그 심판 날을 위하여 하나님은 지금도 우리가 지은 모든 죄, 곧 진노를 일으키는 죄들을 차근차근 쌓아두고 계시며 심판의 날을 기다리고 계시기 때문입니다.

> 하나님의 심판이 이런 일을 하는 사람들에게 공정하게 내린다는 것을 우리는 압니다. 이런 일을 하는 사람들을 심판하면서, 스스로 그런 일을 하는 사람이여, 그대는 하나님의 심판을 피할 수 있을 줄로 생각합니까? … 그대는 완고하여 회개할 마음이 없으니, 하나님의 공정한 심판이 나타날 진노의 날에 자기가 받을 진노를 스스로 쌓아 올리고 있는 것입니다. 하나님께서는 "각 사람에게 그가 한 대로 갚아 주실 것입니다." _롬 2:2-3,5-6, 새번역

그러므로 어떤 경우에도 자신의 의를 주장하지 마십시오. 하나님께 나의 행위를 좇아 공정하게 판단해달라고 말하지 마십시오. 왜냐하면 우리의 어떠한 의로운 행위도 하나님 앞에서는 아무 것도 아니기 때문입니다. 우리는 우리가 짓는 어떤 죄로부터 해방될 수 없습니다.

만일 율법 없이 자신의 의를 추구하며 살았다고 가정해보겠습니다. 그렇다면 그는 율법이 없지만 자신의 양심을 가지고 죄를 느끼고 알기 때문에 그것으로 판단을 받습니다.

> ^{12}율법을 모르고 범죄한 사람은 율법과 상관없이 망할 것이요, 율법을 알고 범죄한 사람은 율법을 따라 심판을 받을 것입니다. … ^{14}율법을 가지지 않은 이방 사람이, 사람의 본성을 따라 율법이 명하는 바를 행하면, 그들은 율법을 가지고 있지 않아도, 자기 자신이 자기에게 율법입니다. ^{15}그런 사람은, 율법이 요구하는 일이 자기의 마음에 적혀 있음을 드러내 보입니다. 그들의 양심도 이 사실을 증언합니다. 그들의 생각들이 서로 고발하기도 하고, 변호하기도 합니다 _롬 2:12,14-15

만일 율법을 알고 율법을 지키면서 살았다고 한다면, 그 율법에 의해 우리의 죄는 정죄받고 심판을 받게 됩니다.

> 무릇 율법 없이 범죄한 자는 또한 율법 없이 망하고 무릇 율법이 있고 범죄한 자는 율법으로 말미암아 심판을 받으리라 _롬 2:12

결국 우리의 의라는 것은 우리를 구원에 이르게 할 수 없다는 뜻입니다. 마치 아무리 높은 빌딩이라 하더라도 높은 하늘에서 보면 아무 것도 아닌 것과 같이 말입니다. 우리가 가지고 있는 어떤 고매한 인격도, 어떤 의로운 행위도, 어떤 삶의 자세와 태도 혹은 수행까지도 하나님을 만족시키고 하나님의 의에 합당할 만큼 온전할 수 없기 때문입니다. 그것은 우리가 잘 압니다. 그래서 칼 바르트는 이렇게 말합니다.

"하나님의 진노로부터 인간을 구해낼 수 있는 그 어떤 인간 의(die Menschengerechtigkeit)라고 하는 것은 존재하지 않는다!"

그런 까닭에 바울은 매우 분명한 어조로 정리합니다.

9유대인이나 헬라인이나 다 죄 아래에 있다고 우리가 이미 선언하였느니라 10기록된 바 의인은 없나니 하나도 없으며 _롬 3:9-10

그러니까 우리는 찍소리하지 말고 주님 곁에 붙어 있어야 합니다. 누가 뭐라고 말하면 주님만 찾으십시오. 누가 우리의 죄를 건드리면 주님을 부르십시오. "난 주님을 믿으오. 나를 위해 죽으신 예수님이 나의 주님이시오"라고 외치십시오. 내가 이랬고 저랬고, 헌금을 얼마 했느니, 누구보다 더 신앙을 잘 지켰느니, 무슨 대단한 업적이 있느니 따위는 말하지 마십시오. 그저 주님만 부르십시오.

마틴 루터가 1517년 '95개조 반박문'을 가지고 나오면서 큰 파문을 일으켜 마침내 종교개혁의 발단이 되었습니다. 그는 교황으로부터 파문 칙령을 받습니다. 그러나 루터는 그 칙령을 불태워버렸습니다. 결국 제국으로부터 추방령을 받고 9개월 동안 작센 선제후의 비호 아래 바르트부르크 성에서 숨어 지내야 했습니다. 루터는 그곳에서 신약성서를 독일어로 번역하였습니다. 그 번역을 처음 시작할 때였습니다. 전해 내려오는 이야기에 의하면, 그때 사탄이 루터 앞에 나타나 마치 95개조 반박문을 게시하듯 루터의 모든 죄들을 가득히 적어놓은 두루마리를 펼쳤다고 합니다. 루터가 그런 환상을 본 것입니다. 사탄이 그의 죄를 보여주면서 이렇게 비아냥거렸다고 합니다.

"이처럼 더러운 네가 하나님의 거룩한 말씀을 감히 번역할 수 있는가?"

그 순간 루터는 아무 대답도 할 수 없었습니다. 바로 그때, 어디선가 못 자국 난 손이 그 두루마리에 쓰인 죄를 피로 씻는 것이었습니다. 그 기막힌 장면을 본 루터는 쓰고 있던 잉크병을 사탄에게 던지면서 "사탄아 내 뒤로 물러가라"라고 외쳤다고 합니다. 그때 쓴 찬송이 '내 주는 강한 성이요'라고 전해지고 있습니다. 루터는 이렇게 고백합니다.

"내 힘만 의지할 때는 패할 수밖에 없도다."

우리가 이길 수 있는 길은 우리 힘을 의지하는 것이 아니라 나를 대신하여 싸우는 예수 그리스도를 의지하는 것입니다. 우리를 위해 주님이 십자가에 못 박혀 죽으셨다는 복음의 진리만이 이길 수 있게 합니다. 우리는 모두 하나님의 은혜로 사는 사람들입니다. 우리가 처음부터 끝까지 주장하고, 말하고, 의지해야 하는 것은 하나님의 은혜입니다. 그 은혜로 드러난, 예수 그리스도를 통한 구속과 의에 의존해야 합니다. 그 주님을 향한 믿음으로만 서야 합니다. 그것만이 우리의 희망이기 때문입니다.

행위는 의미가 없는가?

그렇다면 이제 더 이상 행위는 의미가 없다는 말인가? 그렇지 않습니다. 우리는 하나님을 위하여 일할 수 있습니다. 자신의 의를 드러내기 위함이 아니라 하나님의 의를 드러내기 위하여 일할 수 있습니다. 우리가 하는 어떤 의로운 행위도 대단한 의가 될 수는 없지만, 하나님의 은혜를 받고 누리는 자들이 할 수 있는 최대한의 삶은 될 수 있습니다. 그것이 하나님을 영화롭게 하는 것이고 하나님을 기쁘시게 하는 일입니다.

예를 들어 나를 위해 평생을 희생하신 어머니가 계신데, 그 어머니가 암에 걸려 고생하고 계십니다. 내가 그 분을 위해 할 수 있는 일은 아무 것도 없습니다. 어떻게 해도 나에게 베푸신 은혜를 갚을 길이 없습니다. 고작 내가 걸을 수 없는 어머니를 업고 병원에 가는 일이나 대소변 보시는 일을 돕는 것이 전부일지라도, 그것이 어머니를 행복하게 하는 일인 것을 나는 알고 있습니다. 우리가 하나님을 위해 할 수 있는 일은 고작 그 정도입니다. 그런데 하나님은 그 행위를 아름답다고 하십니다. 그 작은 헌신과 사랑에 대하여 한없이 보상하시겠다고 말씀하시는 것입니다. 자신의 의를 추구하는 이들에게 하나님은 은밀한 죄도 남김없이 물으시지만, 오직 하나님의 의를 추구하는 자들에게는 숨어 있고 사소한, 우리의 작은 선한 행위까지도 찾으시고 보상하시겠다는 말입니다.

곧 나의 복음에 이른 바와 같이 하나님이 예수 그리스도로 말미암아 사람들의 은밀한 것을 심판하시는 그 날이라 _롬 2:16

하나님의 은혜로 사는 사람, 바로 그들이 크리스천입니다. 우리는 바울이 로마서 4장 6절에서 말씀하신 것처럼 '일한 것이 없이 하나님께 의로 여기심을 받은 사람'입니다. 그래서 행복합니다.

개인을 위한 하나님인가?

로마서 2:17-29

우리는 모두 하나님의 사람임을 자처합니다. 모든 것이 분명합니다. 구원의 확신이 분명하고 믿음의 견고한 심지를 가지고 있습니다. 천국에 대한 확신이 있고, 하나님이 우리를 부르셨다는 선민의식도 분명합니다. 조금만 살펴보면 이 땅 위의 크리스천이 모두 그런 모습입니다. 뜨겁게 기도하고 찬양하고 어디든지 열정적인 크리스천으로 가득차 있는 것을 보게 됩니다.

그런데 이상한 것은, 그런 크리스천이 그렇게 많이 존재함에도 불구하고 세상이 변화되지 않고 있다는 사실입니다. 오히려 기독교인들이 손가락질을 당하고 세상의 비웃음을 받으며, 기독교인들 때문에 하나님을 믿지 않겠다고 결단하는 사람들을 더 많이 보게 됩니다. 무엇이 문제일까요? 우리는 이 문제의 해답을 이 본문을 통하여 찾을 수 있습니다.

로마서 2장에서 바울이 비판한 유대인의 모습을 살펴보면 이렇습니다. 그들은 첫째 "율법을 의지하며"(롬 2:17), 즉, 말씀을 의지하며 살아갑니다.

둘째, 삶 속에서 "하나님을 자랑하며"(롬 2:17) 삽니다. 삶의 중심이 하나님이라는 말입니다. 오직 하나님을 바라보며 살아갑니다.

셋째, "율법의 교훈을 받아 하나님의 뜻을 아는 지혜"(롬 2:18)를 갖고 있습니다. 즉, 말씀 속에 숨겨져 있는 뜻을 분별하고 하나님의 뜻을 헤아린다는 말입니다.

넷째, "지극히 선한 것을 좋게 여기며"(롬 2:18) 삽니다. 선한 것을 추구하고 하나님의 뜻을 추구하는 삶을 산다는 말입니다.

다섯째, "율법에 있는 지식과 진리의 규모를 가진 자"(롬 2:19)입니다. 진리를 따라 자신을 절제하고 통제하며 기독교의 규범을 따라 살아가는 사람이라는 말입니다. 그래서 그들은 스스로 어리석은 자를 이끄는 지도자 혹은 선생이라고 생각합니다(롬 2:20).

그런데 바울은 이들을 비난합니다. 잘못된 신앙의 모습이라는 것입니다. 생각해보십시오. 좀 이상하지 않습니까? 매일 삶 속에서 말씀을 의지하고, 매 순간 하나님을 자랑하고 증거하며, 말씀을 통하여 하나님의 비밀을 깨닫기를 힘씁니다. 그래서 말씀의 비밀을 많이 알고 있고, 말씀을 좇아 선한 삶을 추구하고, 자신의 위치와 규모를 정확히 파악하여 살고 있습니다. 그렇다면 거의 완벽한 크리스천이라고 말할 수 있습니다. 오늘날 만일 이같은 신앙의 모습을 가진 사람이 우리 주변에 있다면, 우리는 틀림없이 그를 깊은 신앙을 가진 크리스천이라고 말할 것입니다. 그런데 왜 바울이 그런 사람들을 비난한 것입니까? 무엇이 문제입니까?

종교전문가가 되지 말라

바울이 비난하는 이유는 껍데기, 즉 모양과 형식은 그들이 주장하는 대로이지만, 실제 알맹이, 즉 내용은 전혀 그렇지 않기 때문입니다. 바울은 단적으로 예를 들어 이렇게 말합니다.

그는 율법에 전적으로 의지하고 하나님을 자랑하고 하나님의 뜻을 알고 율법을 배워서 사리를 분별할 줄도 알고 눈먼 사람에게는 길잡이가 되고 어둠 속을 헤매는 사람에게는 빛이 될 수 있다고 자신합니다. 그리고 그 율법에서 모든 지식과 진리의 근본을 터득하였으므로 무식한 사람에게 지도자가 되고 철없는 자들의 스승이 될 수 있다고 자신합니다. 그런 사람이 남을 가르치면서 왜 자기 자신은 가르치지 못합니까? 또 남더러는 도둑질을 하지 말라고 설교하면서 왜 자신은 도둑질을 합니까? 남더러는 간음을 하지 말라고 하면서 왜 자신은 간음을 합니까? 또 우상을 미워한다고 하면서 그 신전의 물건은 왜 훔쳐냅니까? 율법을 가졌다고 자랑하는 사람이 왜 율법을 범하여 하나님을 욕되게 합니까? _롬 2:17-23, 공동번역

한마디로 말해서 겉으로 보기에는 경건하고 바른 신앙인 같지만 실제는 더러운 짓을 하는 크리스천이라는 말입니다. 바울의 논조가 더욱 비난조인 이유는 불신자를 포함하여 다른 사람들이 볼 때는 전혀 눈치 챌 수 없을 만큼 완벽하게 위장하고 있기 때문입니다. 그런 의미에서 그들은 종교전문가라고 말할 수 있을 것입니다. 이런 이들은 결국 형식을 강조하게 됩니다. 형식의 극대화를 통하여 자신을 위장하고 스스로 구원에 이르렀다는 착각에 빠집니다. 바로 그때 하나님은 금송아지라는 형식에 갇히고 마는 것입니다. 그 순간부터 하나님은 참 하나님이 아니라 왜곡된 하나님으로 자리매김됩니다. 즉, 그런 사람들 자신을 위해 존재하는 하나님이 되고 맙니다. 그런 관점에서 바울이 그런 사람들을 비판한 것입니다.

리빙스턴이 아프리카에서 선교할 때 일입니다. 그 지역 사람들이 복음을 받아들이기를 매우 주저하는 모습을 보았습니다. 그들은 과거에 하나님을 믿는 포르투갈 사람들이 노예장사를 하며 자신을 팔아넘긴 일 때문에 크리스천을 노예장사와 동일시하고 있었기 때문입니다.

하나님을 믿으면서, 금식하며 기도하고 말씀대로 살기를 다짐하고 시도하며, 뿐만 아니라 나름대로 선행을 하면서 어떻게 노예장사를 병행할 수 있었을까요? 그들은 진짜 하나님을 믿고 있었던 것이 아니라 왜곡된 하나님, 자신들의 필요와 요청에 따라 만들어낸 하나님을 믿고 있었던 것입니다. 유대인들이 지켰던 것들도 마치 크리스천들이 노예장사를 했던 것처럼 하나님이 말씀하시는 것과 질적으로 다른 것이었음을 알 수 있습니다. 그들은 '율법을 의지'합니다. 그러나 그것은 자신들에게 편리하고 유익하게 해석된 말씀입니다. 그들은, 어느 대학원생이 한 대형교회 목사님의 설교를 분석하다 발견한 것처럼, 고난과 십자가는 사라지고 축복과 기복만으로 해석한 말씀을 의지한 것입니다. 그들은 '하나님을 자랑'합니다. 그러나 남을 착취해서라도 자신을 부요하게 하는, 다른 사람들은 고통받더라도 나만 잘되게 해주는 하나님을 자랑한 것입니다.

저는 지금도 어떤 목사님을 잊을 수 없습니다. 고속도로에서 일어난 교통사고로 자신의 앞뒤와 좌우에 탄 사람을 포함하여 많은 사람들이 죽었는데, 이렇게 간증했습니다.

"내가 죽으면 하나님이 손해 아닌가? 하나님은 나의 하나님이시다."

물론 그런 분들은 나름 '하나님의 뜻'을 안다고 말합니다. 왜곡된 하나님의 뜻, 자신을 위해서 존재하는 거짓 하나님, 자신이 만든 형식 속에 가둬놓은 가짜 하나님의 뜻을 알고 있는 것입니다. 나름대로 선을 행하고 규모 있는 삶을 살고자 합니다. 불우이웃을 위하여 몇십만 원씩 헌금하고 교회를 위하여 건축헌금도 합니다. 그러나 동시에 하룻밤에 수백만 원을 술값으로 날리고 수천만 원짜리 옷과 사치품을 구입합니다. 근사한 예배당을 드나들고, 호화스러운 생활양식과 새로운 형식의 귀족적 크리스천으로서 살아갑니다. 그들은 모두 규모 있는 크리스천으로 보입니다. 그런데 바울은 바로 거기에 하나님이 존재하지 않으신다고 말한 것입니다. 그들의 생활은 도적질이고, 간음질이며, 우상숭배이며 하나님의 말씀을 어기는 행동임을 지적한 것입니다. 그러니까 이런 신앙은 이념적 기독교를 믿는 것에 불과합니다. 우리 삶 속에 살아 있는 신앙이 아니라 이념, 곧 생각 속에서만 움직이는 신앙이라는 말입니다. 그들도 일정한 정도의 행동을 보이는데, 그들의 신앙이 눈에 보이는 형식을 중요시하는, 형식 속에 가둬놓은 신앙이라는 뜻입니다.

진짜 크리스천이 존재하는 만큼
그렇게 열심인 크리스천이 많고 믿음이 좋은 크리스천이 이 땅에 수두룩한 것 같은데, 왜 세상은 하나님을 믿으려고 하지 않고 오히려 하나님을 멀리하고 교회를 떠나는 것입니까? 왜곡되고 잘못된 양식을 가지고 하나님을 믿는 종교전문가들 때문입니다. 그들 때문에 세상은 하나님을 떠나고 그분의 이름이 더럽혀지고 있습니다.

기록된 바와 같이 하나님의 이름이 너희 때문에 이방인 중에서 모독을 받는도다
_롬 2:24

그러니까 이들을 만난 세상은 확실히 하나님을 멀리합니다. 처음에는 이들에게 사람들이 관심을 갖습니다. 사랑을 말하고 요란하게 움직이니까 정말로 진실과 사랑이 있는 줄 압니다. 그런데 보면 완전히 빈 수레입니다. 마치 무화과나무 이야기처럼 멀리서 보면 무엇이 있는 것처럼 보이지만, 가까이서 보면 아무 것도 없습니다. 그래서 세상 사람들은 상처를 입습니다.

이제는 더 이상 믿지 않습니다. 끝이 난 것입니다.

이처럼 형식과 모양만을 가진 채 생각 속에서만 움직이는 이념으로서의 신앙에 대하여 바울은 '꽝'이라고 선언합니다. 바울은 할례를 부정하지 않습니다. 그러나 할례는 받았지만 율법을 범하면 할례는 더 이상 아무런 의미도 없고 무할례와 다를 바가 없다고 말합니다(롬 2:25). 그것과 동일합니다. 우리가 아름다운 예배를 드리고 구원의 확신이 있는 것처럼 보이고 여러 가지 사역을 하지만, 그 예배가 삶에 적용되지는 않습니다. 자아를 비롯해 마음으로는 변화되지 않고 껍데기인 몸만 움직이는 형식적 신앙은 신앙이 없는 삶과 다를 바가 없다는 뜻입니다.

그러므로 하나님은 우리 안에서 발견될 수 있어야 합니다. 겉모습이 아니라 속사람이 변화되어, 즉 마음속에 하나님의 통치가 이루어져 향기처럼 겉으로 흘러넘쳐야 합니다. 그런 의미에서 우리는 마음에 할례를 받아야 합니다.

이 세상은 종교전문가들에 의해 더 이상 속지 않습니다. 세상은 마음과 전 자아가 하나님에 의해 통치되는 크리스천들에게서 나오는 향기에 관심을 갖습니다. 지금은 진짜 크리스천에게만 반응을 보이는 시대가 되었다는 말입니다. 사람들은 교회를 점점 떠날 것입니다. 진짜 크리스천이 존재하지 않는 만큼, 종교전문가가 늘어나는 만큼 교회는 문을 닫게 될 것입니다.

하나님이 찾으시는 사람

우리가 관심을 가져야 할 것은 진짜 크리스천이 되는 것입니다. 그러면 모든 것이 해결됩니다. 그런데 문제는 우리 모두 종교전문가가 될 가능성에 노출되어 있다는 점입니다. 우리가 그렇게 전락되지 않기 위해 무엇이 필요합니까?

첫째, 자신을 가르치는 시스템(Self-discipline system)을 가지고 있어야 합니다. 사실 형식을 중요시하는 유대인들처럼 종교전문가들은 자신을 가르치는 길을 스스로 열어놓지 않고 있습니다. 그것이 문제입니다.

> ¹⁹맹인의 길을 인도하는 자요 어둠에 있는 자의 빛이요 ²⁰율법에 있는 지식과 진리의 모본을 가진 자로서 어리석은 자의 교사요 어린 아이의 선생이라고 스스로 믿으니 ²¹그러면 다른 사람을 가르치는 네가 네 자신은 가르치지 아니하느냐 도둑질하지 말라 선포하는 네가 도둑질하느냐 _롬 2:19-21

종교전문가는 시간이 가면 갈수록 다른 사람에게만 기준을 적용시킵니다. 직분이 올라가면 갈수록, 스스로 거룩해지면 거룩해질수록 다른 사람을 가르치려 듭니다. 자신은 가두어놓고 정작 자신은 가르치려 하지 않습니다. 그러므로 우리가 종교전문가가 아니라 진정한 신앙인이 되기 위해 필요한 것은 자기 자신을 훈련시키는 시스템을 가지는 것, 즉 말씀을 자기 삶에 대입시켜야 합니다. 늘 말씀의 칼날로 자신을 쪼개고 하나님 앞에 서는 사람이 되어야 합니다.

둘째, 진정한 유대인이 되어야 합니다. 원래 유대란 말의 뜻은 찬송입니다. 그러므로 유대인이란 '하나님을 찬송하는 사람'이라고 해석할 수 있습니다. 그런 의미에서 우리는 참 유대인이어야 합니다. 다만 몸에 할례를 받고 율법을 지키는 유대인이 아니라 마음에 할례를 받은 자가 되어야 합니다. 누구든지 성령으로 마음에 할례를 받은 자, 곧 마음에 증거가 있는 자이면 누구나 진정한 유대인입니다. 그래서 바울은 이렇게 말합니다.

겉모양으로 유대 사람이라고 해서 유대 사람이 아니요, 겉모양으로 살에다가 할례를 받았다고 해서 할례가 아닙니다. 오히려 속이 유대 사람인 사람이 유대 사람이며, 율법의 조문을 따라서가 아니라, 성령을 따라서 마음에 받는 할례가 참 할례입니다. 이런 사람은, 사람에게서가 아니라, 하나님에게서 칭찬을 받습니다.

_롬 2:28-29, 표준새번역

오늘 이 시대에 필요한 사람은 성경지식이 많고 철저한 형식과 율법을 중요시하는 종교전문가가 아닙니다. 성령을 통하여 마음에 할례가 이루어져 하나님이 그 마음에서 흘러나오는 사람이 필요한 시대입니다. 하나님은 그런 사람을 찾고 계십니다.

버려진 복음

로마서 3:1-8

바울은 로마서 2장에서 우리 모두가 죄인이라는 것을 논증해가다가 유대인들의 교만을 의식한 것 같습니다. 자기 우월감을 가진 채 선민의식으로 사람들을 판단하고 정죄하는 모습을 생각한 것입니다. 바울이 좀 거칠게 그런 유대인들을 비판했습니다. 그동안 유대인들이 갖고 있던 자존심을 완전히 무너뜨리는 발언이었습니다. 이 말씀을 현대인의 성경으로 읽어보겠습니다.

그러나 유대인 여러분은 어떻습니까? 여러분은 율법을 의지하고 하나님을 자랑하며 율법에서 교훈을 받아 하나님의 뜻을 알고 최상의 것을 가려낼 줄 압니다. 그리고 여러분은 여러분 자신이 소경의 길잡이요 어두움에 있는 사람들의 빛이며 어리석은 사람의 교사요 어린 아이들의 선생이라고 믿고 있으며 또 지식과 진리의 모든 내용이 율법에 다 들어 있는 것으로 알고 있습니다. 그런 여러분이 남은 가르치면서도 왜 여러분 자신은 가르치지 못합니까? 도둑질하지 말라고 하는 여러분이 도둑질하고 간음하지 말라고 하는 여러분이 간음하며 우상을 지긋지긋하게 여기는 여러분이 신전의 물건을 훔치고 율법을 자랑하는 여러분이 율법을 어겨 하

나님을 욕되게 하다니 말이나 됩니까? _롬 2:17-23, 현대인의 성경

바울이 드디어 매우 치명적인 이야기를 하였습니다. 유대인이 이방인과 별로 차이가 없다는 엄청난 도발적 발언이었습니다.

율법을 지키면 여러분의 할례가 가치가 있으나 율법을 어기면 할례를 받지 않은 것처럼 되고 맙니다. 그러므로 할례를 받지 않은 이방인이라도 율법을 잘 지키면 하나님은 그를 할례받은 사람으로 여기시지 않겠습니까? 그래서 본래 할례를 받지 않은 사람이 율법을 지킨다면 오히려 그가 할례를 받고 율법을 잘 알면서도 그것을 어기는 여러분을 판단하게 될 것입니다. 유대인으로 태어났다고 해서 참 유대인이 아니며 육체에 할례를 받았다고 해서 참 할례가 아닙니다. 오히려 마음에 참된 변화를 받은 사람이라야 참 유대인이며 기록된 율법이 아닌 성령님에 의한 마음의 할례가 진정한 할례입니다. 이런 사람은 칭찬을 사람에게서 받는 것이 아니라 하나님에게서 받습니다. _롬 2:25-29, 현대인의 성경

하지만 바울은 이방인이나 유대인이나 할 것 없이 모두가 동일한 죄인이며, 누구든지 믿음으로 말미암지 않고는 구원에 이를 수 없다는 그의 주장에 대하여 유대인들의 격렬한 저항을 받은 것 같습니다. 유대인들은 크게 세 가지 논조로 격렬하게 항의한 것으로 보입니다.

사용하지 않는 특권

첫째, "우리가 유대인인데 이방인과 비교할 때 낫지 않을 리가 없지 않은가? 더욱이 우리는 하나님의 백성의 상징인 할례를 받은 자들이 아닌가?

어떻게 이방인들과 동일할 수 있는가?"

> 그런즉 유대인의 나음이 무엇이며 할례의 유익이 무엇이냐 _롬 3:1

선민의식을 강하게 가졌던 유대인들이 이 같이 반문한 것은 매우 당연하다고 생각합니다. 어떻게 보면 바울이 그 모든 선민의식이라는 자존심과 특권 같은 것들을 송두리째 앗아갔기 때문입니다. 그것은 기득권과 같은 것이었습니다. 그런 유대인들을 향하여 바울은 이방인과 아무런 차이가 없다는 것을 계속 강조합니다. 급기야 매우 기분 나쁘게 유대인을 이방인과 같은 위치에 놓고 똑같이 죄인임을 강조합니다.

> 그러면 어떠하냐 우리는 나으냐 결코 아니라 유대인이나 헬라인이나 다 죄 아래에 있다고 우리가 이미 선언하였느니라 _롬 3:9

물론 바울은 유대인에게 특권이 있음을 인정합니다. 그것은 말씀을 맡았다는 의미에서였습니다. 그 말씀은 당연히 복음입니다.

> 그렇다면 유대인의 나은 점이 무엇이며 할례의 가치가 무엇입니까? 여러 모로 많이 있습니다. 우선 그들은 하나님의 말씀을 맡았습니다. _롬 3:1-2, 현대인의 성경

하나님의 말씀 속에는 하나님의 구원 계획이 숨어 있습니다. 그러므로 이스라엘은 그 구원 계획을 선포하고 전하는 하나님의 대리인으로서, 제사장으로서 살아야 했습니다. 복음을 갖고 있는 자의 삶 말입니다. 그것 때문에 유대인들이 할례를 받았고 하나님의 백성이라는 칭호를 받은 것도 사실

입니다. 그런데 유대인들이 그 사명을 감당하지 않았습니다. 하나님의 말씀을 가진 민족으로서 하나님이 주신 사명을 따르는 삶이 아니라, 오히려 오직 자신들을 위해 하나님과 그 말씀을 이용하며 살았습니다. 바로 이것 때문에 유대인이나 이방인이나 별반 차이가 없다고 말한 것입니다. 분명 말씀을 맡은 자로 부름받고 구별된 특권이 있었지만, 그 부르심대로 따르지 않았기에 그 특권의 효력이 상실되었다는 말입니다.

쉽게 말하면 이런 것입니다. 기업을 운영하는 회사 사장이 자신의 아들에게 고급 자동차를 맡겼습니다. 지역의 가난한 독거노인이나 장애우들이 이동해야 하는 상황이 생길 때, 그들을 위해 사용하라는 의도였습니다. 아들에게도 그런 일을 시킴으로 봉사를 배우고 아버지의 뜻을 이해시키려는 생각이었습니다. 사회봉사를 통한 일종의 후계수업이었습니다. 그래서 아들은 그 고급 자동차를 사용할 수 있었습니다. 그런데 만일 그 자동차를 여자들을 유혹하고 즐기는 일에 사용하고, 원래 맡겨진 일은 가볍게 여기고 하지 않는다면 어떤 일이 벌어지겠습니까? 그래도 아버지가 그 자동차를 계속 사용하게 내버려 두겠습니까?

이스라엘은 복음 때문에, 말씀 때문에 구별되고 거룩해진 백성입니다. 그런데 이스라엘이 맡은 사명을 감당하지 않은 것입니다. 그렇다면 어떤 일이 벌어지겠습니까? 바울이 던지는 다음 질문입니다.

그런데 그들 가운데서 얼마가 신실하지 못했으면, 어떻습니까? 그들이 신실하지 못했다고 해서, 하나님의 신실하심이 없어지겠습니까? _롬 3:3, 새번역

이 말씀은 이런 뜻의 질문입니다. "사명을 감당해야 할 아들이 그 고급 자동차를 아버지의 의도에 맞게 사용하지 않고 여자를 유혹하고 즐기는 일에

쓴다고 해서 아버지가 가졌던 좋은 뜻은 폐기되는가?" 당연히 그럴 리가 없습니다. 하지만 어떤 의미에서 말하자면 복음은 버려졌습니다. 마치 아버지의 선한 의도를 자신의 쾌락을 위해 사용한 아들의 행동 때문에 그 선한 의도가 짓밟힌 것처럼 말입니다. 하지만 그 의도 자체는 버려지지 않았습니다. 복음은 버려졌지만 복음이 폐기된 것은 아닙니다. 복음이 전달되는 도구가 불성실하고 더럽더라도 복음은 폐기되지 않습니다. 복음이신 하나님 자신이 신실하시기 때문입니다. 하나님은 어떻게 해서라도 당신의 뜻을 이루십니다. 그것이 바로 하나님의 신실하심입니다.

독거노인들과 장애우들이 원래 들었던 것과 달리 자신들을 위한 봉사가 진행되지 않자 사장의 약속이 그저 립서비스 정도인 줄 알았습니다. 자기 아들 편이나 들을 줄 알았는데, 오히려 불성실한 아들 대신에 다른 기사를 보내 돌보는 일을 계속하였고, 그동안 약속을 지키지 못한 것에 대하여 보상까지 해줬다고 가정해보겠습니다. 그 까닭에 사람들은 사장의 의도가 진실이었음을 새삼 깨닫게 되었습니다. 사람들이 그것을 알게 된 것은 역설적으로 못된 아들 때문입니다. 아들 때문에 아버지가 오히려 돋보이게 된 것입니다. 그러면 묻겠습니다. 이유야 어떻든 아버지를 돋보이게 한 것이 아들이므로, 아들에게 공로가 있다고 말할 수 있습니까? 그건 어이없는 논리입니다. 그런데 어떤 한심한 자들이 그런 논리로 주장한 것 같습니다.

또 어떤 사람들은 '나의 거짓말로 하나님의 진리가 더욱 드러나서 그분께 영광이 되었다면 왜 내가 죄인 취급을 받아야 하느냐?'고 주장하고 있습니다.

_롬 3:7, 현대인의 성경

말도 안 되는 악인 역할론

우리가 불의하기 때문에 하나님의 참되심이 드러난다는 논리는 바로 악의 문제와 연관됩니다. "악이 존재하는 이유는 결국 하나님의 선하심을 드러내기 위함이 아닌가?" 하는 '악인 역할론'에 이르게 되는 것입니다. 예를 들어 가룟 유다가 하나님의 계획을 이루기 위해 악한 역할을 담당하였기에 가룟 유다도 어느 정도는 하나님의 일을 한 것이 아닌가 하는 논리로 이끌어가는 것입니다. 바로 여기에서 어떤 이단들은 예수님의 십자가가 하나님의 계획이라는 사실을 부정하는 논리를 펼칩니다. 그 이상한 논리대로라면 가룟 유다는 하나님의 계획을 이루는 데 지대한 공로를 세운 것이 되고 맙니다. 이런 논리로 유대인들은 자신들의 불의가 하나님의 의를 드러내게 한 것이 아닌가 하고 주장하는 것입니다. 이에 대하여 바울은 매우 단호하게 반응합니다. 그런 주장은 다음과 같이 이상한 결론에 이르기 때문입니다.

첫째, 나의 불의함이 하나님의 영광을 풍성하게 한 것이라면 "어찌 내가 죄인처럼 심판을 받으리요"(롬 3:7). 즉, 하나님의 영광을 드러내기 위한 불의이니 하나님이 정죄하실 리가 없다는 결론입니다. 그러면 당연히 가룟 유다의 죄도 정당화될 수 있습니다.

둘째, 하나님의 영광과 선을 더욱 나타내기 위하여 더욱 열심히 악을 행하자는 엉뚱한 결론에 이를 수도 있습니다.

> 또는 그러면 선을 이루기 위하여 악을 행하자 하지 않겠느냐 어떤 이들이 이렇게 비방하여 우리가 이런 말을 한다고 하니 저희가 정죄받는 것이 마땅하니라 _롬 3:8

복음이 짓밟힐지라도 그 복음을 수행하는 자의 신실하지 못함 때문일 뿐, 복음이신 그분의 의지가 사라지는 것은 아닙니다. 그러므로 언제나 집중해야 하는 것은 하나님의 계획과 뜻을 따라 사는 것입니다. 복음이 중요하기 때문입니다. 복음을 전하는 자에게 주어진 성공과 축복으로서의 풍요, 곧 앞에서 예로 든 사장의 아들이 누린 풍족함은 그 아들 자신을 위한 것이 아니었듯이, 우리가 무한정 잘 먹고 잘 사는 데 쓸 수 있는 것이 아님을 알아야 합니다.

그런데 기억할 것이 있습니다. 그 아들이 고급 자동차를 몰고 다니는 행위가 아버지의 뜻을 수행하는 일에 절대 부합하는 삶이었다면, 그 아들은 그 자동차를 여전히 몰고 다닐 자유를 누리는 것과 함께 다음 계획의 수행자로 부름받게 되었을 것입니다.

복음은 폐기되지 않았습니다. 동시에 중요한 것은 복음의 수행자로서 사명을 잘 감당할 때 복음을 추구하는 자에게 복이 더 주어질 것이고, 그는 더 크고 놀라운 하나님의 일에 참여하는 자가 될 것입니다. 그런데 우리는 이 사실을 잘 모르고 있는 것 같습니다.

우리는 치우쳤다

로마서 3:9-20

우리들이 죄인이라는 사실에 대한 논증의 끝은, 자신들이 선민이라고 굳게 믿고 있는 유대인들 역시 죄인이라는 사실을 확정짓는 것입니다. 그러나 바울의 중요한 의도는 유대인들에 대한 비판이 아니었습니다. 그가 말하고 싶은 것은 모든 사람들이 죄인이라는 사실입니다. 그렇기 때문에 바울은 자신들에 대하여 확고한 선민의식과 우월의식을 갖고 있던 유대인들에게 집중할 수밖에 없었던 것입니다.

그러므로 논증의 끝에서 바울은 이렇게 선언합니다. 우리 모두 다 "죄 아래 있다"(롬 3:9)는 것입니다. 이 말이 바울이 말하고 싶었던 로마서의 핵심입니다. 로마서의 가장 핵심적이고 긍정적인 표현이 "오직 의인은 믿음으로 말미암아 살리라"(롬 1:17)라는 말씀이라면, 부정적인 의미에서 로마서의 핵심은 "우리 모두가 죄 아래 있다"(롬 3:9)라는 선언일 것입니다.

인정하고 싶지 않은 모습

바울이 우리 모두는 죄인이라고 선언하였지만 유대인들은 잘 인정하지 못한 것처럼, 우리도 이 부정적인 사실을 잘 받아들이려 하지 않는 경향이 있습니다. 설령 받아들이더라도 내심 자신에겐 의로운 것이 있다고 생각하는 것이 사실입니다. 바로 이 부분이 우리로 하여금 하나님 앞에 서지 못하게 하는 가장 큰 이유가 됩니다. 입으로는 자신이 죄인인 것을 인정한다고 말하면서도, 실제로는 인정하지 않는 모습을 우리 자신에게서 발견하게 됩니다. 이런 혼동이 발생하는 이유는 무엇일까요? 절대적 가치에 비추어 자신을 보지 않고, 상대적인 가치기준으로 보기 때문입니다. 쉽게 말해서 다른 사람들과 비교하는 것입니다.

예를 들어 회칼을 들고 싸우는 조직 폭력배 중에 착한 폭력배가 있을까요? 물론 있을 수 있습니다. 폭력배 세계에도 착한(?) 폭력배는 분명 존재할 것입니다. 그들 사이에서 그렇게 인정할 수도 있습니다. 그러나 그런 폭력배가 실제로 착하다고 생각하십니까? 결코 그렇지 않습니다. 그가 착해 보일 수 있는 것은 단지 다른 잔인한 폭력배와 비교했기 때문입니다. 평범한 소시민과 비교하면 그는 순식간에 잔인한 폭력배에 지나지 않게 됩니다.

우리가 우리 자신이 죄인인 것을 잘 인정하지 못하는 이유는 다른 사람들과 비교해 자신이 조금 더 낫다는 생각 때문입니다. 교회를 열심히 다니고, 헌금과 봉사를 잘하고, 다른 사람들과 비교해서 착한 일을 조금 더 많이 하는 것처럼 보이기 때문입니다. 그러나 절대가치 앞에서는 결코 착하다고 말할 수 없습니다. 하나님이라는 절대 선을 말하지 않아도, 우리는 단지 하나님이 정해놓으신 최소한의 기준에도 못 미치기 때문입니다. 그래서 마틴 로이드 존스는 이렇게 말합니다.

"가장 훌륭한 사람, 가장 고상한 사람, 가장 학식이 많은 사람, 가장 인정이 많은 사람, 가장 위대한 사상가, 그 누구라도 율법의 시험에 합격할 수 있는 사람은 아무도 없었다. 다림줄을 드리워보면 모두 기준에 미치지 못한다."

앞에서 인용한 성철 스님 이야기를 기억하실 것입니다. 그가 죽음 앞에서 쓴 열반송은 "하늘에 가득한 큰 일도 붉은 화롯불에 한 점 눈송이로다. 누가 꿈속 같은 세상에 잠깐 나와 꿈만 꾸다 떠나가랴. 만고의 진리를 찾아 나홀로 걸어가리라"고 토했던 출가송에 대한 자기 대답이었습니다. 출가하면서 작정한 미천대업에 대한 꿈이 결국 미천죄업으로 끝났다는 사실을 성철은 안 것입니다. 그렇게 선을 추구하였지만, 그가 결국 깨달은 것은 자신이 도무지 어찌할 수 없는 죄인이라는 사실입니다.

급류 같은 죄의 능력

성철 스님의 경우에서 보는 것처럼, 인간은 아무리 노력해도 선에 이를 수 없다는 사실을 우리는 깨달아야 합니다. 그러나 성철 스님이 자신이 죄인임을 깨달으면서도 한 가지 사실은 깨닫지 못했다고 생각합니다. 바울은 우리가 깨닫지 못하는 이유와 우리들 모두가 죄인이라는 사실에 대하여 구약성경을 깊이 묵상함으로써 인용하며 설명합니다. 바울은 시편 14편 1-3절 말씀을 인용하여 이렇게 단언합니다.

의인은 없나니 하나도 없다 _롬 3:10

그렇다면 왜 사람들은 자신이 죄인임을 깨달으면서도 참된 깨달음, 즉 궁극의 진리인 하나님에 이르지 못하는 것일까요? 바울은 매우 간단하게 이야기합니다. 궁극적인 진리를 깨닫지 못했고, 그러므로 하나님을 찾지 못했기 때문이라는 것입니다(롬 3:11). 왜 이런 현상이 벌어졌습니까? 바울은 그 이유에 대하여 "치우쳐 한가지로 무익하게 되고"(롬 3:12)라고 표현합니다. '치우쳤다'는 것에 대해 표준새번역은 "모두가 곁길로 빠져서 쓸모가 없게 되었다"라고 번역했습니다. 그렇다면 왜 곁길로 빠지게 되었습니까? 본래 우리 자신의 의도와 상관없이, 우리 스스로 선에 이를 수 없다는 것을 몰랐기 때문입니다. 이것을 모른 상태에서는 어떤 노력도 효과를 발휘할 수 없다는 뜻입니다.

쉽게 비유하면 이런 뜻입니다. 급류에 휩쓸리는 경우에는 아무리 수영을 잘 하는 사람도 쉽게 빠져나오지 못합니다. 급류의 힘이 내가 가진 힘을 넘어서기 때문입니다. 아무리 노력해도 불가능합니다. 이것을 모르고 수없이 노력을 기울인 것입니다. 그럼에도 계속 노력하는 이유는 무엇일까요? 그것은 자신에 대한 지나친 과신에서 시작됩니다. 성철 스님이 출가송에서 "만고의 진리를 찾아 나 홀로 걸어가리라"고 말한 것처럼, 자신의 힘으로 헤엄쳐 살아날 수 있다고, 궁극적인 진리를 찾을 수 있다고 생각했기 때문입니다. 피존재는 결단코 존재에 이를 수 없다는 진리를 깨닫지 못한 것입니다. 예를 들어 고작 면과 선만 인식 가능한 이차원적 생물인 개미가 아무리 진리를 구하여도, 심지어 그 노력이 모든 개미들보다 가장 뛰어나고 탁월하더라도, 공간을 인식할 수 있는 삼차원적 존재인 인간을 인식할 수 없는 것과 동일합니다.

죄를 이길 유일한 능력

우리가 하나님을 인식할 수 있는 오직 한 가지 길은 하나님이 스스로 우리에게 자신을 드러내실 때만 가능한데, 그분이 바로 예수 그리스도이십니다.

그런 의미에서 예수 그리스도는 하나님의 은혜입니다. 그래서 바울은 이렇게 이야기합니다.

> 그리스도 예수 안에 있는 속량으로 말미암아 하나님의 은혜로 값 없이 의롭다 하심을 얻은 자 되었느니라 _롬 3:24

그러므로 만일 하나님의 은혜로 서지 않는다면 우리는 모두 엄청난 죄악 가운데 들어설 수밖에 없습니다. 모든 사람들은 자신의 유익을 추구하는 것에 노출되어 있기 때문입니다. 아이들을 보면 알 수 있습니다. 자신의 것을 양보하는 아이들을 찾아보기 힘듭니다. 어린아이들처럼 아직 더렵혀지지 않았다고 할지라도, 그것이 인간의 근본적인 이기주의입니다.

그래서 바울은 우리들이 범하는 죄, 목구멍, 혀, 입술, 발로 표현되는 언어와 행위로 짓게 되는 죄들의 모습들을 나열합니다. 어느 누구도 이런 죄악에서 벗어날 수 없다는 뜻입니다.

> [13]그들의 목구멍은 열린 무덤이요 그 혀로는 속임을 일삼으며 그 입술에는 독사의 독이 있고 [14]그 입에는 저주와 악독이 가득하고 [15]그 발은 피 흘리는 데 빠른지라 _롬 3:13-15

성철 스님이 죄를 이길 수 없었던 것처럼, 죄는 힘으로 다가옵니다. 죄를 이길 수 있는 힘은 오직 예수 그리스도의 십자가 외에 존재하지 않습니다. 우리는 이것을 알고 있습니다. 그러므로 우리가 예수의 십자가에 노출되고 그분의 능력을 통하지 않으면 죄에서 벗어날 길은 존재하지 않습니다.

언제부터인가 저는 제 안의 죄성이 약화되고 죄를 이길 수 있는 힘이 존재하는 것을 느낄 수 있었습니다. 완벽하지는 않지만 이길 수 있는 능력이 존재하는 것을 느끼는 것입니다. 죄의 급류 앞에 서 있지만, 여전히 휩쓸리지 않고 걸어가게 도우시는 주님의 위대한 손을 체험합니다. 복음이 내 안에 들어와 나를 지배할 때부터 시작되었습니다. 나 자신이 죄인임을 철저히 묵상하고 되씹고, 그래서 주님을 더욱 깊이 의존하기 때문이라고 생각합니다. 그래서 마틴 루터는 이와 같은 참회 고백시들을 모아 만든 이 본문을 매일 기도하기 전에 먼저 읽었다고 합니다. 나의 죄된 모습과 연약함을 인식하는 것이 하나님을 의존하게 하는 중심점이 되는 것을 알았기 때문입니다.

상승과 하강

로마서 3:19-31

"우리 모두가 죄 아래 있다." 바울이 확증한 선언입니다. 죄 아래 있는 대상은 유대인과 헬라인을 포함한 모든 인류입니다(롬 3:9). 그런데 계속 문제가 되는 것이 유대인들입니다. 유대인에게는 하나님의 언약이 있고, 그 증거로 그들에게 율법을 주셨으므로 특별한 권한이 있다고 주장한 것입니다. 물론 바울이 그것을 부정한 것은 아닙니다. 그럼에도 불구하고 바울은 율법에 대해서도 매우 강하게 부정적인 태도를 취합니다. 바울은 율법을 말하는 자들의 모든 입을 막고자(롬 3:19) 단언적으로 선언합니다.

> ¹⁹… 무릇 율법이 말하는 바는 율법 아래에 있는 자들에게 말하는 것이니 이는 모든 입을 막고 온 세상으로 하나님의 심판 아래에 있게 하려 함이라 ²⁰그러므로 율법의 행위로 그의 앞에 의롭다 하심을 얻을 육체가 없나니 _롬 3:19-20

그렇다면 왜 바울은 이처럼 극렬하게 율법, 곧 행위에 대하여 부정적인 입장을 취한 것일까요? 가장 중요한 이유는 율법과 행위의 추구 속에는 육체, 곧 인간이 숨어 있기 때문입니다. 율법과 행위를 강조하는 것은 하나님의 은혜를 무력화시키거나 불필요하다는 착각에 빠지게 하고, 인간이 스스로 무엇을 할 수 있다는 오만에 빠지게 만들기 때문입니다.

인간의 착각

어떤 인간적인 행위나 율법을 준수하는 것을 통해서도 우리가 하나님의 의, 곧 완전에 이를 수 없는 이유가 있습니다. 이것을 살피기 위하여 먼저 알아야 할 가장 중요한 명제는 하나님은 완전하신 창조주라는 사실입니다. 하나님이 인간을 창조하였습니다. 그리고 우리는 피조물입니다. 피조물이라는 것은 스스로 불완전하다는 것을 의미합니다. 다른 말로 제한적인 존재라는 말입니다. 이같은 불완전한 모습은 완전을 추구하는 성향을 갖게 합니다. 자신의 부족과 온전치 못함을 깨닫기 때문입니다. 그래서 사람들은 무엇을 함으로써 자신의 부족을 채우려는 경향이 생깁니다. 여기에 거룩해지려는 경향과 죄를 지으려는 경향이 모두 존재합니다. 거룩한 경향은 완전하신 하나님을 통하여 부족을 채우려는 시도이고, 죄의 경향은 자기 스스로 부족을 채우려는 것입니다.

　둘 중 문제가 되는 것은 자신이 중심이 되어 행위를 통하여 부족함을 채우고 완전에 이르려는 추구입니다. 그 중심에는 당연히 하나님과 같이 되고자 하는 '완전에의 추구'가 있을 수밖에 없고, 대부분의 경우 자신이 하나님이 되고자 하는 태도가 나타납니다. 그래서 창세기의 아담과 하와는 "하나님과 같이 된다"(창 3:5)는 뱀의 유혹에 넘어가 선악과 열매를 따 먹은 것입니다. 인간의 허전함과 부족에 대한 인식과 죽음 앞에서의 나약함까지, 사람들이 이같은 불완전함 앞에서 완전과 진리를 추구하게 되는 것은 당연하지만, 그것이 하나님의 존재를 인식하거나 자신의 한계를 인정함으로써 하나님을 받아들이는 것에 이르지 않고, 여전히 자신의 행위와 노력을 통한 구원 혹은 진리에 이르고자 애쓰는 것이 문제인 것입니다.

망망대해에 외딴 섬이 하나 있습니다. 탈출할 수 있는 방법과 도구는 아무것도 없으며 섬 주변에는 사나운 상어들만 득실거립니다. 그런데 지각변동에 의해 그 섬은 조금씩 침몰하고 있습니다. 어떤 사람들은 그 사실을 미리 알아채고 나무 꼭대기로 피하거나, 높은 곳에 나무를 더 높이 쌓아 집을 짓습니다. 그러나 어떤 사람들은 그 심각성을 인식하지 못하고 그냥 저지대에서 삽니다. 그런데 알아야 할 것은 그 섬은 곧 전체가 잠기게 될 터이고, 나무 꼭대기로 피하든 높은 곳에 집을 짓든, 어느 누구도 예외없이 죽음에 이르게 된다는 것입니다. 게을러서 섬이 침몰해가는 상태의 심각성을 모르든지, 혹은 부지런히 살 궁리를 찾고 행위적인 열심을 기울이든지, 죽음은 동일하게 찾아올 것입니다. 단지 시간 차이의 문제일 뿐입니다. 여기가 착각의 종착역입니다. 우리들의 한계입니다. 그런데도 우리는 이 기본적인 사실을 모르고 행위적인 열심을 구합니다. 그래서 바울이 "율법과 행위로는 안 된다"고 극렬하게 반대한 것입니다. 이것이 바울이 로마서에서 말하고 싶은 핵심입니다.

침몰하고 있는 외딴섬에서 기울이는 모든 노력은 아무리 멋있고 그럴 듯해 보여도 결국 죽게 됩니다. 마치 0에 어떤 숫자를 곱하더라도 다시 0이 되는 것과 같은 이치입니다. 우리 자신이 0이 아니라 1 혹은 다른 숫자로 변모하기 전까지는, 우리의 노력은 허무하게도 늘 절망 속에서 죽음에 이르게 되는 것입니다. 우리가 본질적으로 변화되지 않고서는, 우리 행위는 아무 의미가 없다는 뜻입니다.

상승과 하강의 차이

에밀 부르너(Emil Brunner)는 그의 책《The Mediator》에서 '상승과 하강의 차이'를 말합니다. 타 종교처럼 행위를 강조하는 것은 '상승' 곧 '하나님에게로 (올라가려는) 인간 자신의 움직임'이라고 말합니다. 즉, 사람의 노력을 통하여 하나님 혹은 구원에 이를 수 있다는 생각입니다. 이런 노력은 침몰하는 섬 안에서 집을 높이 지으려는 것 같아서 결코 구원에 이를 수 없습니다. 그래서 에밀 부르너가 강조하는 것이 그 반대 개념인 '하강'입니다. '인간에게로 (내려오려는) 하나님의 움직이심'을 말합니다. 절망적인 그 섬으로 헬리콥터나 견고한 배 같은 실제적인 구원의 도래 없이 그 섬에서 빠져나올 방법이 없는 것처럼, 하나님의 '하강' 없이 우리가 구원에 이르는 길은 없기 때문입니다.

이 사실을 알고 있는 바울이 행위와 율법을 통한 구원을 강력히 부정한 것은 매우 당연합니다. 에밀 부르너의 표현을 빌리자면, 하나님이 우리에게 '하강'하셨기 때문입니다. 인간이 도무지 회생할 수 없는 상황에 하나님이 개입하신 것입니다. 인간이 어떤 노력도 기울일 필요 없이 구원에 이르게 되었다는 말입니다. 그래서 바울이 매우 분명한 어조로 21절을 쓴 것입니다. 표준새번역이 제대로 번역을 하였습니다.

> 그러나 이제는 율법과는 상관없이 하나님의 의가 나타났습니다. _롬 3:21
> (누니 데 코리스 노무 디카이오수네 데우 페파네 로타이.)

개역성경에서는 '그러나'라는 단어를 누락하였지만, '그러나 이제'(But now 누니 데)는 매우 중요한 단어입니다. 로이드 존스는 "이 두 단어보다 성경에서 놀라운 단어는 없다"라고 말합니다. '그러나'와 '이제'가 일종의 대전환을 의미하기 때문입니다. '그러나' 우리는 도무지 회생할 수 없는 죄와 죽음 가운데 있었습니다. '이제' 하나님의 의가 나타나서 우리가 회생할 수 있는 길을 찾게 되었습니다, 이같이 기막힌 사실을 만난 바울이 여전히 인간 중심적인 행위를 추구하는 일을 반대한 것은 지극히 당연하다고 생각합니다. 진리를 알았기 때문입니다. 그 놀라운 복음은 물론 예수 그리스도에게 집중됩니다.

> [22]곧 예수 그리스도를 믿음으로 말미암아 모든 믿는 자에게 미치는 하나님의 의니 차별이 없느니라 [23]모든 사람이 죄를 범하였으매 하나님의 영광에 이르지 못하더니 [24]그리스도 예수 안에 있는 속량으로 말미암아 하나님의 은혜로 값 없이 의롭다 하심을 얻은 자 되었느니라 _롬 3:22-24

우리가 그토록 얻고자 하였던 완전, 곧 부족함의 갈증을 채울 수 있는 길은 하나님의 하강을 통하여 이루어지게 되는데, 내려오셔서 성취한 장소가 바로 십자가입니다. 그렇다면 십자가에서 벌어진 일이 무엇입니까?

> 그리스도 예수 안에 있는 속량으로 말미암아 하나님의 은혜로 값 없이 의롭다 하심을 얻은 자 되었느니라 _롬 3:24

첫째, 구속(Redemption)입니다. 우리가 완전한 죄인이었고 도무지 회복될 수 없는 상황에 놓여 있었는데, 그 자리로부터 구원되었습니다. 침몰해 가는 고립된 섬에서 구조된 것입니다.

이 예수를 하나님이 그의 피로써 믿음으로 말미암는 화목제물로 세우셨으니 이는 하나님께서 길이 참으시는 중에 전에 지은 죄를 간과하심으로 자기의 의로우심을 나타내려 하심이니 _롬 3:25

둘째, 화목(Reconciliation)입니다. 사실 우리가 죽음에서 놓임 받았다고 해서 하나님과의 관계가 회복되었다고 말할 수는 없습니다. 그러니까 화목은 단순히 죽음에서 놓임 받았다는 것뿐만 아니라, 하나님과 새로운 관계의 회복이 이루어졌다는 뜻입니다.

예를 들어 한 거지 아이가 비참한 삶을 살고 있었습니다. 어떤 왕이 그 아이를 데려다 먹을 것과 입을 것을 주고 평생 살 수 있는 재산 혹은 직업에 대한 보장을 해주었습니다. 그것은 구속입니다. 그 아이의 비참한 상태에서 구원했으니 말입니다. 그렇다고 해서 거지 아이가 그 왕과 화목하게 되었다고 말할 수는 없습니다. 아직 두 사람의 관계는 일상적인 왕과 거지 사이일 뿐, 아무것도 아니기 때문입니다. 그러나 왕이 그 아이를 자녀로 삼으면 완전히 달라집니다. 그러므로 화목은 일상적인 관계를 떠나 자녀로 삼는 것을 말합니다. 이것이 화목의 핵심입니다.

하나님이 하신 일은 완벽합니다. 이제 우리에게 남은 일은 그것을 받아들이는 것뿐인데, 여기가 바로 우리 믿음의 위치입니다. 마치 고립된 섬에 헬리콥터 혹은 선박이 구조하기 위해 왔을 때 단지 타는 일만 남은 것과 같습니다. 그동안 내가 지어왔던 높은 집도, 점찍어두었던 높은 나무도 아무 의미가 없습니다. 그런 의미에서 믿음은 모든 것을 우선하는 힘이 됩니다. 그래서 바울은 이미 하나님의 의가 나타난 상황에서 우리가 지금까지 한 것은 자랑할 것이 못된다고 말한 것입니다.

27그런즉 자랑할 데가 어디냐 있을 수가 없느니라 무슨 법으로냐 행위로냐 아니라 오직 믿음의 법으로니라 ²⁸그러므로 사람이 의롭다 하심을 얻는 것은 율법의 행위에 있지 않고 믿음으로 되는 줄 우리가 인정하노라 _롬 3:27-28

이 사실을 안 바울처럼, 루터 또한 공로와 행위를 중요시하던 로마 가톨릭에 반박하며 '오직 믿음으로'(Sola Fidei)라는 중요한 외침으로 종교개혁의 깃발을 든 것입니다

그러면 율법은 왜 주셨나?

그렇다면 "율법은 아무런 의미가 없는가?"라는 질문이 나올 수밖에 없습니다. "하나님이 왜 이스라엘에게 율법을 주셨는가?"라는 질문이 생기는 이유입니다. 바울은 이에 대해 다음과 같이 설명합니다.

그러므로 율법의 행위로 그의 앞에 의롭다 하심을 얻을 육체가 없나니 율법으로는 죄를 깨달음이니라 _롬 3:20

바울이 말하는 율법의 역할은 죄를 깨닫게 하는 것입니다. 무엇이 죄인지를 분명히 밝혀준다는 말입니다. 그래서 존 스토트는 그의 로마서 주석에서 이렇게 말하였습니다.

"율법이 제기하는 것은 죄에 대한 지식이지 죄에 대한 용서가 아니다."[16]

---

16 존스토트, 130.

누군가 "인간의 절망은 하나님의 시작이다"라는 말을 하였습니다. 그 말의 뜻은 이런 것입니다. 인간이 철저히 절망하여 자신의 힘으로 아무 것도 할 수 없다는 것을 알게 되면, 나를 넘어서는 힘을 구하기 때문에 하나님이 찾아오시고 일하시는 것을 받아들이기 쉬워지고, 그런 의미에서 하나님이 시작하실 수 있는 길이 열리게 된다는 것입니다. 루터가 갈라디아서 주석에서 말한 것을 보면 더 쉽게 이해할 수 있습니다.

> 율법은 인간에게 자신들의 죄를 보여준다. 그로 인하여 그들이 겸손해지고 죄에 대하여 두려워하며 마음이 상하고 깨어지도록 하기 위해서 존재한다. 거기에서 사람들이 은혜를 구하고 그 복된 씨(예수 그리스도)로 나오게 되기 때문이다.[17]

그래서 바울은 율법을 우리를 그리스도에게로 이끄는 몽학선생이라고 표현합니다. 표준새번역의 번역대로 '개인교사'라는 말입니다.

> 그래서 율법은, 그리스도께서 오실 때까지, 우리에게 개인 교사 역할을 하였습니다. 그것은, 우리로 하여금 믿음으로 의롭게 하여 주심을 받게 하시려고 한 것입니다. _갈 3:24, 표준새번역

우리가 예수 그리스도에게 집중하고 그를 믿음으로 구원에 이른다면 율법의 일은 완벽하게 이룬 것이 됩니다. 율법의 역할이 바로 그것이기 때문입니다(롬 3:31).

---

[17] 존 스토트, 130.

2부

오,
경사스러운
죄여!

나의 죄를 인지하고 고백할 때에야 비로소
나를 나의 죄로부터 구원하신 하나님을
인지하고 응답할 수 있게 되는 것이다.
만일 나의 죄에 대해 무지하거나 무관심하다면,
나는 저 위대한 복음의 핵심에 대해서도
무지하고 무관심하게 될 것이다.

믿음의 본질

로마서 4:1-12

지금까지 바울은 매우 원론적인 이야기를 진행해왔습니다. 특히 죄의 보편성, 즉 유대인과 이방인을 비롯하여 모든 사람이 죄 아래 있음을 논증함으로, 하나님의 은혜에 기초한 믿음으로 구원을 얻는다는 것을 로마서 3장 후반부에서 확증합니다. 그럼에도 불구하고 유대인들에게는 바울의 설명에 아직도 충분히 납득하지 못하는 측면이 여전히 있었습니다. 오랫동안 뿌리박힌 고정관념과 전통이 복음을 수용하기를 방해하고 있었음에 틀림 없습니다. 그래서 바울은 4장에서 유대인에게는 매우 중요한 인물인 아브라함과 다윗을 예로 등장시킵니다.

먼저 등장시킨 인물이 아브라함입니다. 아브라함은 유대인에게 납득이 되는 인물입니다. 유대인은 스스로를 아브라함의 자손(요 8:33)이라고 생각하기 때문입니다. 그들은 "우리 아버지는 아브라함이라"(요 8:39)이라고 스스럼없이 말하였고, 매우 자랑스럽게 여겼습니다. 바울도 "조상 아브라함"(롬 4:1)이란 표현을 썼고, 그것을 부인하지도 않습니다. 그렇지만 바울은 직접적으로 이렇게 묻습니다.

"우리의 조상 아브라함이 의롭게 된 것은 무엇을 통해서인가?"(롬 4:1-3)

바울은 먼저 유대인들이 생각하는 것처럼, 의롭게 된 것이 율법 혹은 행위와 관계 없다고 단언합니다.

만일 아브라함이 행위로써 의롭다 하심을 받았으면 자랑할 것이 있으려니와 하나님 앞에서는 없느니라 _롬 4:2

바울은 이어서 아브라함이 의롭게 된 것은 '믿음' 때문이라고 말합니다.

성경이 무엇을 말하느냐 아브라함이 하나님을 믿으매 그것이 그에게 의로 여겨진바 되었느니라 _롬 4:3

일단 이쯤에서 바울의 의견을 접어두고 유대인의 입장에서 살펴보려고 합니다. 바울이 지나치게 믿음을 강조하는 바람에 유대인이 중요시하는 행위와 율법적인 부분이 간과된 것은 아닌가 하는 의심에서 출발하겠습니다. 즉, 아브라함의 믿음에 행위적인 면이 있지 않은가, 혹은 행위적인 관점에서 해석할 수도 있지 않은가 하는 의심입니다. 그러므로 우리는 아브라함이 "믿으매 이것이 저에게 의로 여기신바 되었"다고 인정받았던(롬 4:3) 창세기 사건으로 돌아갈 필요가 있습니다.

창세기 사건의 전모
아브라함이 믿음으로 하나님이 의로 여기신 사건은 창세기 15장에 나타납니다. 하나님이 아브라함의 몸에서 날 자가 후사가 될 것이라고 말씀하시고 하늘의 뭇별처럼 많아질 것이라고 설명하시자 아브라함이 믿었다(창

15:4-6)라고 성경이 기록하고 있고, 이같은 아브라함에 대하여 하나님이 의로 여기셨다고 말씀하신 것은 사실입니다.

> ⁴여호와의 말씀이 그에게 임하여 이르시되 그 사람이 네 상속자가 아니라 네 몸에서 날 자가 네 상속자가 되리라 하시고 ⁵그를 이끌고 밖으로 나가 이르시되 하늘을 우러러 뭇별을 셀 수 있나 보라 또 그에게 이르시되 네 자손이 이와 같으리라 ⁶아브람이 여호와를 믿으니 여호와께서 이를 그의 의로 여기시고 _창 15:4-6

얼핏 보면 아브라함의 믿음이 좋아 보이고, 이같은 믿음이 행위적으로 비춰질 수도 있습니다. 뿐만 아니라 아브라함은 하나님의 약속만 믿고 갈 바를 알지 못한 채 갈대아 우르를 떠났던 '아름다운 믿음의 전력'도 있습니다. 그래서 아브라함이 받은 하나님의 복은 더더욱 아브라함의 행위에 대한 결과물로 비춰질 수 있습니다. 그렇다면 바울이 지나치게 앞서 해석한 것입니까?

하지만 조금만 자세히 살펴보면 아브라함이 걸어왔던 삶은 불신앙의 연속이었습니다. 사실 처음부터 삐걱거렸습니다. 그가 갈대아 우르를 나왔지만 바로 가나안으로 간 것은 아니었습니다. 그는 아버지와 함께 가나안을 향해 가다가 하란 땅에 머물렀습니다(창 11:31-32). 하나님이 다시 아브라함을 부르기 전까지(창 12:1-5) 그는 떠날 생각을 하지 않았던 것으로 보입니다.

다시 하나님의 부르심을 듣고 가나안 땅에 도착했을 때도 그의 불신앙은 여전했습니다. 성경이 간단히 "그 땅에 기근이 있으므로"(창 12:10)라고 기록하는 그때에 아브라함은 가나안 땅을 떠납니다(창 12:9-10). 그는 기도하지 않았습니다. 이후 한심하고 답답한 이야기는 계속됩니다. 자신을 보호하기 위하여 아내 사라를 누이라고 말하며 인신매매처럼 아내를 바로에게 넘겨주고 대가를 받은 모습(창 12:11-20), 아브라함의 겸손처럼 보이지만 아브라함이 반드시 가나안 땅을 선택해야 했음에도 불구하고 롯이 택한 땅을 기웃거린 모습(창 13:8-11), 하나님이 분명히 아브라함을 통하여 큰 민족을 이룰 것이라는 약속을 세 번이나 했음에도 불구하고(창 12:2-3,7; 13:14-17) 자신의 임의대로 다메섹 사람 엘리에셀을 상속자로 세우는 모습(창 15:2-3) 등, 이 모든 것은 아브라함의 믿음이 허망하다는 것을 보여주는 증거입니다.

왜 아브라함 이야기를 이렇게 길게 하는 것입니까? 바로 이 기록들에 이어 나오는 이야기가 이 장의 본문인 "믿으매 이것이 그에게 의로 여겨진 바 되었다"라고 인정받았던(롬 4:3) 사건의 배경이기 때문입니다. 또 간과하지 말아야 할 것은 아브라함이 이후에도, 곧 하나님이 '믿으매 의로 여기신 사건' 이후에도 수많은 불신앙의 행위를 한 점입니다. 그러므로 바울의 주장이 근거있다는 결론에 이르게 됩니다.

그렇다면 하나님이 말씀하시는 '믿으매 의로 여기신 사건'을 어떻게 해석해야 합니까? 결국 이것은 하나님이 아브라함을 의롭다 하신 것이 그의 행위가 아니라, 아직 행위적으로는 성숙하지 못하지만 그의 중심이 하나님을 믿고 신뢰하는 것에 대한 응답이라고 할 수 있습니다. 바울은 바로 이 점에 집중합니다. 그래서 바울은 아브라함의 모습을 말할 때, 아브라함이 어떤 일도 하지 않았지만 단지 중심으로 믿었기에 하나님이 의롭다고 인정하신 것임을 강조합니다.

[4]일하는 자에게는 그 삯이 은혜로 여겨지지 아니하고 보수로 여겨지거니와 [5]일을 아니할지라도 경건하지 아니한 자를 의롭다 하시는 이를 믿는 자에게는 그의 믿

음을 의로 여기시나니 _롬 4:4-5

놀랍지 않습니까? 참 다행이지 않습니까? 그러므로 행여 우리의 행위로 하나님 앞에 설 수 있다고 조금이라도 생각하지 마십시오. 하나님의 은혜를 저버리는 행위를 하지 마십시오. 우리는 무조건 하나님의 은혜 안에서 예수를 믿는 믿음만 말해야 합니다. 하나님은 늘 그것을 강조하고 싶어하십니다. 하나님은 우리가 우리 힘으로 할 수 없다는 것을 알고 계시기에, 우리의 전적 의존을 기뻐하시는 것입니다.

이스라엘이 요단강을 건널 때의 일입니다. 하나님은 모세에게 이상한 명령을 내리십니다. 요단을 건너 가나안 땅에 들어가서 제단을 쌓을 때 절대 철기를 사용하여 돌을 다듬지 말라는 것입니다.

> [5]또 거기서 네 하나님 여호와를 위하여 제단 곧 돌단을 쌓되 그것에 쇠 연장을 대지 말지니라 [6]너는 다듬지 않은 돌로 네 하나님 여호와의 제단을 쌓고 그 위에 네 하나님 여호와께 번제를 드릴 것이며 _신 27:5-6

이 명령의 핵심은 인간의 어떤 노력도 구원에 이르거나 하나님을 영화롭게 할 수 없다는 것입니다. 하나님에게 더 보이려고 돌을 다듬고 채색하는 시도를 하면, 그 결과 자신을 드러낼 수 있기 때문에 하나님은 처음부터 그것을 금하셨습니다. 하나님의 관심은 우리의 행위가 아니라 우리가 하나님을 의지하는지, 즉 믿음을 갖고 있는지에 있음을 알게 됩니다.

그래도 할례만큼은?

이제 바울은 매우 치명적인 문제로 들어갑니다. 할례의 문제입니다. 유대인은 스스로 할례받은 사실에 대하여 무한한 자부심이 있었고, 할례를 하나님의 자녀이고 선민이라는 표시로 이해했습니다. 그런데 바울이 그것을 건드린 것입니다. 바울의 논조는 간단했습니다. 할례조차 구원과 아무 상관이 없다는 것입니다. 의롭게 된 것은 역시 믿음으로 말미암은 것이라고 주장합니다. 그 근거로 바울은 아브라함이 믿음으로 의롭다 함을 받은 시기가 할례받기 전이라는 사실을 강조합니다. 이 주장은 매우 타당성이 있습니다. 사실 아브라함이 받은 할례는 이삭을 주시겠다는 언약의 표징으로 행한 것입니다.

> [10]너희 중 남자는 다 할례를 받으라 이것이 나와 너희와 너희 후손 사이에 지킬 내 언약이니라 [11]너희는 포피를 베어라 이것이 나와 너희 사이의 언약의 표징이니라
> _창 17:10-11

이때 아브라함의 나이가 99세였습니다. 반면에 아브라함이 믿음으로 의롭다고 인정받은 시기는 이스마엘을 본 86세 때보다 훨씬 전입니다(창 15:6). 그 시기에 대해, 존 스토트는 적어도 14년에서 25년 정도까지라고 봅니다. 여하튼 의롭다고 인정받은 시기는 아브라함이 할례를 받음으로, 유대인이 되기 전에 이방인 신분이었을 때라는 사실입니다. 그러므로 할례 또한 구원과 아무런 상관이 없다는 것을 바울이 입증합니다. 바울은 오히려 아브라함이 믿음으로 말미암아 의롭다 함을 받았다는 사실을 입증함으로써, '믿음으로 말미암은 의'가 유대인들에게도 생소한 이야기가 아님을 강조한 것입니다. 즉, 이것이 오랜 시간 동안 일관되게 흘러온 복음의 핵심

이라는 말입니다. 이 놀라운 사실을 유대인은 그동안 놓치고 있었습니다. 쉽고도 쉬운 구원의 길을 잊고 있었던 것입니다. 바울은 그것을 찾아서 유대인에게 말하고 있습니다.

바울이 여기서 아브라함을 재정의하였습니다. 아브라함이 단순히 유대인의 조상만이 아니라 '믿는 모든 이의 조상'(롬 4:11)이라는 결론입니다. 그래서 바울은 갈라디아교회에게 보낸 편지에 이렇게 썼습니다.

> [7]그런즉 믿음으로 말미암은 자들은 아브라함의 자손인 줄 알지어다 [8]또 하나님이 이방을 믿음으로 말미암아 의로 정하실 것을 성경이 미리 알고 먼저 아브라함에게 복음을 전하되 모든 이방인이 너로 말미암아 복을 받으리라 하였느니라 [9]그러므로 믿음으로 말미암은 자는 믿음이 있는 아브라함과 함께 복을 받느니라
>
> _갈 3:7-9

그렇다면 할례의 의미는 무엇입니까? 바울은 할례가 '믿음으로 된 의를 인친 것'(롬 4:11), 즉 표시에 불과하다고 말합니다. 오늘 우리들에게 세례와 같은 의미입니다. 세례는 구원받는 행위가 아니며 오직 믿음으로 구원받았음에 대한 표시 혹은 의식인 것과 같은 맥락이라고 이해할 수 있습니다. 사실 할례나 세례는 결혼예식으로 비유할 수도 있습니다. 가정을 이루는 일이 반드시 결혼식을 통해서만 되는 것은 아닙니다. 결혼식을 안 하고도 함께 살면서 결혼신고만 해도 가정을 이룰 수는 있습니다. 결혼식은 의식 혹은 표시일 뿐입니다.

다윗의 행복

바울은 이스라엘의 또 다른 상징이며 영웅인 다윗을 통하여 아브라함의 믿음을 통한 의의 핵심 내용을 말합니다. 그 내용은 매우 간단합니다. 아브라함이 온전하지 못한 존재였지만 믿음을 통해 의롭다 함을 받은 것처럼, 다윗도 같은 생각과 고백을 하고 있다는 주장입니다.

> ⁶일한 것이 없이 하나님께 의로 여기심을 받는 사람의 복에 대하여 다윗이 말한 바 ⁷불법이 사함을 받고 죄가 가리어짐을 받는 사람들은 복이 있고 ⁸주께서 그 죄를 인정하지 아니하실 사람은 복이 있도다 함과 같으니라 ⁹그런즉 이 복이 할례자에게냐 혹은 무할례자에게도냐 무릇 우리가 말하기를 아브라함에게는 그 믿음이 의로 여겨졌다 하노라 _롬 4:6-9

이 말씀은 다윗이 밧세바 사건 이후 하나님의 용서를 경험한 후에 쓰여진 것으로 여겨지는 시편 32편과 맥을 같이 합니다. 시편 32편의 첫 구절은 이렇게 시작됩니다.

> 허물의 사함을 얻고 그 죄의 가리움을 받은 자는 복이 있도다 _시32:1

"다윗이 범죄 가운데서 하나님께 죄를 자복하고 숨기지 아니하였더니 하나님이 죄의 악을 사하셨다"(시 32:5)라는 고백이 이 말씀의 배경입니다. 그런데 바울은 하나님의 의롭다 하심의 핵심을 다윗의 고백을 통하여 *끄집어* 냅니다.

첫째, 사하심에 대하여 말합니다. 다윗이 자신의 죄를 고백하고 하나님을 의지함으로 용서받고 깨끗해졌다는 고백입니다. 그처럼 우리들의 죄가 완전히 깨끗해진 것입니다. 깨끗함은 칭의를 말합니다. 칭의에 대하여 프란시스 쉐퍼는 이렇게 설명합니다. "칭의란 마치 내가 결코 죄를 지은 적이 없는 것처럼 되는 것이다." 다윗이 바로 이것을 체험했습니다. 그래서 시편 32편의 찬송이 나온 것입니다.

둘째, 하나님이 우리의 죄를 용서하셨을 뿐만 아니라 여전히 쑥스러워하고 힘들어하는 우리를 가려주셨다는 말입니다. 다윗이 그것에 감격했습니다. 이것이 하나님이 의롭다 하심과 함께 주시는 복의 내용이었습니다. 이 사실을 안 바울이 얼마나 감격했겠습니까? 유대인이 믿음과 은혜가 아닌 다른 것을 말하는 것이 얼마나 한심했겠습니까?

하나님은 우리의 죄를 사하시고 우리의 수치와 부끄러움을 가려주십니다. 사실 그것 없이 우리는 단 하루도 살 수 없습니다. 그러므로 남의 수치와 부끄러움을 들춰내고 손가락질하는 것은 사탄적인 것입니다. 가려주는 것이 하나님의 뜻이기 때문입니다.

바울은 이처럼 이스라엘에서 타협할 수 없는 지존인 두 사람, 아브라함과 다윗의 예를 들어 믿음의 위력과 본질에 대하여 설명하였습니다. 우리는 두 사람을 예로 들어 피를 토하듯 설명하는 바울을 통하여 믿음의 가장 중요한 본질을 깨닫게 됩니다. 믿음은 하나님 앞에서 그의 포로가 되는 것, 곧 무장해제하고 그를 받아들이는 것이라는 인식과 함께, 아브라함과 다윗의 경우에서 보는 것처럼 우리의 행위적인 것들은 지푸라기에 불과하다는 사실입니다.

이제 남은 것은 이 기막힌 은혜와 사랑을 누리는 것만 남아 있습니다. 그래서 바울이 피를 토하듯 말한 것입니다.

모순된 믿음

로마서 4:13-25

창세기 11장 하반 절부터 시작된 아브라함의 이야기는 22장 모리아산에서 아들 이삭을 바치는 사건이 있기 전까지 온통 부끄러운 모습으로 도배하고 있습니다. 아브라함은 하나님의 부르심을 받고 갈대아 우르를 떠났을 때 한걸음에 가나안으로 가지 않습니다. 그는 하란 땅에서 지체하였고(창 11:31), 아브라함은 가나안에 머물던 초기에도 기근이 들자 애굽으로 이주합니다. 하나님에게 전적으로 매달리지 않고 거주지를 옮기는 연약한 모습을 보인 것입니다(창 12:10-16). 아브라함은 가나안 땅이 하나님이 자신에게 주신 약속의 땅이란 인식도 희미했습니다. 그래서 롯과 첨예한 대립을 하게 되었을 때 아브라함은 땅의 선택권을 롯에게 준 것입니다(창 13:9). 그의 말 속에 반드시 가나안으로 가겠다는 의지는 존재하지 않았습니다. 아브라함에게 하나님의 약속은 안중에도 없었던 것입니다.

하나님은 분명히 아브라함에게 땅의 티끌처럼 많은 자손을 주겠다고 약속하셨지만(창 12:2; 13:15-16), 아브라함은 자신의 뜻대로 다메섹 사람 엘리에셀을 자신의 후사로 삼았습니다(창 15:2). 이 사건 이후 하나님은 분명히 아브라함을 통하여 날 자가 후사가 될 것임을 확언하시면서 언약을 맺고(창 15:4-17), 그 자손들이 살게 될 지역까지 구체적으로 말씀하셨지만(창 15:18-21), 아브라함은 다시 자신의 아내 사라가 아닌 하갈을 통하여 이스마엘을 얻는 실수를 범합니다(창 16:15).

이스마엘 사건 후에 하나님은 극도의 분노를 표출하시고 아브라함과 13년 동안이나 단절하시지만(창 16:16; 17:1), 다시 하나님께서 아브라함과 먼저 언약을 세우셨습니다. 하나님이 아들을 주겠다고 말씀하셨지만, 이때도 아브라함은 이스마엘을 운운합니다(창 17:16-18).

이런 아브라함을 향해 하나님은 몇 가지 분명한 약속을 하셨습니다. 첫째는 아들 이름을 이삭이라고 하겠다는 약속이었고(창 17:19), 둘째는 1년 후 아들 이삭이 태어났을 때 새로운 언약을 세우겠다는 약속이었으며(창 17:21), 셋째는 이 모든 것을 확인하는 의미로 할례를 행하게 하신 것입니다(창 18:23-24). 아브라함은 99세에 할례를 하였고, 수일 동안 고통 가운데서 하나님의 약속을 생각해야 했습니다.

그런데 아브라함은 21장에서 다시 자신의 아내 사라를 누이라고 속이므로 그랄 왕 아비멜렉에게 아내를 넘겨주는 비겁한 행동을 또 합니다(창 20:2). 이것은 풀리지 않는 수수께끼 같습니다. 이 일이 심각한 이유는 이 무렵 사라의 뱃속에 이삭이라는 씨가 존재하고 있었기 때문입니다. 그렇다면 아브라함은 하나님의 약속을 기억하고 있지 않았다는 말이 됩니다.

모순 속에 숨겨진 비밀

아브라함의 이같은 모습은 분명 바울이 4장 전반부에서 말한 내용과 일치합니다. 문제는 4장의 후반부에 있습니다. 바울은 후반부에서 전반부와 일치되지 않는 입장을 표명합니다.

¹⁸아브라함이 바랄 수 없는 중에 바라고 믿었으니 … ¹⁹그가 백 세나 되어 자기 몸이 죽은 것 같고 사라의 태가 죽은 것 같음을 알고도 믿음이 약하여지지 아니하고 ²⁰믿음이 없어 하나님의 약속을 의심하지 않고 믿음으로 견고하여져서 하나님께 영광을 돌리며 ²¹약속하신 그것을 또한 능히 이루실 줄을 확신하였으니 ²²그러므로 그것이 그에게 의로 여겨졌느니라 _롬 4:18-22

"바랄 수 없는 중에 바라고 믿었다." "몸이 죽은 것 같이 되었는데도 믿음이 약하여지지 않았다." "하나님의 약속을 의심치 않고 믿음에 견고히 섰다." 바울의 이같은 표현은 우리가 읽은 창세기 기사와 사뭇 다른 모습입니다. 이 모순을 어떻게 이해해야 합니까? 우리는 여기에서 말하는 아브라함의 믿음이 우리가 알고 있는 믿음의 내용과 무슨 다른 점이 있는지 생각해볼 필요가 있습니다. 확실히 무엇인가 다르다는 생각이 드는 것은 사실입니다. 우리는 먼저 아브라함의 믿음이 행위적인 것, 즉 눈에 보이는 것과 다르다는 점을 다시 기억해야 합니다.

> 만일 아브라함이 행위로써 의롭다 하심을 얻었으면 자랑할 것이 있으려니와 하나님 앞에서는 없느니라 _롬 4:2

우리는 우선 창세기 이야기를 그대로 받아들일 필요가 있습니다. 아브라함은 행위적인 면에서는 액면 그대로 한없는 겁쟁이였습니다. 그러나 그의 마음속에 하나님을 믿는 마음이 없었다고 단정할 수는 없습니다. 믿음의 크기는 모르겠지만, "겁쟁이 마음에도 믿음은 있었다"라고 말할 수 있기 때문입니다.

저는 청소년 시절에 잘못된 행동을 많이 했습니다. 저만 믿고 살아오신 어머님의 마음을 아프게 한다는 것도 알고, 그것 때문에 저도 매우 아팠습니다. 그렇다고 해서 어머님을 사랑하지 않은 것은 아닙니다. 그런데 행동을 고치지는 못합니다. 사람들은 저에게 이렇게 말했습니다.

"저런 행동을 하는 것을 보니 어머니 은혜를 모르는 불효막심한 놈이야."

그렇지만 제 마음속에는 어머님을 사랑하는 마음과 미안한 마음과 효도하고 싶은 마음이 늘 있었습니다. 제 행동은 분명히 어머님을 배신하고 있었지만, 마음은 어머님을 사랑하고 있던 것이 제 모습이었습니다. 아브라함에 대한 창세기와 로마서의 모순은 이런 관점에서 해결될 수 있는 것이 아닐까요? 우리가 행위적인 믿음에 대한 고정관념 때문에 믿음의 본질을 놓친 것이었는지도 모릅니다.

어이없는 반응

하나님이 100세에 아브라함에게 이삭을 주시겠다고 말씀하시는 장면에서 로마서는 이렇게 기록하고 있습니다.

> ¹⁹그가 백 세나 되어 자기 몸이 죽은 것 같고 사라의 태가 죽은 것 같음을 알고도 믿음이 약하여지지 아니하고 ²⁰믿음이 없어 하나님의 약속을 의심하지 않고 믿음으로 견고하여져서 하나님께 영광을 돌리며 ²¹약속하신 그것을 또한 능히 이루실 줄을 확신하였으니 롬 4:19-21

그러나 창세기는 전혀 다르게 기록하고 있습니다. 아브라함은 하나님의 말씀을 듣고 속으로 웃으면서 어이없는 반응을 하였다고 기록합니다.

아브라함은 얼굴을 땅에 대고 엎드려, 웃으면서 혼잣말을 하였다. "나이 백 살 된 남자가 아들을 낳는다고? 또 아흔 살이나 되는 사라가 아이를 낳을 수 있을까?" 아브라함은 하나님께 아뢰었다. "이스마엘이나 하나님께서 주시는 복을 받으면서 살기를 바랍니다."_창 17:17-18, 표준새번역

분명히 아브라함의 웃음은 어이없는 반응을 보이는 것이었고, 그것은 "이스마엘이나 하나님께서 주시는 복을 받으면서 살기를 바랍니다"라는 발언에서도 충분히 알 수 있습니다. 이 모순을 어떻게 이해해야 합니까?

아브라함 안에는 이성과 믿음이라는 두 체계가 끊임없이 숨 쉬고 있었습니다. 그래서 아브라함의 이성은 늘 하나님의 기적을 부인하고 있었고, 믿음만이 외로이 하나님의 기적을 인정하고 있었던 것입니다. 그러므로 창세기는 아브라함의 이성의 마음을 기록한 것이고, 로마서는 믿음의 마음을 기록한 것이라고 말할 수 있을 것입니다. 그것을 이렇게 표현할 수 있습니다. '믿으면서 믿지 못하는 것', 그것이 아브라함의 믿음의 실체였습니다. 어머님을 사랑하면서도 사랑하지 않는 행동을 했던 저의 모습과 유사한 것이라고 말할 수 있습니다.

우리 안에도 이같은 모순된 믿음이 살아 숨 쉬고 있음을 부인할 수 없습니다. 이같은 사실 때문에 우리는 아브라함이 믿음의 조상으로 소개되는 말씀 앞에서 감사하지 않을 수 없습니다. 우리가 충분히 넘어설 수 있는 믿음의 소유자이기 때문입니다. 바울은 이같은 아브라함을 믿음의 표본으로 삼은 이유를 분명히 알았습니다. 즉, 하나님의 분명한 마음을 알고 있었습니다. 그래서 바울은 이렇게 말합니다.

[23]그에게 의로 여겨졌다 기록된 것은 아브라함만 위한 것이 아니요 [24]의로 여기심

을 받을 우리도 위함이니 곧 예수 우리 주를 죽은 자 가운데서 살리신 이를 믿는 자니라 _롬 4:23-24

아브라함을 택하신 것이 바로 우리를 위함이라는 말입니다. 즉, 자신을 통제하지 못하고 한심하며, 마음은 원이지만 늘 실패하고 무너지는 베드로와 같은 우리, 여전히 패배를 반복하고 있으며, 언제 이런 모습에서 벗어날지 장담할 수도 없는 우리에 대한 하나님의 배려가 아브라함이었다는 말입니다.

이성을 목 졸라 죽인 사람

그렇다면 아브라함의 믿음의 본질은 무엇이었습니까? 절대적으로 끝까지 지키지는 못했지만, 마음 깊은 곳에서 여전히 믿음을 놓치고 있지 않았던 '절대적인 연약함에서 나오는 믿음'이었습니다. 자신을 구원할 절대적인 하나님을 무기력하게 바라보고 있던 사람이 아브라함이었다는 말입니다. 늘 비겁하게 도망가지만, 그것 때문에 후회하고 눈물 흘리고, 부르시면 다시 돌아오는 겁쟁이였습니다. 그런 와중에도 늘 하나님의 은혜를 구하는 사람이 아브라함이었던 것입니다.

어쩌면 이성적인 잣대로 볼 때 이런 자신의 모습을 도무지 용서하실 수 없는 하나님이라고 생각하는 세상 사람과 달리, 자신을 이성적인 눈으로 바라보지 않았던 사람이 아브라함이었습니다.

여기에서 루터의 말을 인용하고 싶습니다. 루터는 아브라함이 '이성을 목 졸라 죽인 사람'이었다고 말했습니다. 물론 바랄 수 없는 중에 믿은 사람으로서 아브라함을 표현한 말이었지만, 그의 말로 아브라함을 충분히 표현할 수 있다고 생각합니다.

우리는 아브라함을 통하여 우리의 연약함을 한없이 불쌍히 여기시고 돌아보시는 분이 우리 하나님이신 것을 깨닫게 됩니다. 거기에서 믿음이 나온다는 것도 알게 됩니다. 그래서 히브리서 기자는 예수님에 대하여 "우리에게 있는 대제사장은 우리 연약함을 체휼하는"(히 4:15) 자로 표현한 것입니다. '체휼하다'라는 말은 헬라어로 '쉼파데오'라는 동사인데, 영어로는 'sympathize', '같은 마음으로 느낀다'라는 의미입니다. 주님은 우리의 연약함과 고통, 한없는 비겁함과 비참함까지 다 품으신다는 말입니다. 다른 이보다 연약하고 겁이 많아 참을성이 없는 사람부터 시작하여, 살아오면서 한없이 비겁한 사람까지 모두 다 품을 수 있다는 뜻입니다.

더 중요한 것은 그들이 갖고 있는 믿음입니다. 눈으로 보면 기회주의적으로 보이고 한심하고 매일 무너져 내리는 처절한 모습일지라도, 주님은 그 믿음도 받으신다는 엄청난 사실입니다. 우리는 아브라함에게서 그것을 발견하게 됩니다. 우리 하나님의 믿음 말입니다.

즐거운 고통

로마서 5:1-11

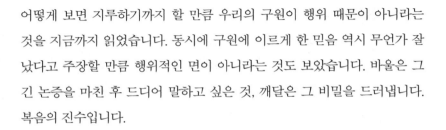

어떻게 보면 지루하기까지 할 만큼 우리의 구원이 행위 때문이 아니라는 것을 지금까지 읽었습니다. 동시에 구원에 이르게 한 믿음 역시 무언가 잘났다고 주장할 만큼 행위적인 면이 아니라는 것도 보았습니다. 바울은 그 긴 논증을 마친 후 드디어 말하고 싶은 것, 깨달은 그 비밀을 드러냅니다. 복음의 진수입니다.

그러므로 우리가 믿음으로 의롭다 하심을 받았으니 우리 주 예수 그리스도로 말미암아 하나님과 화평을 누리자 _롬 5:1

놀라운 표현이 아닐 수 없습니다. 지금까지 바울이 이야기한 것을 일목요연하게 정리한 표현입니다. 여기서 '의롭다고 여기다'라는 의미의 동사 '디카이오오'가 수동태 과거 분사형태인 '디카이오덴테스'로 사용되었습니다. 그래서 한글 번역이 '의롭다 하심을 얻었다'인 것입니다. 기막힌 정리입니다. 바울이 말하고 싶었던 내용이 다 들어 있습니다. 우리가 한 일은 없다, 하나님이 모든 것을 다 하셨다는 은혜의 깊이가 들어 있는 표현입니다.

이 놀라운 이야기는 사실입니다. 이것이 이미 우리에게 이루어진 것이라면, 바울이 말하고 싶은 것은 사실 현실의 상태입니다. 현실은 놀랍게도 우리가 그걸 누리지 못합니다. 그래서 바울이 다른 시제로 이어 썼습니다.

"우리 주 예수 그리스도로 말미암아 하나님으로 더불어 화평을 누리자."

여기서 '누리자'로 번역된 동사 '에코'는 '붙잡다, 간직하다'라는 의미입니다. 더 중요한 것은 '에코'의 능동태 현재인 '에코멘'으로 표현했다는 점입니다. 앞의 말씀과 이어서 설명하면, 이미 과거에 우리가 의롭다 하심을 얻고 구원에 이르렀은즉, 이제 남은 것은 화평을 누리는 일만 남아 있다는 말입니다. 적극적으로 말해서 화평을 꽉 붙잡는 일이 남은 것입니다. 아마 바울은 이런 뉘앙스로 말했을 것입니다. 그 뉘앙스를 살려서 제가 다시 번역해보았습니다.

우리의 행위가 보잘것없어 행위를 따지면 전혀 의로울 수 없는 존재이지만, 오직 하나님의 은혜에 힘입어 우리가 가진 그 믿음을 통로로 의롭다고 여겨지는 이 놀라운 선물을 받았으니, 이제 그 은혜의 통로이신 예수 그리스도를 의지함으로 하나님과의 화해, 평화, 하나님의 나라를 꽉 붙잡고 누리자.

평화가 없는 이유

바울이 이같이 말한 이유는 우리가 분명히 믿음으로 의롭다 함을 얻었다는 것을 알면서도 평화를 누리지 못하기 때문일 것입니다. 사실 가만히 살펴보면 우리 안에 그런 평화가 없는 것이 사실입니다. 칭의를 얻었지만 아직도 무엇인가 뾰로통해 있는 것이 우리의 모습입니다. 용서받긴 했지만 하나님과 평화를 이루지 않았다는 말입니다. 그렇다면 우리는 왜 이같은 태도를 취하고 있을까요?

부모가 자신을 사랑하지 않는다고 생각하는 딸이 있었습니다. 그래서 가출하였고 마음대로 행동하였습니다. 이미 몸은 더럽혀졌고 아버지는 자신을 용서하지 않을 것이라고 여겼습니다. 그래서 자살을 생각하였는데, 딸은 마지막으로 아버지와 어머니의 집에 가기로 합니다. 먼발치에서라도 인사를 드릴 심산이었습니다. 그런데 집에 가보니, 평상시에는 인색하게 전등 하나 켜는 것조차 잔소리하던 아버지가 집 안과 밖에 불을 다 켜둔 채 현관 앞에 쪼그려 앉아 계셨습니다. 자신을 기다리기 위해 앉아 계신 것을 금세 알 수 있었습니다. 그녀는 자신도 모르게 아버지에게 달려갔습니다. 아버지는 딸이 온 것을 알아챘고, 통곡하며 딸을 받아들였습니다. 딸은 아버지가 자신을 용서하셨고 사랑하고 있다는 사실을 알 수 있었습니다. 여기까지는 우리가 아는 해피엔딩 스토리, 탕자 이야기의 구조입니다. 영화나 소설은 주로 이렇게 끝납니다. 그렇다면 이것으로 끝입니까? 탕자 이야기는 그것으로 끝났습니까? 미안하지만 그렇게 끝나지 않습니다.

얼마 되지 않아 딸은 다시 아버지 사이에서 평화가 깨지는 것을 느꼈습니다. 집으로 돌아온 딸에게 아버지는 다시 잔소리를 시작하셨고, 이전보다 더 많은 것을 요구하고 간섭했습니다. 더 심하게 잔소리를 하시는 것 같았습니다. 딸은 아버지의 용서를 믿으면서도 완전한 평화를 누릴 수 없었습니다. 딸은 다시 흔들리기 시작했고, 아버지를 의심하기 시작하였습니다. 도대체 무엇 때문입니까?

사실 우리가 오해하는 것이 있습니다. 하나님이 용서하셨다는 말, 곧 우리의 모든 죄를 사하셨다는 말에 대한 오해입니다. "하나님이 우리의 모든 죄를 사하셨다"라는 말을 "이제부터 우리 마음대로 예전에 지었던 죄를 또 지으면서 마음대로 살아도 된다"라는 말로 오해하는 것입니다. 그렇습니까? 절대로 그렇지 않습니다. 그 딸이 그것을 몰랐던 것입니다.

우리도 똑같습니다. 용서받고 구원받았으므로 고통은 끝났고 이제는 기쁨과 행복만 계속될 것이라고 믿습니다. 그런데 여전히 고통과 환난이 있습니다. 의롭다 함을 얻었는데, 왜 여전히 환난이 있습니까? 더욱이 그 환난이 하나님이 용인하시거나 허락하신 환난으로 여겨질 때 골치 아파집니다. 힘들어지고 하나님에게 화가 납니다. 하나님이 의심스럽기까지 합니다. 어디가 하나님과의 화평인지 불안해집니다.

목사가 되고도 도둑질한 이유

예를 하나 더 들겠습니다. 조세형 씨를 아십니까? 대도(大盜)라고 불리던 사람입니다. 1980년대 초에 부유층을 상대로 수천만 원대의 다이아몬드 같은 고가품을 훔친 사실이 알려지면서, 당시 군부정권과 기득권층의 부정부패에 염증을 느꼈던 일부 국민이 그를 '의적'으로 부르기도 했습니다.

1983년 절도죄로 징역 15년과 보호감호 10년을 선고받은 그는 청송교도소에서 1998년에 출소했습니다. 그는 엄상익 변호사의 전도를 받아 예수를 믿었습니다. 1999년에는 23세 연하의 아내를 만나 아들을 낳았고, 사설 경비업체에 자문위원으로 취직했습니다. "도둑 출신으로서 도둑을 잡겠다"고 포부를 밝혀 화제가 되기도 했습니다. 이후 신학을 공부해 목사 안수까지 받았습니다. 여러 교회를 다니면서 간증을 하였습니다. 해피엔딩이었습니다. 그러면 끝난 것입니까? 돌아왔으니까 새로운 사람이 된 것입니까? 이것이 우리가 오해하는 중요한 지점입니다. 돌아왔을지라도 예전처럼 죄를 짓는 성향과 습성을 여전히 가지고 있습니다. 우리는 그것을 무시합니다. 새로운 사람이 된 것처럼 위장할 뿐입니다.

2000년 11월 선교활동을 위해 일본으로 건너간 조세형 씨는 도쿄 주택가에서 손목시계 등을 훔치다 경찰에 붙잡혔습니다. 일본에서 징역 3년 6월 형을 선고받고 복역한 뒤 2004년에 귀국했습니다. 2005년에 또 다시 주택에 침입해 절도행각을 벌이다 검거됩니다. 이후 3년간의 수감생활을 마치고 2008년에 출소했으나, 2009년 5월엔 장물알선죄로 다시 수감되었습니다. 당시 그의 범행에 대한 신문 기사 내용은 다음과 같습니다.

> "경찰에 따르면 이들은 2009년 4월 경기도 부천시 원미구 소사동에 있는 한 금은방을 털기로 마음먹고 같은 건물 3층에 사는 금은방 주인 유모(53) 씨의 집에 침입했다. 얼굴에 복면을 쓴 채 작은방 창문을 뜯고 침입한 이들은 잠을 자고 있던 유 씨 등 가족 3명에게 칼을 들이대고 '곱게 있으면 해치지는 않겠다'고 위협했다. 이어 유 씨 가족의 얼굴과 양 손목, 양 발목을 테이프로 묶어 반항하지 못하게 한 뒤 현금 30만 원과 금목걸이 1점, 금은방 열쇠 등을 훔쳐 달아났다."[18]

그런데 사건 현장에서 확보한 DNA를 분석해 범인을 추적하는 과정에서 조세형 씨도 이 절도행위에 가담했다는 사실이 발각된 것입니다. 왜 이렇게 된 것입니까? 그가 회개하고 목사가 된 것이 거짓이었습니까? 그렇지 않습니다. 그렇다면 왜 그렇게 된 것입니까? 그가 돌아왔다는 것은 완벽해졌다는 뜻이 아닙니다. 오히려 그 죄를 여전히 품고 있다는 뜻입니다. 조세

---

18 중앙일보 2011년 9월 10일자 기사

형은, 그 딸은, 탕자는 철저히 훈련되고 회복되어야 했습니다.

일반적으로 우리의 문제는 온전한 마음속의 회개 없이 그저 입으로 회개하고 마음으로 조금 따뜻해진 상태에서 끝나는 것입니다. 아닙니다. 이후 더 강력한 행위적 노력과 수고가 있어야 합니다.

실제로 조세형 씨가 출소한 후 김진홍 목사님은 엄상익 변호사와 함께 찾아온 그에게 '두레마을에 들어와서 3년간 노동을 하며 땀 흘려 일할 것'을 권유하였다고 합니다. 그러나 그는 이런 권고를 뿌리치고 신학을 공부하였고 목사가 되었습니다. 그는 신학까지 공부하면서 자기 인생을 반추하며 회개했지만, 죄에 넘어질 수밖에 없는 인간의 나약성을 간과하였습니다. 그가 서둘러 신학 공부를 할 것이 아니라 김진홍 목사의 권유대로 죄와 일정 기간 거리를 두며 노동의 가치를 몸으로 익혔다면, 그의 인생은 달라졌을지도 모릅니다. 그는 목사가 되었어도 그의 위치는 언제나 죄의 유혹을 받을 수 있는 지근거리에 있었습니다. 그러나 그것을 물리칠 영성은 부족하였습니다.

환난이 오는 이유

그러므로 "우리 주 예수 그리스도로 말미암아 하나님과 화평을 누리자"는 말은 어떤 상황에도 하나님의 은혜와 계획을 믿고 그것을 꽉 붙잡자는 것입니다. 우리는 환난에 노출될 것입니다. 환난은 나의 오래된 성품과 관습의 결과일 수 있고, 더러운 악 때문일 수도 있습니다. 그러나 그런 일을 당할 때에도 절대로 하나님의 의도와 순수를 잊지 말자는 뜻입니다. 아버지는 변하지 않았다는 것을, 아버지의 순수한 사랑의 깊이를 말입니다. 이런 이해를 가져야만 이해될 수 있는 놀라운 말을 바울이 드디어 꺼냅니다.

³… 우리가 환난 중에도 즐거워하나니 이는 환난은 인내를, ⁴인내는 연단을, 연단은 소망을 이루는 줄 앎이로다 _롬 5:3-4

그렇지만 바울은 오히려 환난을 즐거워한다고 말합니다. 이유는 간단합니다. 우리가 살아왔던 오랜 삶의 방식과 성품이 우리 자신을 견고한 하나님의 사람으로 살게 만들지는 않기 때문입니다. 우리는 여전히 옛 사람에 묶인 삶을 살 확률이 높습니다. 우리 자신이 그 확률의 증인입니다. 그 옛 사람이 새 사람이 될 수 있는 방법은 고통 외에는 없습니다. 적어도 우리에게는 그렇습니다. 다이어트를 하는 것도 고통이 따르며, 술과 담배를 끊는 것도 고통이 따릅니다. 내가 가진 나쁜 성품들을 끊고 고치기까지, 옛 사람의 습관을 버리려면 고통이 따릅니다. 고통 없이 살을 빼는 방법이 없는 것처럼, 죄의 지배를 받던 습관들을 바꿀 수 있는 자율적인 방법은 존재하지 않습니다. 거의 불가능합니다.

제 아내가 팔굽 관절이 부러진 후 오랫동안 깁스를 했더니 팔이 휘어지고 말았습니다. 그것을 어떻게 폈는지 아십니까? 제가 매우 강제적으로 고통을 가하면서 팔을 펴주는 운동을 시켰습니다. 제가 아내의 요청대로 살살 폈다면 아마 팔이 굽은 채로 굳어버렸을 것입니다.

제 몸무게가 94킬로그램일 때입니다. 저의 장모님이 80킬로그램 아래로 살을 빼면 100만 원을 주시겠다고 제안하신 적이 있습니다. 그래도 살을 뺄 수 없었습니다. 그런데 암이라는 고통은 단숨에 72킬로그램으로 줄어들게 하였습니다. 고통 없이 쉽게 이룰 수 있는 일은 없습니다. 하지만 이처럼 고통을 이해할 수는 있지만 기뻐하긴 어렵습니다. 그럼에도 불구하고 환난을 기뻐하고 즐거워해야 하는 이유는 무엇입니까? 당연히 하나님이 통치하시는 환난이고 고통이기 때문입니다.

돌팔이 의사에게 지방흡입술로 지방을 제거하게 했는데, 부작용으로 살이 썩고 함몰됐다는 피해사례를 들은 적이 있습니다. 제가 암에 걸릴 때와 비슷한 고통을 받았지만 부작용만 남겼습니다. 그러나 하나님이 주관하시는 수술은 우리에게 필요한 고통만 정확하게 줍니다. 바울은 그것에 대한 정확한 믿음을 갖고 있었고, 그래서 즐거워한 것입니다.

인내를 지속한 결과

그러면 고통 앞에서 우리에게 필요한 것은 무엇일까요? 두말할 것도 없이 인내를 지속하는 힘입니다. 하나님을 신뢰함으로 견디는 것이 우리가 할 일입니다. 그것이 우리의 몫입니다. 단, 기억해야 할 것은 인내가 항상 성공을 보장하지 않는다는 사실입니다. 그래서 실패하더라도 끊임없이 다시 시도해야 합니다. 사실 고난은 늘 실패를 가져다줍니다. 그러므로 인내란 고난을 견디는 것만이 아니라, 고난으로 인해 겪을 수 있는 실패를 견뎌내는 것이라고 말해야 옳을 것입니다.

이처럼 고난을 견뎌낼 때 우리에게 나타나는 것이 연단입니다. 이 말씀에서 쓰인 연단이라는 단어의 헬라어가 '도키에'인데, 그 뜻은 증거물, 성품입니다. 그래서 NIV는 이것을 'character'로 번역하였고 표준새번역은 '품격'으로 번역하였습니다. 우리가 환난 가운데서 견뎌낼 때 우리에게 새로운 성품이 형성된다는 말입니다.

어머니들을 보면 어떤 때는 뜨거운 냄비를 행주도 쓰지 않고 번쩍 드는 것을 볼 수 있습니다. 처음부터 그렇게 된 것이 아닙니다. 오랜 세월 동안 뜨거운 냄비를 드는 고통에 익숙해진 것입니다. 몇 번씩 국을 쏟은 실패의 경험에서 만들어진 'character'입니다. 바울은 우리에게 그렇게 새롭게 성품이 다져지고 형성돼야 한다고 말한 것입니다. 그때 이루어지는 것이 희망입니다. 품격이 희망을 낳는 것입니다.

그뿐만 아니라, 우리는 환난 가운데서도 자랑을 합니다. 우리가, 환난은 인내를 낳고, 인내는 품격을 낳고, 품격은 희망을 낳는 줄을 알고 있기 때문입니다.
_롬 5:3-4, 표준새번역

기막힌 고난의 터널을 통과하면 비로소 비전이 보입니다. 그래야 주님의 부르심이 선명하게 보일 것입니다. 그래서 즐거운 것입니다.

새번역에서 '자랑을 합니다'로, 개역성경에서는 '즐거워하나니'로 번역된 단어 '카우카오마이'는 단순히 즐겁다는 말이 아니라 떠벌리고 열광한다는 뜻입니다. 이렇게 열광하는 이유는 고난에 대한 모든 것을 꿰뚫어 알았기 때문입니다. 이제 눈앞에서 일어나는 환난도 하나님의 거룩한 계획 가운데서 진행되고 있음을 알기 때문에 크게 웃을 수 있다는 말입니다. 그래서 환호할 수밖에 없습니다.

나는 어떻습니까? 어떤 수준의 믿음입니까? 이렇게 환호할만한 수준이십니까? 아니면 내 앞의 작은 고통조차 "왜 이런 일이 내게 있지?"를 연발하며 인상 찌푸린 삶을 살고 있습니까?

하나님이 흘려놓으셨다

로마서 5:6-11

우리는 크리스천입니다. 하지만 진실로 믿음이 있는 크리스천인가 하는 질 문에 충분히 확신 있게 대답하지 못하는 것이 현실입니다. 사실 우리는 얼 마나 많이 하나님을 실망시켰습니까? 수없이 다짐하였고 수없이 실패하였 으며, 지금은 그런 다짐과 헌신마저 포기한 채 체념하고 있으니 말입니다.

크리스천에게 가장 큰 위기는 소망의 상실입니다. 다시 말하면 무엇을 기대하는 것의 상실입니다. 그날 그날 근근이 살아가는 것입니다. 그렇다 면 왜 소망을 상실했습니까? 바울의 이야기를 통해 알게 되는 소망이 상실 된 이유는 환난을 통한 인내, 그리고 인내를 통한 품격이 형성되지 않았기 때문입니다. 버틸만한 성품이 없는 것입니다. 바울은 이같은 이해를 가지고 로마서 5장 3-4절을 썼습니다. 다시 읽어보겠습니다.

> ³다만 이뿐 아니라 우리가 환난 중에도 즐거워하나니 이는 환난은 인내를, ⁴인내 는 연단을, 연단은 소망을 이루는 줄 앎이로다 _롬 5:3-4

예언적 기대와 확신

여기서 말하는 '소망'은 헬라어 '엘피스'를 번역한 단어입니다. '엘피스'의 어원이 되는 동사 '엘포'의 의미는 '항상 기꺼이 예비하다'입니다. '무엇이 이루어질 것에 대해 조금의 의심도 없이 강력한 확신을 갖고 있는 상태에서 나오는 소망 혹은 기대감'임을 알 수 있습니다. 예를 들어 하루 종일 굶주린 아이가 집에 가면 어머니가 맛있는 저녁을 준비해놓았을 것이라고 기대할 수 있습니다. 어머니는 한 번도 그러지 않으셨던 적이 없으니 그 기대는 '예언적 확신' 같은 것입니다. 바울이 말하는 '소망'이 그런 것입니다. 그 것이 예언적 확신 같은 것이기에, '완수하다'라는 의미의 단어 '카텔카조마이'로 '이루다'를 표현한 것입니다. 그러므로 환난에 대한 인내를 통해 연단된 품격에서 나오는 희망이란 '무엇인가 이룰 수 있는 희망'입니다. 단순한 소망이 아니라 예언적 확신입니다. 이제 그런 기대가 생겼습니다. 그런데 그 시작이 '환난'입니다. 일상적이지 않은 것입니다. 그래서 어렵고 쉽지 않습니다. 하지만 만일 지금 환난을 견디며 잘 버티고 있다면 하나님의 섭리와 인도하심을 믿으십시오. 욥이 고백한 것처럼 말입니다.

> [8]그런데 내가 앞으로 가도 그가 아니 계시고 뒤로 가도 보이지 아니하며 [9]그가 왼쪽에서 일하시나 내가 만날 수 없고 그가 오른쪽으로 돌이키시나 뵈올 수 없구나 [10]그러나 내가 가는 길을 그가 아시나니 그가 나를 단련하신 후에는 내가 순금 같이 되어 나오리라 _욥 23:8-10

그러므로 잘 견뎌야 합니다. 그 기막힌 상황에서도 욥은 믿음을 지켰습니다. 잘 싸웠습니다. 욥은 자신의 치열한 싸움을 이렇게 말합니다.

¹¹내 발이 그의 걸음을 바로 따랐으며 내가 그의 길을 지켜 치우치지 아니하였고 ¹²내가 그의 입술의 명령을 어기지 아니하고 정한 음식보다 그의 입의 말씀을 귀히 여겼도다 _욥 29:11-12

이것이 욥의 품격이 되었습니다. 그 품격에서 나온 '내가 정금같이 나오리라'라는 소망이 예언적 확신입니다. 동시에 바울은 이같은 기대가 절대 허망한 것이 아니라는 것을 알았습니다. 하나님이 계시기 때문입니다. 성령님의 역사 때문입니다.

소망이 우리를 부끄럽게 하지 아니함은 우리에게 주신 성령으로 말미암아 하나님의 사랑이 우리 마음에 부은 바 됨이니 _롬 5:5

이어서 로마서 5장 6절부터 주옥같은 말씀이 시리즈로 나오기 시작합니다. 이 말씀들을 이해하기 위해 우선 5절을 제대로 설명해야 합니다. 새번역으로 다시 읽어보겠습니다.

이 희망은 우리를 실망시키지 않습니다. 하나님께서 우리에게 주신 성령을 통하여 그의 사랑을 우리 마음 속에 부어 주셨기 때문입니다. _롬 5:5, 새번역

지금까지 설명한 것처럼 희망, 곧 예언적 기대는 반드시 성취된다는 확신이 있기에 그것에 문제는 없습니다. 그런데 하나님께서는 성령을 통하여 그의 사랑, 곧 예언적 기대의 가장 강력한 근거인 하나님의 사랑을 확신시켜주십니다. 그렇다면 성령님이 왜 필요합니까? 우리의 예언적 기대, 확신으로는 부족합니까?

기대가 무너지는 세 지점

바울은 우리의 기대마저 무너지는 지점을 알고 있었습니다. 예언적 기대를 가지고 있을지라도, 놀라운 품격을 갖고 있을지라도 넘어지는 중요한 세 지점을 설명한 것입니다. 바울이 깨달은 것입니다.

> [6]우리가 아직 연약할 때에 기약대로 그리스도께서 경건하지 않은 자를 위하여 죽으셨도다 [7]의인을 위하여 죽는 자가 쉽지 않고 선인을 위하여 용감히 죽는 자가 혹 있거니와 [8]우리가 아직 죄인 되었을 때에 그리스도께서 우리를 위하여 죽으심으로 하나님께서 우리에 대한 자기의 사랑을 확증하셨느니라 [9]그러면 이제 우리가 그의 피로 말미암아 의롭다 하심을 받았으니 더욱 그로 말미암아 진노하심에서 구원을 받을 것이니 [10]곧 우리가 원수 되었을 때에 그의 아들의 죽으심으로 말미암아 하나님과 화목하게 되었은즉 화목하게 된 자로서는 더욱 그의 살아나심으로 말미암아 구원을 받을 것이니라 _롬 5:6-10

세 지점이란 '우리가 연약할 때', '죄인되었을 때', 심지어 '하나님과 원수 되었을 때'를 말합니다. 그럴 때조차 우리를 받아주시는 하나님의 사랑을 성령을 통하여 수시로 우리에게 감동시키시고 확신시켜주신다는 말입니다. 그러므로 우리가 진정 놀라운 품격을 가진 크리스천이 된다면, 그것은 단순히 내가 환난을 통과하면서 생성된 나의 능력이 아니라, 상당 부분에 하나님의 역할이 포함된 것입니다. 성령님을 통해서 하나님의 사랑을 붓는 일이기 때문입니다. 그것은 마치 이런 이야기와 같습니다.

어떤 부부가 있습니다. 남편이 멋있는 자동차를 샀습니다. 정말 애지중지했습니다. 남편은 차보다 아내를 더 사랑한다고 말하지만, 어떤 때는 그것이 사실이 아닐지 모른다는 생각이 들기도 하였습니다. 어느 날 길가에 세워놓은 차에 지나가던 아이의 자전거가 살짝 부딪혀 약간의 생채기가 났을 뿐인데 남편이 난리를 치던 일을 생각하면 말입니다.

아내가 하루는 커피 한잔을 마시면서 이 차를 운전하고 있었습니다. 속도방지 턱을 넘으며 차가 출렁거리자 커피가 무릎 위로 쏟아졌습니다. 그 일에 당황하여 신경 쓰다 그만 앞차를 들이받았습니다. 앞차의 뒤 범퍼뿐 아니라 남편이 그렇게 애지중지하는 차의 앞 범퍼도 우그러졌습니다. 전적으로 아내의 실수입니다. 운전 중에 커피 마시는 것을 싫어하는 남편의 말을 무시한 것도 그렇고 말입니다. 속상했습니다.

그래도 어쨌든 해결해야 하니까 자동차 보험증서가 들어 있는 조수석 서랍을 여는 순간 아내는 깜짝 놀랐습니다. 보험증서 속에 못 보던 종이가 들어 있는데, 거기에 남편이 써둔 글씨가 눈에 들어왔기 때문입니다.

"걱정하지 말아요. 나는 이 차보다 당신이 더 비교할 수 없을 정도로 소중해요. 사랑해요."

아내가 어떤 표정을 지었을지 상상이 되실 것입니다.

사실 5장 6절, 8절, 10절 말씀은 아내를 위한 남편의 그 편지 같은 것입니다. 그 기막힌 사실이 나의 기대, 곧 확신이 흔들릴 때 보인 것입니다. 참 좋지 않습니까? 그런 까닭에 5절은 살짝 다르게 번역할 필요가 있습니다.

소망이 우리를 부끄럽게 하지 아니함은 우리에게 주신 성령으로 말미암아 하나님의 사랑이 우리 마음에 부은 바 됨이니 _롬 5:5

"하나님의 사랑이 부은 바 됨이니"라고 번역된 문장에서 '붓다'로 번역된 '엑케오'는 '쏟아내다' 혹은 '붓다'입니다. NIV가 사용한 것처럼 'pour out'이라는 번역이 옳습니다. 하지만 저는 이 단어의 다른 의미인 '(널리) 흘리다'에 주목하고 싶습니다. 앞에서 예로 든 어느 아내가 경험한 남편의 사랑은 고난과 실수가 생길 가능성이 있는 모든 지점에 '흘려놓았다'라고 표현하는 것이 적절하기 때문입니다.

사랑을 흘려놓으셨다

우리는 스스로의 연약함 때문에 허덕일 때가 있습니다. 그럴 때마다 한심하고 천박한 자신을 보면서 괴로워할 수 있습니다. 그때 하나님은 "기약대로 그리스도께서 경건치 않은 자를 위하여 죽으셨도다"라고 말씀하십니다. 사랑의 편지를 흘려놓으신 것입니다. 우리가 단순히 연약함을 넘어 실제적 죄인이라는 사실이 느껴질 때, 하나님이 흘려놓으신 말은 "그리스도께서 우리를 위하여 죽으셨다"라는 위대한 명제입니다.

그런데 자신도 이해할 수 없는 상황이 벌어집니다. 자신이 하나님의 원수처럼 행동하는 것입니다. 사탄에게 속한 자로서 말입니다. 그럴 때도 그 지점에 하나님이 흘려놓으신 말씀이 있습니다. "그 아들의 죽으심으로 말미암아"입니다. 얼핏 보면 '죄인이었을 때'와 같은 것처럼 들릴지 모르지만, 그렇지 않습니다. 그리스도라는 표현이 아니라 아들이라는 표현 때문입니다. 하나님과 나눈 대화처럼 정리해보겠습니다.

"제가 너무 연약합니다. 늘 넘어집니다. 너무 천박하고 가볍고 어리석고 한심합니다."
"얘야, 다윗도 그랬다. 아브라함도 그랬다."
이 말에 용기를 얻었던 바울이지만, 연약함을 넘어 죄를 지었습니다.
"제가 또 죄를 지었습니다. 죄에서 벗어날 수 없습니다."

"그리스도가 그 죄를 위해 죽었다. 내가 그렇게 진행시킨 것이다. 괜찮다. 나는 너를 사랑한다."

그래서 다시 시작하였지만, 이번에는 단순히 죄를 지은 정도가 아니라 원수 같은 행동을 했습니다. 고개를 들 수 없었습니다.

"하나님, 제가 당신의 원수입니다. 저 같은 놈이 당신 앞에 설 수 있습니까?"

"얘야, 그리스도가 내 아들이었다. 그래도 모르겠니?"

하나님은 모든 경우의 수, 우리가 실수하고 연약해질 가능성의 지점에 사랑의 편지를 흘려놓으셨습니다. 하나님이 우리를 사랑하신다는 말, 절대 포기하지 않는다는 말, 언제나 다시 시작할 수 있다는 격려의 말을 말입니다. '흘려놓으셨다', 이 말을 절대 잊지 말기 바랍니다.

천만 번이라도 다시 시작하자

로마서 5:6,8,10

우리가 아직 연약할 때에 기약대로 그리스도께서 경건하지 않은 자를 위하여 죽으셨도다 _롬 5:6

이 놀라운 문장이 말하는 의미는 무엇입니까? '우리는 여전히 연약하다' (we were still powerless)는 것입니다. 이 진리가 바뀐 적은 없습니다. 우리가 연약한 이유는 스스로 존재하는 존재가 아니라 피조물이기 때문입니다. 피조물이라는 말은 의존적인 존재라는 뜻입니다. 창조하신 하나님의 힘에 의지해서만 살 수 있는 존재입니다. 우리가 신적 권세를 가진 자이지만, 그것도 하나님께 의존될 때만 가능합니다. 신적 권세를 가진 우리가 중요한 존재이지만, 그때도 우리는 약합니다. 그런 우리가 더욱 약해질 때는 창조하신 하나님으로부터 분리될 때입니다. 그때 우리의 약함은 극에 이르게 됩니다.

우리는 스스로 독립하면 힘이 강해지는 줄로 오산하지만, 하나님을 떠나는 순간 우리는 무한히 연약해집니다. 그렇게 약해지는 가장 큰 이유는 하나님을 떠나는 순간 바로 죽음이 우리의 권세자로 등장하기 때문입니다.

정작 중요한 문제는 제한되는 것입니다. 결핍의 최고 상징인 죽음이 다가오자 우리는 더욱 자기를 사랑하는 자기중심적 존재로 살고자 노력하고, 그 결과 우리는 다른 사람과 갈등을 빚게 되고 착취와 힘겨루기 단계로 발전하는 것입니다. 그렇다면 그때, 우리는 다른 사람을 짓밟아서라도 얻고자 하는 힘을 얻게 됩니까? 그렇지 않습니다. 우리는 시간이 갈수록 더욱 불안한 모습을 보이는 존재가 되어갑니다. 이유는 간단합니다. 우리가 그 어떤 것으로도 채워질 수 없는 존재이기 때문입니다. 우리는 오로지 하나님으로부터 나온 것으로, 하나님으로만 채워지는 존재입니다.

하나님 없이는, 우리는 시간이 지날수록 연약함을 체험할 뿐입니다. 남은 것은 멸망에 이르는 것입니다. 마치 자기 의로움에 빠져 자기중심적으로 살아가다가 모든 것을 다 잃은 탕자처럼 완전히 힘을 상실하였을 때(powerless), 우리가 충분히 버림받아 마땅할 때 예수 그리스도께서 우리를 위하여 죽으신 것입니다. 그래서 예수 그리스도가 우리의 주님, 구세주가 되셨습니다. 그것도 우리의 행위나 모습에 따라 반응하지 않으시고 기약대로 '때가 되어'(at just the right time) 하신 일입니다. 그것은 창조부터 우리를 풍성하게 하시고 하나님의 자녀로 놀라운 삶을 살게 하시겠다는 계획을 따른 것으로, 우리의 상황과 관계없이 일방적으로 구원의 계획을 이루기 위하여 십자가에서 죽으셨기 때문입니다.

우리는 지금, 아직도 연약합니다. 예수 그리스도를 믿음으로 강해졌지만 그것은 그리스도 안에서 강한 것일 뿐임을 잊어서는 안 됩니다. 그리스도가 없으면 우리는 여전히 약한 존재입니다. 그러므로 믿음은 내 힘으로 살겠다는 결단이 아니라, 더욱 하나님을 의지하겠다는 위탁입니다. 믿음이 좋다는 말의 의미는 그만큼 더 많이 하나님을 의존한다는 것입니다.

죄를 지을 수밖에 없기에 죄인이다

그리스도께서 '우리가 여전히 연약할 때에' 죽으셨습니다! 그러니까 우리는 기본적으로 연약하다는 말입니다. 우리는 하나님을 믿어도 연약합니다. 죄 앞에서 이길 수 있거나 뽐내거나 교만할 수 없습니다. 잠언서 기자가 매우 재미있게 표현하였습니다.

교만은 패망의 선봉이요 거만한 마음은 넘어짐의 앞잡이니라 _잠 16:18

우리는 죄에 쉽게 넘어갑니다. 가지고 있는 자원과 힘으로는 죄를 이길 수 없기 때문입니다. 피조물이라서 그렇습니다. 그래서 루터는 우리가 죄를 짓는 이유를 이렇게 표현했습니다.

"우리는 죄를 지을 수밖에 없기에 죄를 짓는다"(We sin, because we have to).

그런 의미에서 우리는 언제나 죄인입니다. 기분 나쁠지 모르지만, 우리가 어제도 오늘도 죄를 짓고 있는 것이 우리가 죄인이라는 사실을 확인하고 있다는 뜻입니다. 그러니까 누구도 '내가 왜 죄인인가'라고 항변할 사람은 없습니다. 지금 그냥 죄를 짓고 있으니 말입니다.

죄는 처음엔 우리가 충분히 이길 수 있는 얼굴을 하고 있습니다. 술중독자로 돌아가신 저의 아버지가 늘 하시던 한마디, '딱 한잔만'이라는 말씀을 잊을 수 없습니다. '더 이상 마시지 않겠다'는 다짐입니다. 처음에 아버지는 자신이 있으셨습니다. 그래서 매우 자신있게 '다시 마시면 네 자식이다', '내 손에 장을 지진다'라는 극단적 표현을 쓰셨지만 결국 끊지 못하셨습니다. 아버지가 그런 표현을 쓰신 이유는 충분히 술을 이길 수 있다고 여기셨기 때문입니다. 그런데 이길 수 없었습니다. 죄는 그런 것입니다. 우리가 이길 수 있다고 속삭입니다. 하지만 우리가 연약하기에 우리 힘으로는 절대 이길 수 없습니다.

죄는 처음엔 달콤하게 보이기도 하고 다시는 그 죄를 범하지 않을 수 있을 것 같아 보입니다. 그래서 쉽게 반복합니다. 하지만 어느 순간 죄가 우리를 속박합니다. 우리는 죄의 노예가 됩니다. 마치 술에 중독된 것처럼, 더 이상 술을 끊을 수 없는 지경에 이르듯, 우리 힘으로는 죄를 이길 수 없는 상태에 이르고 맙니다. 이제 죄의 삯인 죽음이 가까이 와 우리 앞에 똬리를 틉니다. 그때부터 우리를 노예로 삼은 죄는 우리를 파괴시키기 시작합니다. 그리고 어느 날 우리는 멸망의 골짜기에 빠집니다. 우리가 죽는 것이 기정 사실화됩니다. 원래 죄인이었지만, 삶을 살아가면서 죄인이라는 사실이 확정되는 것입니다. 벗어날 수 없다는 것을 나도 인정하게 된 것입니다. 그런 우리를 향하여 하나님이 하신 일이 기막힙니다.

우리가 아직 죄인 되었을 때에 그리스도께서 우리를 위하여 죽으심으로 하나님께서 우리에 대한 자기의 사랑을 확증하셨느니라 _롬 5:8

내가 죽어야 할 죽음을 주님이 대신 죽으신 것입니다. 그가 죽으신 까닭은 우리가 죽지 않고서는 빠져나올 수 없도록 깊이 죄의 노예가 되었기 때문입니다. 그런 우리를 위하여, 예수 그리스도를 그 같은 죽으심으로 내모신 분은 바로 하나님이셨습니다. 우리를 사랑하심으로 독생자 예수 그리스도, 곧 장자를 대신 죽게 하심으로 우리를 죄에서 건져내신 것입니다. 그러므로 십자가는 하나님의 우리들을 사랑하시는 것을 확인하는 도장이고, 우리 죄가 모두 용서받았음을 증거하는 도장입니다. 그래서 십자가에서 예수 그리스도를 통해, 하나님이 우리에 대한 사랑을 확증(demonstrate)하신 사실을 만나게 되는 것입니다. 그러므로 하나님의 사랑이 녹아 있는 십자가를 바라보고 그리스도를 믿을 때, 우리는 놀라운 능력을 발휘하게 됩니다.

더욱 놀라운 사실은 우리들이 그분의 힘을 힘입어, 노예같이 우리를 속박하고 있는 모든 죄에서 빠져나올 수 있다는 것입니다. 그것은 실제적 능력으로 나타납니다. 자신이 운명과 굴레를 벗어나 놀라운 하나님의 사람으로서 살게 되는 것입니다. 그리스도를 믿을 때 벌어지는 실제적 기적이고 능력입니다. 우리는 예수를 믿음으로 드디어 죄에서 벗어나 실제로 자유한 하나님의 자녀로 살아갑니다.

대속의 범위에 한계가 없다

더 놀라운 것은 그리스도가 십자가에 못 박혀 대속의 죽음을 당하실 때 하나님이 정해놓으신 대속의 범위입니다. 단순히 죄인까지가 아니었습니다. 그것은 당연합니다. 하나님이 진정한 우리의 아버지이시기 때문입니다. 그래서 바울은 이렇게 말합니다.

> 우리가 원수 되었을 때에 그의 아들의 죽으심으로 말미암아 하나님과 화목하게 되었은즉 화목하게 된 자로서는 더욱 그의 살아나심으로 말미암아 구원을 받을 것이니라 _롬 5:10

영화 〈공공의 적〉 '시리즈 1'을 기억하십니까? 아들 조규환(이성재)이 부모의 재산을 빨리 상속받기 위하여 부모를 칼로 난자해 죽입니다. 시체에

밀가루를 뿌려놓고 어떤 증거도 없어서 미궁으로 빠지는 상황이었습니다. 그런데 형사 강철중(설경구)이 결정적 단서를 찾습니다. 용만(유해진)이 부검실에서 시체를 살피다 목 식도에 걸려 있는 잘린 손톱을 발견한 것입니다. 조규환이 칼 쓰는 게 서툴러 자기 손톱을 자른 것이었는데, 그 손톱을 어머니가 죽기 전에 삼킨 것입니다. 아들을 보호하려고 말입니다. 그 어머니 같은 하나님이 우리의 아버지이십니다. 우리의 모든 것을 품으시고 사랑하십니다. 죄인을 위해 아들을 대속물로 내어주실 때, 그 범위는 부모를 죽인 아들 같은 원수까지 포함하고 있었습니다.

저는 이 말씀을 읽을 때 감사가 나왔습니다. "내가 하나님과 원수인데도 하나님이 나를 용서하셨구나"라는 것 때문만이 아닙니다. 제가 적어도 하나님을 원수로 대하는 삶까지는 살지 않았기 때문입니다. 연약하고, 죄인일 수는 있었지만 말입니다. 그래서 조금은 더 용기가 생기는 것이 사실입니다. 어쩌면 원수들은 하나님께 돌아올 길이 거의 없습니다. 그것은 원수 된 자 스스로 하나님을 향한 빗장을 풀지 않기 때문일 것입니다. 〈공공의 적〉의 조규환처럼 말입니다. 그렇다면 이 말씀은 연약함으로, 혹은 죄로 인하여 고민하는 우리를 위한 하나님의 아름다운 배려일지도 모릅니다.

"나와 원수가 된 자들도 내가 사랑하고 구원하는데, 하물며 너희를 향한 나의 태도는 어떠하겠니? 걱정 말고 돌아오렴. 다시 시작하자! 천만번이라도 다시 시작하자!"

아담과 그리스도

로마서 5:12-21

가끔 우리는 아담이 우리들을 대표한다는 사실에 대하여 불쾌한 기분을 느낍니다. 아무리 창세기의 선악과나무 사건을 통하여 죄의 기원을 설명하고 그것이 우리에게 원죄로 내려온다는 것을 설명해도, 최종적으로 이 치명적인 질문에 반드시 부딪히게 됩니다.

"어떻게 아담의 죄가 우리에게 연속될 수 있는가?"

"왜 하나님은 아담의 죄가 우리에게 전가되도록 하시는가?"

이 질문의 답을 과학적으로 설명할 길이 없습니다. 그러나 이에 대하여 전통적으로 설명하는 한 가지 방법은 우리가 죄 가운데 있고, 그 결과로 우리가 죽음에 이르게 되었다는 것입니다. 즉, 눈에 보이는 결과를 통하여 그 원인을 유추할 수 있다는 말입니다.

이에 대하여 다드(C. H. Dodd)는 '우리의 죄가 어떻게 생겨났는가' 하는 것보다, 지금 우리가 죄 가운데 있다는 '현재의 사실'이 중요하다고 말했습니다. 불트만(Rudolf Bultmann)은 "이 구절의 본래적 주제와 관심은 죄의 기원을 지시하려는 것이 아니고, 본래적 주제인 생명의 기원에서 연속된 측면인 죽음의 기원에 관한 것이다"라고 말했습니다.[19] 그런가 하면, 칼 바르트(Karl Barth)는 이에 대하여 매우 의미심장한 말을 했습니다.

죽음은 우리가 사는 이 세상의 최고의 법이다. 죽음이라는 것은 다름 아닌 부정이요, 사라져 버리는 것이요, 파괴성이며 피조성이요, 자연성이며 해소될 수 없는 대립이요, 우리 삶의 지울 수 없는 표지이며, 환난 가운데 환난이며, 우리의 현존과 상존이 지니고 있는 모든 악과 수수께끼의 본질이고 총체이며, 세계의 인간과 인간의 세계 위에 진노가 내리고 있다는 사실에 대한 기억이라는 것을 우리는 안다.[20]

지금 중요한 것은 우리가 죄 가운데 있고, 그 결과로 우리가 죽음 가운데 있다는 사실입니다. 그래서 바울은 죄가 우리 위에 군림하고 있으며, 죄가 왕 노릇하는 것의 결과로 우리가 죽음에 이른 것이라고 단언합니다.

그러므로 한 사람으로 말미암아 죄가 세상에 들어오고 죄로 말미암아 사망이 들어왔나니 이와 같이 모든 사람이 죄를 지었으므로 사망이 모든 사람에게 이르렀느니라 _롬 5:12

죄가 들통나는 통로
우리가 아담으로 이어지는 죄의 연속성 가운데 있다는 것을 알게 된 또 하

---

19 전경연 204
20 칼 바르트, 로마서 강해, 231

나의 통로는 율법입니다. 우리에게 있는 죄의 존재는 율법에 의해 드러나기 때문입니다. 생각해보면 쉽습니다. 어느 집에 말썽꾸러기 아들이 있습니다. 매일 사고나 치고 돌아다닙니다. 어머니는 그런 아들을 오래 참고 기다리며 뒷수습을 하였습니다. 그 아들이 자기가 저지르는 일들이 죄라는 것을 인식할 수 있는 방법 중의 하나는 법의 적용을 받는 것입니다. 도둑질을 했다면 법에 의해 심판받는 것과 같습니다. 율법이 우리가 하는 짓이 죄라는 사실을 가르쳐주는 역할을 하기 때문입니다.

그러므로 율법의 행위로 그의 앞에 의롭다 하심을 얻을 육체가 없나니 율법으로는 죄를 깨달음이니라 _롬 3:20

이처럼 율법의 역할이 죄를 드러내는 것이기 때문에, 어떤 사람들은 '율법이 없는 곳'이나 '율법이 있기 전에는 죄와 상관이 없는가'라는 생각을 하였습니다.

죄가 율법 있기 전에도 세상에 있었으나 율법이 없었을 때에는 죄를 죄로 여기지 아니하였느니라 _롬 5:13

그렇게 생각할 수도 있습니다. 한때 한국에는 외국에서 불법으로 만들어 한국에서 사용하는 외국인 신용카드 범죄자에 대한 처벌규정이 없어서 그런 범죄가 왕성하다는 뉴스를 들었습니다. 일본에서도 이런 문제가 있었는데, 그런 범죄자들에 대해 5년 이하의 징역형을 법제화했더니 그들이 모두 한국으로 무대를 옮긴 것이라는 어이없는 소식도 들었습니다. 그런데 생각해보십시오. 아직 처벌 법규가 없다고 해서 죄가 아닙니까? 그래서 바울은 이렇게 말합니다.

> 무릇 율법 없이 범죄한 자는 또한 율법 없이 망하고 무릇 율법이 있고 범죄한 자
> 는 율법으로 말미암아 심판을 받으리라 _롬 2:12

우리의 죄가 아담에서 시작되었고, 여전히 죄의 권력 아래 놓여 있다는
것을 가장 은혜롭게 알 수 있는 것은 예수 그리스도를 통해서입니다. 예수
그리스도가 우리들의 죄를 대신하여 십자가에 죽으셨기 때문이고, 하나님
은 우리 모든 죄를 예수가 지게 하셨기 때문입니다. 그래서 이사야서는 예
수 그리스도의 구속 사건을 말할 때 이렇게 설명합니다.

> 우리는 다 양 같아서 그릇 행하여 각기 제 길로 갔거늘 여호와께서는 우리 모두의
> 죄악을 그에게 담당시키셨도다 _사 53:6

하나님께서 우리들의 죄를 예수에게 담당시키시고, 예수께서 순종하심
으로 십자가에서 죽으시기 전까지, 우리는 양처럼 우리 죄의 실체를 전혀
모르고 있었다는 말입니다. 그런데 예수의 죽음으로 아담이 지은 죄가 우
리와 관계가 있고, 죄가 여전히 우리를 통치하여 죽음에 이르게 하는 권세
가 있음을 깨닫게 되었습니다.

앞에서 말한 말썽꾸러기 아들이 어느 날 자신의 잘못 때문에 피해자들로
부터 모욕을 당하고 거센 항의를 듣고 있는 어머니를 우연히 보게 되었다
고 합시다. 아들은 자신의 잘못을 어느 정도 인식하고 있었지만, 어머니가
모욕당하는 모습을 보면서 자신의 죄를 깊이 깨닫습니다. 죄를 깨닫는 것
은 그런 것입니다. 우리는 아담의 실체도 모르고 그 죄의 깊이도 피부로 느

끼지 않습니다. 그런데 예수가 우리를 대신하여 십자가에서 못박혀 죽으셨습니다. 그것으로 우리가 죄의 실체와 깊이를 알게 된 것이고, 그제야 아담이 지은 죄의 대표성을 이해하게 됩니다. 그러므로 우리가 예수님을 알면 알수록 우리가 죄인임을 인식하는 이유가 여기에 있습니다.

베드로가 게네사렛 호숫가에서 예수님을 만날 때의 일입니다. 밤새도록 고기를 잡지 못했던 베드로가 예수님의 말씀을 좇아 깊은 데로 가서 그물을 내렸을 때 엄청나게 많은 고기를 잡게 됩니다. 그때 베드로의 눈에 예수님이 보였습니다. 두말할 것도 없이 베드로는 자신이 죄인임을 깨닫습니다.

> [7]이에 다른 배에 있는 동무들에게 손짓하여 와서 도와 달라 하니 그들이 와서 두 배에 채우매 잠기게 되었더라 [8]시몬 베드로가 이를 보고 예수의 무릎 아래에 엎드려 이르되 주여 나를 떠나소서 나는 죄인이로소이다 하니 _눅 5:7-8

이 사실에 감격한 바울은 로마서 5장 15절부터 21절까지 매우 길게 반복하여 아담으로 인한 죄의 연속성과 예수로 인한 죄의 단절과 구속을 설명한 것입니다. 그 중에 중심이 된 한 구절만 소개합니다.

> 그런즉 한 범죄로 많은 사람이 정죄에 이른 것 같이 한 의로운 행위로 말미암아 많은 사람이 의롭다 하심을 받아 생명에 이르렀느니라 _롬 5:18

죄가 넘쳐나게 하라고?

그 다음, 바울은 우리에게 매우 중요한 말을 합니다. 우리들 자신에게 율법을 엄격하게 적용해서 죄가 넘쳐나게 하라는 것입니다. 무슨 뜻일까요?

율법이 들어온 것은 범죄를 더하게 하려 함이라 그러나 죄가 더한 곳에 은혜가 더욱 넘쳤나니 _롬 5:20

이 말씀은 이렇게 이해해야 합니다. 우리가 주님의 은혜를 깊이 체험하지 못하는 이유는 자신의 죄에 대해 인식하지 않았기 때문이고, 그러므로 진실로 하나님의 은혜를 깊이 알기 원한다면, 다른 말로 예수 그리스도의 은혜를 정말로 체험하길 원한다면, 율법을 철저히 적용하여 자신의 죄를 드러내라는 뜻입니다. 정말로 주님의 왕권을 인정하며 살기 원한다면, 죄가 정직하고 충만하게 흘러넘치듯 드러나야 한다는 말입니다.

이는 죄가 사망 안에서 왕 노릇 한 것 같이 은혜도 또한 의로 말미암아 왕 노릇 하여 우리 주 예수 그리스도로 말미암아 영생에 이르게 하려 함이라 _롬 5:21

그러므로 죄를 묵상하는 것은 중요합니다. 말씀을 묵상하면서 그것을 거울삼아 나의 죄를 바라보는 것은 너무나 중요합니다, 우리의 죄가 묵상되어 죄가 드러나 흘러넘치면 넘칠수록, 우리는 하나님의 은혜를 깊이 아는 삶을 살 수 있기 때문입니다.

앞에서 말한 아들이 어머니의 은혜를 아는 방법은 자신의 죄를 곱씹고 묵상하는 것입니다. 자신의 잘못을 기억하는 아들은 어머니를 더 이상 실망시키지 않을 것임에 틀림이 없기 때문입니다. 그렇다고 해서 죄를 품고 살라는 이야기는 아닙니다. 죄가 용서받지 않았다는 말도 아닙니다. 어머니가 대신 욕을 먹고 아들의 잘못에 대한 대가를 이미 다 치른 것처럼, 우리들의 모든 죄도 주님이 대속하셨습니다. 더 이상 죄는 존재하지 않습니다. 그렇지만 존재하지 않는다고 해서 존재하지 않는 것이 아닙니다. 그 죄의 흔적은 십자가에, 어머니의 깊게 패인 이마의 주름살과 울퉁불퉁한 손등에 남아 있습니다. 그러므로 우리는 어머니의 깊게 패인 주름살과 울퉁불퉁한 손등을 바라봄으로써 돌이켜 변화되는 힘을 얻을 수 있는 것처럼, 주님의 십자가와 그 피를 생각해야 합니다. 그리고 예수님을 십자가에 이르게 한 자신의 죄를 생각해야 합니다. 그것이 우리가 은혜에 깊이 참여하는 방법입니다.

죽어야 한다

로마서 6:1-11

바울은 우리에게 매우 확고한 어조로 그리스도 예수의 십자가에서 죽음으로 말미암아 우리가 '죄에 대하여 죽은'(롬 6:2) 존재가 되었음을 먼저 선언합니다(We died to sin). 바울은 우리가 받은 세례가 바로 '죄에 대하여 죽었다'는 것을 확증한 사건이라고 강조합니다.

> 세례를 받고 그리스도 예수와 하나가 된 우리는 이미 예수와 함께 죽었다는 것을 모르십니까? 과연 우리는 세례를 받고 죽어서 그분과 함께 묻혔습니다. …
> _롬 6:3-4, 공동번역

그런데 이 말씀은 우리 고개를 갸우뚱하게 만듭니다. 지나치게 반복하여 강조하기 때문입니다. 바울은 왜 이토록 우리의 죽음을 강조하는 것입니까? 간단히 답하면, 우리가 예수 그리스도를 믿으면서도, 예수 그리스도와 함께 십자가에 못 박혀 죽었다는 사실을 잘 모르기 때문입니다. 그래서 바울이 세례를 강조하여 설명하는 것입니다. 우리가 죄에 대하여 죽고 새로운 존재가 되었다는 사실을 주님이 그림처럼 보여주신 사건이 바로 세례이기 때문입니다. 물에 깊이 잠기는 세례의식을 통하여 우리의 죄를 지닌 옛 자아가 물에 잠길 때, 죄와 함께 죽임을 당하므로 새로운 생명을 얻었다는 것이 세례의 중요한 의미입니다.

죽었으나 산 자로 여길지어다

바울이 왜 이토록 죽음을 강조합니까? 분명히 심판 받아야 할, 죄 지은 존재로서의 옛 사람은 십자가에서 죽었습니다. 그런 의미에서 새로운 피조물이 되었습니다. 분명합니다.

> 예전의 우리는 그분과 함께 십자가에 못박혀서 죄에 물든 육체는 죽어 버리고 이제는 죄의 종살이에서 벗어나게 되었다는 것을 우리는 알고 있습니다.
> _롬 6:6, 공동번역

바울은 고린도후서에서 그 상태를 새로운 피조물이라고 표현했습니다.

> 그런즉 누구든지 그리스도 안에 있으면 새로운 피조물이라 이전 것은 지나갔으니 보라 새 것이 되었도다 _고후 5:17

이 사실을 강조하고 싶은 것입니다. 그렇다면 다시 궁금해집니다. 왜 이토록 죽음을 강조한 것입니까? 아직도 무엇인가 문제가 있습니까? 바울이 그 이유를 이렇게 밝힙니다.

[10]그가 죽으심은 죄에 대하여 단번에 죽으심이요 그가 살아 계심은 하나님께 대하

여 살아 계심이니 ¹¹이와 같이 너희도 너희 자신을 죄에 대하여는 죽은 자요 그리스도 예수 안에서 하나님께 대하여는 살아 있는 자로 여길지어다 _롬 6:10-11

참 기막힌 번역이 아닐 수 없습니다. "산 자로 여길지어다"라는 말에 미묘한 뉘앙스가 숨어 있습니다. 마치 산 것은 아닌데 산 것처럼 생각하라는 말입니다. 이것이 구원의 불확실함을 뜻합니까? 우리가 믿은 믿음으로 구원받지 못한 것입니까?

벌써 오래 전의 이야기입니다. 제 몸무게가 94킬로그램 나가던 시절, 의사가 저에게 지방간의 위기를 경고한 적이 있습니다. 더 두면 지방간염이나 간경변, 심해지면 간암으로도 진행될 수 있다는 경고였습니다. 그래서 적절한 운동을 통하여 체내에 축적된 지방질을 제거하기 시작해야 간에서 지방을 없앨 수 있다는 권고였습니다. 당장 심한 상태를 제거하기 위하여 약물투여를 결정하였습니다. 그러면 간에 있는 지방은 일정 기간이 지나면 인위적으로 제거할 수 있다는 것이었습니다.

실제로 약물투여로 간의 지방은 곧 제거되었습니다. 하지만 일시적이어서 간에 지방이 다시 끼는 것은 시간 문제였습니다. 반드시 운동과 식이요법을 시행해야 했습니다. 그렇지 않으면 약물치료는 효과가 없었습니다. 이 말은 아직 제 간에 지방이 없어진 것이 아니라는 말로 들렸습니다. 간에 지방이 사라졌지만 사라지지는 않았다는 뜻이었습니다. 로마서 6장의 흐름을 따라 설명한다면, 우리는 죽었지만 죽지 않은 것이라는 말과 같습니다. 해결되었지만 해결되지 않았다는 매우 이상한 논리입니다. 도대체 무슨 말입니까?

받았지만 완성한 것은 아니다

제 간의 지방은 처음엔 분명 약물 투여를 통해 사라졌음이 틀림없습니다. 실제로 초음파 사진을 찍으면 간은 깨끗했습니다. 예수를 믿으면 구원을 받는 것과 같습니다. 저는 그 초음파 사진을 들고 감사했는데, '산 자로 여길지어다'의 의미를 간과했습니다. 구원은 받았지만 구원을 완성한 것은 아니라는 사실을 놓친 것입니다.

실존주의를 논할 때 쓰는 표현처럼, '서울대학생은 모두 공부를 잘한다'는 통념을 '그러므로 서울대생인 그도 공부를 잘한다'는 식의 공식처럼 받아들이면 오해입니다. 서울대학생이라는 사실은 변함없지만, 그가 서울대를 나온 사실이 의미가 있는 존재가 되는 것은 다른 문제입니다. 서울대학교에 간 만큼 더 공부해야 합니다. 예수 믿음으로 구원받았다는 것은 사실이지만 그 구원대로 산다고 말할 수 없는 것입니다.

바울이 강조하는 것은 우리가 확실히 죽어야 한다는 것입니다. 그 시작은 '산 자로 여기는 행동'이어야 하는 것은 두말할 것도 없습니다. 그래서 바울은 이어서 이렇게 강조합니다.

[12]그러므로 너희는 죄가 너희 죽을 몸을 지배하지 못하게 하여 몸의 사욕에 순종하지 말고 [13]또한 너희 지체를 불의의 무기로 죄에게 내주지 말고 오직 너희 자신을 죽은 자 가운데서 다시 살아난 자 같이 하나님께 드리며 너희 지체를 의의 무기로 하나님께 드리라 _롬 6:12-13

빌립보 교회에게 보낸 편지에서는 이렇게 표현하였습니다.

오직 너희는 그리스도 복음에 합당하게 생활하라 _빌 1:27

착하게 살자

로마서 6:12-14

---

¹⁰그가 죽으심은 죄에 대하여 단번에 죽으심이요 그가 살아 계심은 하나님께 대하여 살아 계심이니 ¹¹이와 같이 너희도 너희 자신을 죄에 대하여는 죽은 자요 그리스도 예수 안에서 하나님께 대하여는 살아 있는 자로 여길지어다 _롬 6:10-11

우리의 현재 모습을 설명하는 매우 중요한 말씀입니다. '죄에 대하여 죽은' 그리고 '산 자'가 우리입니다. 앞에서 나눈 것처럼, 이 두 가지를 함께 보여주는 그림이 세례였습니다. 이에 대해 바울이 이렇게 설명합니다.

그러므로 우리가 그의 죽으심과 합하여 세례를 받음으로 그와 함께 장사되었나니 이는 아버지의 영광으로 말미암아 그리스도를 죽은 자 가운데서 살리심과 같이 우리로 또한 새 생명 가운데서 행하게 하려 함이라 _롬 6:4

문제는 우리가 분명히 예수와 함께 죽었다고 믿고 있음에도 불구하고 여전히 죄를 범하고 있다는 사실입니다. 어떻게 죄에 대하여 죽은 우리가 다시 죄를 범할 수 있는 것인가 하는 질문이 생깁니다. 그래서 어떤 이들은 우리가 더 이상 죄를 지을 수 없다는 잘못된 이단적 생각에 빠지기도 합니다.

그렇다면 죄에 대해 죽은 우리가 어떻게 다시 죄에 빠지는 것입니까? 바울은 그 원인을 여전히 죄에게 종노릇하는 옛 사람 때문이고, 옛 사람이 '몸의 사욕'(롬 6:12)을 좇기 때문이라고 설명합니다. 그렇게 몸의 사욕을 좇아 살게 될 때, 우리는 우리의 변화된 신분을 좇아 살지 못하고, 여전히 어리석게 옛 신분을 따라 죄의 통치를 받으며 살아갑니다.

자발적인 죽음과 산 자로 사는 삶

여기서 우리가 생각할 것은 죽음에 대한 이야기입니다. 사실 바울이 세례를 말하는 이유는, 세례가 우리가 그리스도와 함께 죽었다는 것에 대한 우리의 의지적 인정이며 믿음의 표현이기 때문입니다. "우리가 그리스도와 함께 죽었다"(롬 6:8)라는 말씀은 우리가 십자가에서 예수와 함께 죽을 때 우리에게 자발성이 있었다는 것을 의미합니다. 우리의 동의 없이 예수의 죽음과 나의 죽음이 동일시될 수 없다는 말입니다. 실제로 하나님의 사람들은 자신을 십자가에 못 박는 시간을 가졌습니다. 갈라디아서를 읽어보면 알 수 있습니다.

> 그리스도 예수의 사람들은 육체와 함께 그 정욕과 탐심을 십자가에 못 박았느니라 _갈 5:24

그렇다면 어떻게 못 박고 어떻게 죽습니까? 엄밀하게 말해서 우리는 이미 죽었습니다. 제 간에 지방이 사라진 것처럼 말입니다. 이제 남은 일은 운동인 것처럼, 우리가 해야 할 일이 있는 것입니다. 바울은 그것을 이 말씀

앞에서 이렇게 말합니다.

> [19]육체의 일은 분명하니 곧 음행과 더러운 것과 호색과 [20]우상 숭배와 주술과 원수 맺는 것과 분쟁과 시기와 분냄과 당 짓는 것과 분열함과 이단과 [21]투기와 술 취함과 방탕함과 또 그와 같은 것들이라 … _갈 5:19-21

이런 것들은 육체의 일입니다. 이 일들을 없앤다고 근본적인 죄의 문제가 사라지지는 않지만, 이미 간에서 지방은 사라진 것처럼, 예수를 믿으면 이런 죄만 저지르지 않아도 괜찮습니다. 그런데 실제 현실에서는 여전히 죽은 자처럼 살아갑니다. 시간이 지나면서 직분이나 명예라는 훈장을 달면 그 훈장이 자신을 감춰주는 방패가 되고, 그러면 더 끔찍한 죄를 짓는 데까지 나갑니다. 참 답답한 일입니다.

그렇다면 '산 자로 사는 삶'은 어떻게 사는 것입니까? 사실 우리가 예수 그리스도를 구주로 모셔들일 때, 곧 새로운 피조물로 거듭날 때 우리에게 생기는 현상이 있습니다. 그동안 자연스럽게 지었던 죄가 갑자기 부자연스러워지기 시작하는 것입니다. 죄가 낯설어집니다. 물론 여전히 죄를 범하고 있습니다. 그런데 이상하게 어색합니다. 왜 그렇습니까? 주님이 내 안에 오셔서 나를 통치하기 시작하시고, 내 안에 생명이 생겨 죄와 몸의 사욕에 대하여 저항하기 시작한 것입니다. 내 안에서 부끄러움과 두려움, 근심, 답답함, 자신에 대한 불만족과 괴로움이 터져 나옵니다. 그래서 이제 죄가 우리를 온전히 통치하는 것은 불가능합니다. 주님의 통치를 받고 있다면 격렬히 싸울 것이기 때문입니다. 바울은 그것을 이렇게 표현합니다.

> 죄가 너희를 주장하지 못하리니 이는 너희가 법 아래에 있지 아니하고 은혜 아래

제가 방금 세탁한 양복을 입고 길을 걸어가고 있습니다. 길에는 웅덩이가 패여 지나가는 차 때문에 흙탕물이 튀기도 합니다. 그러면 아마 저는 우산으로 막거나 피할 것입니다. 깨끗한 옷을 입고 있기 때문입니다. 당연히 흙탕물을 피하듯 더러운 죄에 민감할 수밖에 없고 격렬히 저항할 것입니다. 만약 제가 그러지 않는다면 이미 내 옷이 더러워졌기 때문입니다. 내가 죄로부터 온전히 놓임 받았다는 확신이 없고, 주님의 은혜 가운데 거하는 사람이 아닌 것입니다. 물론 이런 싸움에서 패하고 다시 싸우는 일이 반복될 수 있습니다. 우리는 온전히 성숙하지 않았으므로 여전히 옛 사람, 다른 말로 바꾸면 옛 습성을 따라, 곧 몸의 사욕에 지배받고 있기 때문입니다. 그러므로 지금 우리에게 필요한 것은 계속하여 싸우는 것입니다.

> ¹²그러므로 너희는 죄가 너희 죽을 몸을 지배하지 못하게 하여 몸의 사욕에 순종하지 말고 ¹³또한 너희 지체를 불의의 무기로 죄에게 내주지 말고 오직 너희 자신을 죽은 자 가운데서 다시 살아난 자 같이 하나님께 드리며 … _롬 6:12-13

이 말씀을 공동번역으로 읽어보겠습니다.

> 그러므로 결국 죽어 버릴 육체의 욕망에 굴복하지 마십시오. 그래야 죄의 지배를 받지 않을 것입니다. 또 여러분의 지체를 죄에 내맡기어 악의 도구가 되게 하는 일은 없어야 합니다. 오히려 여러분은 죽었다가 다시 살아난 사람으로서 여러분 자신을 하나님께 바치고 여러분의 지체가 하나님을 위한 정의의 도구로 쓰이게 하십시오. _롬 6:12-13, 공동번역

"왕노릇 하지 못하게 하라", "몸의 사욕에 순종치 말라"(롬 6:12)라는 말은 죄에게 기회를 주지 말고 내 몸에서 나오는 사욕과 죄의 욕심들에 대하여 단호하게 거절하는 전쟁을 하라는 것입니다. 하나님 안에 있는 자들이라면 당연히 할 일입니다. 그래서 바울은 우리에게 이렇게 말합니다.

> 26분을 내어도 죄를 짓지 말며 해가 지도록 분을 품지 말고 27마귀에게 틈을 주지 말라 _엡 4:26-27

죄가 나를 다스리지 못하게 하라는 말입니다. "새가 머리를 지나갈 수는 있지만 둥우리를 짓게 해서는 안 된다"고 루터가 말한 것처럼 한순간도 죄에게 기회를 주지 말아야 합니다. 이것이 우리에게 주어진 전쟁이고 당연히 해야 할 싸움입니다.

적극적으로 착하게 살아라

이같은 싸움과 함께, 바울은 우리가 적극적인 의미에서 해야 할 일을 덧붙입니다.

> … 오직 너희 자신을 죽은 자 가운데서 다시 살아난 자 같이 하나님께 드리며 너희 지체를 의의 무기로 하나님께 드리라 _롬 6:13

의의 무기로 우리 지체를 드리는 것은 예수 그리스도를 믿음으로 생기는 착한 마음을 따라 착한 일을 하며 살라는 것입니다. 간단히 말해 착하게 사는 것입니다. 이것은 구원의 조건이 아니라 정체성의 문제입니다. 우리가 하는 착한 일을 하나님이 이끄셔서 이루실 것입니다.

> 너희 안에서 착한 일을 시작하신 이가 그리스도 예수의 날까지 이루실 줄을 우리
> 는 확신하노라 _빌 1:6

제주도 시골에서 목회할 때입니다. 교회 주변 빈 공터에는 늘 잡초가 가득했습니다. 얼마나 강한 생명력을 갖고 있는지 풀 뽑는 일을 조금만 게을리 하면 공터가 온통 잡초로 뒤덮이고 말았습니다. 수없이 뽑아보았지만 여전히 잡초가 금세 생겨났습니다. 뽑았으면 없어져야 할 텐데 말입니다. 어느 시점에서는 지칠 수밖에 없었습니다. 그래서 매우 독한 제초제를 쓰거나, 뿌리까지 태워버리는 사근제라는 더 독한 농약을 썼습니다. 그래도 잡초들은 다시 자라납니다.

그런데 이상한 모습을 보았습니다. 잡초들이 별로 자라지 않는 곳이 있었습니다. 재미있게도 나무나 꽃이 심겨져 있는 곳이었습니다. 나무나 꽃이 그 땅을 지배하고 있는 까닭에 잡초가 힘을 못 쓰는 것이었습니다. 바로 이것이 우리가 착한 일을 해야 하는 이유입니다. '의의 무기'로 살아야 한다는 바울의 권면의 의미입니다.

적극적인 착한 전쟁

이제 남은 것은 적극적인 전쟁입니다. 삶의 모든 영역에서 옛 죄의 포로였던 자신을 해방시키고 몸의 욕심에 이끌리지 않게 싸우는 것입니다. 싸움의 핵심은 하나님의 손에 사로잡혀 하나님 나라를 위한 의의 무기로 쓰임받는 것입니다. 하나님 나라의 무기가 되는 가장 좋은 방법은 자기 문제에

매여 사는 것이 아니라 '하나님 나라'라는 더 큰 비전에 사로잡혀 사는 것입니다. 하나님의 뜻과 그 나라를 구하는 것이 소욕(少慾)과 죄를 이길 가장 좋은 방법이라는 말입니다. 그래서 주님은 힘든 삶에 지친 제자들에게 "너희는 먼저 그의 나라와 그의 의를 구하라"고 요청하신 것입니다. 바울이 도적질하는 자들에게 한 이상한 권면도 이같은 이해를 가지고 읽으면 납득이 됩니다.

> 도둑질하는 자는 다시 도둑질하지 말고 돌이켜 가난한 자에게 구제할 수 있도록 자기 손으로 수고하여 선한 일을 하라 _엡 4:28

도적에게 도적질하지 말 것을 권하는 것은 당연하지만, '구제하라', '선한 일을 하라'고 말하는 것은 지나친 충고처럼 느껴집니다. 하지만 도적질하는 자가 도적질을 이길 수 있는 최선의 방법은 빼앗는 것이 아니라 주고 베풀고 선한 일을 하는 것이라는 의미입니다.

이제 너무 자신에게 묶여 살지 마십시오. 오히려 남을 위하여, 더 큰 하나님의 나라를 위하여 사는 것을 택하십시오. '최선의 공격이 최선의 방어'입니다. 하나님 나라를 위한 의로운 검이 되어 싸우는 것이 우리를 지키는 최선의 방법이기 때문입니다.

발이 빠지기 전에

로마서 6:15-23

예수 그리스도의 보혈로 깨끗하게 된 우리가 주님을 위해 살기로 다짐하는 것은 매우 당연하고 중요한 일입니다. 그래서 바울은 우리 몸을 의에게 종으로 드리라고 우리에게 요청합니다.

> … 너희가 너희 지체를 부정과 불법에 내주어 불법에 이른 것 같이 이제는 너희 지체를 의에게 종으로 내주어 거룩함에 이르라 _롬 6:19

의에게 나를 종으로 드리는 것은 매일 해야 할 일입니다. 그런데 바울은 왜 매일 그렇게 하라고 요구한 것일까요? 우리가 우리 자신을 믿을 수 없기 때문입니다. 우리 안에는 오랜 세월 하나님 없이 살면서 맺은 열매가 있습니다. 우리가 그런 형질이 되어버린 것입니다. 성경의 예로 들자면 우리는 모두 돌감람 열매를 맺는 돌감람나무였습니다. 그런 우리가 예수를 믿게 되었다는 말은 참감람나무에 접붙임을 당했다는 의미입니다. 이제는 더 이상 돌감람나무가 아니라는 말입니다. 그렇다고 해서 우리가 바로 참감람나무가 된 것입니까? 그렇지 않습니다. 참감람나무에 붙어 있지만 아직 열매를 맺지 못하는 우리를 참감람나무라고 말할 수 없습니다. 그런 의미에서 아직 거룩함에 이른 것은 아니라는 말입니다. 거룩함에 이르는 것은 형질이 바뀌는 것을 말합니다. 형질이 바뀌어야 온전한 열매를 맺을 수 있기 때문입니다. 참감람나무로 완전히 바뀌어야 하는 것처럼, 옛날의 나를 버리고 완전히 새로운 형질의 사람이 되는 것이 중요합니다. 그러면 우리는 당연히 열매를 맺는 사람이 될 것입니다. 무엇인가 되려고 애쓰고 노력하지 않아도 얼마든지 자연스럽게 열매를 맺을 수 있게 됩니다.

나는 포도나무요 너희는 가지라 그가 내 안에, 내가 그 안에 거하면 사람이 열매를 많이 맺나니 나를 떠나서는 너희가 아무 것도 할 수 없음이라 _요 15:5

정말로 붙어 있어야

생각해보십시오. 포도나무 줄기에 붙었다 떼어졌다 할 수는 없습니다. 그런데 우리의 관심사는 붙어 있는가, 떨어져 있는가에만 있습니다. '내가 구원받은 존재인가?' 혹은 '오늘밤 주님이 오신다면 천국에 갈 자신이 있는가?'라는 물음 앞에서 추풍낙엽처럼 쓰러집니다.

우리가 포도나무에 0.1밀리미터라도 더 가까이 다가갈 수는 있습니다. 그러면 붙어 있는 것처럼 보입니다. 그러나 붙은 것은 아닙니다. 순간접착제로 붙여 놓을 수는 있겠지만 그것 또한 붙어 있는 것은 아닙니다. 포도나무 가지처럼 보일 뿐 아무 열매를 맺을 수 없습니다. 아직 포도나무가 아니라는 말입니다. 그래서 주님은 늘 우리의 열매를 확인하십니다. 모양만 그럴싸한 것이 아니라 어떤 열매를 맺는지 물으시는 겁니다. 우리가 나무에 붙어 있는 것처럼 보일지 몰라도 실제로 붙어 있지 않다면, 우리가 맺는 것은 당연히 사망이라는 열매이기 때문입니다.

> ²¹너희가 그 때에 무슨 열매를 얻었느냐 이제는 너희가 그 일을 부끄러워하나니
> 이는 그 마지막이 사망임이라 ²³··· 죄의 삯은 사망이요 _롬 6:21,23

사망이라는 열매를 품은 자들은 사망의 냄새를 풍기고 사망을 나타냅니다. 크리스천이라는 이름은 가졌지만 만나면 음침해지고, 기쁨이 아니라 고통과 불행과 걱정이 느껴지는 사람이 더러 있습니다. 그에게서 근심과 답답함을 느끼게 됩니다. 그런 의미에서 나는 어떤 냄새를 풍기는 크리스천인지 스스로 물어야 할 것입니다. 물론 생명의 사람을 만나도 걱정과 근심이 찾아올 수는 있습니다. 그러나 그런 경우는 어둠이 빛을 만날 때 어둠 속에 있던 사람이 드러나기 때문일 수 있습니다.

우리는 형질이 바뀔 때까지 늘 주님께 붙어 있는 삶을 살아야 합니다. 그렇게 형질이 바뀌지 않은 상태에 대해 바울은 본래 우리가 '죄의 종이었다'(롬 6:17)라고 설명합니다. 우리가 죄에서 벗어나지 못하는 이유는 우리가 죄의 종이기 때문입니다. 그래서 바울은 죄의 종에서 의의 종으로 신분을 바꿔야 한다고 말하는 것입니다. 그렇다면 우리는 어떻게 의의 종이 될 수 있습니까? 바울의 솔루션은 매우 간단합니다.

> 그러나 하나님께 감사드릴 것은 전에 죄의 종이었던 여러분이 하나님의 말씀을 온
> 전히 순종하므로 죄에서 해방되어 의의 종이 된 것입니다.
> _롬 6:17-18, 현대인의 성경

죄의 종 신세를 벗어나 의의 종이 되는 방법의 핵심은 '하나님의 말씀에

온전히 순종'하는 것입니다. 지금까지 이야기했던 바울의 논조로 표현하면 '말씀의 종', 다른 말로 말씀에 묶인 자가 되는 것입니다. 담배나 술에 중독된 것처럼 말씀과 하나님께 중독된 자입니다. 이용도 목사의 표현으로 말하면 '예수에게 미친 자'가 되는 것입니다.

미치도록 추구해보지 않겠는가?

이용도 목사는 감리교 부흥사로 1900년대 조국 강산에 영적 부흥의 불길을 올렸던 사람입니다. 1933년 10월 2일 함경도 원산 구석에서 세상을 떠나기까지 그는 예수에 미친 사람이었습니다. 그의 뜨겁고 미치도록 열정적인 말씀 선포는 그를 미친 사람 취급을 받게 만들기도 했습니다. 그의 서간집에 이런 글이 있습니다.

> 하여간 미치자! 크게 미치자! 그후에 쓰게 되면 쓰고 부르짖게 되면 부르짖고 침묵하게 되면 돌같이 고요할 것이요! 어쨌든 진리에 미치는 것만이 우리의 급무였나니 무엇을 나타내려고 함은 허영이었느니라. 생명은 나타나는 것이지 나타냄을 받는 것이 아니었느니라.[21]

중독은 중독의 대상에게 미쳐 있을 뿐 아니라 그 대상의 종이 된 상태입니다. 이 목사는 우리가 예수에 중독된 것처럼 예수에 미치자고 말한 것입니다. 예수의 종이 되라는 말입니다. 같은 관점에서 바울은 우리 지체를 악이 아닌 의의 종이 되게 하라고 말합니다.

---

21 변종호 편저, 이용도 서간집, 초석출판사, 89

… 이제는 너희 지체를 의에게 종으로 내주어 거룩함에 이르라 _롬 6:19

우리가 의의 종이 되는 것이 중요한 까닭은 그 상태가 우리를 거룩에 이르게 하기 때문입니다. 거룩은 히브리어로 '카도쉬', 곧 구별되고 분리되는 것, 곧 다른 존재가 되는 것입니다. 조금 다르게 표현하면, 어떤 작가가 자신의 책 제목으로 써서 유명해진 불광불급(不狂不及), 즉 "미쳐야 미친다", "미치지 않으면 이르지 못한다"라는 말처럼 미치는 것입니다. 미치는 것은 중독되는 것입니다. 핵심은 '날마다'입니다. 매일 쉬지 않고 미친 듯 하는 것이 중요합니다. 바울의 처방에 따르면, 날마다 말씀을 읽고 묵상하고 따르는 '말씀의 중독자'가 되는 것입니다. 그때 우리는 온전하게 하나님의 종이 될 것입니다. 말씀에 중독되었기에, 말씀을 들으면 말씀을 따라 실행하는 말씀의 노예가 되는 것은 당연하기 때문입니다. 그럴 때 우리는 '거룩'에 이르게 됩니다.

그러나 우리는 아직 중독되지 않았습니다. 틈만 나면 말씀에서 멀어지기 때문입니다. 그래서 우리는 거룩하지 않습니다. 거룩하지 않다는 말은 의의 종이 아니라는 뜻이고, 의의 종이 아니기에 여전히 죄의 종으로 살아가는 것입니다. 그 이유는 바로, 우리가 한번도 나를 향한 하나님의 계획에 미쳐 보지 못했기 때문입니다.

오늘 이 시대에 "어떻게 살 것인가?"라는 질문은 영원한 주제입니다. 그래서 저는 우리가 어설프게 살 것이 아니라 "미치도록 주를 위해 살아보지 않겠는가?"라고 제안하고 싶습니다. 그것조차 안 되면, "미치도록 주를 위해 사는 이들 곁에서 붙어서라도 가지 않겠는가?"라고 도전합니다.

저는 어느 날부터 대충 사는 것이 용납되지 않습니다. 조금만 느슨해지면 갑자기 정신이 번쩍 듭니다. 다시 죄에 노출된 나를 보면 부끄러워집니다. 돌아보니 온통 부끄러움 투성이입니다. 바울이 한 말처럼 말입니다.

여러분이 죄의 종이었을 때는 여러분은 정의에 예속되지 않고 제멋대로 놀아났었습니다. 그 때에 여러분이 얻은 것이 무엇입니까? 지금 생각하면 부끄러운 일들밖에는 없지 않았습니까? 그런 생활은 결국 죽음을 안겨 줍니다.

_롬 6:20-21, 공동번역

키에르케고르가 이런 말을 하였습니다.

"그리스도인이 되기 시작하는 때는 자기를 부끄럽게 여기는 때이다."

한번 돌아보십시오. 혹시 부끄럽지 않으십니까? 살아온 날들이 말입니다. 이제 다시, 좀 멋있게 살아보고 싶지 않으십니까?

저는 가끔 바다를 만나면 바다 위를 걷고 싶은 충동이 일 때가 있습니다. 여지없이 물에 빠지겠지만 말입니다. 그런데 걸을 수 있는 방법을 알고 있습니다! 물에 왼발을 딛는 순간 빠질 테니 빠지기 전에 오른 발을 내딛고, 또 빠지기 전에 왼발을 딛고, 이것을 빠르게 반복하는 것입니다. 처음엔 수없이 빠질 것입니다. 죄에 익숙한 존재이니 당연합니다. 그래서 미치도록 추구해야 하는 것입니다. 우선 말씀에 미쳐야 할 것입니다. 그렇게 살게 될 때 어느 날 우리는 주님의 거룩함에 이르게 될 것입니다. 이것이 제가 믿음의 길을 끝까지 가보고 싶은 이유입니다. 하나님이 말씀하신 거룩함, 차별됨, 구별됨, 탁월함에 이르고 싶기 때문입니다.

"미치려면 미쳐야 하고(及則狂) 미쳐야 미칠 수 있다(狂則及)."

율법이 문제가 아니다

로마서 7:1-13

우리에게는 이상한 경향이 있습니다. 처음 예수를 믿을 때는 자유와 행복을 체험하다가, 일정 기간이 지나기 시작하면 심한 죄책감과 율법에 사로잡히기 시작하는 것입니다. 예를 들어 한 형제가 교회를 다니기 시작했습니다. 누가 강조하지도 않았는데 매우 기쁜 마음으로 담배와 술을 끊었습니다. 열심히 신앙생활을 하는 것처럼 보였습니다. 그런데 어느 날부터인가 교회 다니는 것이 뜸해졌습니다. 이유가 무엇인지 물어보았더니 교회생활이 자신에게 굴레가 된다는 것입니다. 예수를 믿는 기쁨보다 담배를 끊어야 되는 것에, 술을 먹지 말아야 하는 것에 대한 지대한 관심이 부담감으로 작용하기 시작하였고, 급기야 깊은 죄책감에 시달렸습니다. 그런 부담감 때문에 교회 다니기가 싫어졌다는 것입니다. 이런 모습을 우리는 주위에서 흔히 볼 수 있습니다.

그렇다면 이 형제의 경우 문제는 무엇입니까? 가장 큰 문제는 예수를 믿기로 결단한 것을 일종의 도덕적 결단, 혹은 율법적인 행위를 바르게 하는 것으로 이해한 것입니다. 다른 종교들과 같이 믿음을 도덕으로 생각하고 예수 믿는 것도 그런 종류라고 착각한 것입니다. 그러면 시간이 지나면 지날수록 더욱 힘든 신앙생활을 하게 됩니다.

예수를 믿는다는 것은 어떤 도덕적인 삶을 살기로 결단하는 것이 아닙니다. 질적으로 다른 삶, 그 놀라운 주님의 사랑 안에 거하면서 살기로 결단하는 것입니다. 그래서 신앙이란 예수님을 깊이 앎으로 예수와 동거하며 사는 것입니다. 주님의 사랑을 깨달아 사는 것이 주님이 원하시는 삶입니다.

전심으로 사랑을 알자

예전에 섬기던 교회의 한 고등학교 여학생이 여러 가지 복잡한 문제 때문에 고민하다가 의기투합한 친구들과 함께 가출하였습니다. 그런데 그녀는 그날 밤에 바로 집으로 돌아갈 수밖에 없었습니다. 집을 떠나는 것은 쉬웠지만 떠나기로 결정한 순간부터 어머니의 사랑이, 어머니의 눈물이 느껴지더라는 것입니다. 그것이 그녀로 하여금 돌아가게 한 이유였습니다. 주님이 원하시는 삶이란 그런 것입니다.

주님은 우리가 율법을 지키기를 원하시는 것이 아니라, 지금 어떤 일을 하는 것이 아니라, 우리를 향한 주님의 사랑을 먼저 깊이 알기를 무엇보다 원하고 계십니다. 그것이 신앙생활의 시작이기 때문입니다. 우리가 무엇을 하려고 시도하기보다 주님의 사랑을 알기를 원하시고 기뻐하신다는 뜻입니다. 그런데 우리는 주님의 사랑도 미처 체험하지 않은 채 무엇을 하려고 시도하고 무엇이 되려고 합니다. 그것은 세상 종교가 추구하는 공로적 신앙 태도입니다. 절대자에게 잘 보이고 싶어하는 인간의 이기적인 욕심과 추구입니다. 그런데 기독교가 어느 때부터인가 복음은 사라지고 율법과 행위만 남은 종교로 전락하기 시작했습니다. 뿐만 아니라, 율법을 충분히 지키는 못하는 모습 때문에 형식만 남은 껍데기 크리스천으로 전락하게 되었습니다. 기억하십시오. 우리가 바른 하나님의 사람이 되길 원한다면 전심으로 주님의 사랑을, 십자가의 사랑을 깨닫기를 소원하기 바랍니다. 바로 거기에서 우리가 사랑을 시작할 수 있기 때문입니다.

주님은 우리가 우리를 향한 주님의 사랑을 인정하고 사랑하는 삶을 원하고 계십니다. 우리가 주님을 깊이 사랑하면 할수록 더러움과 악에서 자연히 멀어지게 되는 힘을 갖게 될 것입니다. 그러므로 우리 스스로 악과 멀어져 주님의 인정을 받으려는 생각은 율법적입니다. 우리가 그리스도의 은혜와 사랑 아래 있으면, 성령 안에서 주님을 사랑하게 되므로 자연히 죄악에서 멀어지게 됩니다. 그것이 주님이 원하시는 방법입니다.

주님이 원하시는 교제

예수님이 마리아와 마르다의 집에 찾아갔을 때의 일입니다. 무척 반갑게 예수님을 맞아들인 언니 마르다는 음식을 준비하느라 분주하였습니다. 반면 마리아는 일하기는커녕 예수님의 말씀을 듣고 교제하는 일에 집중하였습니다. 그것이 언니를 속상하게 만들었습니다. 언니 마르다는 그 마음을 예수님에게 말씀드렸습니다. 그런데 예수님은 대답은 의외였습니다.

> … "마르타, 마르타, 너는 많은 일에 다 마음을 쓰며 걱정하지만 실상 필요한 것은 한 가지뿐이다. 마리아는 참 좋은 몫을 택했다. 그것을 빼앗아서는 안 된다."
> _눅 10:41-42, 공동번역

우리는 주님이 우리에게 어떤 성과를 원하신다고 오해합니다. 그러나 주님이 원하시는 것은 우리와 나누는 교제라는 사실을 마리아의 일을 통해 알 수 있습니다. 그분은 우리와의 관계를 기뻐하십니다. 정말로 주님의 사랑을 받아들여 주님을 사랑하기를 원하고 계십니다. 그것이 우리에게 필요합니다. 그래야 우리는 매우 자연스럽게 선한 일을 하는 크리스천이 됩니다. 그러므로 우리가 노력할 필요조차 없이 주님의 사랑에 사로잡혀 사는 것을 시도하고 훈련하는 것이 무엇보다 중요합니다.

처절하게 죄와 씨름하며 이기려 애쓰던 바울이 결국 언제 승리할 수 있었습니까? 주님의 사랑에 사로잡힐 때였습니다. 그럴 때 바울은 정말로 미친 것처럼 주를 위해 살 수 있었습니다. 바로 주님의 사랑 때문이었습니다.

> 우리가 미쳤다면 그것은 하나님을 위해서 미친 것이고 우리가 온전하다면 그것은 여러분을 위해서 온전한 것입니다. 그것은 그리스도의 사랑이 우리를 그토록 강요하고 있기 때문입니다. _고후 5:13-14, 공동번역

그런데 우리는 늘 우리들의 힘으로 잘해보려고 힘씁니다. 그것이 더 많은 율법들을 만드는 것에 힘을 보탭니다. 하나님의 전적인 은혜로 구원받았으면서도, 우리는 그 은혜를 잊어버리고 율법적으로 변해갑니다. 더 열심히 믿으려 하고, 더 열심히 칭찬받으려고 노력합니다. 하나님이 유대인에게 처음에 주신 것은 십계명이지만, 그들은 '하라'는 것으로 248가지, '하지 말라'는 것으로는 365가지, 모두 613가지 계명으로 십계명을 세분화하였습니다. 거기에서 더 많은 계명들이 점차 세분화되었습니다.

우리가 예수를 믿는 것은 어떤 선한 행위를 하는 것이 아니라 예수님을 의존하기로 결단하는 것입니다. 잘 생각해보십시오. 우리가 처음 예수를 믿게 된 것도, 주님으로부터 의롭다 함을 받은 것도 우리가 선한 일을 하겠다고 결단하였기 때문이 아닙니다. 예수를 믿으므로, 예수를 의지하기로 결단

하여 이루어진 영적인 일입니다. 그런데 이제 와서 다시 율법적인 삶으로 자신을 옭아매려는 시도를 합니다. 그래서 바울은 율법에 대하여 심한 표현을 쓰면서 믿음으로 의롭다 함을 강조한 것입니다.

은혜를 만끽하라

그런데 우리는 왜 율법에 기울어지는 것입니까? 율법은 자신의 노력과 의지의 차원이기 때문입니다. 여기에는 자기중심적인 노력과 시도가 포함되어 있습니다. 하나님의 능력이 아니라 자기 능력으로 무엇인가 해보려는 것, 즉 자기중심적인 죄성이 여전히 살아 있기 때문입니다.

그러나 앞에서 한 청년의 고민을 언급한 것처럼, 우리가 율법을 지키려고 하면 할수록 더 깊은 고민 속으로 빠지게 됩니다. 이유는 간단합니다. 우리는 율법을 모두 지킬 수 없는 존재이기 때문입니다. 그래서 바울은 율법이 우리를 죽인다는 극단적인 표현을 씁니다.

> [10]생명에 이르게 할 그 계명이 내게 대하여 도리어 사망에 이르게 하는 것이 되었도다 [11]죄가 기회를 타서 계명으로 말미암아 나를 속이고 그것으로 나를 죽였는지라 _롬 7:10-11

율법은 우리들의 죄와 우리 자신의 불완전성과 한계성을 드러내는 역할을 합니다. 결국 율법은 능력 없는 우리 모습을 드러내므로 스스로 절망이라는 죽음에 이르게 한다는 말입니다. 그런 의미에서 율법이 우리를 죽인다고 말한 것입니다. 그러므로 주님이 원하시는 것은 우리가 율법을 따라 사는 것이 아니라 은혜 아래에서 사는 것입니다. 바울이 그것을 강조했습니다. 우리가 무엇을 함으로써 주님께 잘 보이는 것이 아니라, 우리가 우리 자신의 한계를 인정하고 주님과의 관계를 이어가고, 그분 안에 거하면서 거룩을 추구하며 살기를 원하고 계신 것입니다. 다른 말로 하면, 우리가 할 수 있는 것만이라도 시도하면 하나님이 기뻐하시고 '됐다'라고 말씀하신다는 것입니다.

율법은 선과 악을 구분하는 기준이므로 사람들은 선한 사람과 덜 선한 사람으로 구별될 수밖에 없습니다. 그러나 은혜의 주님은 한 사람 한 사람을 절대적으로 바라보시고, 그의 최선과 마음을 보십니다. 은혜는 그 대상에 대해 구별하는 기준이 없기 때문입니다. 시험도, 커트라인도 없습니다. 그러니까 시험에 떨어지는 사람도 없습니다. 그래서 우리 모두는 주님 앞에서 아름답습니다. 최선을 다하면 모든 것이 용납됩니다. 이것이 주님이 말씀하시는 은혜입니다.

율법의 지배 아래 있으면 율법의 기준에 의해 판단받지만, 율법에서 풀려나면 자유를 얻습니다. 그래서 바울은 좀 어색하긴 하지만 한 여인의 이야기를 예로 듭니다. 남편이 있는 동안에는 남편에게 묶여 있어서 다른 남자를 만날 경우 음부가 되지만, 남편이 죽은 다음에는 다른 남자에게 갈지라도 음부가 되지 않는다는 이야기입니다. 그러면서 바울은 매우 강력하게, 우리들이 "율법에 대하여 죽임을 당한"(롬 7:4) 존재임을 강조합니다. 우리가 더 이상 율법의 저주에 붙잡힌 존재가 아니라는 말입니다. 우리는 하나님의 은혜 안에 거하는 존재가 되었기 때문입니다.

무엇을 하려고 먼저 시도하지 마십시오. 행위가 우리를 구원하는 힘이 아니기 때문입니다. 에스겔 골짜기의 마른 뼈들이 살이 붙고 군대가 된 것은 마른 뼈들의 노력이나 소원 때문이 아닙니다. 전적으로 하나님의 소원이며 하나님의 능력에서 나온 결과입니다. 마른 뼈가 무엇을 할 수 있습니까? 없습니다. 우리는 단지 하나님의 은혜를 누리며 인정하며 살면 됩니다. 실수와 잘못을 수없이 반복하더라도, 우리의 죄를 주님 앞에서 솔직히 인정하며, 주님 안에서 은혜를 누리며 사는 것입니다. 더욱 주님을 알기를 시도하면서 말입니다. 우리가 그렇게 주님의 사랑을 알게 되면서 우리는 변화되어갈 것입니다. 성령께서 그 일을 도우실 것입니다.

주님은 분명히 우리를 통하여 일하길 원하시며 . 우리를 통하여 열매 맺기를 원하십니다(롬 7:4). 그러나 주님은 강요하지 않으십니다. 우리를 향하여 끝없는 인내로 참으십니다. 우리가 얼른 열매를 맺지 못할지라도 실망하지 않으십니다. 주님은 우리의 끝없는 전진 자체를 기뻐하시기 때문입니다. 그래서 은혜입니다.

오, 경사스러운 죄여!

핵심 로마서
26

로마서 7:14-25

주님께서 이 세상에 오신 이유에 대하여 매우 간결하고 정확하게 말씀하셨는데, 그것은 "내가 죄인을 부르러 왔노라"(막 2:17)라는 말씀입니다. 이 말씀의 뜻은 세상에 죄인과 의인이 있는데, 그 중에서 죄인들을 위해서 왔다는 것이 아닙니다. 우리 모두가 본질적으로 구원받아야 하는 죄인이라는 선언입니다. 이 사실을 잘 아는 바울은 모든 인류가 "다 죄 아래 있다"(롬 3:9)라고 선언하며 로마서를 시작하였고, 그런 견해에 반발하는 유대인들을 의식해서 그랬는지 모르지만, 자기 자신에 대하여 말하기를 "죄인 중에 내가 괴수니라"(딤전 1:15)라고 고백한 것입니다. 이런 존재론적 고백은 모든 신앙 위인들이 한결같이 한 것입니다. 대표적으로 루터는 "우리는 죄를 지을 수밖에 없는 존재이기에 죄를 짓는다"라는 표현으로 우리가 본질적으로 죄인이라는 사실을 인정했습니다.

여기서 우리는 이런 질문을 하게 됩니다.

"우리가 예수를 믿음으로 의롭다 함을 얻었다고 하는데(갈 2:16), 성경은 의인이라고 선언하는데, 그래도 우리가 여전히 죄인인가?"

이에 대하여 루터는 그의 로마서 주석에서 "의롭다 하심을 얻은 자인 동시에 여전히 죄인이다"(simul iustus est et peccat)라고 말했습니다. 바울의 표현대로 하면 "선을 행하기 원하는 나에게 악이 함께 있는 것"(롬 7:21)이라는 말입니다. 이 말씀은 우리의 위치가 의인인 동시에 죄인이기 때문에 위험에 노출될 수 있다는 것을 시사합니다. 예수를 믿음으로 의롭다 함을 얻었지만, 내가 지은 범죄 사실이 사라진 것은 아니기 때문입니다. 물론 주님의 십자가가 유효하지 않다는 뜻이 아니라, 그 죄들이 여전히 해결되지 않은 채 우리 기억 속에 남아 있다는 뜻입니다. 우리가 실제적으로 죄를 지었기 때문입니다. 이것에 대해 왈가왈부하는 사람들을 위해 매우 공격적인 예를 하나 들겠습니다.

이상한 역설

어떤 유괴범이 초등학교 1학년 여자아이를 유괴하여 돈을 요구하다 살해했습니다. 그 유괴범은 결국 붙잡혀 15년 형을 살았습니다. 그동안 그는 감옥에서 주님을 영접하고 세례를 받았습니다. 심지어 검정고시를 보고 대학을 졸업하였고, 출옥 후에는 열심히 일해 돈을 많이 벌었습니다. 고아원 한 곳을 책임지고 후원하였고, 어려운 사람들을 도우며 열심히 살았습니다. 그러면 그의 죄는 용서받았습니까? 네, 용서받았습니다. 아마 대부분 동의하실 것입니다. 이 사람은 형을 치렀고, 그의 죄에 대해 하나님의 용서가 충분히 임했습니다. 그의 회개도 인정할 수 있습니다. 그렇다면 이렇게 묻겠습니다. 그는 자신의 죄를 용서하였습니까? 다르게 말하자면, 자신의 죄가 십자가에서 용서받았음을 믿고 있습니까? 그는 당연히 믿고 있습니다. 그런데 그의 입에서 여전히 나오는 말이 무엇일지 아실 것입니다.

"나는 죄인입니다."

왜 이런 이상한 역설에 빠지게 됩니까? 그가 아이를 유괴하고 죽였기 때문입니다. 바울 역시 스데반을 죽였습니다. 회개한다고 그 기억이 지워지지는 않습니다. 죄를 용서받지 않았다는 말이 아니라, 그 죄가 사라지지 않는다는 뜻입니다. 먼저, 죽은 아이의 어머니와 아버지의 마음에서 사라지지 않습니다. 그 아이를 아는 모든 사람들에게서 사라지지 않습니다. 그것 때문입니다. 죄는 용서받아도 사라지지는 않습니다. 이렇게 말하니 약간 복잡해졌으리라 생각합니다. 제가 더 놀라운 이야기를 하나 하겠습니다. 예수님이 말씀하셨던 일만 달란트 빚진 자의 이야기입니다. 일만 달란트 빚진 자가 있었는데 주인이 그의 딱한 사정을 보고 그 빚을 탕감해주었습니다.

> ²³그러므로 천국은 그 종들과 결산하려 하던 어떤 임금과 같으니 ²⁴결산할 때에 만 달란트 빚진 자 하나를 데려오매 ²⁵갚을 것이 없는지라 주인이 명하여 그 몸과 아내와 자식들과 모든 소유를 다 팔아 갚게 하라 하니 ²⁶그 종이 엎드려 절하며 이르되 내게 참으소서 다 갚으리이다 하거늘 ²⁷그 종의 주인이 불쌍히 여겨 놓아 보내며 그 빚을 탕감하여 주었더니 _마 18:23-27

일만 달란트 빚진 자는 분명히 탕감 받았습니다. 갚지 않아도 됩니다. 그래서 자유롭게 행동한 것 같습니다. 그후 어느 날, 자기 눈앞에 일백 데나리온의 빚을 진 동료가 나타났습니다. 그는 동료에게 빚을 갚을 것을 요청하였습니다. 그로선 당연한 요구입니다. 그 동료는 갚겠다고 말합니다.

> ²⁸그 종이 나가서 자기에게 백 데나리온 빚진 동료 한 사람을 만나 붙들어 목을 잡고 이르되 빚을 갚으라 하매 ²⁹그 동료가 엎드려 간구하여 이르되 나에게 참아 주소서 갚으리이다 하되 _마 18:28-29

하지만 그 종은 동료의 요청을 받아들이지 않았습니다. 빚을 갚도록 옥에 가두었습니다(마 18:30). 충분히 주장할 수 있는 권리였지만, 그의 주인이 이상한 행동을 합니다.

> 32이에 주인이 그를 불러다가 말하되 악한 종아 네가 빌기에 내가 네 빚을 전부 탕감하여 주었거늘 33내가 너를 불쌍히 여김과 같이 너도 네 동료를 불쌍히 여김이 마땅하지 아니하냐 하고 34주인이 노하여 그 빚을 다 갚도록 그를 옥졸들에게 넘기니라 _마 18:32-34

놀랍게도 다시 그 종의 빚, 곧 죄가 복원되었습니다. 그러면 이런 질문이 생길 것입니다. "십자가의 대속이 무효가 된 것인가?" 그럴 수 있습니까? 놀랍게도 그럴 수 있습니다. 하지만 죄가 그렇게 복원되기까지는 좀 까다로운 조건이 있습니다. 히브리서 말씀을 읽어보면 이해할 수 있습니다.

> 4한 번 빛을 받고 하늘의 은사를 맛보고 성령에 참여한 바 되고 5하나님의 선한 말씀과 내세의 능력을 맛보고도 6타락한 자들은 다시 새롭게 하여 회개하게 할 수 없나니 이는 그들이 하나님의 아들을 다시 십자가에 못 박아 드러내 놓고 욕되게 함이라 _히 6:4-6

선을 행할 힘이 있는가?

다시 십자가에 못 박는 행위란 바로 일만 달란트 빚진 자의 행동 같은 것입니다. 이제는 로마서에서 이 질문들의 답을 살펴보겠습니다.

"왜 일만 달란트 빚진 자는 이같이 행동한 것입니까?"

"그에게는 자신이 탕감 받은 것처럼 행동할 마음이 없었던 것입니까?"

없었을 리가 없습니다. 당연히 긍휼히 여기고 싶은 마음이 있었을 것입니다. 그렇다면 왜 그렇게 행동한 것입니까? 매우 다양한 이유가 있겠지만 한 가지는 분명합니다. 바울이 이렇게 말합니다.

> 내가 원하는 바 선은 행하지 아니하고 도리어 원하지 아니하는 바 악을 행하는도다 _롬 7:19

'원하지 않는 악을 행하기 때문'입니다. 그렇다면 왜 '원하는 바 선은 행하지' 못한 것입니까? 이것이 일만 달란트 빚진 자가 치명적으로 범할 수 있는 죄의 근원이었습니다. 바울이 그 이유를 이렇게 설명합니다.

> 내 속 곧 내 육신에 선한 것이 거하지 아니하는 줄을 아노니 원함은 내게 있으나 선을 행하는 것은 없노라 _롬 7:18

바울은 선한 것이 거하지 않는 것만 아니라, 심지어 "악이 함께 있다"(롬 7:21)라고 고백하였습니다. 더욱이 그 악이라는 것이 강력하게 자신에게 영향력을 행사하는 실제적인 힘인 것을 바울은 알았습니다.

> 내 지체 속에서 한 다른 법이 내 마음의 법과 싸워 내 지체 속에 있는 죄의 법으로 나를 사로잡는 것을 보는도다 _롬 7:23

그래서 우리도 일만 달란트 빚진 자의 행동을 답습할 수 있는 것입니다. 이것이 바울이 정말 오랫동안 고민하였던 내용이었습니다. 자신을 죽이고 있는 실제적인 힘이었기 때문입니다. 마지막으로 그는 이렇게 고백합니다.

나는 과연 비참한 인간입니다. 누가 이 죽음의 육체에서 나를 구해 줄 것입니까?
_롬 7:24, 공동번역

죄의 대한 바울의 묵상의 마침이었습니다. 인간이 '죽음의 육체' 곧 썩은 시체와 같은 존재임을 인식하게 된 것입니다. 그제야 분명하게 보이는 것이 있었습니다. 바로 예수 그리스도였습니다.

우리 주 예수 그리스도로 말미암아 하나님께 감사하리로다 그런즉 내 자신이 마음으로는 하나님의 법을 육신으로는 죄의 법을 섬기노라 _롬 7:25

바로 이 존재가 우리입니다. 이것 때문에 바울은 그의 마지막 순간까지 자신의 의로움, 곧 '정의'(justice)를 말하지 않은 것입니다. 그가 하나님의 '의'(righteousness), 곧 예수 그리스도에게만 집중한 이유입니다. 또한 이것이 바울이 스스로를 '죄인 중에 내가 괴수니라'(딤전 1:15)라고 말한 이유입니다. 무슨 말입니까? 내가 죄인이라는 고백은 내 안에 죄가 있다는 것을 인정하는 것이고, 깨어 있는 것이고, 조금도 용납할 틈을 주지 않는 것이고, 나아가 잘난 척하지 않는 것을 말합니다. 이 죄들은 언제든지 다시 깨어날 수 있기 때문입니다. 그래서 늘 죄를 인식해야 합니다. 그 죄를 인식하는 순간 주의 십자가가 보이고, 우리가 그 엄청난 사랑에 기대어 사는 존재임을 알게 될 것입니다.

오, 경사스러운 죄여

만일 바울이 어거스틴 이후에 살았던 사람이라면 유진 피터슨의 책 《다윗: 현실에 뿌리박은 영성》에 인용된 어거스틴의 외침으로 로마서 7장 26절을 썼을지도 모릅니다.

> 어거스틴이 한 말로 여겨지는 라틴어 어구 '펠릭스 쿨파'(felix culpa)는 이 소망을 슬로건으로 표현한 것이다. '오 경사스런 죄여!'(O happy sin!) 나의 죄를 인지하고 고백할 때에야 비로소 나를 나의 죄로부터 구원하신 하나님을 인지하고 응답할 수 있게 되는 것이다. 만일 나의 죄에 대해 무지하거나 무관심하다면, 나는 저 위대한 복음의 핵심에 대해서도 무지하고 무관심하게 될 것이다. 바로 '예수께서 구원하신다!'는 소식에 대해서 말이다.[22]

이 말에 따라 로마서를 다시 정리해보겠습니다. 7장의 끝에 원래 없는 26절을 추가했습니다.

> [24]오호라 나는 곤고한 사람이로다 이 사망의 몸에서 누가 나를 건져내랴 [25]우리 주 예수 그리스도로 말미암아 하나님께 감사하리로다 그런즉 내 자신이 마음으로는 하나님의 법을, 육신으로는 죄의 법을 섬기노라. [26]오 경사스러운 죄여!

---

22 유진 피터슨, 다윗: 현실에 뿌리박은 영성, IVP, 216

세상에서 가장 아름다운 일

로마서 7:14-25

우리는 앞 장에서 매우 놀라운 이야기를 나누었습니다. 일만 달란트 빚졌던 자가 탕감을 받았는데, 죄가 원상복귀된 이야기였습니다. 죄가 다시 드러나 원래 모습으로 우리를 사로잡을 수 있다는 뜻이었습니다. 바울 사도 역시 로마서에서 같은 고백을 했습니다.

> 나는 과연 비참한 인간입니다. 누가 이 죽음의 육체에서 나를 구해 줄 것입니까?
>
> _롬 7:24, 공동번역

왜 이런 일이 벌어진 것입니까? 일만 달란트 받은 자가 용서받은 것은 영원한 것이 아니었습니까? 우리의 죄를 용서한 효력이 영원한 것이 아니냐는 질문입니다. 물론 영원합니다. 하지만 알아야 할 것은, 우리의 죄는 우리가 해결한 것이 아니라 주님이 해결한 것입니다. 그러므로 주님을 떠나면, 주님을 부정하면 효력이 사라지는 것입니다. 길은 하나밖에 없습니다. 주님께 전적으로 의존하는 것입니다. 믿는 것입니다. 그래서 '믿는다'로 번역된 헬라어 단어가 '피스튀오'인데 '…에 붙어 있다(stick to)'는 의미입니다. 이처럼 신앙이란 그분께 붙어 있는 것입니다.

선한 싸움의 본질

주님에게 붙어 의존하며 살면 그 은혜를 따라 선한 일을 추구하게 됩니다. 당연합니다. 바울 역시 선한 일을 하고자 하였습니다. 그리고 수없이 싸움을 하였습니다. 죄를 이기려고 부단한 노력을 하였고, 선한 일을 성취하고자 목숨 걸고 노력하였습니다. 그런데 시간이 가면 갈수록 바울은 '원치 아니하는 악을 행하는'(롬 7:19) 자신의 모습과 늘 곁에 '악이 함께 있는 것'(롬 7:21)을 발견합니다. 뿐만 아니라, 이내 자기 자신을 스스로 통제할 수 없는 국면으로, 즉 '죄의 법 아래로 나를 사로잡아 오는 것'(롬 7:23)을 체험합니다. 끊임없이 선한 것을 추구하였지만 종착역에서는 죄의 노예가 되어 있던 것입니다.

물론 우리가 예수님을 믿은 후부터 우리 안에 선한 욕망이 생긴 것이 사실입니다. 그리고 우리는 선한 일을 추구해야 합니다. 선한 일을 계획하고 선한 사역을 위하여 열정을 내야 합니다. 그런데 여기에 문제가 생길 수 있습니다. 그 사역이 내가 원하는 일, 나의 욕심이 가미된 것일 수 있기 때문입니다.

한국교회에서 기도원 운동의 한 계파를 형성한 분이 현신애 권사님이십니다. 많은 병을 고치고 예언을 행하였고 주님의 선한 사역을 수없이 행하였습니다. 그 권사님이 죽기 직전에 주님 앞에 서는 체험을 하게 되었는데, 주님이 자신을 반기지 않으실 뿐 아니라 모르시는 것 같은 반응을 하셨다는 것입니다. 권사님은 자신이 행한 수많은 선한 일이 자신의 영광을 위한 측면이 있었다는 걸 깨달았다고 간증하였습니다.

선한 욕망조차 주님을 추구하는 욕망보다 우선되어서는 안 된다는 사실을 기억해야 합니다. 우리가 세상에게 줄 수 있는 가장 아름다운 일은 많은 돈으로 자선사업을 하는 것이 아니라 주님을 알게 하는 것입니다. 주님만이 참된 선이시기 때문입니다. 그러므로 가장 아름다운 일은 세상이 말하는 착한 일을 하는 것이 아니라, 하나님을 추구하는 것입니다. 하나님은 지금도 하나님을 추구하는 사람을 찾고 계십니다. 하나님이 우리에게 원하시는 것은 선한 일에 대한 뜨거운 열정 이전에 주님을 알기 원하는 간절함입니다. 우리의 열정은 간혹 치우치거나 지나칠 때가 있기 때문입니다.

구약에서 우리는 하나님의 사역에 대해 뜨거운 열정을 가진 한 사람을 만날 수 있습니다. 그는 엘리사가 기름 부은 왕 예후였습니다. 예후는 아합과 이세벨을 심판하기 위하여 특별히 세운 하나님의 사람이었습니다. 예후의 열심은 대단했습니다. 예후는 이세벨을 비롯하여 아합의 집을 멸하였고, 그를 좇던 바알 선지자들을 죽이고 바알의 모든 목상과 제단을 허물고, 심지어 그 장소를 변소로 만들었습니다(왕하 10:27). 그는 레갑의 아들 여호나답을 만났을 때 "여호와를 위한 나의 열심을 보라"(왕하 10:16)고 자랑했습니다. 하지만 그의 열심은 곧 빗나가기 시작했습니다. 어느 순간 자신의 정치적 욕망과 결탁합니다. 열심이 지나친 욕망으로 발전된 것입니다. 그 결과 예후는 매우 많은 사람을 죽였습니다.

예후가 아합의 집에 속한 이스르엘에 남아 있는 자를 다 죽이고 또 그의 귀족들과 신뢰 받는 자들과 제사장들을 죽이되 그에게 속한 자를 하나도 생존자를 남기지 아니하였더라 _왕하 10:11

그는 분명히 열심이 있었지만, 어느 순간부터인가 하나님을 추구하기보다 자신이 하고 있는 일을 앞세우고 있었습니다. 성경은 이같은 예후의 결국을 이렇게 기록합니다.

그러나 예후가 전심으로 이스라엘 하나님 여호와의 율법을 지켜 행하지 아니하며 여로보암이 이스라엘에게 범하게 한 그 죄에서 떠나지 아니하였더라 _왕하 10:31

예후의 열심은 자기 자신에게 묻혀 있는 열심이었고 하나님을 앞서가는 열심이었습니다. 다른 말로 하면 하나님이 묵상되지 않은 열심이었습니다. 그러므로 중요한 것은 자기 열심이 아니라 하나님을 묵상한 결과로서 열심이어야 한다는 걸 알게 됩니다.

위암으로 수술하기 전, 저는 매우 뜨겁게 주님의 일, 곧 선한 사역에 대한 열심으로 가득 차 있었습니다. 한 영혼을 사랑하는 열심도 있었습니다. 저는 집회를 시작하면 첫날부터 '끝장을 내는' 스타일이었습니다. "하나님, 오늘 밤에 반드시 역사하셔야 합니다!" 그렇게 하나님을 몰아붙였습니다. 그런데 어느 날부터인가 이상한 것을 발견하기 시작하였습니다. 여전히 열정적이었지만 사람들이 눈치 채지 못할 정도로 살짝 교만이 싹텄고, 복음의 효과를 극대화하기 위해 과장하거나 약간의 거짓으로 미화하기 시작하는 나 자신을 보게 된 것입니다. 그런데 이상하게 돌아서기가 힘들었습니다. 그 즈음에 저에게 찾아온 것이 위암입니다. 그때 제가 깨달은 것이 이것입니다. 주님이 원하시는 것은 나를 통한 많은 일보다 내가 먼저 주님을 추구하는 것이라는 걸 말입니다. 주님을 추구하는 것, 그것이 모든 것의 기본임을 이제는 압니다.

추구해야 할 가장 큰 사역

우리는 수없이 선한 일을 추구합니다. 그런데도 만나는 것은 이상한 공허입니다. 시간이 지나면서 내가 선함을 추구하는 것이 매너리즘에 빠지거나 껍데기만 있는 일상성으로 전락하게 됩니다. 더욱이 하나님은 선한 일에 열심을 내고 있는 내게 복을 주지 않으시는 듯한 느낌을 받게 됩니다. 결국 하나님에 대한 섭섭한 감정에 사로잡히기까지 합니다. 그때부터 우리는 선한 일을 하면서 악한 마음에 사로잡히기 시작합니다. 어느 시점부터는 선을 위장한 악한 일에 사로잡힌 나를 보게 되는 것입니다. 그래서 마지막에는 이렇게 고백할 수밖에 없습니다.

오호라 나는 곤고한 사람이로다 이 사망의 몸에서 누가 나를 건져내랴 _롬 7:24

바울도 그랬던 것 같습니다. 바울은 자신의 힘으로 하는 모든 노력이 수포로 돌아가고, 악과 더러움에 노출되어 있는 죄된 존재라는 사실을 깨닫고 탄식하기 시작했습니다. 죄 때문이었습니다. 스스로 이길 수 없는 죄의 경험이 하나님을 온전히 신뢰하는 믿음으로 나아가게 한 것입니다. 그래서 앞 장에서 나누었던 그 말씀이 바울을 지배했을 것입니다.

"오 경사스러운 죄여!"

죄의 깊이를 경험했다는 그의 고백은 진실로 자신이 구원받을 수 없는 존재라는 인식에서 나온 것이었고, 그동안 자신이 해왔던 모든 일들이 의미없는 것임을 깨닫는 고백이었습니다. 그는 자신이 죽어 마땅한 존재이며, 지금까지 해왔던 선한 사역들을 향한 노력과 추구가 물거품 같은 것임을 인정한 것이었습니다. 모든 것에 대한 포기는 이처럼 자신의 존재를 바라봄으로써 나오게 된 탄식의 결과였습니다. 그와 같은 탄식을 얼마나 했는지 알 수 없지만, 바울은 그 탄식 후에 이상한 고백을 합니다. 어떤 희망이었고 새로운 시작의 결단이었습니다.

우리 주 예수 그리스도로 말미암아 하나님께 감사하리로다 … _롬 7:25

분명히 바울에게 어떤 일이 벌어졌습니다. 그것은 분명히 예수 그리스도에 대한 새로운 체험이었습니다. 십자가에 대한 반복된 체험이었을지도 모릅니다. 여하튼 바울은 생기를 찾습니다. 바울의 이같은 행복은 선한 행위와 열정에서 나온 것이 아니라 자신의 존재를 인정하는 탄식과 함께 예수 그리스도를 향한 방향 선회의 결과였습니다. 그리고 더 놀라운 일이 벌어집니다. 바울이 매우 중요한 사실을 인정하는데, 자신 안에 두 개의 존재가 있음을 인정했습니다. 매우 중요한 고백을 한 것입니다.

… 그런즉 내 자신이 마음으로는 하나님의 법을 육신으로는 죄의 법을 섬기노라 _롬 7:25

하나님은 우리 안에 이런 싸움이 있는 것을 아십니다. 바울이 깨달은 것은 자신의 능력으로 이 싸움에서 무엇을 할 수 없다는 것이었습니다. 그래서 바울이 드디어 결정한 것은 하나님을 추구하는 일에 더 열심을 내기로 한 것입니다. 그건 자신이 할 수 있는 일이었습니다. 그런 관점에서 25절을 다시 풀어 쓰면 다음과 같을 것입니다.

내가 사는 동안 나의 육신적인 추구와 노력은 항상 죄의 열매를 맺을 수가 있을 것이다. 그러므로 나는 곧 나의 마음은 하나님을 추구한다. 그것을 놓치지 않을 것이다.

오늘 우리가 할 수 있는 가장 아름다운 일은 하나님을 추구하는 것입니다. 그것이 기본입니다. 어떤 사역도 하나님을 추구하는 일보다 앞서가지 마십시오. 그것이 우리가 바르게 신앙생활을 하는 방법입니다.

간혹 우리는 일에 대한 욕심 때문에, 욕망 때문에 하나님을 앞서갑니다. 우리는 그럴 때 분명히 자신의 죄 된 모습과 사역의 공허만 발견하게 될 것입니다. 하나님을 추구하십시오! 그것이 우리가 추구해야 할 가장 큰 사역이고 아름다운 일입니다.

그리스도의 영이 있는가?

로마서 8:1-13

오호라 나는 곤고한 사람이로다 이 사망의 몸에서 누가 나를 건져내랴 _롬 7:24

바울이 7장 14절부터 이야기를 시작하다 24절에서 결국 내뱉는 고민입니다. 우리가 도무지 회복될 수 없는 죽음 같은 존재라는 인식은 단순히 겉으로만 희망이 없다는 것이 아니었습니다. 그것은 누구보다 바울 자신이 정확하게 알고 있었습니다. 결국 내가 나를 용납할 수 없다는 말이었습니다. 내가 보기에도 나는 희망이 없고 가망이 없는 사람이라는 말입니다. 그런 의미에서 바울은 자신을 버린 듯한 표현을 쓴 것입니다.

그런데 이처럼 절망하던 바울이 어떻게 회복된 것일까요? 좀 더 구체적으로 질문하면, 로마서 7장 24절과 25절 사이의 변화를 일으키게 한 핵심이 무엇인가 하는 것입니다. 로마서 8장의 의미는 바로 이 질문에 있습니다. 자세히 읽어보면 8장 1-2절 말씀은 바로 7장 25절 질문에 대한 답인 것을 쉽게 알 수 있습니다. '그러므로'로 시작되기 때문입니다.

¹그러므로 이제 그리스도 예수 안에 있는 자에게는 결코 정죄함이 없나니 ²이는

그리스도 예수 안에 있는 생명의 성령의 법이 죄와 사망의 법에서 너를 해방하였
음이라 _롬 8:1-2

　결국 바울이 들은 주님의 음성은 "그리스도 예수 안에 있는 자에게는 결
코 정죄함이 없다"라는 확언이었습니다. 충분히 정죄받을 만큼 잘못된 존
재이지만, 단지 그리스도 예수를 믿는다는 한 가지 이유만으로, 나도 나를
믿지 못하고 이미 내가 포기한 나를 더 사랑하시는 주님, 뿐만 아니라 나의
죄를 문제 삼지 않겠다는 주님의 말씀에 바울은 흥분하고 감격했습니다.

　그러면 어떻게 이런 일이 일어난 것입니까? 알다시피 바울은 절망적이
었고 죽은 자 같은 상태였습니다. 여기에 성령의 신비한 사역이 있었던 것
입니다. 그의 회복은 바로 성령의 역사였습니다. 성령께서 바울 안에서 역
사하신 것입니다. 아무 것도 할 수 없는 바울 안에 성령께서 역사하셔서 바
울을 일으키셨습니다.

이와 같이 성령도 우리의 연약함을 도우시나니 우리는 마땅히 기도할 바를 알지
못하나 오직 성령이 말할 수 없는 탄식으로 우리를 위하여 친히 간구하시느니라
_롬 8:26

　바울이 회복된 것은 결국 바울의 노력이 아니라 성령의 역사 때문이었습
니다. 바울 안에 회복을 기대하는 마음을 주신 분도 성령님이셨고 역사하
신 분도 성령님이셨습니다. 이것이 하나님의 주도권입니다. 수동적 은혜의
대표적인 모습입니다.

성령이 내주하신다

그러므로 바울이 8장에서 강조하고 싶은 것은 성령입니다. 물론 이런 주장 앞에서 우리는 약간 불만석인 투로 이렇게 질문할 수 있습니다.

"그러면, 왜 나에게는 성령께서 역사하지 않으시는가?"

사실 이 질문은 매우 어리석은 것이 아닐 수 없습니다. 우리가 진정 예수 그리스도를 믿고 있다면 이미 그리스도의 영이 우리 안에 존재하고 있기 때문입니다. 우리가 주님을 믿을 수 있다는 것, 그것이 성령의 내주하심을 확인하는 길입니다.

… 누구든지 그리스도의 영이 없으면 그리스도의 사람이 아니라 _롬 8:9

… 하나님의 영으로 말하는 자는 누구든지 예수를 저주할 자라 하지 아니하고 또 성령으로 아니하고는 누구든지 예수를 주시라 할 수 없느니라 _고전 12:3

반복하지만, 우리가 예수를 그리스도로 믿는 것도 성령께서 내주하심으로 벌어지는 일입니다. 그렇게 고백할 수 있다는 자체가 성령을 통하여 이미 주님과 내가 연결되어 있다는 말이며, 이미 통신체계가 구축되었다는 뜻이기 때문입니다. 바울은 이 일을 성령께서 하시기 때문이라고 말합니다. 더욱 놀라운 사실은, 우리가 단순히 하나님과 연결되는 것만이 아니라, 우리가 하나님의 자녀가 되었다는 사실입니다. 성령은 그것을 우리에게 귀에 못이 박히도록 말씀하십니다.

성령이 친히 우리의 영과 더불어 우리가 하나님의 자녀인 것을 증언하시나니 _롬 8:16

그렇다면 우리의 문제는 도대체 무엇입니까? 바울은 말하길 우리 안에 두 가지 생각이 존재한다고 합니다. 하나는 성령을 따라 생각하는 것이고 다른 하나는 육신을 따라 생각하는 것입니다. 바울은 이미 로마서 7장에서 자신 안에 있는 두 생각을 말했습니다.

> [19]내가 원하는 바 선은 행하지 아니하고 도리어 원하지 아니하는 바 악을 행하는 도다 [20]만일 내가 원하지 아니하는 그것을 하면 이를 행하는 자는 내가 아니요 내 속에 거하는 죄니라 _롬 7:19-20

사실 이 말씀에 비밀이 숨어 있습니다. 로마서 7장에서 말한 것처럼, 바울은 지금까지 '내가 원하는 바 선', 곧 '내가 해야 하겠다고 생각하는 선'(공동번역)을 추구하며 살아왔습니다. 실제로 그는 예수를 믿기 전에도 열심히 자신의 의지와 생각을 가지고 하나님의 일을 추구하였습니다. 그것은 예수를 믿은 후에도 마찬가지였습니다. 바울은 분명히 하나님을 믿음으로 거듭났지만, 여전히 육신에 속한 사람이었고 육신적으로 일했습니다. 자기가 살아왔던 기준에 의해 살아온 것입니다.

기준대로 살아가기

어떤 청년이 우리 교회에서 예수를 믿기로 결정하였습니다. 좋은 크리스천이 되기 위하여 열심히 봉사하고 착한 일을 하기 시작하였습니다. 정말 좋은 크리스천이 되어갔습니다. 당연히 교회의 인정도 받았습니다. 그러다 어느 날 갑자기 교회 안 나오겠다고 선언했습니다. 제가 그를 만나서 들은 말도 '앞으로 교회 안 가겠다'는 것이 전부였습니다. 왜 그런지 물었을 때, 그 청년이 한 말이 바로 우리가 지금 질문하는 것이었습니다.

"그동안 열심히 교회 봉사를 하였습니다. 정말 착하게 살려고 노력하였습니다. 그런데 변화가 없습니다. 오히려 힘들어지고 죄책감만 늘고, 그것이 교회 안 가겠다는 이유입니다."

무엇이 문제의 초점인지 아시겠습니까? 그 청년은 예수를 믿는다고 했지만 육체적으로, 행위적으로 믿고 있었던 것입니다. 바울의 경우는 약간 다르지만 사실은 같은 문제였습니다. 바울은 그 청년과 달리 분명 예수를 믿음으로 거듭났지만 여전히 육신에 속한 사람이었고 육신적으로 일한 것이었습니다. 자기가 살아왔던 선한 기준에 의해 살고 있는 것입니다. 그런 바울의 모습이 잘 드러나는 이야기가 2차 전도여행을 떠날 때 바나바와 다툰 사건입니다. 바울은 1차 전도여행 시 이탈하였던 마가를 데려가지 않겠다고 하였고, 바나바는 용서하고 데려가자고 하였습니다. 그런데 바울의 '정의'(기준)가 마가를 용납할 수 없었습니다. 급기야 자신의 멘토 격인 바나바와 결별하는 수순을 밟습니다. 그는 성령의 인도를 받고 있지 않았다고 단적으로 말할 수 있습니다.

하나님이 그런 바울에게 모든 것이 합력해서 선을 이루도록 하셨습니다. 결국 마게도냐 환상으로 이끄셨지만, 바울은 성령에 순종하여 행동한 것이 아니었습니다. 바울의 이같은 행동에 문제가 있지만, 다행히 바울의 열심은 하나님을 향한 것이었고, 앞에서 말한 그 청년 같지는 않았다는 점입니다. 하나님은 그것을 알고 계셨습니다. 우리가 읽은 로마서 7장과 8장의 이야기이기도 합니다.

로마서 7장의 고민을 지나면서 바울이 깨달은 것은 놀라웠습니다. 바로 로마서 8장의 위치입니다. 바울은 먼저 자신을 인정하였습니다. 육신적인 모습 말입니다. 7장 25절을 새번역으로 읽겠습니다.

우리 주 예수 그리스도를 통하여 나를 건져 주신 하나님께 감사를 드립니다. 그러니 나 자신은, 마음으로는 하나님의 법을 섬기고, 육신으로는 죄의 법을 섬기고 있습니다. _롬 7:25, 새번역

이미 마음은 하나님을 섬기고 있지만 육신으로는 죄의 법을 섬기고 있다고 고백합니다. 무슨 말입니까? 우리가 지금까지 이야기했던 이성적이고 인간적인 노력입니다. 이 구절은 공동번역에서 재미있게 번역되었습니다.

고맙게도 하나님께서 우리 주 예수 그리스도를 통하여 우리를 구해 주십니다. 나는 과연 이성으로는 하나님의 법을 따르지만 육체로는 죄의 법을 따르는 인간입니다. _롬 7:25, 공동번역

이성으로, 마음으로 열심히 선을 추구했습니다. 그런데 그 이성은 내 몸을 제어할 수 없었습니다. 선을 추구하는 나의 인간적인 마음이 내 육체를 이길 수 없었던 것입니다. 이성과 마음이라는 것이 육체의 요구를 만나면 '여지없이 무너진다'는 바울의 고백입니다. 그래서 로마서 8장에서 바울이 다른 처방을 요구하는 것입니다. 깨달음의 요청입니다.

[5]육신을 따르는 자는 육신의 일을, 영을 따르는 자는 영의 일을 생각하나니 [6]육신의 생각은 사망이요 영의 생각은 생명과 평안이니라 [7]육신의 생각은 하나님과 원수가 되나니 이는 하나님의 법에 굴복하지 아니할 뿐 아니라 할 수도 없음이라 [8]육신에 있는 자들은 하나님을 기쁘시게 할 수 없느니라 _롬 8:5-8

약간 다르게 이야기해보겠습니다. 바울이 말한 '육신의 생각'은 어쩌면

육신에 기초한 생각, 그러니까 7장 25절의 '하나님의 법을 섬기려는 마음'이라고 말할 수도 있을 것입니다. 그런데 바울이 넘어졌습니다. 선하고 의로운 것을 추구하는 마음이었는데도 말입니다. 바울이 깨달은 것은, 그러한 생각일지라도 육신의 생각은 하나님과 원수가 될 수 있다는 것이었습니다.

> 육신의 생각은 하나님과 원수가 되나니 이는 하나님의 법에 굴복하지 아니할 뿐 아니라 할 수도 없음이라 _롬 8:7

소위 말하는 기독교의 분열, 교회의 아집과 편견과 독선, 목사와 장로들의 교만과 횡포, 탐욕 등이 여기에서 나오는 것입니다. 바울은 드디어 아무리 선한 것을 추구하여도 그 결과는 사망일 수밖에 없다고 단언합니다.

> 육신의 생각은 사망이요 영의 생각은 생명과 평안이니라 _롬 8:6

성령을 의식하며 사는 쾌락

드디어 바울이 깨달은 말을 꺼냈습니다.

> 11예수를 죽은 자 가운데서 살리신 이의 영이 너희 안에 거하시면 그리스도 예수를 죽은 자 가운데서 살리신 이가 너희 안에 거하시는 그의 영으로 말미암아 너희 죽을 몸도 살리시리라 12그러므로 형제들아 우리가 빚진 자로되 육신에게 져서 육신대로 살 것이 아니니라 13너희가 육신대로 살면 반드시 죽을 것이로되 영으로써 몸의 행실을 죽이면 살리니 14무릇 하나님의 영으로 인도함을 받는 사람은 곧 하나님의 아들이라 _롬 8:11-14

바울은 예수를 믿음으로 하나님의 아들이 된 사람들은 당연히 내주하시는 하나님의 영으로 인도 받아야 한다고 강조합니다(롬 8:14). "영을 좇는 자는 영의 일을 생각해야"(롬 8:5) 하기 때문입니다. 그렇다면 "영의 일을 생각한다"라는 말은 성령의 관심으로 살아간다는 뜻입니다. 쉽게 말하면 성령을 의식하며 사는 것입니다.

제가 목사라는 사실은 제가 사람들을 의식한다는 뜻입니다. 저는 먼저 나 자신이 말하고 행동하는 것뿐만 아니라 우리 교회 지체들의 표정과 모습까지 다 의식합니다. 조금만 이상한 태도를 보이거나 인상을 찌푸리고 있으면 그것에 대하여 관심을 가집니다. 그것이 의식하는 것입니다. 그래야 배려하는 발언과 행동이 나오게 됩니다. 그것이 사랑의 표현입니다. 이와 같이 성령을 의식하는 것이 '영의 일을 생각'하는 것입니다.

이렇게 생각하려는 이유는 간단합니다. 우리들의 힘으로는 완벽할 수 없고, 순간 순간 내 안에 있는 육적 욕심과 우월감과 교만이 내 안에서 나와 더러운 냄새를 품기며 오염시키기 때문입니다. 사실 이와 같은 것들은 수많은 믿음의 사람들이 고통받던 것입니다. 그때마다 초기 기독교인들을 비롯한 많은 믿음의 사람들이 예수 그리스도의 도움을 청하는 기도를 드렸습니다. 그것이 '예수 기도'(The Jesus Prayer)입니다. 급하게 드려야 했던 기도여서 짧았습니다.

"주 예수 그리스도여, 나를 불쌍히 여기소서."

(Lord Jesus Christ, have mercy on me.)

전승에 의하면 이 기도는 기독교 발생 초기에 주류 기독교에서 조용히 빠져 나와 팔레스타인과 아프리카 사막에서 지내며, "쉬지 말고 기도하라"

라는 사도 바울의 조언을 문자 그대로 받아들이고 순종하려 한 사막 교부들이 시작했다고 합니다. 이 기도는 하나님에 대한 신비한 감정이나 합리적 추리나 사색에 매몰되는 대신, 늘 예수와 인격적으로 만나고 온전한 하나님의 임재(God's presence) 속에 들어가 살고자 하는 노력의 결과였습니다. 이것은 바울이 체험한 로마서 7장 25절에 기반한 것으로 보입니다. 그렇다면 반드시 성령을 통해 주님이 역사하실 것입니다. 25절의 체험은 바울만이 아니라 우리 모두에게 가능한 것임은 두말 할 것도 없습니다.

몸의 행실을 죽이면 살리라

한 가지를 더 이야기하겠습니다. 우리에게 문제가 또 있습니다. 우리가 아무리 성령을 의식하려 해도 육신의 욕구가 늘 우리를 지배하고 있다는 점입니다. 그래서 우리는 성령을 의식하는 것과 함께 성령 안에서 육신을 죽이는 노력이 필요합니다. 바울이 강조한 것입니다.

> 너희가 육신대로 살면 반드시 죽을 것이로되 영으로써 몸의 행실을 죽이면 살리니 _롬 8:13

그렇다면 '영으로써 몸의 행실을 죽인다'(롬 8:13)는 것은 무엇을 말합니까? 이에 대하여 존 스토트는 그의 로마서 주석에서 '고행 정화'(mortification, 몸의 행실을 죽이는 과정)라고 표현했습니다.[23] 재미있는 표현입니다. 그의 말을 빌어 좀 더 설명하면, 로마에서 유죄 판결을 받은 죄인들

---

23 존 스토트, 297

이 자신의 십자가를 지고 처형 장소로 가는 것처럼 우리도 날마다 고행 정화가 필요합니다. 우리가 먼저 시도해야 할 고행 정화는 정기적으로 말씀을 읽고 기도하는, 매우 정직한 신앙생활을 하는 것입니다. 쉽지 않습니다. 그러나 포기하지 말아야 할 일입니다. 바울은 그같이 고행 정화를 한 사람들을 이렇게 설명합니다.

> 그리스도 예수에게 속한 사람들은 육체를 그 정욕과 욕망과 함께 십자가에 못박은 사람들입니다. _갈 5:24, 공동번역

여기서 말하는 정욕과 욕망은 혼적입니다. 사람은 혼적인 것에 지배받고 있는 육체를 스스로 십자가에 못 박을 수 있습니다. 성령 충만한 상태에서 이루어진 영적인 선한 자아가 육체를 제어할 만큼 강력해진 존재가 되었다는 것을 말합니다. 죄를 이기기 위해 자신에게 과도한 징벌을 가하지 않아도 이길 수 있는 상태가 된 것입니다. 바울이 말한 영으로 몸의 행실을 죽일 수 있는 상태입니다(롬 8:13-14). 하지만 그 일이 이루어지기까지, 설령 이루어졌을지라도 교만하지 않고 매일 믿음의 싸움을 멈추지 않아야 합니다. 하나님의 은혜 아래 거하면서 말입니다.

이제 다시 성령을 의식하고 성령을 따라 살기를 시도하십시오. 모든 경우에 기도하며, 말씀의 통치를 받으며, 하나님의 얼굴을 구하는 예배자의 삶을 살아가십시오. 그것도 재미있습니다. 세상의 어떤 것과 비교할 수 없는 쾌락이 있습니다.

'아바 아버지'라고 불러본다

로마서 8:14-18

우리가 예수를 믿으므로 벌어진 가장 놀라운 일은 우리가 하나님의 자녀가 되었다는 사실입니다. 동시에 우리가 가장 실감하지 못하는 부분이기도 합니다. 실감하지 못하는 가장 큰 이유는 우리가 여전히 죄와 싸우는 존재이기 때문입니다. 그 죄가 우리로 하여금 자신을 신뢰하지 못하게 하는 것입니다. 물론 7장에서 살핀 것처럼 바울의 고민도 우리와 다르지 않았습니다. 하지만 바울은 죄의 문제를 극복합니다. 바울이 죄를 짓지 않는다는 뜻이 아니라 하나님의 어떤 방법 때문입니다.

아들의 관심사와 아버지의 관심사

탕자 이야기를 또 해야 되겠습니다. 자신의 뜻대로 허랑방탕하게 살다가 돌아온 아들이었습니다. 그것도 미처 집으로 오지 못하는 아들이었는데, 아버지가 먼 곳에서 발견하고 데리고 온 것입니다. 아버지가 무엇을 하셨는지 아실 것입니다. 아버지에게 가장 필요한 것이기에, 가장 중요한 '그것'을 위해 그렇게 행동했을 것입니다.

그때 아들을 괴롭히고 선뜻 집에 돌아가지 못하게 한 것은 두 가지였습니다. 죄와 아들로서의 정체성입니다. 그것들이 우리가 이 장에서 다루는 주제이기도 합니다. 그것은 그가 극심한 굶주림 속에서 간신히 아버지에게로 돌아갈 마음을 품었을 때, 아버지에게 말하려고 수없이 연습했던 말이기도 합니다. 그 문장을 읽어보겠습니다.

> 18내가 일어나 아버지께 가서 이르기를 아버지 내가 하늘과 아버지께 죄를 지었사오니 19지금부터는 아버지의 아들이라 일컬음을 감당하지 못하겠나이다 나를 품꾼의 하나로 보소서 하리라 하고 _눅 15:18-19

둘째 아들이 연습한 이 문장에서 발견하는 첫 번째 문제는 '죄를 얻었사오니', 곧 죄의 문제였습니다. 놀랍게도 죄는 누구라도 하나님과 아버지에게 똑같이 묻게 되는 문제입니다. 우리가 사람과 세상에게 범죄하는 것은 곧 하나님과의 관계에도 문제가 된다는 사실을 말하는 것입니다.

그런 죄의 문제에서 파생된 것이 바로 두 번째 문제인 관계, 곧 정체성입니다. 그래서 아들은 "아버지의 아들이라 일컬음을 감당치 못하겠다"라는 인식과 함께 품꾼으로라도 써달라고 사정하려 연습한 것입니다. 이것이 그 아들로서는 진실이었습니다. 죄와 정체성의 문제였기 때문입니다.

죄와 정체성의 문제는 이렇게 서로 얽혀 있습니다. 그때 아버지가 먼저 다루신 일은 죄의 문제가 아니었습니다. 정체성의 문제가 먼저였습니다. 그러니까 아들을 발견하자마자 달려가서 만난 것입니다.

많은 목사님들이 이 장면을 아들로 회복되는 순간이라고 설교하는 경우가 있는데, 제가 보기에 그렇지 않습니다. 아들은 한 번도 아버지에게 아들이 아닌 적이 없었습니다. 아들 자신은 그랬는지 몰라도 아버지는 그렇지 않았던 것입니다. 그래서 아버지의 행동이 단순했지만, 정확하게 아버지의 우선순위를 말한 것입니다.

> … 달려가 목을 안고 입을 맞추니 _눅 15:20

아버지의 행동은 스스로 자신을 품꾼으로 보고 있는 아들에게 '너는 내 아들'이라는 메시지를 강력하게 표현한 것입니다. 아버지가 먼저 말하고 싶었던 주제였기 때문입니다. 몇날 며칠을 말하고 싶어 상사병이 걸릴 정도로 사모하던 행동이었습니다.

"목을 안고 입을 맞추다." "아들이 아버지라고 부르다." 여기에 더 다른 말이 필요합니까? 아들은 다른 생각이 나지 않았습니다. 몇날 며칠을 연습하던 것을 슬그머니 내려놓았습니다. 21절을 보십시오. 아들이 혼자 연습하던 19절과 비교해서 21절을 읽어보겠습니다.

> 아들이 이르되 아버지 내가 하늘과 아버지께 죄를 지었사오니 지금부터는 아버지의 아들이라 일컬음을 감당하지 못하겠나이다 하나 _눅 15:21

'품꾼'이라는 말을 뺐습니다. 그의 정체성의 문제가 사라졌기 때문입니다. 마찬가지로 하나님이 우리를 만나실 때도 언제나 성령을 통하여 제일 먼저 만지시는 것이 정체성의 문제입니다. 그래서 그 아들의 입에서 바로 이 위대한 단어가 터져 나온 것입니다.

"아버지여"(눅 15:2).

아들은 그 순간 아버지의 마음을 알았던 것입니다. 아버지가 좋은 옷을 입히고, 손에 가락지를 끼우고, 발에 신을 신기고, 살진 송아지를 잡고 잔치를 벌였기 때문에 안 것이 아닙니다. '목을 안고 입을 맞춘' 아버지의 따뜻한 포옹과 입맞춤이 그를 단번에 녹이고 말았습니다. 아들이 더 고민할 것도 없이 말입니다. 탕자의 이야기처럼 바울도 아버지의 마음을 알았던 것입니다. 그래서 성령이 우리에게 임재하시면 먼저 하나님의 자녀가 되었음을 확증하시는 것입니다. 자녀로서 정체성을 회복하는 거룩한 포옹과 입맞춤으로 말입니다.

성령이 친히 우리의 영과 더불어 우리가 하나님의 자녀인 것을 증언하시나니
_롬 8:16

성령의 감동을 받고 거룩한 포옹과 입맞춤을 한 자들의 입에서 나오는 첫 마디는 언제나 그 아들이 했던 고백입니다. "아빠 아버지."

너희는 다시 무서워하는 종의 영을 받지 아니하고 양자의 영을 받았으므로 우리
가 아빠 아버지라고 부르짖느니라 _롬 8:15

바울은 하나님을 아버지라고 부를 수 있는 자녀가 된 것의 의미를 "상속자가 되었다"라는 매우 물질적이고 세상적으로 부연 설명하였습니다. 우리가 그 의미를 잘 모르기 때문입니다.

바로 그 성령님이 우리 영과 함께 우리가 하나님의 자녀라는 사실을 증거하십니다. 우리가 하나님의 자녀라면 하나님의 상속자로서 그리스도와 공동 상속인이 되는 것입니다. _롬 8:16-17, 현대인의 성경

죄가 아직도 남아 있다

아버지의 포옹과 입맞춤을 받으면서 자신의 죄를 다 용서하신 아버지의 사랑을 경험하였지만, 아들은 그래도 자신을 용서할 수 없었습니다. 그래서 '품꾼'이라는 말은 사라졌지만 '죄'라는 단어는 아들에게 사라지지 않은 것입니다. 분명 첫 마디는 '아버지여'라고 외쳤지만, 죄는 자신이 스스로 해결하지 못하겠다는 고백까지 했습니다. 미안했습니다. 죄송했습니다.

아버지여 내가 하늘과 아버지께 죄를 얻었사오니 _눅 15:21, 개역한글

미안해하는 아들에게 아버지는 잔치를 열어주었습니다. 의심할 수 없는 아버지의 사랑의 표현이었습니다. 그러나 죄는 여전히 아들에게 남아 있었습니다. 그때 아들이 결심한 것이 무엇이었을까요? 아들은 다음날 아침부터 일찍 일어나 열심히 일하기로 했을 겁니다. 힘들고 어려운 일도 마다하지 않았을 것입니다. '아버지의 일'에 참여하는 것이기 때문입니다. 그래서 그 일은 '쾌락'이고 '영광'이었을 것입니다. 하지만 둘째 아들은 아무 일도 없던 것처럼 그것을 흔쾌히 받을 수는 없었을 것입니다. 이 영광스러운 일을 그저 누릴 수 없었습니다. 그래도 그가 할 수 있는 것은 그저 열심히 일하는 것뿐이었습니다. 그 '영광'의 자리를 주신 아버지의 사랑을 더럽히지 않으려는 행위였을 것입니다. 바울이 말하려는 요점이 바로 이것입니다. 하나님이 주신 '자녀로서의 영광' 앞에서 바울이 외친 말입니다.

우리가 하나님의 자녀라면 하나님의 상속자로서 그리스도와 공동 상속인이 되는 것입니다. 그러므로 우리가 그리스도와 함께 영광을 받으려면 그분과 함께 고난도 받아야 합니다. _롬 8:17, 현대인의 성경

실감이 나십니까? 이번에는 둘째 아들의 마음을 넣어서 읽어보십시오.

그러므로 '내'가 그리스도와 함께 영광을 받으려면 그분과 함께 고난도 받아야 합니다 _롬 8:17, 현대인의 성경

둘째 아들의 마음을 이해할 수 있겠습니까? 이제는 '고난'이 즐거워 보이지 않습니까? 둘째 아들은 고난을 자초해도 신이 났을 것입니다. 고난이 쾌락이 되었습니다. 주를 위해 사는 것이 이토록 행복하게 된 것입니다. 바울이 그 아들의 마음으로 말한 것입니다.

바울은 또한 미래까지 보았습니다. 지금보다 더 영광스러운 마지막 영광의 순간이었습니다. 그래서 이렇게 감격하며 고백한 것입니다.

생각하건대 현재의 고난은 장차 우리에게 나타날 영광과 비교할 수 없도다 _롬 8:18

달콤하지 않습니까? 바울의 미소가 보이십니까? 돌아온 아들이 아침에 일찍 일어나 아버지의 일을 할 때의 쾌락이 보이지 않으십니까?

피조물의 탄식 앞에서

로마서 8:19-25

〈새벽 4시 48분 사이코시스〉는 2006년 서울국제공연예술제 개막작으로 선정된 〈정화된 자들〉(Cleansed)을 쓴 사라 케인의 또 다른 작품입니다. 희곡 다섯 개를 남기고 1999년 28세에 자살로 생을 마감한 영국 출신 세라 케인 작가의 '실제 자살노트'로 평가받는 연극입니다. 이 연극에는 자살 충동을 느끼는 한 여자와 그녀 자신의 또 다른 자아, 그리고 정신과 의사가 등장합니다. 연극의 주된 코드는 제목 그대로 '새벽 4시 48분'인데, 그때는 '인간의 의식이 가장 명료하게 깨어 있으며 자살 충동이 가장 강렬하게 일어나는 시간'이라고 합니다. 연극을 이해하기 위해 그 여자가 소리치는 이 대사를 들어보십시오.

"난 슬퍼. 미래가 없어. 아무 것도 나아지지 않을 거야. 지겨워. 모든 게 불만이야. 한 인간으로서 완전한 실패작이야. 난 유죄야. 지금 벌을 받고 있어. 난 날 죽여버리고 싶어!"

그 여자는 자살을 계획하고 결단합니다.

"약을 있는 대로 다 삼키고, 칼로 손목을 긋고, 그러고 나서는 목을 맬 거야!"

왜 이 사람은 이토록 괴로워하며 자살을 생각하는 것입니까? 어느 날 여자는 자신 안에 수천 마리의 바퀴벌레가 살고 있는 것 같다고 느낍니다. 부조리하고 더러운 자신이 너무 싫고 혐오스럽고 고통스럽습니다. 자기 안에 가득한 죄를 발견한 것입니다.

"그렇다면 이것이 나의 전부인가? 그렇지 않다면 진정한 나는 어디에 있는 것인가?"

결국 그녀는 바퀴벌레로 가득 찬 자신을 죽이기로 결정합니다. 이 모습이 우리가 본 누가복음의 탕자와 같습니다. 아마 그 아들도 비참해진 자신을 보며 죽고 싶었을 것입니다. 그 연극의 주제로 말하면, 나를 죽이면 진정한 나를 만날 것이라는 기대감으로 말입니다. 그녀로서는 자기가 사라지는 것이 옳은 일입니다.

"내가 사라지는 것을 봐. 모든 것이 흘러가고 모든 것이 사라지고 모든 것이 시시해진다. 나의 생각은 살인적인 미소와 함께 사라진다. 내 영혼 안에서 고함치는 불협화음의 고뇌를 남기면서 희망 없이…."

피조물의 탄식, 크리스천의 탄식

"나를 죽이면 진정한 나를 만날 것이다!"

매우 중요한 고백입니다. 그녀는 자신이 거짓이라는 사실을 바르게 인식했습니다. 그래서 바퀴벌레로 가득 찬 것처럼 혐오스러운, 자신이 정말 싫어하는 '나'를 죽이고 싶었습니다. 사실 성경도 똑같이 말합니다. 성경은 그것을 피조물의 탄식이라고 말합니다.

> ²⁰피조물이 허무한 데 굴복하는 것은 자기 뜻이 아니요 오직 굴복하게 하시는 이로 말미암음이라 ²¹그 바라는 것은 피조물도 썩어짐의 종 노릇 한 데서 해방되어 하나님의 자녀들의 영광의 자유에 이르는 것이니라 ²²피조물이 다 이제까지 함께 탄식하며 함께 고통을 겪고 있는 것을 우리가 아느니라 _롬 8:20-22

'굴복'의 헬라어인 '마타이오테스'는 힘이 약해서 어쩔 수 없이 무너져 내리는 상황을 말합니다. 죄와 더러움 앞에서 나약하고 한계적인 모습의 극치를 표현하는 것입니다. '썩어짐'의 헬라어인 '프호도라'는 썩어 문드러져서 구더기가 생기고 바퀴벌레가 득실대는 상황을 말합니다. 연극 속의 그녀가 본 자기 모습이 바로 이런 것입니다. 그런 자신을 용납할 수 없습니다. 솔직한 고백입니다. 연극에서 그녀에게 이런 음성이 들렸습니다.

> "너의 진실한 자아가 존재한다. 그러니 너 자신을 죽여라! 더러운 육을 벗고 새 옷을 입어라."

그것이 자살하도록 충동질을 했습니다. 많은 밀의종교가 그런 메시지를 던졌습니다. 오대양사건이 그렇고 짐 존스의 인민사원의 914명의 집단자살도 그런 것의 일종이었습니다.

앞에서 말한 것처럼 그녀가 자살하기 전까지는 틀린 것이 아닙니다. 자신을 진실하게 바라보고 인생을 보는 사람이라면 당연히 탄식할 수밖에 없습니다. 자신의 더러움과 썩어짐, 허무를 보면 헛되다고 외칠 것입니다. 더 놀라운 이야기를 해드리겠습니다. 이와 같은 탄식은 하나님을 알지 못하는 사람만 아니라 예수를 믿고 자녀가 된 사람, 성령을 경험한 크리스천에게 도 동일하게 터져나온다는 사실입니다.

돌아온 둘째 아들은 분명히 다음날 아침에 일어나서 행복했을 것입니다. 그는 아버지가 주신 영광에 참여하기 위하여, 정말 자랑스러운 아버지의 아들로서 멋있게 살리라 다짐했을 것입니다. 얼마간 그렇게 잘 살았을 것 입니다. 그런데 어느 날부터 절망하기 시작했습니다. 다시 옛날로 돌아가려 는 자신의 모습 때문입니다.

사실 아버지를 떠나 살았던 삶이 괴로운 것만은 아니었습니다. 즐겁고 행복한 쾌락의 극치였습니다. 나중에 돈이 떨어져 배고파진 것이 문제였을 뿐이지, 아들은 그 쾌락을 즐겼습니다. 그런데 이제 배고픔의 문제가 해결 되자 슬슬 옛날의 자기 모습이 다시 드러나고, 그때가 그리워지기까지 합 니다. '이러면 안 되는데' 하면서도 몰래 돌아가기 시작했습니다. 그런 자신 을 보면서 탄식하기 시작합니다. 이것이 바로 우리들의 탄식이 아닙니까? 그래서 바울이 크리스천 역시 탄식하고 있다고 말한 것입니다.

> 그뿐 아니라 또한 우리 곧 성령의 처음 익은 열매를 받은 우리까지도 속으로 탄식 하여 양자 될 것 곧 우리 몸의 속량을 기다리느니라 _롬 8:23

'성령의 처음 익은 열매를 받은 우리'는 변화된 바울이 포함된 지금의 모 든 크리스천입니다. 바울 역시 '양자될 것' 곧 '몸이 구속(속량)'될 날을 기다 리고 있는 것입니다. 여기서 '몸의 구속'이란 공동번역처럼 '우리의 몸이 해 방될 날'을 말합니다. 영원한 천국을 만나는 것입니다.

물론 바울은 나름대로 세상을 사는 방법을 체득하였습니다. 아직 몸의 구속이 이루어지지 않은 상태에서 사는 법 말입니다. 그 상태에서는 세상의 것을 소망으로 삼지 않아야 한다고 바울은 말합니다. 돈, 권력, 쾌락 같은 세상적인 것 말입니다. 그는 그것들의 유한함과 허망함을 알았기 때문입니다. 그래서 이렇게 말합니다.

> 우리는 이 희망으로 구원을 받았습니다. 눈에 보이는 것을 바라는 것은 희망이 아닙니다. 눈에 보이는 것을 누가 바라겠습니까? 우리는 보이지 않는 것을 바라기에 참고 기다릴 따름입니다. _롬 8:24-25, 공동번역

바로 이 지점에 천국이 있습니다. 우리 몸은 이 세상에 살지만, 정말로 천국이 우리 앞에 있음을 잊지 마십시오.

천국 이야기가 나온 김에, 잠시 천국 이야기를 더 하고 싶습니다. 저의 어머님이 돌아가셨을 때의 일입니다. 저는 그날 저녁의 집회 준비 때문에 도서관에 있었기에 어머님의 임종을 지키지 못하였습니다. 나중에 제가 임종 소식을 듣고 부리나케 달려갔을 때 어머님의 몸은 이미 단단히 동여매인 상태였고, 아들에게 얼굴을 보이고 가시도록 얼굴에만 수건을 덮어놓았습니다. 저를 위하여 그 수건을 치웠을 때 이 아들은 정말로 평안한 어머님의 얼굴을 볼 수 있었고, 그때까지 주체할 수 없도록 흐르던 눈물은 그쳤습니다. 어머님의 얼굴을 본 것 때문이 아니라, 어머님의 얼굴에서 천국을 보았기 때문입니다. 제가 천국에 가신 어머님을 본 것입니다.

저는 지금도 그 천국을 사랑하고 사모합니다. 제가 위암으로 죽음 앞에 있었을 때, 수술을 앞두고 매우 불안하였을 때 저를 평안케 한 것은 천국에 대한 소망이었습니다. 동일하게 우리의 고난을 이기게 하는 것은 천국에

대한 소망입니다.

반드시 탄식하라

기억하십시오. 탄식하는 것은 문제가 아닙니다. 오히려 반드시 탄식해야 합니다. 탄식은 자기의 더러움과 허무와 썩어짐을 깨닫는 자들에게 생기는 당연한 현상이기 때문입니다. 하나님 나라를 소망하는 적극적인 표현이기도 합니다. 그러므로 탄식 자체는 잘못된 것이 아닙니다. 다만 탄식할 때가 하나님의 일하심과 사탄의 역사가 부딪히는 시점인 것을 잊지 마십시오. 이 지점에서 사탄이 매우 고상하게 역사합니다. 사탄은 탄식하는 우리에게 이렇게 속삭입니다. "네 잘못이 아니다." 앞에서 소개한 연극에서도 정신과 의사가 이 말을 계속 반복합니다. "네 잘못이 아니다."

이런 말을 들은 우리는 내 죄의 원인을 다른 사람에게서 찾습니다. 그리고 똑같이 속이고, 적당히 즐기고, 더러운 방법들을 선택합니다. 하지만 그것은 잘못된 가르침입니다. 왜 잘못된 가르침입니까? 답은 간단합니다. 우리가 잘못되었기 때문입니다. 우리가 죄인입니다. 죽게 된 존재입니다. 이것이 성경이 말하는 대전제입니다.

> [9]… 우리는 나으냐 결코 아니라 유대인이나 헬라인이나 다 죄 아래에 있다고 우리가 이미 선언하였느니라 [10]기록된 바 의인은 없나니 하나도 없으며 _롬 3:9-10

그래서 바울은 에베소서 2장 1절 말씀에서 우리의 상태를 매우 분명하게 '허물과 죄로 죽었던 너희'라고 규정하였습니다. 분명한 진리요 빛 되신 주님을 만나면 우리가 죄인이라는 사실이 보입니다. 동시에 그동안 주장하였던 우리의 자아가 붕괴되면서, 우리는 입술로 죄인이라는 고백을 하기에 이릅니다. 베드로가 게네사렛 호숫가에서 예수를 만난 후 한 고백처럼 말입니다.

주여 나를 떠나소서 나는 죄인이로소이다. _눅 5:8

그런데 세상은 우리에게 "괜찮다! 괜찮다!" "네 잘못이 아니야!"라고 말합니다. 아닙니다. 분명히 내가 잘못했습니다. 절대로 괜찮지 않습니다. 죄인인 나에게 희망이 없다는 것을 알아야 합니다. 나는 죄인이라고 고백해야 합니다. 그것이 탄식하는 것입니다. 그런 의미에서 탄식은 분명히 나쁜 것이 아닙니다. 우리가 피조물이므로 허무한 데 굴복하는 것은 당연합니다. 죄와 더러움에 빠진, 수천 마리의 바퀴벌레가 우글대는 것 같은 자신의 모습에 묶여 벗어나지 못하는 것이 당연하다는 말입니다. 그것이 진실로 우리의 모습이기 때문입니다. 그래서 바울은 매우 분명하게 말합니다.

피조물이 허무에 굴복했지만, 그것은 자의로 그렇게 된 것이 아니라, 굴복하게 하신 그분이 그렇게 하신 것입니다. 그러나 소망은 남아 있습니다.
_롬 8:20, 표준새번역

하나님이 우리를 굴복하게 하신 것이 하나님의 뜻이라는 말은 죄값으로 죽게 된 우리가 현 상황에서 벗어날 수 없음을 강조한 것입니다. 그렇다고 오해하지는 마십시오. 그 허무한 상황에 놓이는 것이 하나님의 뜻이라는 말은 아닙니다. 바울은 그래서 하나님의 뜻을 이어서 적어놓았습니다.

그것은 곧 피조물도 사멸의 종살이에서 해방되어서, 하나님의 자녀가 누릴 영광된 자유를 얻는다는 것입니다. _롬 8:21, 표준새번역

우리가 회복되어 하나님의 자녀로서 진정한 정체성을 찾는 것은 하나님의 뜻입니다. 하나님은 우리가 그것을 찾기를 원하시는 것입니다.

하나님만이 진정한 내가 되신다

사탄은 또 근사하게 속삭입니다.

"진정한 자아를 찾아라."

연극은 그녀가 자살하자, 문 밖에서 강력한 빛을 비추는 장면과 함께 그녀가 그곳으로 걸어나가는 것으로 끝을 맺습니다. 마치 자살로 진정한 자아를 만난 것처럼 암시하는 것입니다. 이 부분이 우리를 낭만적으로 현혹하는 매우 교묘한 사탄의 속삭임입니다. 마치 자기가 광명의 천사인 것처럼 가장(고후 11:14)했기 때문입니다. 그러나 알아야 합니다. 거기에는 진정한 내가 존재하지 않는다는 것을 말입니다. 그곳은 지옥입니다. 하나님이 계신 곳이 아니기 때문입니다. 우리는 언제나 반드시 하나님으로만 살 수 있는 존재입니다. 사탄은 그것을 매우 교묘하게 속입니다. 스스로 신적 인간으로서 '자유선언'을 하라고 유혹합니다.

물론 지금의 이 더럽고 추한 나, 바퀴벌레가 수천 마리 득실거리는 나를 넘어 '진정한 나'가 있는 것은 사실입니다. 하지만 나를 죽이는 자살의 방법으로 진정한 나를 만날 수 있는 것은 아닙니다. 그렇다면 나의 밖에 있는 진정한 나는 누구입니까? 그 '나'를 어떻게 만날 수 있습니까?

하나님이 호렙산에서 모세를 만날 때입니다. 모세가 하나님께 이름이 무

엇인지 묻습니다. 이스라엘 백성에게 가서 "이토록 우리를 구원하시려는 분이 누구시냐"고 어떻게 말해주어야 할지 물은 것입니다. 그때 하나님이 당신의 이름을 말씀하십니다.

> 하나님이 모세에게 이르시되 나는 스스로 있는 자이니라 또 이르시되 너는 이스라엘 자손에게 이같이 이르기를 스스로 있는 자가 나를 너희에게 보내셨다 하라
> _출 3:14

이 말씀을 NIV로 읽어보면 하나님의 이름은 'I AM THAT I AM'입니다. 하나님의 존재하심은 '나'로 존재하심입니다. 바로 '모든 나'이십니다. 하나님은 '모든 나'의 근원, 곧 진정한 '나'이시기 때문입니다. 그러므로 그녀가 추구하던 진정한 자아는 분명히 있습니다. 옛 뱀이 예전에 하와에게 속삭였던 "너희가 그것을 먹는 날에는 너희 눈이 밝아 하나님과 같이 되어 선악을 알줄을 하나님이 아심이니라"(창 3:5)는 말처럼, 하나님과 같이 되는 방법이 있습니다. 그런데 우리가 하나님같이 되는 것은 우리가 하나님 안에 거할 때입니다. 그럴 때 우리가 하나님과 하나됨으로, 물론 하나님은 아니지만 하나님 같은 존재, 곧 신적 존재가 되는 것입니다. 예수님은 우리들이 이 사실을 알기를 원했습니다. 그래서 주님은 제자들에게 마지막 말씀을 하실 때 이 말씀도 하신 것입니다.

> 21아버지여, 아버지께서 내 안에, 내가 아버지 안에 있는 것 같이 그들도 다 하나가 되어 우리 안에 있게 하사 세상으로 아버지께서 나를 보내신 것을 믿게 하옵소서 22내게 주신 영광을 내가 그들에게 주었사오니 이는 우리가 하나가 된 것 같이 그들도 하나가 되게 하려 함이니이다 _요 17:21-22

하나님의 원래 계획은 우리가 '하나님', '예수 그리스도', 그리고 지금의 '나', 그렇게 모든 '나'가 하나님 안에서 하나가 되는 것이었습니다. 우리의 공허함과 썩어짐과 허무는 진정한 '나'가 되시는 하나님을 만날 때 해결되는 것입니다. 그래서 어거스틴이 고백록 1장에서 이렇게 고백했습니다.

> 하나님, 당신은 우리를 당신을 향해서 살도록 창조하셨으므로, 우리 마음이 당신 안에서 쉴 때까지는 평안이 없습니다.

하나님 외에 다른 길은 없다

우리는 매일 무너질 것입니다. 내 안에 수천 마리의 바퀴벌레가 보여서 나를 죽이고 진정한 나를 찾고 싶을지도 모르며, 사탄의 거짓 속삭임에 귀가 솔깃해질지도 모릅니다. 하지만 하나님 외에 다른 길은 존재하지 않습니다. 하나님 외에 진정한 나를 찾을 수 있는 방법이 없다는 것을 믿으시기 바랍니다. 그리고 이것을 잊지 말고 믿으십시오. 도무지 견딜 수 없을 만큼 비참하게 자신을 던지고 싶을 때, 그렇게 연약할 때 성령께서 중보하며 기도하고 계시다는 사실을 기억하십시오.

> 이와 같이 성령도 우리의 연약함을 도우시나니 우리는 마땅히 기도할 바를 알지 못하나 오직 성령이 말할 수 없는 탄식으로 우리를 위하여 친히 간구하시느니라
> _롬 8:26

그리고 모든 것이 무너질 것처럼 보이고 실패한 것처럼 보여도, 언제나 하나님이 잘 정리해주셔서 좋은 쪽으로 이끄실 것을 믿으시기 바랍니다.

우리가 알거니와 하나님을 사랑하는 자 곧 그의 뜻대로 부르심을 입은 자들에게
는 모든 것이 합력하여 선을 이루느니라 _롬 8:28

무엇보다 알고 믿어야 할 것은, 우리가 아무리 많은 죄 가운데 놓여서 패
배하여 사탄이 우리의 죄에 대한 권리를 주장하여도, 하나님이 절대로 우
리를 놓지 않으시고 언제나 우리 편에 서 계시다는 사실입니다.

31… 만일 하나님이 우리를 위하시면 누가 우리를 대적하리요 32자기 아들을 아
끼지 아니하시고 우리 모든 사람을 위하여 내주신 이가 어찌 그 아들과 함께 모든
것을 우리에게 주시지 아니하겠느냐 _롬 8:31-32

결국 우리가 마침내 반드시 승리할 것을 믿으십시오. 우리의 능력 때문
이 아니라 우리를 사랑하시는 하나님의 사랑 때문에 말입니다.

35누가 우리를 그리스도의 사랑에서 끊으리요 환난이나 곤고나 박해나 기근이나
적신이나 위험이나 칼이랴 36기록된 바 우리가 종일 주를 위하여 죽임을 당하게
되며 도살 당할 양 같이 여김을 받았나이다 함과 같으니라 37그러나 이 모든 일에
우리를 사랑하시는 이로 말미암아 우리가 넉넉히 이기느니라 _롬 8:35-37

합력하여 선을 이룬다

로마서 8:26-30

아무리 전의를 불사르더라도 우리가 싸우는 싸움이 결코 쉽지 않은 것이 사실입니다. 더욱이 외적인 고난과 함께 내적인 연약함이 덧붙여지면 더 힘들어집니다. 그런 우리에게 바울은 자신이 싸움에서 승리하는 비결을 말해줍니다. 그것을 이 한 문장으로 요약합니다.

우리가 알거니와 하나님을 사랑하는 자 곧 그의 뜻대로 부르심을 입은 자들에게 는 모든 것이 합력하여 선을 이루느니라 _롬 8:28

이 말씀이 우리에게 적지 않은 위로와 힘이 됩니다. 하지만 이 말씀이 그 저 모두에게 모든 것들이 좋게 된다는 뜻은 아닙니다. 바울이 이 놀라운 일 의 수혜자의 조건을 분명히 전제했다는 사실을 잊어선 안 됩니다. '하나님 을 사랑하는 자'여야 하고 '그 뜻대로 부르심을 입은 자'여야 합니다.

하나님을 그냥 사랑한다?

엄밀히 말해 우리가 먼저 하나님을 사랑하는 것은 불가능합니다. 그것이 우리의 한계입니다. 사람은 아무런 이유 없이 사랑하지 못합니다. 세상의 모든 것을 막연히 사랑할 수 있습니까? 길을 걸어가는 불특정 다수를 아무 이유 없이 사랑할 수 있겠습니까? 우리의 사랑은 늘 대상에 대한 지식이나 경험이나 반응과 관계가 있습니다. 나에게 의미있는 사람을 사랑하고 나에게 잘 해준 사람을 사랑합니다. 종교도 그렇습니다. 우리가 하나님을 경험한 무엇이 있어야 당연히 하나님을 사랑할 수 있습니다. 아무런 이유 없이, 하나님을 아는 경험 없이 하나님을 사랑하고 예배하는 것은 불가능합니다.

주께서 주신즉 그들이 받으며 주께서 손을 펴신즉 그들이 좋은 것으로 만족하다가 주께서 낯을 숨기신즉 그들이 떨고 주께서 그들의 호흡을 거두신즉 그들은 죽어 먼지로 돌아가나이다 _시 104:28-29, 표준새번역

이것이 피조물의 한계입니다. 주께서 자신을 직접 드러내지 않으시면 우리가 하나님을 알 수 있는 길은 존재하지 않습니다. 하나님이 자신을 계시하시기 전에는 우리가 하나님을 알 수 없고, 하나님을 사랑하는 것은 더구나 불가능합니다. 그런데 하나님이 우리에게 자신을 드러내셨습니다. 하나님의 드러내심이 곧 예수 그리스도이신데, 단순히 위엄과 권위로 드러내시지 않고 우리를 위한 죽음으로 자신의 사랑을 드러내셨습니다.

… 우리가 아직 죄인으로 있을 때에, 그리스도께서는 우리를 위하여 죽으심으로써, 하나님께서 우리에게 주시는 사랑을 나타내셨습니다. _롬 5:8, 표준새번역

그래서 우리는 예수 그리스도를 볼 때 하나님의 사랑을 알게 됩니다. 이렇게 알게 될 때, 우리도 하나님을 참으로 사랑하게 됩니다. 그때 사랑은 매우 자발적이 됩니다. 복을 받기 위한 사랑이 아니라, 이미 받은 복에 대한 감사로서 사랑하게 되는 것입니다. 그래서 성경 기자들은 우리에게 하나님을 사랑하는 것보다 우선 하나님을 알 것, 즉 주님을 바라볼 것을 요청합니다. 하나님을 알게 되면 당연히 사랑을 깨닫게 될 것입니다. 주님을 바라본다면 십자가에서 흘리시는 주님의 사랑을 알게 될 것입니다. 그래서 호세아는 하나님의 사랑을 말하면서, 하나님을 사랑하자는 말 대신 이렇게 말합니다.

우리가 여호와를 알자 힘써 여호와를 알자 _호 6:3

부르심을 받은 자

'하나님을 사랑하는 자'를 말하면서 바울은 동시에 설명하기를 "그 뜻대로 부르심을 입은 자들"(롬 8:28)이라고 규정하였습니다. 이 말씀은 결국 부름 받은 자와 부름받지 못한 자가 있다는 뜻입니까? 누구는 구원받고 누구는 아니라는 의미입니까? 그 선정의 기준은 하나님의 주권이라는 말로 끝을 내야 하는 것입니까? 이와 같은 혼동에 대하여 프란시스 쉐퍼는 이렇게 말했습니다.

하나님이 선택하셨다는 진리가 너무나 자주 냉랭한 신학적 형태로 제시되는 것을 보게 된다. 마치 하나님의 선택이 단지 골라서 버리는 과정인 것처럼 말이다. … 성경은 당신으로 하여금 당신의 구원을 확신하게끔 하려고 하나님의 선택에 관해 가르친다. 당신이 예수님을 구원자로 영접하였다면 당신은 편안한 마음으로 당신의 구원을 확신해도 좋다.[24]

칼빈의 예정론을 제대로 해석한 것입니다. 하지만 저는 칼 바르트의 예정에 대한 개념이 더 성경적이라고 생각합니다. 하나님의 선택은 우리 모두가 구원받기로 예정된 것이라는 그의 견해가 옳다고 생각합니다. 만일 그렇지 않고 선택적 예정론을 주장한다면, 단 한 가지 그러나 가장 중요한 사실, '모든 사람을 위해서 죽으신 예수 그리스도의 십자가의 죽음'이 제한된 영역으로 축소되기 때문입니다. 즉, 구원받아야 할 사람이 이미 한정된 채 십자가를 지신 매우 제한된 일이 되기 때문입니다. 결국 그것은 하나님의 주권을 강조한다기보다 하나님을 폄하하게 됩니다. 더구나 하나님의 사랑의 전체성을 제한된 부분적 사랑으로 축소시키는 매우 큰 오류를 범하게 됩니다. 알다시피 성경은 모든 사람을 위한 그리스도의 죽음을 수없이 증거하고 있습니다.

그리스도의 사랑이 우리를 강권하시는도다 우리가 생각하건대 한 사람이 모든 사람을 대신하여 죽었은즉 모든 사람이 죽은 것이라 _고후 5:14

자기 아들을 아끼지 아니하시고 우리 모든 사람을 위하여 내주신 이가 어찌 그 아들과 함께 모든 것을 우리에게 주시지 아니하겠느냐 _롬 8:32

유대인이나 헬라인이나 차별이 없음이라 한 분이신 주께서 모든 사람의 주가 되사

---

24 프란시스 쉐퍼, 프란시스 쉐퍼의 로마서 강해, 생명의말씀사, 325

그를 부르는 모든 사람에게 부요하시도다 _롬 10:12

이미 우리는 모두 부르심을 받은 사람들입니다. 그 부르심은 우리에게 드러난 예수 그리스도의 사랑을 통해 나타났습니다. 그러므로 십자가는 우리를 부르신 것입니다. 그 부르심에 응답하는 것이 우리가 주를 사랑하는 것이라고 말할 수 있습니다. 그것이 바로 믿음입니다. 그렇다면 부르심을 받지 않은 자들은 누구입니까? 당연히 부르심 앞에 응답하지 않은 자들입니다. 칼 바르트는 이 구분을 이렇게 설명합니다.

> 부르심을 받은 자들로 일컬어지는 사람들이란 하나님을 사랑하는 자들이니, 이들은 부르심을 받지 않은 자들과 구분된다. 이들 부르심을 받지 않은 자들은 스스로가 하나님을 사랑한다고 생각하지만, 그리고 그런 자인 양 스스로를 나타내 보이지만, 그들은 하나님을 사랑하지 않는 자들이다.[25]

모든 것이 아름답고 만족스럽다

말할 수 없이 큰 사랑으로 부름 받고 구원을 체험한 우리들은 당연히 하나님을 사랑하게 됩니다. 사실 어떤 다른 것도 구할 마음이 생기지 않습니다. 예수 그리스도 한 분으로 만족스럽기 때문이고 완벽하기 때문입니다. 그러므로 하나님을 사랑하는 자들에게 '모든 것이 합력하여 선을 이루느니라'는 말씀은 깊은 묵상이 필요합니다. 이 말씀은 두 가지 면을 가지고 있습니다. 우선 하나님 편에서 이 말씀을 해석할 수 있습니다. 하나님이 아들을 주

---

25 칼 바르트, 486

기까지 사랑하신 사랑으로 알 수 있듯이, 이 말씀을 하나님을 사랑하는 우리들에게 모든 것들을 주시고 적절하게 역사하실 것이라는 뜻으로 이해할 수 있습니다. 그래서 바울은 강력한 확신으로 다음과 같이 말했습니다.

> 우리 모든 사람을 위하여 당신의 아들까지 아낌없이 내어 주신 하나님께서 그 아들과 함께 무엇이든지 다 주시지 않겠습니까? _롬 8:32, 공동번역

우리 앞에 불같은 시험이 있고 어려움이 있을지라도, 우리를 사랑하시는 하나님께서 우리의 모든 문제들에 응답하시고, 하나님의 선하신 목적 아래에서 응답하실 것이라는 사실입니다. 동시에 우리는 이 말씀을 통하여 하나님의 놀라운 계획을 발견하게 됩니다. 바울이 28절에 이어 설명한 29-30절 말씀에서 알 수 있습니다.

> 29하나님이 미리 아신 자들을 또한 그 아들의 형상을 본받게 하기 위하여 미리 정하셨으니 이는 그로 많은 형제 중에서 맏아들이 되게 하려 하심이라 30또 미리 정하신 그들을 또한 부르시고 부르신 그들을 또한 의롭다 하시고 의롭다 하신 그들을 또한 영화롭게 하셨느니라 _롬 8:29-30

이 말씀에는 죄 가운데 있는 우리가 영화롭게 되는 것까지의 과정이 적혀 있습니다.

첫째 하나님이 우리를 아시고 정하셨다고 말합니다. 물론 하나님이 우리를 아신 시점은 우리가 죄인인 것과 상관없이 창세 전부터입니다. 그렇게 우리의 구원을 정하셨습니다.

주님은 하늘에서 굽어보시며, 사람들을 낱낱이 살펴보신다. 계시는 그 곳에서 땅 위에 사는 사람을 지켜 보신다. 주님은 사람의 마음을 지으신 분, 사람의 행위를 다 아시는 분이시다. _시 33:13-15, 표준새번역

둘째, 그래서 하나님이 우리를 부르셨습니다. 모든 인류에게 임하는 차별 없는 부르심입니다. 사람을 구별하지 않으시고, 선한 행위와 악한 행위를 하는 자를 구별하지 않으셨습니다.

21이제는 율법 외에 하나님의 한 의가 나타났으니 율법과 선지자들에게 증거를 받은 것이라 22곧 예수 그리스도를 믿음으로 말미암아 모든 믿는 자에게 미치는 하나님의 의니 차별이 없느니라 _롬 3:21-22

셋째, 부르신 그들을 의롭게 하셨습니다. 당연히 믿음으로 그 부르심에 응답한 사람들을 말합니다.

사람이 의롭게 되는 것은 율법의 행위로 말미암음이 아니요 오직 예수 그리스도를 믿음으로 말미암는 줄 알므로 우리도 그리스도 예수를 믿나니 이는 우리가 율법의 행위로써가 아니고 그리스도를 믿음으로써 의롭다 함을 얻으려 함이라 율법의 행위로써는 의롭다 함을 얻을 육체가 없느니라 _갈 2:16

넷째, 하나님의 계획은 믿음으로 의롭다 함을 입은 자들을 영화롭게 하는 것입니다. 하나님의 영광에 이르게 하는 것, 즉 우리가 하나님의 자녀로서 영광스러운 지위를 얻게 하는 것이 하나님의 계획입니다.

또 내가 보좌들을 보니 거기에 앉은 자들이 있어 심판하는 권세를 받았더라 또 내가 보니 예수를 증언함과 하나님의 말씀 때문에 목 베임을 당한 자들의 영혼들과 또 짐승과 그의 우상에게 경배하지 아니하고 그들의 이마와 손에 그의 표를 받지 아니한 자들이 살아서 그리스도와 더불어 천 년 동안 왕 노릇 하니 _계 20:4

우리는 이제 28절 말씀 "모든 것이 합력하여 선을 이룬다"를 바울 자신의 관점에서 읽을 수 있습니다. 이 말씀을 이렇게 해석할 수도 있습니다.

"우리에게 주어지는 어떤 것이든지 선한 결과가 나온다."

다시 말하면, 우리가 하나님으로부터 받은 사랑이 너무나 크고 분명하고 만족스럽기 때문에, 앞으로 어떤 일이 벌어지더라도 선하게 받아들일 수 있다는 말입니다.

우리가 하나님의 사랑을 입은 자로서 하나님을 사랑하는 것만으로 행복하고 즐거운 것이 당연합니다. 그분을 위하여 일할 수 있다는 것, 죽을 수 있다는 것은 너무나 감사한 일일 수밖에 없습니다. 바울은 그런 감격 가운데서 그렇게 말했습니다. 하나님을 너무도 깊이 사랑하여 내가 하는 어떤 종류의 일이든, 그 앞에 환난과 고통이 있을지라도, 사랑하는 그분을 위하여 살 수 있다는 것이 행복하고 만족합니다. 그 행복과 만족감이 세상적으로 볼 때 실패일지 모르지만, 선이고 성공입니다. 하나님의 사랑을 진정으로 알고 있다면 당연한 고백일 것입니다.

모든 일에 넉넉히 이긴다

로마서 8:31-39

바울은 정말 주를 위해 살았습니다. 두려워하지 않으면서 말입니다. 그래서 새삼스럽지만 이 질문을 던지겠습니다.

"도대체 무엇이 바울을 그런 담대함을 가지도록 이끌었는가?"

죽음을 두려워하지 않는 바울의 당당함은 어디에서 나왔는지에 대해 명쾌하게 답한 말씀이 이것입니다. 바울은 한마디로 매우 단호하게 말합니다.

만일 하나님이 우리를 위하시면 누가 우리를 대적하리요 _롬 8:31

우리나라 검찰이 종종 최고실권자의 눈치를 보는 것 때문에 법치에 많은 타격을 입었습니다. 아무리 봐도 의심스럽고, 심지어 증거가 있더라도 무혐의 처리하거나 슬그머니 해외로 도피하도록 방임했기 때문입니다. 왜 그렇게 한 것입니까? "뒤에 누가 있다"는 것 때문입니다. 31절 말씀으로 표현하면 "대통령이 그를 보호하고 있는데 누가 감히 잡아들일 수 있을까"라고 할 수 있습니다. 일국의 대통령이 보호한다는 것은 그 통치권 아래 있는 자들을 어느 누구도 함부로 대할 수 없다는 것을 의미합니다. 바울이 바로 이것을 말한 것입니다. 온 우주 만물을 창조하신 이가 우리를 위하시는데 무엇이 두려우며, 누가 함부로 대할 수 있는가 하는 확신입니다.

끔찍히 위하시는 증거

그렇다면 하나님께서 우리를 그처럼 끔찍하게 위하신다는 것의 증거로 바울은 무엇을 말하고 있습니까? 바울은 독생자 예수 그리스도를 우리를 위하여 주신 사건을 그 증거로 삼습니다. 아들을 주셨다는 것은 모든 것을 주신 것을 말합니다. 더 이상 줄 것이 없다는 뜻입니다.

좀 억지 같은 비유이지만, 늘그막에 외아들을 낳은 부부가 있다고 합시다. 그런데 옆집에 사는 불임부부가 그 외아들을 달라고 통사정해서 그 집에 양자로 주었다고 가정합시다. 그리고 어느 날, 옆집에서 찾아와 아들이 쓰던 장난감, 옷, 자전거까지 달라고 요구할 때 친부모는 어떤 반응을 보였을까요? 옆집부부에게 뻔뻔하다고 핀잔을 주겠습니까? 두말할 필요 없이 다 주었을 것입니다. 더 필요한 것은 없냐고 물어보며 줄 수 있는 것은 다 주었을 것이고, 필요하다면 새로 사서라도 주었을 것입니다. 그와 같이, 하나님께서 우리의 죄를 대속하기 위하여 아들을 십자가에서 죽게 하셨습니다. 그것은 전부를 말하는 것입니다. 바울은 십자가 사건에서 하나님의 마음을 확실히 알 수 있었습니다. 그래서 매우 강한 어조로 말한 것입니다.

당신의 아들을 아끼지 않으시고, 우리 모두를 위하여 내주신 분이, 어찌 그 아들과 함께 모든 것을 우리에게 선물로 거저 주지 않으시겠습니까?

_롬 8:32, 표준새번역

우리는 매우 중요한 이 사실을 알아야 합니다. 십자가 사건에는 하나님의 의지와 예수 그리스도의 의지가 강력하게 들어 있다는 사실입니다. 즉, 죽음으로 우리를 사랑하신 주님께서 우리가 살아날 때까지 포기하지 않으시겠다는 뜻입니다. 주님은 죽음 직전까지도 우리를 포기하지 않으실 것입니다. '최후의 일각까지' 그렇게 하실 것입니다. 그것이 하나님의 뜻입니다. 그것이 주님의 각오이고 주님의 자존심입니다. 그 증거가 십자가 상의 강도입니다. 그가 죽기 직전에, 아무것도 선한 일을 한 것이 없는 강도에게 구원을 선포하셨습니다. 강도의 고백은 적극적인 믿음의 고백이 아니었습니다. 자신의 더러움을 한탄하며 '할 수 있다면 기억해줄 것'(눅 23:42)을 요청하는 하루살이의 고백 같았습니다. 하지만 주님은 자신의 죽음 앞에서조차 기다렸다는 듯이 그에게 구원을 선포하셨습니다.

> 예수께서 이르시되 내가 진실로 네게 이르노니 오늘 네가 나와 함께 낙원에 있으리라 하시니라 _눅 23:43

주님이 생각해보겠다는 말씀이 아닙니다. '오늘' 천국에 있을 것을 선포하셨습니다. 동시에 기다렸다는 듯이 예수님의 핏값을 이유로 무죄 선포도 하셨습니다.

> 하나님께서 택하신 사람들을 누가 감히 고소하겠습니까? 그들에게 무죄를 선언하시는 분이 하나님이신데 누가 감히 그들을 단죄할 수 있겠습니까? …
> _롬 8:33-34, 공동번역

이 말씀은 유보해두었다가 조금 살핀 후에 구원을 주시겠다는 것이 아닙니다. 우리는 여기서 주님이 죽음 앞에서도 세상의 구원에 목말랐고, 사모하며 기다리고 계셨음을 알게 됩니다. 그것이 주님의 의지이고 자존심이었습니다. 이것이 우리가 이 땅에서 승리할 수 있는 근거입니다.

주님의 중보기도

문제는 우리가 약하고 보잘것없다는 데 있습니다. 사탄이라는 적의 공격도 충분히 이유가 있고 설득력이 있습니다. 사탄은 우리가 죄를 지었고 늘 유혹받고 무너지는 데서 공격할 틈을 찾습니다. 그런데 중요한 것은 하나님의 의지입니다. 그래서 예수님은 승천하여 하늘 보좌 우편에 앉아 계시면서 매우 중요한 역할을 하십니다. 우리가 구원을 얻을 때까지 쉬지 않고 중보하시는 것입니다.

> 그리스도 예수는 죽으셨을 뿐 아니라, 오히려 다시 살아나셔서 하나님의 오른편에
> 계시며, 우리를 위하여 대신 간구하여 주십니다. _롬 8:34, 표준새번역

우리가 약함에도 불구하고 완전히 쓰러지지 않고 주님께 돌아와 다시 시작할 수 있는 이유는, 예수님이 우리를 위해 기도하고 계시기 때문입니다. 비록 죄를 범할지라도, 예수님은 우리를 위하여 하나님께 탄원하십니다. 이것을 기억해야 합니다.

> 나의 자녀들아 내가 이것을 너희에게 씀은 너희로 죄를 범하지 않게 하려 함이라
> 만일 누가 죄를 범하여도 아버지 앞에서 우리에게 대언자가 있으니 곧 의로우신
> 예수 그리스도시라 _요일 2:1

그러므로 주님이 우리를 위하여 중보기도하고 계시다는 것은 우리에게 힘을 불어넣어주고 계시다는 것을 말합니다. 천지를 창조하신 그 능력이 우리에게 공급되고 있다는 것입니다. 그래서 바울은 자신이 모든 환난과 고통, 그리고 눈물과 죽음을 이길 수 있었던 것은 주님이 주시는 능력 때문이라고 고백합니다.

> [12]나는 비천에 처할 줄도 알고 풍부에 처할 줄도 알아 모든 일 곧 배부름과 배고픔과 풍부와 궁핍에도 처할 줄 아는 일체의 비결을 배웠노라 [13]내게 능력 주시는 자 안에서 내가 모든 것을 할 수 있느니라 _빌 4:12-13

이 능력은 모든 크리스천에게 동일하게 주어집니다. 그러므로 주님의 중보기도는 우리에게 주시는 주님의 실제적인 힘이라는 사실을 기억해야 할 것입니다. 바로 이런 이유 때문에 우리는 모든 것을 넉넉히 이길 수 있다고 바울이 말한 것입니다.

우리가 이길 수 있는 이유는 우리의 힘 때문이 아니라 하나님이 우리를 위하시기 때문입니다. 우리가 죄를 이긴 것도 하나님이 우리를 위하시기 때문입니다. 그러므로 바울은 자신의 믿음의 견고함을 말하거나, 행위나 끈기있는 집념 같은 자신의 힘에 대하여 말하지 않습니다. 바울은 자기 자신을 신뢰하고 확신하지 않습니다. 바울의 확신과 신뢰는 바로 하나님에 대한 확신과 신뢰인 것입니다. 그래서 존 스토트는 이렇게 말합니다.

> 우리의 확신은 하나님에 대한 우리의 사랑 곧 연약하고, 변하기 쉬우며 비틀거리는 사랑에 있는 것이 아니라, 확고부동하고 신실하며, 끈기있는 하나님의 사랑에 있다. '성도의 견인'이라는 교리는 이름이 바뀌어야 한다. 그것은

성도에 대한 하나님의 견인이다.[26]

하나님은 우리가 무너지고 부서지는 것을 용납하지 않으십니다. 비록 우리가 넘어지고 쓰러질지라도 우리를 붙들어 적에게서 끄집어내시는 분이십니다. 우리가 이길 때까지 힘을 불어넣으실 것이기 때문입니다.

> 그러나 이 모든 일에 우리를 사랑하시는 이로 말미암아 우리가 넉넉히 이기느니라
> _롬 8:37

하나님의 계획은 우리가 바로 서는 것입니다. 그때까지 우리를 지원하며 이길 수 있도록 도우십니다. 이것이 바로 우리를 향한 하나님의 의이며 끝없는 견인입니다. 하나님이 그렇게 하겠다고 마음먹으신 것입니다. 그러므로 어느 누구도 빼앗을 수 없습니다. 그래서 바울은 우리보다 강한 모든 것들을 다 써넣었습니다. 그것이 선하든 악하든, 아무리 큰 권세가 있든, '가장 높은 높이나 가장 깊은 곳에 있는 것'[27]이라고 할지라도, 그 어떤 것도 하나님의 의지를 꺾거나 가로막을 수 없다고 강조한 것입니다.

> [38]내가 확신하노니 사망이나 생명이나 천사들이나 권세자들이나 현재 일이나 장래 일이나 능력이나 [39]높음이나 깊음이나 다른 어떤 피조물이라도 우리를 우리 주 그리스도 예수 안에 있는 하나님의 사랑에서 끊을 수 없으리라 _롬 8:38-39

---

26 존 스토트, 341
27 존 스토트, 340

3부

잘난 척하지 말아라

내가 죄인이라는 고백은 내 안에 죄가 있다는
것을 인정하는 것이고, 깨어 있는 것이고,
조금도 용납할 틈을 주지 않는 것이고, 나아가
잘난 척하지 않는 것을 말합니다. 이 죄들은
언제든지 다시 깨어날 수 있기 때문입니다.
그래서 늘 죄를 인식해야 합니다.

33 우리는 약속의 자녀이다

롬 9:1-13

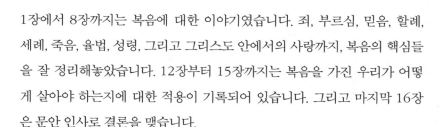

1장에서 8장까지는 복음에 대한 이야기였습니다. 죄, 부르심, 믿음, 할례, 세례, 죽음, 율법, 성령, 그리고 그리스도 안에서의 사랑까지, 복음의 핵심들을 잘 정리해놓았습니다. 12장부터 15장까지는 복음을 가진 우리가 어떻게 살아야 하는지에 대한 적용이 기록되어 있습니다. 그리고 마지막 16장은 문안 인사로 결론을 맺습니다.

9장에서 11장까지 세 장은 전혀 다른 관점, 곧 이스라엘에 대하여 기록하고 있습니다. 사실 바울은 로마서에서 이스라엘 민족, 곧 유대인으로서 율법에 관한 문제보다 복음과 은혜를 강조해온 것이 사실입니다. 하지만 바울은 로마서의 중간을 넘어서면서, 세 장에 걸쳐 하나님이 주신 사명을 감당하지 않고 스스로 저버린 이스라엘에 대하여 기록합니다. 이렇게 기록한 이유는 바울 자신이 유대인이어서 민족에 대한 애정을 피력한 대로(롬 9:3), 유대인에 대한 뜨거운 사랑 때문이라고 볼 수 있습니다. 하지만 무려 세 장에 걸쳐 장황하게 설명한 것을 볼 때, 다른 이유가 있다고 생각됩니다. 선택받은 백성이지만 하나님의 뜻을 따라 행동하지 않은 이스라엘이 하나님 뜻을 유기한(무시한, 저버린) 행위에 대해 하나님이 어떤 태도를 갖고 계신지를 설명함으로, 우리들에 대한 하나님의 마음을 말하고자 한 것으로 이해해야 옳을 것입니다. 다시 말해, 9-11장은 이스라엘 민족을 예로 들면서, 복음으로 회복되어 새로운 양자가 된 백성들을 향한 하나님의 마음을 설명한 것이라고 볼 수 있습니다.

여기서 잊지 말아야 할 것은 이스라엘과 우리들이 동격이라는 점입니다. 그들이나 우리가 다른 존재라거나, 하나님으로부터 차별 대우를 받는다는 생각을 해서는 안 됩니다. 사실 우리는 그동안 이스라엘 민족을 선민(선택 받은 백성)이라고 부르며, 특별한 권세를 가진 소수의 사람들이라고 제한했습니다. 그리고 우리는 스스로 약간 모자란 민족이거나 개인이라는 생각에 빠져 있던 것이 사실입니다. 그러나 우리가 예수님을 믿음으로 양자가 된 것처럼, 이스라엘도 처음엔 하나님의 양자였다는 사실을 잊으면 안 됩니다. 이 사실을 아는 것이 매우 중요한데, 개역성경이 잘 번역했습니다.

> 저희는 이스라엘 사람이라 저희에게는 양자 됨과 영광과 언약들과 율법을 세우신 것과 예배와 약속들이 있고 _롬 9:4, 개역한글

'양자됨'으로 번역된 '휘오데시아'는 '입양, 양자, adoption'이라는 의미입니다. 그런 의미에서 분명 옳은 번역입니다. 반면 자녀(아들)라고 번역한 다른 한글 성경들은 의미를 희석시킬 수 있습니다.

> 그들에게는 하나님의 자녀가 되는 특권이 있고 _공동번역
> 그들에게는 하나님의 자녀로서의 신분이 있고 _새번역
> 하나님의 아들이라는 신분을 얻었습니다 _쉬운성경

이 부분은 하나님의 '자녀'(아들)가 아니라, 매우 분명하게 '양자' 혹은 '입양'이라는 말을 써야 합니다. 그래야 유대인이 겸손할 수 있고, 나아가 우리도 겸손할 수 있는 것입니다. 모두 친아들이 아니라면 입양 시기의 차이가 있을 뿐입니다. 먼저 입양됐다고 해서 더 나은 아들이거나 더 특별하다고 말할 수 없습니다. 이스라엘이 우리보다 먼저 택함받은 장자라고 해야 옳을 뿐, 우리들과 전혀 다를 바가 없다는 점이 중요합니다. 그러므로 우리는 이스라엘을 대하시는 하나님의 태도를 보고 우리에게 취하실 하나님의 행동과 마음을 읽을 수 있는 것입니다. 그것이 9-11장의 내용입니다. 이 사실을 알고 있는 바울은 구원의 문제에서 하나님을 모르는 백성을 대표하는 의미로서 헬라인이나 유대인이나 아무런 차이가 없다는 점을 강조한 것입니다. 우선 죄의 문제에서 "유대인이나 헬라인이나 다 죄 아래 있다"(롬 3:9)라고 선언합니다. 우리가 예수를 믿는 순간부터 털끝만한 차별이 없다는 것도 강조합니다.

> ¹¹성경에 이르되 누구든지 그를 믿는 자는 부끄러움을 당하지 아니하리라 하니
> ¹²유대인이나 헬라인이나 차별이 없음이라 한 분이신 주께서 모든 사람의 주가 되사 그를 부르는 모든 사람에게 부요하시도다 _롬 10:11-12

분명히 아무런 차이가 없지만, 바울 개인에게는 영적인 부담감이 있었습니다. 가만히 있어도 가슴 속 깊은 곳에서 타오르는 불꽃이었습니다. 분명히 바울은 자신을 "그리스도 예수 안에 있는 하나님의 사랑에서 끊을 수 없다"(롬 8:39)라고 강조하였지만, 비록 "그리스도에게서 끊어질지라도"(롬 9:3) 원하는 소원이 있었습니다. 그것은 자신의 민족과 형제를 향한 애틋한 마음이었습니다.

나의 형제 곧 골육의 친척을 위하여 내 자신이 저주를 받아 그리스도에게서 끊어
질지라도 원하는 바로라 _롬 9:2

바울은 타오르는 불꽃의 정체를 '큰 근심'과 '그치지 않는 고통'(롬 9:1-2)
이라고 표현하였습니다. 그것이 바울을 병들게 하였습니다. 그는 분명 모든
민족을 향한 하나님의 뜻을 알고 있었지만, 그의 마음은 늘 자신의 민족을
향해 데워져 있었습니다. 그것은 당연합니다. 바울의 표현처럼 '나의 형제
곧 골육의 친척'(롬 9:3)이기 때문입니다.

바울이 부담감을 갖고 큰 근심과 그치지 않는 고통 속에서 부르짖는 근
거는 단순히 민족애에 따른 억지 요청이 아니라 약속 때문이었습니다. 그
약속의 성취로 그리스도가 이스라엘에게서 나왔기 때문입니다(롬 9:4-5).
그러나 문자적 의미의 이스라엘이나 아브라함을 말하지 않습니다. 그래서
아예 바울은 "아브라함의 씨가 중요하지 않다"고 말합니다. 그래서 아브라
함이 아니라 이삭을 강조합니다.

또한 아브라함의 씨가 다 그의 자녀가 아니라 오직 이삭으로부터 난 자라야 네 씨
라 불리리라 하셨으니 _롬 9:7

아브라함의 행위를 가능한 배제하기 위하여, 바울은 하나님의 택하심이
이스라엘의 행위 때문이 아니라는 점을 강조합니다.

6... 이스라엘에게서 난 그들이 다 이스라엘이 아니요 ... 8육신의 자녀가 하나님의
자녀가 아니라 오직 약속의 자녀가 씨로 여기심을 받느니라 _롬 9:6,8

"이스라엘에게서 난 그들이 다 이스라엘이 아니요", "약속의 자녀가 씨로 여기심을 받는다"라는 말은 매우 중요합니다. 이 말씀을 다른 관점에서 볼 필요가 있습니다.

사실 이스라엘은 이 말씀의 내용을 늘 확실히 알고 있어야 했습니다. 이스라엘은 재미있게도 모계 중심사회입니다. 다른 민족과 달리 이스라엘 남자가 이방 여자와 결혼하여 아이를 낳으면 그 아이는 이방인 취급을 받습니다. 하지만 이스라엘 여자가 이방 남자와 결혼하여 아이를 낳으면 이스라엘 아이로 여깁니다. 왜냐하면 이스라엘에서 교육을 하는 주체는 어머니이고, 결국 어머니를 통하여 하나님의 약속을 교육받고 그 약속을 품은 존재가 되기 때문입니다. 아버지는 혈통을 중요시하기에 강조하지만, 어머니는 교육을 통해 혈통을 잇는 약속을 가르칩니다. 바울이 말한 것도 이것입니다. 우리는 분명히 이스라엘 자손이 아닙니다. 하지만 우리는 예수 그리스도 안에서 약속의 자녀입니다. 그래서 복음 안에 있는 우리를 바울은 "형제들아 너희는 이삭과 같이 약속의 자녀라"(갈 4:28)라고 부른 것입니다.

> 너희가 그리스도의 것이면 곧 아브라함의 자손이요 약속대로 유업을 이을 자니라
> _갈 3:29

누구를 더 사랑할 것인가

지금까지의 말씀을 잘 이해하였다면, 이제 좀 난해한 다음의 말씀이 이해될 것입니다.

> [12]리브가에게 이르시되 큰 자가 어린 자를 섬기리라 하셨나니 [13]기록된 바 내가

야곱은 사랑하고 에서는 미워하였다 하심과 같으니라 _롬 9:12-13

이 말씀은 얼핏 보면 하나님이 편파적이라고 생각하게 만들 수 있고, 예정 선택론을 더 확증시켜주는 구절로 이해할 수도 있습니다. 이에 대한 명확한 해석을 존 스토트의 로마서 주석에서 찾을 수 있습니다.

이 대조를 어떤 좋아하는 것을 표현하기 위해 사용한 히브리어 관용구로 이해하는 것이다. 예수님이 이러한 해석의 실마리를 제공해 주신다. 누가에 따르면 예수님은 우리가 가족을 미워하지 아니하면 그분의 제자가 될 수 없다고 말씀하셨으며(눅 14:26), 마태에 따르면 우리는 예수님보다 우리 가족을 더 사랑해서는 안 된다(마 10:37). … 우리는 또한 거부당한 형제들, 곧 이스마엘과 에서가 둘 다 할례를 받았으므로 어떤 의미에서 그들 역시 하나님의 언약의 일원이었으며, 좀 더 적은 복들을 약속받았다는 것도 상기해야 한다.[28]

그래서 이동원 목사는 이렇게 해석합니다.

이 말씀은 에서를 문자 그대로 미워하셨다거나 혹은 에돔의 자손을 미워하셨다는 말이 아닙니다. 하나님은 야곱의 가계와 이스라엘 자손을 특별히 쓰시려는 계획을 가지고 선택하셨습니다.[29]

---

28 존 스토트, 354
29 이동원, 쉽게 풀어 쓴 로마서 이야기, 두란노, 336

이와 같은 설명들이 옳은 해석이지만, 이 한 가지를 간과해서는 안 됩니다. '양자됨'입니다. 양자가 되는 근거가 아이의 의로움이 아니라 부모의 입양 의지인 것처럼, 야곱이든 에서든 누가 선택되느냐는 그다지 중요하지 않습니다. 야곱이 에서보다 우월하거나 대단한 선민인 것은 아닙니다. 핵심은 '입양, 양자됨'입니다. 하나님의 선택이 중요하다는 뜻입니다. 또한 하나님이 이스라엘을 선택한 것이 복의 유통자가 되게 하려는 것이지 어떤 혜택이나 권력을 주기 위함이 아니었습니다. 그런데 이스라엘이 그렇게 착각한 것입니다. 그래서 이스라엘은 하나님이 불공평하다고 생각했습니다. 양자로 삼으신 이유를 간과했기 때문입니다. 바울이 그것을 지적하였습니다.

그런즉 우리가 무슨 말을 하리요 하나님께 불의가 있느냐 그럴 수 없느니라 _롬 9:14

좀 더 쉽게 새번역으로 읽어보겠습니다.

그러면 우리가 무엇이라고 말을 해야 하겠습니까? 하나님이 불공평하신 분이라는 말입니까? 그럴 수 없습니다. _롬 9:14, 새번역

이것을 바로 앞의 말씀에서 더 잘 설명해놓았습니다.

[10]그뿐 아니라 또한 리브가가 우리 조상 이삭 한 사람으로 말미암아 임신하였는데 [11]그 자식들이 아직 나지도 아니하고 무슨 선이나 악을 행하지 아니한 때에 택하심을 따라 되는 하나님의 뜻이 행위로 말미암지 않고 오직 부르시는 이로 말미암아 서게 하려 하사 _롬 9:10-11

하나님께서 이스라엘을 택하신 이유가 이스라엘의 행위 때문이거나 이스라엘이 온전했기 때문이 아닙니다. 그러므로 지금 이스라엘이 온전치 못하다고 해서 폐기할 이유가 되지 않습니다. 이것은 오늘 우리에게도 동일하게 적용됩니다. 우리가 그리스도 안에서 약속의 자녀가 되었기 때문입니다. 물론 우리의 행위나 의로움 때문이 아니라, 예수를 믿음으로 하나님의 은혜 안에서 이루어진 일입니다(엡 2:8). 지금 우리 신앙의 삶이 온전하지 못하다고 해서 하나님이 우리를 폐기하시거나 포기하시는 것이 아니라는 사실을 그래서 알게 됩니다. 바울은 그것을 말하고 싶었습니다. 그것이 '약속대로'의 의미입니다. 무슨 약속을 말하는지 기억하실 것입니다.

> 약속의 말씀은 이것이니 명년 이 때에 내가 이르리니 사라에게 아들이 있으리라 하심이라 _롬 9:9

우리가 하나님의 자녀가 된 것은 하나님의 완벽한 주권을 따라, 하나님의 주도로, 하나님의 계획에 따른 일입니다. 하나님은 이 약속을 폐기할 생각이 없으십니다. 그것이 우리가 '약속의 자녀'라는 말의 의미입니다. 이 이야기는 로마서의 9장부터 11장까지 이어지는데, 그 끝에서 바울은 아예 선언적으로 규정합니다.

> 하나님의 은사와 부르심에는 후회하심이 없느니라 _롬 11:29

절대주권을 남용하시다

롬 9:14-24

이스라엘에게 하나님의 절대주권은 이해되었지만, 그 은혜의 대상은 자신들뿐이라고 생각했습니다. 그렇게 생각한 근거의 중심에 할례와 율법이 있었습니다. 오랜 시간 동안 자신들을 지탱한 것이 행위와 율법이었기 때문입니다. 십계명은 오랜 시간 동안 재해석되고 발전되면서 부차적 조문들이 만들어졌고, 예수님 당시에는 무려 613개 조문으로 불어나 있었습니다. 그것을 지키는 것이 그들이 구원에 이르는 길이라고 보았고, 자랑스럽게 여기고 있었습니다. 그런데 바울이 행위와 율법 없이 은혜와 믿음과 칭의와 약속을 강조한 것입니다. 이러한 바울의 견해에 유대인들은 강력히 반발하였습니다. 바울을 죽이려고 노력한 이유가 바로 이것이었습니다.

유대인들의 불만

바울이 은혜에 기초한 믿음으로 말미암은 구원의 약속을 강조하게 되자, 상대적으로 율법을 기준으로 삼아온 유대인은 자신들이 이방인들보다 더 의롭다고 주장할 길이 사라지고 말았습니다. 유대인들은 바울의 주장이 매우 불만이었습니다. 하지만 바울은 분명했습니다.

그 아들들이 아직 태어나지도 않았고, 따라서 선이나 악을 행하기도 전에 하나님께서는 리브가에게 "형이 동생을 섬기게 될 것이다" 하고 말씀하셨습니다. 그러나 하나님께서는 사람의 선행을 보시고 불러 주시는 것이 아니라 당신의 뜻대로 불러 주시며 선택의 원리에 의해서 당신의 계획을 이루십니다. _롬 9:11-12, 공동번역

바울은 이 기막힌 말씀에 이어 매우 중요한 단언을 하였습니다.

그런즉 우리가 무슨 말을 하리요 하나님께 불의가 있느냐 그럴 수 없느니라
_롬 9:14

'하나님께 불의가 없다'는 것입니다. 사실 이 지점에서 바울은 유대인들을 포함한 모든 사람들의 벨트 라인 아래를 친 것입니다. 부부들이 싸울 때도 결코 치지 말아야 할 상대방의 치명적인 약점 말입니다. 바울은 우선 그들의 근본인 모세의 말을 들어 이야기하였습니다.

모세에게 이르시되 내가 긍휼히 여길 자를 긍휼히 여기고 불쌍히 여길 자를 불쌍히 여기리라 하셨으니 _롬 9:15

바울이 여기에 인용한 말씀은 출애굽기 33장 19절입니다.

여호와께서 이르시되 내가 내 모든 선한 것을 네 앞으로 지나가게 하고 여호와의 이름을 네 앞에 선포하리라 나는 은혜 베풀 자에게 은혜를 베풀고 긍휼히 여길 자

에게 긍휼을 베푸느니라 _출 33:19

바울이 이 말씀을 인용한 것은 그 위치와 의미 때문입니다. 이 말씀의 배경은 이스라엘 백성이 금송아지를 만든 사건을 나중에 알게 된 모세가 레위 자손과 함께 이스라엘 백성 중 약 3천 명을 죽이고서 하나님 앞에 나아가 그 유명한 탄원을 한 후의 이야기입니다.

> [31] 모세가 여호와께로 다시 나아가 여짜오되 슬프도소이다 이 백성이 자기들을 위하여 금 신을 만들었사오니 큰 죄를 범하였나이다 [32] 그러나 이제 그들의 죄를 사하시옵소서 그렇지 아니하시오면 원하건대 주께서 기록하신 책에서 내 이름을 지워 버려 주옵소서 _출 32:31-32

모세가 다시 가나안을 향해 출발할 때 하나님이 함께 하지 않으실까 걱정하여 이렇게 기도하자, 하나님이 하신 말씀이 출애굽기 33장 19절인 것입니다. 그러므로 하나님이 이스라엘에게 새로운 기회를 준 것은 이스라엘의 노력 때문이 아니라 전적으로 하나님의 은혜에 의한 것입니다. 그 놀라운 기억을 갖고 있던 유대인들에게 바울이 수치스러웠던 옛일의 비밀을 설명한 것입니다.

토기장이 비유

드디어 바울이 매우 치명적인 물음을 던졌습니다. 바로 토기장이 비유였습니다.

사람이 무엇이기에 감히 하나님께 말대꾸한단 말입니까? 토기그릇이 자기를 만든 사람에게 '나를 왜 이렇게 만들었소?'라고 말할 수 있습니까? _롬 9:20, 쉬운성경

어떻게 들으면 하나님이 일방적이고 강압적이라고 이해할 수 있습니다. 하지만 하나님은 우리를 당신 마음대로 폐기하지 않으십니다. 정작 중요한 것은 하나님이 마음대로 하실 수 있는 절대주권의 사용처입니다. 그동안 우리는 무소불위의 권력, 곧 절대 권력을 누리던 자들의 폭력과 악행을 알고 있기 때문에, 우리 머릿속에서 '절대주권'은 독선, 압제, 독선 등으로 이해되고 있습니다. 그런데 유일하게 하나님만이 절대주권을 자신을 위해서가 아니라 철저히 우리를 위해 사용하셨습니다.

우리는 반드시 죄로 죽어야 하는데, 하나님이 자기의 절대주권을 마음대로 사용하셔서 예수 그리스도를 보내셨습니다. 예를 들어 장기 제공 조건으로 1000만 원의 사채 빚을 졌는데, 이자가 계속 불어 1억 원이 되었습니다. 약속대로 장기를 내놓아야 할 판이 되었는데, 누군가 대신 자신의 장기를 내어놓은 상황과 유사합니다. 물어보지도 않고 말입니다. 그것에 대해 따진다면 얼마나 웃기는 일이겠습니까? 그런데 그것이 바로 하나님이 하신 일입니다.

하나님은 자신의 절대주권을 오로지 우리를 사랑하기 위해서만 쓰십니다. 토기장이의 절대주권처럼 마음대로 하실 수 있었지만, 파괴하려는 것이 아니라 회복하고 생명을 주기 위해 절대주권을 남용하시는 것입니다. 사랑을 드러내기 위한 절대주권입니다. 그것을 이스라엘이 문제 삼은 것입니다. 그렇다면 왜 율법을 주셨으며, 율법을 통해서도 실제로는 은혜를 베푸신 이유가 무엇이란 말입니까? 처음부터 우리의 노력과 의지로는 구원에 이를 수 없었던 것입니다. 바울이 말한 것처럼 말입니다.

하나님의 선택을 받고 안 받는 것은 인간의 의지나 노력에 달려 있는 것이 아니라 오직 하나님의 자비에 달려 있는 것입니다. _롬 9:16, 공동번역

율법 역시 하나님의 은혜였습니다. 죄를 지은 인간이 하나님께 나아갈 수 없는 상황이 되었을 때 율법은 은혜의 통로였던 것입니다. 예를 들어, 하나님이 지정하신 도피성은 큰 실수를 범한 사람이 찾아가면 목숨을 부지할 수 있게 한 공간입니다. 그러나 그곳에 가는 행위로 구원받는 것은 아니었습니다. 용서의 가능성이 열린 것뿐입니다. 도피성은 그저 유보의 통로였습니다. 도피성을 찾아가려는 우리의 노력과 의지가 하나님의 심판을 더디게 한 것뿐입니다. 엄밀하게 말해 그런 기회를 만들어주신 분도 하나님이십니다. 하나님이 못 이기는 체하시며 율법을 통해서도 구원에 이르는 길을 제시한 것입니다. 보십시오.

¹복 있는 사람은 악인들의 꾀를 따르지 아니하며 죄인들의 길에 서지 아니하며 오만한 자들의 자리에 앉지 아니하고 ²오직 여호와의 율법을 즐거워하여 그의 율법을 주야로 묵상하는도다 ³그는 시냇가에 심은 나무가 철을 따라 열매를 맺으며 그 잎사귀가 마르지 아니함 같으니 그가 하는 모든 일이 다 형통하리로다 ⁴악인들은 그렇지 아니함이여 오직 바람에 나는 겨와 같도다 ⁵그러므로 악인들은 심판을 견디지 못하며 죄인들이 의인들의 모임에 들지 못하리로다 ⁶무릇 의인들의 길은 여호와께서 인정하시나 악인들의 길은 망하리로다 _시 1:1-6

시편 1편에서 보듯이 율법을 지키는 것은 의인의 행동 양식입니다. 하나님의 인정을 받기에 이르는 방식입니다. 그래서 시편 1편에서 주의깊게 볼 단어는 '인정'입니다. 개역한글, 개역개정 등의 성경들은 '인정'이라고 번역

하였지만 KJV, NASB 같은 영어성경들이 '안다'(know)라고 잘 번역했습니다. '인정'으로 번역된 히브리어가 '안다'는 뜻인 '야다'이기 때문입니다.

For the LORD knows the way of the righteous _시 1:6, NASB

하나님이 알고 계시다는 것, 사실 그것이 구원입니다. 십자가가 없는 구약에도 구원이 있을 수 있는 이유입니다. 하지만 이것은 전적인 긍휼과 은혜의 차원일 뿐 인간이 조종할 수 있는 것이 아니었습니다. 엄밀하게 따지면, 하나님이 문제 삼지 않으시겠다는데 무엇이 문제입니까?

그런데 어느 날부터인가 유대인들이 그 율법을 무기 삼아 용서와 정당화의 도구로 쓰기 시작했습니다. 그 율법은 은혜가 없으면 무용지물인데 말입니다. 은혜 아니면, 그 순간 율법은 의미없는 것이 되고 맙니다. 더욱이 유대인은 율법 준수를 하나님을 조종하는 수단으로 사용했습니다. 그리고 신약에 와서는 자기 의, 곧 신앙의 행위가 율법의 위치를 대신하여 하나님을 감동시키려 하였습니다. 그러면 안 됩니다. 우리는 하나님의 은혜로 사는 존재입니다. 잊지 말아야 합니다.

토기장이와 그릇에 대하여

롬 9:20-26

9장의 핵심 단어는 '토기장이'와 '그릇'입니다. 하나님은 토기장이이시고, 우리는 그릇이라고 표현한 것입니다. 제작 및 사용 주권이 하나님에게 있다는 것을 강조한 말입니다. 하나님이 그릇을 만든 이유는 분명 사용하기 위함이었습니다. 그런데 문제가 발견됩니다. 하나님이 약간 다른 관점에서 접근하셨는데, 진노의 그릇과 긍휼의 그릇으로 구분하신 것입니다. 하지만 9장을 자세히 읽어보면 22절과 23절이 21절의 설명임을 알 수 있습니다.

> ²²만일 하나님이 그의 진노를 보이시고 그의 능력을 알게 하고자 하사 멸하기로 준비된 진노의 그릇을 오래 참으심으로 관용하시고 ²³또한 영광 받기로 예비하신 바 긍휼의 그릇에 대하여 그 영광의 풍성함을 알게 하고자 하셨을지라도 무슨 말을 하리요_롬 9:22-23

'멸하기로 준비된 진노의 그릇'은 헬라어로 '카테르티스메나 에이스 아폴레이안'입니다. 이 부분을 크리소스톰은 '멸망에 적합하다'라고 표현했습니다. 멸망에 적합하기에 그것은 곧 부서질 그릇입니다. 요즘 말로 하면 '일

회용 그릇' 같은 것이 아닐까요?

이 문구의 병행 구절은 '영광 받기로 예비된 긍휼의 그릇'(하 프로에토이마센 에이스 독산)입니다. 재미있는 것은 이 구절에서 '존귀하게(영광받기로) 예비되었다'라는 뜻의 헬라어 '프로에토이마죠'입니다. 이 그릇은 귀한 손님을 대접할 때 꺼내거나 골동품처럼 두고두고 보겠다는 의미가 있습니다. 분명 병행구이지만, 그릇의 사용 목적에는 차이가 있습니다. '프로에토이마센'에는 영광에 이르게 하겠다는 하나님의 의지가 강하게 들어 있는 반면, '카테르티스메나'는 상대적으로 귀하게 쓰려는 의지가 없어 보입니다. 이것을 예정론으로 볼 수 없는 이유입니다. 실제로 이 구절에 쓰인 '카탈티죠'에는 '준비하다'뿐 아니라 '회복하다'라는 의미도 있기 때문입니다. 그러므로 '멸하기로 준비된'이라는 말에 예정 개념이 들어 있기보다 단순한 사용 계획이 있음을 알 수 있습니다. 바울이 토기장이 하나님의 절대주권 혹은 의지를 말하기 위한 의도였음을 알 수 있습니다.

바울이 이같은 용어들을 쓴 이유는 유대인들이 일반적으로 생각하는 표현이기 때문입니다. 이방인은 진노의 그릇이고 유대인은 자비의 그릇[30]이라고 이해한 것입니다. 바울은 유대인들과 다르게 해석했습니다. 영광을 받게 될 자비의 그릇을 유대인에게만 적용하는 것이 옳지 않다고 말하기 때문입니다.

> [23]또한 영광 받기로 예비하신 바 긍휼의 그릇에 대하여 그 영광의 풍성함을 알게 하고자 하셨을지라도 무슨 말을 하리요 [24]이 그릇은 우리니 곧 유대인 중에서뿐 아니라 이방인 중에서도 부르신 자니라 _롬 9:23-24

---

30 전경연, 319

공동번역으로 읽어보면 뜻이 더 분명해집니다.

> 그 자비의 그릇은 바로 우리들입니다. 하나님께서 불러 주신 우리들 가운데는 유대인뿐 아니라 이방인도 있습니다. _롬 9:24

갑자기 등장한 9장 24절 때문에 21절이나 23-23절의 구분이 아무런 의미가 없어지게 되었습니다. 그러니까 바울이 이같이 그릇을 구분한 것은 하나님의 절대주권을 설명하기 위해서였음을 알 수 있습니다. 그래서 '카탈티죠'를 쓴 것 같습니다. 결국 무슨 단어를 썼는지는 그다지 중요하지 않습니다. 하나님이 분명히 영광받기로 예정해놓은 긍휼의 그릇은 설명한 대로 유대인과 이방인을 포함한 인류 전체를 말하기 때문입니다. 이것이 하나님의 계획이었습니다. 바울은 이 놀라운 말씀의 예로 호세아 선지자의 이야기를 들었습니다.

> [25]호세아의 글에도 이르기를 내가 내 백성 아닌 자를 내 백성이라, 사랑하지 아니한 자를 사랑한 자라 부르리라 [26]너희는 내 백성이 아니라 한 그 곳에서 그들이 살아 계신 하나님의 아들이라 일컬음을 받으리라 함과 같으니라 _롬 9:25-26

"내가 내 백성 아닌 자를 내 백성이라, 사랑하지 아니한 자를 사랑한 자라 부르리라"라는 말씀은 지금까지 설명해온 21절의 '귀히 쓸 그릇'과 '천히 쓸 그릇', 그리고 22-23절의 '진노의 그릇과 긍휼의 그릇'을 구분한 것과 또 다른 형태의 표현임을 알 수 있습니다. 여기서도 중요한 것은 '귀히 쓸 그릇'과 '천히 쓸 그릇'을 구분한 것이 아니듯, '내 백성인가, 아닌가', '사랑을 받는 백성인가, 사랑받지 못하는 백성인가' 하는 구분이 아무 의미가 없습니다. 바울은 이방인과 유대인의 개념을 없애버리려는 것처럼, 하나님의 말씀 한 마디로 모든 것을 정리하였습니다.

> 너희는 내 백성이 아니라 한 그 곳에서 그들이 살아 계신 하나님의 아들이라 일컬음을 받으리라 함과 같으니라 _롬 9:26

모두 '하나님의 아들'이라는 개념을 썼습니다. 백성이냐 아니냐는 의미 없는 구분이 되고 말았습니다. '아들'이라는 말 때문입니다. 우리가 앞에서 본 것처럼 하나님의 절대주권으로 모두 '양자로 삼았기' 때문입니다. 그래서 모두 영광을 받는 것입니다. 바울이 이 말씀에서 예정되었다는 의미의 '프로에토이마죠' 동사를 쓴 이유입니다. 하나님의 계획이었기 때문입니다. 그 통로는 당연히 우리가 지금까지 공부해왔던 것처럼 '믿음'을 통해서입니다. 그런데 유대인들이 이것을 오해한 것입니다.

바울은 이렇게 결론을 맺습니다.

> 왜 그렇게 되었습니까? 그들은 믿음을 통해서 얻으려 하지 않고 공로를 쌓음으로써 얻으려고 했기 때문입니다. 이를테면 그들은 그 걸림돌에 걸려 넘어진 것입니다. _롬 9:32, 공동번역

이제 우리에게 남은 것은, 믿음으로 하나님을 의지함으로 살아가는 것입니다. 하나님의 계획이 너무나 확실하기 때문입니다.

내 백성이 아니다

롬 9:24-26

바울이 호세아 선지자의 글을 인용한 이유는 분명합니다. 이스라엘은 인정하지 않은 것이지만, 이스라엘에게 필요한 것은 오직 긍휼이었기 때문입니다. 하지만 이스라엘이 정말 듣기 싫어하는 이야기를 시작해보겠습니다.

하나님은 호세아 선지자를 통하여 이스라엘을 음란한 여인 고멜에 비유하였습니다. 실제로 그런 존재였습니다. 우리의 모습이기도 합니다. 호세아가 음란한 여인 고멜을 사랑하듯, 하나님이 이스라엘을 사랑하신다는 말씀입니다.

> 여호와께서 처음 호세아에게 말씀하실 때 여호와께서 호세아에게 이르시되 너는 가서 음란한 여자를 맞이하여 음란한 자식들을 낳으라 이 나라가 여호와를 떠나 크게 음란함이니라 하시니 _호 1:2

이 말씀의 결론으로 바울이 말하고 싶어한 것은 하나님의 절대주권, 즉 은혜의 절대주권이었습니다. 놀라운 것은 하나님이 고멜에게 일어날 일을 알고 계셨다는 사실입니다. 그건 당연하겠다 싶지만, 문제는 하나님이 그

미래를 미리 공개하신 것입니다. 고멜이 낳는 아이들의 이름을 통하여 미래를 의도적으로 드러내신 것입니다. 그렇다면 하나님이 가지신 절대주권을 남용하신 것입니다.

> 여호와께서 호세아에게 이르시되 그의 이름을 이스르엘이라 하라 조금 후에 내가 이스르엘의 피를 예후의 집에 갚으며 이스라엘 족속의 나라를 폐할 것임이니라 _호 1:4

> 고멜이 또 임신하여 딸을 낳으매 여호와께서 호세아에게 이르시되 그의 이름을 로루하마라 하라 내가 다시는 이스라엘 족속을 긍휼히 여겨서 용서하지 않을 것임이니라 _호 1:6

> 여호와께서 이르시되 그의 이름을 로암미라 하라 너희는 내 백성이 아니요 나는 너희 하나님이 되지 아니할 것임이니라 _호 1:9

아이를 낳을 때마다 고멜에게 매번 한 이 말씀은 우선 호세아의 마음을 표현한 것이지만, 엄밀하게 말하면 이스라엘을 향한 하나님의 마음이었습니다. 그런데 고멜은 이같은 경고를 수없이 받았음에도 불구하고 다시 집을 떠나 음란한 생활로 돌아갔습니다. 갈수록 더 타락했습니다. 돈을 주고 다시 사와야 할 만큼 거의 창녀가 되었음을 말합니다. 호세아와 고멜은 이미 끝난 관계였습니다. 문자 그대로 이스라엘은 더 이상 '하나님의 백성'이 아닙니다. 이것으로 이스라엘의 역사는 끝났다고 해도 과언이 아닙니다. 그것이 정답입니다.

백성이 아닌데 자녀로 삼는다

백성으로서 '끝이 났다'라는 말의 의미가 무엇인지 아실 것입니다. 부르심이 끝났음을 말하는 것입니다. 하나님이 이스라엘을 부르셨을 때 이스라엘은 하나님의 제사장 나라로 부르심을 받은 것이었습니다. 이스라엘을 통하여 복을 유통하고 세상의 중재자로 사용하시겠다는 것이었습니다. 그때 '백성'의 개념이 사용되었습니다. 하나님이 이스라엘을 애굽에서 불러내신 이유에 대해 시내산에서 말씀하실 때 하신 표현입니다.

> [5]세계가 다 내게 속하였나니 너희가 내 말을 잘 듣고 내 언약을 지키면 너희는 모든 민족 중에서 내 소유가 되겠고 [6]너희가 내게 대하여 제사장 나라가 되며 거룩한 백성이 되리라 너는 이 말을 이스라엘 자손에게 전할지니라 _출 19:5-6

더 이상 부르심을 따라 살지 않는 백성이라면, 부르심의 이유로 볼 때 백성의 사명은 끝났다는 의미입니다. 그래서 "내 백성이 아니다"라고 선언하면서 모든 관계가 다 끊어졌습니다. 호세아서 1장 9절이 그 '끝'의 기록입니다. 그런데 호세아는 10절에서 이상한 기록을 이어갑니다. 물론 하나님의 마음을 기록한 것이었습니다.

> 그러나 이스라엘 자손의 수가 바닷가의 모래 같이 되어서 헤아릴 수도 없고 셀 수도 없을 것이며 전에 그들에게 이르기를 너희는 내 백성이 아니라 한 그 곳에서 그들에게 이르기를 너희는 살아 계신 하나님의 아들들이라 할 것이라 _호 1:10

내 백성이 아니라고 소리치신 하나님이 이제는 '아들'로 삼으시겠다는 것입니다. 이것이 바로 바울이 인용한 문장입니다. 참 이해하기 어려운 이야기입니다. 어떻게 이해해야 하겠습니까? 문자 그대로 이스라엘은 더 이상 '하나님의 백성'이 아닙니다. 그것이 정답이고 그것으로 이스라엘의 역사는 끝났다고 해도 과언이 아닙니다. 그렇다면 호세아서 1장 10절과 로마서 9장 26절은 새로운 시작을 말하는 것이라고 보아야 합니다. 마치 이런 이야기와 같습니다. 하나님이 아브라함과 언약을 맺었는데, 아브라함이 그 언약을 지키지 않았습니다. 그럴 때마다 하나님이 계속 발전된 관계로 새롭게 맺어가는 언약 같은 것입니다. 더 강한 관계로 부르시는 것입니다. 바로 백성을 넘어서는 '아들', 곧 자녀로서의 관계였습니다.

여기서 중요한 것은, '자녀'의 관계로 발전할 때, 굳이 이스라엘에게만 그 자격을 제한할 이유가 사라진 것입니다. 하나님이 이스라엘을 부르실 때 본래 절대주권으로, 은혜로 부르신 것처럼 말입니다. 원래 음란한 여인 같았던 이스라엘을 은혜로 부르신 것에서 알 수 있듯, 바울은 하나님의 부르심의 대상에서 이방인들이 제외될 이유를 발견하지 못했습니다. 이스라엘이 이방인들보다 낫다고 말할 하등의 이유도 찾을 수 없었습니다. 바울이 이것을 깨달은 것입니다. 이스라엘 역시 이미 '하나님의 백성이 아니'기 때문입니다. 하나님이 새롭게 시작하시기에 하등 문제가 없습니다.

> ²⁴이 그릇은 우리니 곧 유대인 중에서뿐 아니라 이방인 중에서도 부르신 자니라 ²⁵호세아의 글에도 이르기를 내가 내 백성 아닌 자를 내 백성이라, 사랑하지 아니한 자를 사랑한 자라 부르리라 ²⁶너희는 내 백성이 아니라 한 그 곳에서 그들이 살아 계신 하나님의 아들이라 일컬음을 받으리라 함과 같으니라 _롬 9:24-26

그렇다고 해서 정말 이스라엘이 하나님과 아무 관계가 없는 존재가 되었습니까? 그렇지는 않습니다. 하나님과 이스라엘의 관계는 여전히 애틋합니다. 부르심은 유효합니다. 바울이 선언한 것이기도 합니다.

하나님의 은사와 부르심에는 후회하심이 없느니라 _롬 11:29

단지 달라진 것이 있을 뿐인데, 이방인이 그 부르심의 은혜에 참여하게 되었습니다. 이방인은 처음엔 이스라엘처럼 부르심을 위한 '백성'은 아니었지만, 같이 '하나님의 아들'로 세워진 것입니다. 양자로서의 삶이 시작된 것입니다. 그런 점에서 이스라엘과 차이가 없습니다.

이상한 하나님

아들은 백성보다 상위의 개념입니다. 아들은 당연히 하나님 나라의 백성입니다. 그래서 베드로가 출애굽기 19장 6절 말씀을 이렇게 재해석했습니다.

그러나 너희는 택하신 족속이요 왕 같은 제사장들이요 거룩한 나라요 그의 소유가 된 백성이니 이는 너희를 어두운 데서 불러 내어 그의 기이한 빛에 들어가게 하신 이의 아름다운 덕을 선포하게 하려 하심이라 _벧전 2:9

이상한 하나님이십니다. 더 악해져가는 우리에게 악한 방법으로 대하시는 것이 아니라 더 선한 방법으로 대하시기 때문입니다. 그 '더 선한 방법'의 극치가 예수 그리스도의 십자가인 것을 아실 것입니다. 하나님은 언제나 동일한 태도로 사랑하십니다. 그것이 하나님의 모습입니다.

이제 우리에게 남은 일은 그런 하나님을 아는 것입니다. 하나님을 알면 우리가 살 수 있기 때문이고, 살아갈 힘을 찾을 수 있습니다. 그래서 호세아가 요청한 것이 이것입니다.

> 내 백성은 나를 알지 못해서 망한다. 너희 사제라는 것이 나를 알려고 하지 않으니 나도 너희를 사제직에서 몰아 낸다. 이 하나님의 가르침을 마음에 두지 않으니 나도 너희 자녀를 마음에 두지 않으리라. _호 4:6, 공동번역

백성이 망하는 이유는 하나님을 모르니까 자신의 힘으로 살고자 하기 때문입니다. 비행기 타는 법을 모르니까 태평양 건너 미국까지 자신의 힘으로 바다를 걸어서, 헤엄쳐서, 뗏목 만들어 가려고 하기 때문입니다.

바울도 드디어 호세아와 같은 이야기를 합니다. 11장까지 이어지는 이야기를 마치면서 말하려던 결론입니다. 호세아의 결론과 같습니다.

> 너희는 이 세대를 본받지 말고 오직 마음을 새롭게 함으로 변화를 받아 하나님의 선하시고 기뻐하시고 온전하신 뜻이 무엇인지 분별하도록 하라 _롬 12:2

남은 자 이야기

롬 9:27-29

구약에 정통한 바울이 유대인과 이방인에게 차이가 없다는 말을 하기 위해 꺼낸 또 다른 말씀은 이사야서의 '남은 자' 이야기였습니다. 바울은 이사야서 10장 22-23절 말씀과 이사야서 1장 9절 말씀을 번갈아가며 사용하였습니다.

> 27또 이사야가 이스라엘에 관하여 외치되 이스라엘 자손들의 수가 비록 바다의 모래 같을지라도 남은 자만 구원을 받으리니 28 주께서 땅 위에서 그 말씀을 이루고 속히 시행하시리라 하셨느니라(사 10:22-23) 29또한 이사야가 미리 말한 바 만일 만군의 주께서 우리에게 씨를 남겨 두지 아니하셨더라면 우리가 소돔과 같이 되고 고모라와 같았으리로다 함과 같으니라(사1:9) _롬 9:27-29

남은 자의 개념은 무엇인가?

구약성경에 등장하는 '남은 자' 개념은 '남겨진'(being left), '구원받은' (delivered), 또는 '탈출한'(having escaped) 등의 의미입니다. 이같은 개념으로 쓰인 헬라어 동사들은 네 가지로 '사아르', '야타르', '파라트', '싸라드' 입니다. 이 중에 성경에서 가장 많이 쓰인 동사는 '사아르'입니다. 이 단어는 선택과 성화의 과정에서 하나님께 충성된 백성으로 보호 받아 살아남은 무리를 묘사하는 데 쓰였습니다. 가끔 전쟁과 관련해 부정적 의미로 쓰이기도 했습니다.

이 단어를 사용한 의도는 '많다는 것이 의미가 없다'는 것을 말하기 위함입니다. 그래서 바울은 27절에서 "이스라엘 자손들의 수가 비록 바다의 모래 같을지라도 남은 자만 구원을 받으리니"라는 이사야서의 말씀을 인용하였습니다(사 10:22). 하지만 바울은 이어지는 이사야서의 말씀을 약간 완곡하게 해석하여 기술하였습니다. 로마서와 이사야서를 비교해서 읽어보겠습니다.

주께서 땅 위에서 그 말씀을 이루고 속히 시행하시리라 하셨느니라 _롬 9:28

²²이스라엘이여 네 백성이 바다의 모래 같을지라도 남은 자만 돌아오리니 넘치는 공의로 파멸이 작정되었음이라 ²³이미 작정된 파멸을 주 만군의 여호와께서 온 세계 중에 끝까지 행하시리라 _사 10:22-23

바울이 인용한 이사야서 말씀을 토대로 볼 때, 로마서 9장 28절의 "땅 위에서 그 말씀을 이루고 속히 시행"하신다는 말씀은 '작정된 파멸의 성취'임을 알 수 있습니다. 그동안 이스라엘의 가치는 큰 것과 왕성한 왕국, 인간이 중심이 된 성공과 행위의 완성이었습니다. 그런데 하나님이 그 모든 것들을 다 멸하시겠다고 말씀하신 것입니다. 참 기막힌 이야기입니다. 그렇다면 이스라엘은 초점을 잘못 맞추고 있었던 것입니다. 이 기막힌 이야기를 바울이 완곡하게 풀어 쓴 것입니다.

바울이 완곡하게 표현한 뒤에, 혹시 오해할까 싶어 그랬는지 모르지만, 이어서 이사야서 1장 9절 말씀을 인용합니다. 하지만 바울이 정말 인용하고 싶은 말씀은 이사야서 10장 22-23절입니다. 그걸 굳이 앞에 둔 것만 봐도 알 수 있습니다. 그렇다면 1장 9절을 인용한 것은 보충하기 위한 것임을 알 수 있습니다.

남겨놓은 아브라함의 씨

이사야서는 시시각각 멸망이 다가오는 상황에서 쓴 예언서입니다. 사실 이사야서 1장 2절부터 비참한 멸망과 심판의 이야기가 계속 진행되다가 그 비참한 예언의 끝이 9절입니다. 바울이 바로 그 한 절을 인용했습니다.

만군의 여호와께서 우리를 위하여 생존자를 조금 남겨 두지 아니하셨더라면 우리가 소돔 같고 고모라 같았으리로다 _사 1:9

또한 이사야가 미리 말한 바 만일 만군의 주께서 우리에게 씨를 남겨 두지 아니하셨더라면 우리가 소돔과 같이 되고 고모라와 같았으리로다 함과 같으니라
_롬 9:29

여기서 '남겨두다'로 번역된 동사는 '야타르'로 히브리어 동사의 히필형입니다. 주도권이 하나님께 있다는 말입니다. 이스라엘이 할 수 있는 것이 아무 것도 없었던 것입니다. 따라서 바울이 1장 9절을 인용한 이유는 이같은 역사의 주체가 하나님에게 있다는 것을 강조하고 싶었기 때문인 것을

알 수 있습니다. '하나님이 남겨 놓으셨다!' 이것이 중요합니다.

바울이 로마서에서 이사야서 말씀을 인용한 목적은 하나님의 절대주권에 대해 이야기하려는 것입니다. 앞에서 '토기장이와 그릇' 이야기에서 본 것처럼 말입니다. 그렇다면 절대주권으로 무엇을 남겨놓으신 것입니까?

바울은 로마서 9장 30절부터 '부딪히는 돌' 곧 예수 그리스도에 대한 해석을 이어갑니다. 로마서 9장 29절에 나오는 '씨'가 9장 7절의 '아브라함의 씨'와 연결되어 있음을 보게 됩니다. 그렇다면 씨는 예수 그리스도와 상관이 있음을 알 수 있습니다. 창세기 12장에서 아브라함을 부르신 내용과 22장의 모리아 산과 이삭 사건에서 나오는 '씨'의 히브리어 '제라'가 무엇을 의미하는지 먼저 살펴볼 필요가 있습니다.

> ²내가 너로 큰 민족을 이루고 네게 복을 주어 네 이름을 창대하게 하리니 너는 복이 될지라 ³너를 축복하는 자에게는 내가 복을 내리고 너를 저주하는 자에게는 내가 저주하리니 땅의 모든 족속이 너로 말미암아 복을 얻을 것이라 하신지라
>
> _창 12:2-3

아브라함을 부르실 때 하셨던 이 말씀은 아브라함이 모리아 산에서 이삭을 바친 후에 최종적으로 언급됩니다.

> ¹⁶이르시되 여호와께서 이르시기를 내가 나를 가리켜 맹세하노니 네가 이같이 행하여 네 아들 네 독자도 아끼지 아니하였은즉 ¹⁷내가 네게 큰 복을 주고 네 씨가 크게 번성하여 하늘의 별과 같고 바닷가의 모래와 같게 하리니 네 씨가 그 대적의 성문을 차지하리라 ¹⁸또 네 씨로 말미암아 천하 만민이 복을 받으리니 이는 네가 나의 말을 준행하였음이니라 하셨다 하니라 _창 22:16-18

하나님이 '네 씨'라고 표현한 것에 주의할 필요가 있습니다. 창세기 12장 3절의 '땅의 모든 족속이 너를 인하여'에서 '너'는 단순히 이삭과 야곱으로 이어지는 이스라엘만 지칭하는 것입니다. 분명히 그런 의미가 있습니다. 하지만 갈라디아서를 보면 바울은 좀 더 다른 관점에서 '네 씨'를 예수 그리스도에게로 좁혀서 설명하였습니다.

> 이 약속들은 아브라함과 그 자손에게 말씀하신 것인데 여럿을 가리켜 그 자손들이라 하지 아니하시고 오직 한 사람을 가리켜 네 자손이라 하셨으니 곧 그리스도라 _갈 3:16

여기서 우리가 놓치지 말아야 할 것은 창세기 13장 15절(보이는 땅을 내가 너와 네 자손에게 주리니), 창세기 26장 3절(내가 이 모든 땅을 너와 네 자손에게 주리라), 그리고 창세기 28장 14절(네 자손이 땅의 티끌같이 되어)에서 나온 '자손'이 창세기에서 일반적으로 쓰인 '씨'와 동일한 뜻이 있는 '제라'를 번역한 것이라는 사실입니다. 바울은 특히 히브리어 단어 '제라'가 남성 단수라는 사실에 주목하였습니다. 그래서 '네 자손'은 곧 예수 그리스도를 지목하는 것이라고 설명하게 된 것입니다. 이사야서 10장 22절과 바울이 그 구절을 인용한 로마서 9장 27절을 다시 읽어보겠습니다.

> 이스라엘이여 네 백성이 바다의 모래 같을지라도 남은 자만 돌아오리니 넘치는 공의로 파멸이 작정되었음이라 _사 10:22

> 또 이사야가 이스라엘에 관하여 외치되 이스라엘 자손들의 수가 비록 바다의 모래 같을지라도 남은 자만 구원을 받으리니 _롬 9:27

이사야서 10장에서 쓰인 '남은 자'를 설명하는 것으로서, 이사야서 1장 9절의 '생존자'는 '남은 자'와 같은 개념이지만 표현은 다른 '싸리드'입니다. 그것을 살핀 바울은 생존자가 '씨'라고 해석한 것입니다.

> 만군의 여호와께서 우리를 위하여 생존자를 조금 남겨 두지 아니하셨더면 우리가 소돔 같고 고모라 같았으리로다 _사 1:9

> 또한 이사야가 미리 말한 바 만일 만군의 주께서 우리에게 씨를 남겨 두지 아니하셨더라면 우리가 소돔과 같이 되고 고모라와 같았으리로다 함과 같으니라
> _롬 9:29

이제는 모든 초점이 예수 그리스도에게로 모아지고 있음을 알 수 있습니다. 바울이 생존자를 '씨'로 해석한 것에서 분명해졌습니다. 바울은 예수 그리스도를 염두에 두고 있었던 것입니다.

그렇다면 이같은 바울의 해석이 너무 지나친 것은 아닐까 하는 생각을 할 수 있습니다. 하지만 구약에 정통한 바울은 이사야서 11장을 잘 알고 있기 때문에 이렇게 해석한 것입니다.

> [1]이새의 줄기에서 한 싹이 나며 그 뿌리에서 한 가지가 나서 결실할 것이요 [2]그의 위에 여호와의 영 곧 지혜와 총명의 영이요 모략과 재능의 영이요 지식과 여호와를 경외하는 영이 강림하시리니 [3]그가 여호와를 경외함으로 즐거움을 삼을 것이며 그의 눈에 보이는 대로 심판하지 아니하며 그의 귀에 들리는 대로 판단하지 아니하며 [4]공의로 가난한 자를 심판하며 정직으로 세상의 겸손한 자를 판단할 것이며 그의 입의 막대기로 세상을 치며 그의 입술의 기운으로 악인을 죽일 것이며

⁵공의로 그의 허리띠를 삼으며 성실로 그의 몸의 띠를 삼으리라 _사 11:1-5

메시아의 탄생을 예언한 구절입니다. 이새의 줄기에서 난 싹이 바로 '씨'인 것입니다. 뿌리에서 난 '한 가지'는 히브리어로 '네쩨르'입니다. 이것은 감동적인 단어입니다. 곁가지를 말하기 때문입니다. 시편 기자가 말한 '건축자가 버린 돌'(시 118:22), 바울이 말한 거추장스러운 '걸림돌'(롬 9:33)과 같은 개념입니다. 바로 예수 그리스도이십니다.

네쩨르 예수

바울의 이야기는 이미 예수 시대에 성취된 것이었습니다. 제가 이스라엘 코스타에 간 김에 나사렛을 여행할 기회가 있었는데, 놀라운 사실을 발견하였습니다. 나사렛은 지금 아랍인이 주로 살고 있는 아랍인의 마을이 되었지만, 놀랍게도 인구의 60퍼센트 이상은 예수를 믿는 아랍 기독교인이라는 사실입니다. 더 재미있는 사실이 무엇인지 아십니까? 놀랍게도 지금 이스라엘 사람들은 기독교인을 히브리어로 '노쯔리'(Notzri)라고 부릅니다. '나사렛 사람'이란 뜻입니다. 나사렛 예수는 자랑스러운 이름이 되었고, 나사렛 사람들은 그 말 자체로 크리스천임을 규정하고 있는 것입니다.

이 이야기를 이해하기 위하여, 좀 더 거슬러 예수 시대로 돌아갈 필요가 있습니다. 예수님이 갈릴리에서 사역을 시작하신 후 제자들을 부르실 때의 일입니다. 예수님의 부르심을 받은 빌립이 나다나엘에게 매우 중요한 사실을 흥분하며 전하였습니다.

빌립이 나다나엘을 찾아 이르되 모세가 율법에 기록하였고 여러 선지자가 기록한

그이를 우리가 만났으니 요셉의 아들 나사렛 예수니라 _요 1:45

그때 나다나엘은 시큰둥하게 반응합니다. 빌립이 민망해할 정도였던 것 같습니다.

나다나엘이 이르되 나사렛에서 무슨 선한 것이 날 수 있느냐 … _요 1:46

얼핏 생각하면 당황스러운 장면처럼 보이지만, 성경과 그 시대를 안다면 충분히 이해할 수 있는 대답입니다. 우선 나사렛이란 말 자체가 '지키다'라는 뜻의 '나짜르'에서 나온 단어입니다. 그런데 구약 역사 속에서 나사렛은 등장하지 않습니다. 별로 중요한 곳이 아니었던 겁니다. 그래서 빌립이 "모세가 율법에 기록하였고 여러 선지자가 기록한 그이, 요셉의 아들 나사렛 예수"라고 말하자 약간은 비아냥거리듯이 대답한 것입니다.

이스라엘 지도를 보면 알 수 있지만, 나사렛은 갈릴리, 사마리아, 베니게 (레바논)의 접경지대에 이루어진 구릉 도시입니다. 므깃도가 있는 이스르엘 평야를 지나면 높이 488미터인 구릉이 나오는데, 나사렛은 그 구릉의 약 375미터 정도 높이의 분지에 세워진 도시입니다.

참고로, '가지'라는 단어가 처음 나오는 성경은 이사야서 11장 1절입니다. 이사야가 메시아의 출생을 예언한 구절입니다.

[1]이새의 줄기에서 한 싹이 나며 그 뿌리에서 한 가지가 나서 결실할 것이요 [10]그 날에 이새의 뿌리에서 한 싹이 나서 만민의 기치로 설 것이요 열방이 그에게로 돌아오리니 그가 거한 곳이 영화로우리라 _사 11:1,10

이 구절에서 '가지'가 바로 네쩨르입니다. 쉽게 말해 보잘것없는 곁가지입니다. 나사렛도 곁가지처럼 형성된 도시였습니다. 갈릴리, 사마리아, 베니게(레바논)의 접경지대로서, 대도시에서 살 수 없을 만큼 가난한 하류층 피난민이나 이방인을 비롯한 잡류들이 모여 형성된 마을이었습니다.

나사렛의 역사는 예수님의 출생 이후와 관련된 기록에서도 알 수 있습니다. 성경을 보면 예수님이 베들레헴에서 탄생하신 후 헤롯이 죽이려 하자, 요셉의 일가는 천사의 지시를 따라 애굽으로 피신합니다. 그러다 천사가 헤롯대왕이 죽었다는 소식을 전하며 이스라엘로 돌아가라고 다시 지시하자(마 2:19-20) 돌아옵니다. 돌아오다 보니 헤롯대왕의 세 아들이 팔레스틴 지역을 다스리고 있었는데, 헤롯대왕이 사마리아 여인 말다게에서 낳은 두 아들 중 한명인 헤롯 안티파스는 갈릴리와 베레아 지역을 다스리고 있었고, 헤롯 아켈라오는 유대지방과 사마리아를 통치하고 있었습니다. 그래서 요셉은 어느 곳으로도 돌아갈 수 없었습니다. 결국 도시의 곁가지 같은 변방, 주로 피난민들이 살고 있던 나사렛에 정착하게 된 것입니다.

> [21]요셉이 일어나 아기와 그의 어머니를 데리고 이스라엘 땅으로 들어가니라 [22]그러나 아켈라오가 그의 아버지 헤롯을 이어 유대의 임금 됨을 듣고 거기로 가기를 무서워하더니 꿈에 지시하심을 받아 갈릴리 지방으로 떠나가 [23]나사렛이란 동네에 가서 사니 이는 선지자로 하신 말씀에 나사렛 사람이라 칭하리라 하심을 이루려 함이러라 _마 2:21-23

이처럼 네쩨르처럼 소외된 동네, 곁가지 같은 나사렛에서 '선한' 사람이 나온다는 건 당시 통념으로 있을 수 없는 일이었습니다. 뿐만아니라 예수님의 탄생과 관련되어 성서에 예언된 도시는 나사렛이 아니라 베들레헴이었습니다. 나사렛은 안중에도 없었습니다. 그러니 나다나엘이 당연히 무시할 만한 마을이었던 것입니다(요 1:46).

그런데 성경은 예수님이 나사렛 사람이라고 불릴 것이라고 예언되었다고 말합니다(마 2:23). 이 말은 문자적으로 나사렛이란 동네만 말하는 것이라고 볼 수 있지만, 이사야서 말씀 외에 기록이 없는 것을 볼 때, 지명으로서의 나사렛 자체보다 '변두리, 촌동네, 피난촌' 등의 상징적 의미로 해석할 수도 있습니다. 그러니까 그 의미를 강조해 나다나엘의 반응을 재구성하면 이렇게 의역할 수 있을 것입니다.

"그저 그런 것들이 사는 촌 동네에서 무슨 선한 것이 나올 수 있겠어? 더구나 메시아라고? 웃기지 말라고 그래!"

그래서 빌라도가 예수님을 십자가에 못 박을 때, 그 명패에 쓴 "나사렛 예수 유대인의 왕이라"(요 19:19)는 비아냥거린 표현임을 알 수 있습니다.

그러나 우리 주 예수 그리스도가 나사렛 사람이란 말은 너무나 감동적입니다. 그 동네에서 참으로 선한 사람이 나왔기 때문입니다. 주님은 지리적으로 네쩨르에서 태어나셨을 뿐만 아니라, 스스로를 네쩨르라고 부르는 이들을 구원하는 것이 그분의 계획이었음을 알 수 있습니다. 마태가 인용한 이사야서의 예언을 보면 알 수 있습니다.

¹²예수께서 요한이 잡혔음을 들으시고 갈릴리로 물러가셨다가 ¹³나사렛을 떠나 스불론과 납달리 지경 해변에 있는 가버나움에 가서 사시니 ¹⁴이는 선지자 이사야를 통하여 하신 말씀을 이루려 하심이라 일렀으되 ¹⁵스불론 땅과 납달리 땅과 요단 강 저편 해변 길과 이방의 갈릴리여 ¹⁶흑암에 앉은 백성이 큰 빛을 보았고 사망의 땅과 그늘에 앉은 자들에게 빛이 비치었도다 하였느니라 마 4:12-16

자랑스러운 이름

어느날 예수님이 여리고를 지나갈 때였습니다. 길에서 구걸하고 있던 디매오의 아들, 소경 거지 바디매오가 길가에 앉았다가 소리칩니다.

> 다윗의 자손 예수여 나를 불쌍히 여기소서 _막 10:47

제자들과 사람들은 그를 꾸짖어 잠잠하라고 주의시켰습니다. 하지만 그는 더욱 큰 소리로 외치기 시작하였습니다. 이유가 무엇이었습니까? 그가 메시아이기 때문입니까? 그렇습니다. 사실 다른 이유가 또 있습니다. 바디매오의 반응은 단 이 한마디 때문이었습니다. '나사렛 예수'입니다.

> [46]그들이 여리고에 이르렀더니 예수께서 제자들과 허다한 무리와 함께 여리고에서 나가실 때에 디매오의 아들인 맹인 거지 바디매오가 길 가에 앉았다가 [47]나사렛 예수시란 말을 듣고 소리 질러 이르되 다윗의 자손 예수여 나를 불쌍히 여기소서 하거늘 _막 10:46-47

그가 들은 것이 '나사렛 예수'였습니다. 그 보잘것없는 촌 동네에서 오신 예수라는 말을 듣고 담대함이 생긴 것입니다. 그분이라면 자신을 불쌍히 여기실 것을 알았던 것입니다. '네쩨르 예수'이시기 때문입니다. 바울이 이 사실을 말하고 있는 것입니다.

'걸림돌', '곁가지'인 네쩨르입니다. 보잘것없습니다. 예수께서 그렇게 되신 까닭은 우리가 보잘것없는 존재이기 때문입니다. 예수가 종이 되시고, 보잘것없는 촌동네 사람이 되신 것은 우리 때문입니다. 그런데 사실은 보물 같은 존재셨던 것입니다. 그 예수를 믿는 믿음으로 구원에 이른다는 사실을 알고 있는 바울이 이렇게 다양한 구약성경 구절을 인용하며 설명했습니다.

하정완 역시 분명 네쩨르였습니다. 예수님도 네쩨르셨습니다. 저는 예수님을 만나는 순간부터 네쩨르는 제게 자랑스러운 이름이 되기 시작하였습니다. 당신도 이 축복을 누리시길 바랍니다.

베드로가 38년 된 앉은뱅이를 보면서 멋지게 외치던 말을 소개하며 이 장을 정리하려 합니다. 앉은뱅이 같은 네쩨르, 우리가 일어설 것이기 때문입니다.

은과 금은 내게 없거니와 내게 있는 이것을 네게 주노니 나사렛 예수 그리스도의 이름으로 일어나 걸으라 _행 3:6

율법을 지켜야 구원에 이른다

롬 9:30-33

우리가 위험하게 이해하고 있는 것이 바로 율법에 대한 것입니다. 믿음을 말하기 시작하면서 율법을 하찮게 여기게 된 것입니다. 이렇게 이해해선 안 됩니다. 율법은 버려야 되는 것이 아니라 성취해야 하는 것이기 때문입니다. 사실 진정한 구원은 율법을 이루는 것입니다. 바울이 인용한 말씀을 공동번역으로 읽어보겠습니다.

> 모세는 사람이 율법을 통해서 하나님과의 올바른 관계를 가질 수 있다고 하면서
> "율법을 지키는 사람은 그것을 지킴으로써 생명을 얻는다"고 기록하였습니다.
> _롬 10:5, 공동번역

이상하게 들릴지 모르지만, 주님도 이렇게 말씀하셨습니다.

> 내가 율법이나 선지자를 폐하러 온 줄로 생각하지 말라 폐하러 온 것이 아니요 완
> 전하게 하려 함이라 _마 5:17

주님이 오신 것은 이처럼 율법을 완성시키려 함이었습니다. 우리 역시 율법을 완성해야 합니다. 그래야 구원에 이릅니다.

율법과 구원의 관계

그렇다면 율법 지키기를 추구하였던 이스라엘은 잘못한 것이 없는 것입니까? 네, 없습니다. 유대 이스라엘이 율법을 추구했던 것 자체는 잘못이 아닙니다. "그렇다면 지금까지 논지를 볼 때 모순이 아닙니까?" 이런 질문이 나오는 것은 당연합니다. 이를 위해 근본적인 질문으로 돌아가겠습니다.

율법은 무엇을 위한 것입니까? 율법은 축복의 통로입니다. 사실 율법의 주된 목적은 우리를 심판하는 도구가 되는 것이 아닙니다. 예를 들어 한 구절을 소개하겠습니다. 모세가 느보산에서 가나안 땅을 바라보며 이스라엘 백성에게 마지막으로 부탁한 이야기입니다.

> [46]그들에게 이르되 내가 오늘 너희에게 증언한 모든 말을 너희의 마음에 두고 너희의 자녀에게 명령하여 이 율법의 모든 말씀을 지켜 행하게 하라 [47]이는 너희에게 헛된 일이 아니라 너희의 생명이니 이 일로 말미암아 너희가 요단을 건너가 차지할 그 땅에서 너희의 날이 장구하리라 _신 32:46-47

모세가 죽은 후 하나님이 여호수아에게 했던 다음의 말씀은 우리가 지금도 암송하는 기막힌 말씀입니다.

> [7]오직 강하고 극히 담대하여 나의 종 모세가 네게 명령한 그 율법을 다 지켜 행하고 우로나 좌로나 치우치지 말라 그리하면 어디로 가든지 형통하리니 [8]이 율법책

을 네 입에서 떠나지 말게 하며 주야로 그것을 묵상하여 그 안에 기록된 대로 다 지켜 행하라 그리하면 네 길이 평탄하게 될 것이며 네가 형통하리라 _수 1:7-8

여기서 말하는 것이 율법 아닙니까? 율법은 우리를 축복으로 이끄는 통로입니다. 또한 율법의 핵심은 하나님과 관계의 문제임을 알 수 있습니다. 율법을 지킨다는 것은 하나님과의 관계가 바로 세워진다는 뜻이기 때문입니다. 그래서 복을 받는 것이 당연합니다. 그러므로 율법은 폐기할 대상이 아닙니다. 헷갈리실지 모르지만 사실입니다. 그래서 "의의 법을 따라간 이스라엘은 율법에 이르지 못하였으니"라는 로마서 9장 31절이 중요합니다. 이 말씀을 좀 더 분명히 이해하기 위하여 공동번역으로 읽어보겠습니다.

그런데 이스라엘은 하나님과의 올바른 관계를 가지는 법을 추구하였지만 끝내 그 법을 찾지 못했습니다 _롬 9:31, 공동번역

'의의 법'에서 '의'는 하나님과의 관계의 온전함을 말합니다. 온전한 관계가 의로움인 것입니다. 그러므로 '의의 법'은 공동번역이 번역한 뉘앙스처럼 '하나님과 온전한 관계를 이룰 수 있도록 돕는 율법'이란 의미입니다. 그것이 구원이기도 합니다. 그러니까 이스라엘도 하나님과 온전한 관계를 이루기 위하여 율법을 추구하였다는 말입니다. 그렇다면 잘못이 아닙니다. 그런데 왜 잘못된 일이 되었습니까? 바울이 이렇게 설명합니다.

어찌 그러하냐 이는 그들이 믿음을 의지하지 않고 행위를 의지함이라 부딪칠 돌에 부딪쳤느니라 _롬 9:32

하나님이 주신 율법은 행위의 문제가 아니라 믿음의 문제였던 것입니다. 이스라엘이 그것을 간과한 것입니다. 율법을 완전히 지키는 것은 애초부터 불가능했습니다. 그래서 언제나 율법에는 은혜가 중요합니다. 율법을 다 지킬 수 없기에 하나님의 은혜에 의존하며 하나님을 믿는 것이 중요했던 것입니다. 이것을 바울이 갈라디아서에서 잘 설명하였습니다. 율법과 믿음의 충돌 때문에 혼동하는 이들에게 율법의 의미를 우선 설명한 것입니다.

> 그러면 율법이 하나님의 약속들과 반대되는 것이냐 결코 그럴 수 없느니라 만일 능히 살게 하는 율법을 주셨더라면 의가 반드시 율법으로 말미암았으리라
> _갈 3:21

심지어 바울은 율법을 이렇게 설명합니다.

> 23믿음이 오기 전에 우리는 율법 아래에 매인 바 되고 계시될 믿음의 때까지 갇혔느니라 24이같이 율법이 우리를 그리스도께로 인도하는 초등교사(몽학선생, 개역한글)가 되어 우리로 하여금 믿음으로 말미암아 의롭다 함을 얻게 하려 함이라
> _갈 3:23-24

바울이 말한 이 구절의 요점은 우리 힘으로 율법을 다 지킬 수 없다는 것입니다. 율법은 우리가 얼마나 죄인인지 정확하게 드러내주는 것입니다. 그러므로 구약에서 말하는 '율법을 지키는 문제'는 지키는 '행위의 문제'가 아니라 '믿음의 문제'였던 것입니다. 행위로서 다 지켜 구원을 얻는 것이 아니라, 지키려 하는 우리 마음과 태도로 인하여 하나님의 자비와 긍휼을 얻는다는 말입니다. 물론 구원의 문제는 하나님의 주권의 문제이긴 하지만 말

입니다. 이제 로마서 9장 31-32절을 공동번역으로 읽어보겠습니다.

> 그런데 이스라엘은 하나님과의 올바른 관계를 가지는 법을 추구하였지만 끝내 그 법을 찾지 못했습니다. 왜 그렇게 되었습니까? 그들은 믿음을 통해서 얻으려 하지 않고 공로를 쌓음으로써 얻으려고 했기 때문입니다. 이를테면 그들은 그 걸림돌에 걸려 넘어진 것입니다. _롬 9:31-32, 공동번역

예를 들어 구약의 제사법에서 사람의 죄를 대신하는 속죄 제사를 보면, 소나 양에게 그 사람의 죄를 전가하여 소를 대신 죽이고 하나님께 번제로 제사를 드립니다. 하지만 이 제사는 죄를 사라지게 하는 것은 아니었습니다. 히브리서 기자가 미가서를 인용하여 설명하였습니다.

> [1]… 해마다 늘 드리는 같은 제사로는 나아오는 자들을 언제나 온전하게 할 수 없느니라 … [2]그러나 이 제사들에는 해마다 죄를 기억하게 하는 것이 있나니 [3]이는 황소와 염소의 피가 능히 죄를 없이 하지 못함이라 _히 10:1,3-4

주님 역시 이같은 제사를 기뻐하지 않으십니다.

> [5]그러므로 주께서 세상에 임하실 때에 이르시되 하나님이 제사와 예물을 원하지 아니하시고 오직 나를 위하여 한 몸을 예비하셨도다 [8]… 주께서는 제사와 예물과 번제와 속죄제는 원하지도 아니하고 기뻐하지도 아니하신다 하셨고 _히 10:5,8

그러면 왜 제사를 드리는 것입니까? 히브리서 기자는 그 제사가 죄를 기억하게 하는 것이기 때문이라고 말합니다.

¹율법은 장차 올 좋은 일의 그림자일 뿐이요 참 형상이 아니므로 해마다 늘 드리는 같은 제사로는 나아오는 자들을 언제나 온전하게 할 수 없느니라 ²그렇지 아니하면 섬기는 자들이 단번에 정결하게 되어 다시 죄를 깨닫는 일이 없으리니 어찌 제사 드리는 일을 그치지 아니하였으리요 ³그러나 이 제사들에는 해마다 죄를 기억하게 하는 것이 있나니 _히 10:1-3

그러므로 결국 마음의 문제입니다. 자신을 대신하여 죽는 짐승을 보면서 하나님 앞에 겸비하게 서고, 하나님의 은혜를 구하는 것이 제사의 핵심이었던 것입니다. 이것이 율법의 기본입니다. 그런데 이런 율법을 구속과 용서의 당연한 도구로 쓰기 시작했습니다. 그 행위를 공로로 삼은 것입니다. 공로의 문제가 아니라 은혜의 문제인데 말입니다. 그때부터 율법에 문제가 생겼습니다. 심지어 하나님을 조종하고 조작하는 도구로까지 발전되었습니다. 그래서 율법이 혐오적인 것이 된 것입니다. 정확하게 말해서 율법을 이용하는 것이 혐오적인 것입니다. 율법 자체가 아닙니다.

이렇게 율법을 이용하는 우리를 위하여 하나님이 예수 그리스도를 내어 주셨습니다. 하나님께서 그렇게 하신 목적은 우리와의 관계의 회복이었습니다. 그것이 율법이 추구하는 목적이며 율법의 완성이기 때문입니다. 하나님이 예수 그리스도의 희생을 통하여 우리와 관계를 회복하신 것입니다.

곧 우리가 원수 되었을 때에 그의 아들의 죽으심으로 말미암아 하나님과 화목하게 되었은즉 화목하게 된 자로서는 더욱 그의 살아나심으로 말미암아 구원을 받을 것이니라 _롬 5:10

그런 의미에서 예수 그리스도는 율법의 완성이고 마침이십니다. 주님이 말씀하신 것처럼 말입니다. 그런데 유대인들은 여전히 율법을 지키는 행위, 곧 공로로 구원에 이르려고 추구했습니다. 율법으로는 결코 구원에 이를 수 없는데 말입니다. 오직 은혜로만 구원이 가능하고, 그 은혜의 정점이 예수 그리스도를 믿는 것인데 말입니다. 그런 까닭에 율법을 자랑해온 유대인에게 예수가 걸림돌이 된 것입니다.

> ³²어찌 그러하냐 이는 그들이 믿음을 의지하지 않고 행위를 의지함이라 부딪칠 돌에 부딪쳤느니라 ³³기록된 바 보라 내가 걸림돌과 거치는 바위를 시온에 두노니 그를 믿는 자는 부끄러움을 당하지 아니하리라 함과 같으니라 _롬 9:32-33

이 말씀을 자세히 읽으면 느끼겠지만, '걸림돌'의 의미는 방해물이 아니라 '중요한 질문'이자 '도전'임을 알 수 있습니다. 행위와 공로를 중시하지만 소망이 없고 구원이 없던 이들이 만난 예수, 공로와 행위가 없는 믿음의 대상이신 그리스도, 그 예수 그리스도라는 걸림돌에 넘어진 것은 복이라는 의미입니다.

그러니 걸려 넘어지자

이제 남은 것은 걸림돌에 걸려 넘어질 것인가, 혹은 넘어진 채로 예수 그리스도에게 의존하여 살아갈 것인가, 아니면 살아왔던 대로 공로와 행위 중심의 삶을 여전히 살아갈 것인가 하는 질문입니다. 바울은 그것을 묻고 있습니다. 그리고 바울이 내린 결론의 내용이 10장입니다.

형제 여러분, 나는 내 동족이 구원받기를 마음으로 간절히 원하며 하나님께 간구합니다. 나는 하나님께 대한 그들의 열성만은 충분히 인정합니다. 그러나 그 열성은 바른 지식에 근거를 둔 것이 아닙니다. 그들은 하나님께서 인간을 당신과의 올바른 관계에 놓아 주시는 길을 깨닫지 못하고 제나름의 방법을 세우려고 하면서 하나님의 방법을 따르지 않았습니다. 그리스도께서 나타나심으로 율법은 끝이 났고 그를 믿는 사람은 누구든지 하나님과의 올바른 관계를 가지게 되었습니다. 모세는 사람이 율법을 통해서 하나님과의 올바른 관계를 가질 수 있다고 하면서 "율법을 지키는 사람은 그것을 지킴으로써 생명을 얻는다"고 기록하였습니다.

_롬 10:1-5, 공동번역

예수를 믿음으로 드디어 율법을 온전히 지키게 되었습니다. 율법을 다 지켜야만 구원에 이른다는 모세의 율법이 성취된 것입니다. 바울이 이렇게 결론을 맺습니다.

다시 원점으로 돌아가서 질문하겠습니다. 율법은 무엇입니까? 우리로 하여금 죄에 대하여 민감하게 하고 하나님께로 나아가도록 돕는 좋은 교사입니다. 구원받은 우리에게도 꼭 필요한 몽학선생, 곧 선생님인 것입니다. 우리는 여전히 훈계가 필요하고, 징계도 필요합니다. 말씀이 그런 역할을 하는 것이 사실입니다.

믿음이 중요하지만, 그렇다고 해서 율법이 폐기된 것은 아닙니다. 예수를 믿음으로 율법의 완성을 이룬 크리스천은 율법적으로 온전하게 살려고 힘쓰는 것이 옳습니다. 율법적 행위가 우리를 구원에 이르게 하거나, 그것으로 공로로 삼아 잘난 척하려는 목적 때문이 아니라, 믿음으로 그리스도 안에서 율법의 완성을 이룬 자로서 살아가야 하기 때문입니다. 율법적으로도, 행위적으로도 온전하게 사는 것이 당연하기 때문입니다. 그래서 바울은 우리가 믿음으로 종이 아닌 자유자와 자녀가 되었는데, 다시 의의 종이 되었다는 표현을 쓴 것입니다.

¹⁵그렇다면 우리가 율법의 지배를 받지 않고 은총의 지배를 받고 있다고 해서 죄를 지어도 좋다는 말이겠습니까? 절대로 그럴 수 없습니다. ··· ¹⁹여러분의 이해력이 미치지 못할까 하여 이렇게 인간사에 비추어 말하는 것입니다. 여러분이 전에는 온 몸을 더러운 일과 불법의 종으로 내맡기어 불법을 일삼았지만 이제는 온 몸을 정의의 종으로 바쳐 거룩한 사람이 되도록 힘써야 할 것입니다. ··· ²²그러나 이제는 너희가 죄로부터 해방되고 하나님께 종이 되어 거룩함에 이르는 열매를 맺었으니 그 마지막은 영생이라 _롬 6:15,19(공동번역), 22(개정개역)

핵심 로마서

열심과 지식

롬 10:1-4

바울이 아무리 생각해도 절대 놓칠 수 없는 것은 자신의 민족 이스라엘이었습니다. 그들이 구원받는 것은 바울의 절대 소원이었습니다.

형제들아 내 마음에 원하는 바와 하나님께 구하는 바는 이스라엘을 위함이니 곧 그들로 구원을 받게 함이라 _롬 10:1

바울은 이미 앞에서 이같은 간절함을 표현한 바 있습니다.

²나에게 큰 근심이 있는 것과 마음에 그치지 않는 고통이 있는 것을 내 양심이 성령 안에서 나와 더불어 증언하노니 ³나의 형제 곧 골육의 친척을 위하여 내 자신이 저주를 받아 그리스도에게서 끊어질지라도 원하는 바로라 _롬 9:2-3

바울이 이토록 간절한 이유는 또 있었습니다. 그것은 유대인이 보인 '열심의 진정성' 때문이었습니다. 그것이 그들을 구원하고 싶은 간절함의 또 다른 이유였습니다.

열심과 진지함은 존중하지만

바울의 이같은 태도는 중요합니다. 사실 가끔 천박한 기독교를 만납니다. 구도적 종교들의 '종교적 진지함'을 조롱할 때입니다. 옳고 그름을 떠나 진리를 추구하고 깨달음을 얻기 위하여 추구하는 그 노력을 우습게 여겨서는 안 됩니다. 저는 그들의 수행 노력과 열심을 존중합니다. 바울이 말하는 것이 그런 존중의 태도입니다. 더욱이 바울은 자신이 과거에 그런 삶을 살았던 사람이었습니다. 그런 사람들의 진지함을 알고 있었습니다. 열심을 폄하할 수 없었던 것입니다. 물론 행위 자체가 옳다는 의미는 아닙니다. 진리에 기초한 행위는 아니었기 때문입니다. 바울도 그 점을 안타까워하였습니다.

> 내가 증언하노니 그들이 하나님께 열심이 있으나 올바른 지식을 따른 것이 아니니라 _롬 10:2

이 부분에 대한 존 스토트의 표현이 아주 적절합니다.

> 진지함만으로는 충분하지 않다. 우리는 진지하게 실수를 저지를 수도 있기 때문이다. 지식 없는 열심, 반성 없는 헌신, 이해 없는 열광에 대해서는 광신이라는 말이 적절하다. 그리고 광신 상태에 빠지는 것은 무섭고도 위험하다.[31]

그러므로 열심만 보고 '그들'의 주장이 진리라고 생각하면 안 됩니다. 열심을 가진 자들의 주장일수록 그것이 바른 지식에 기초한 것인지 물어봐야 합니다. 열심을 가졌다는 말은 강력하게 드라이브를 걸 수 있는 힘이 있다

---

31 존 스토트, 372

는 말이기 때문입니다.

여기서 간과하지 말아야 할 것은 그들의 열심에도 지식이 있을 수 있다는 사실입니다. 존 스토트가 표현한 '지식 없는 열심'이란 진짜 지식이 없다는 말은 아닙니다. 바울의 말처럼 올바른 지식이 아닌 것이 오히려 위험하다고 보아야 합니다. 이스라엘이 지식이 없었던 것이 아닙니다. 배우기도 하였습니다. 그런데 바른 지식이 아니었던 것입니다. 그래서 개역성경은 여기서 쓰인 단어 '에피그노시스'를 '올바른 지식'이라고 번역한 것입니다. '에피그노시스'는 지식을 의미하는 '그노시스'와 달리 경험적으로 이해하고 깨닫고 확인된 올바른 지식을 말합니다. 모든 지식이 구원에 이르는 지식은 아닙니다. 그래서 기준이 중요합니다. 그 지식의 근거가 무엇인지가 중요한 것입니다. 바울은 올바르지 않을 수 있는 지식을 지적했습니다.

> ²내가 증언하노니 그들이 하나님께 열심이 있으나 올바른 지식을 따른 것이 아니니라 ³하나님의 의를 모르고 자기 의를 세우려고 힘써 하나님의 의에 복종하지 아니하였느니라 _롬 10:2-3

올바른 지식에 이르지 못하는 이유를 바울은 '하나님의 의를 모르고 자기 의를 세우려고' 했기 때문이라고 지적하였습니다. 이 구절에서 말하는 핵심은 '자기 의를 세우려고'라는 표현입니다. '자기 의' 곧 스스로 의에 이를 수 있는 행위와 방법을 추구한다는 말입니다. 이스라엘의 경우 율법을 자기 의의 실현 수단으로 삼은 것입니다. 더욱이 이들이 하나님을 믿는 백성이었다는 점을 생각하면, 그들의 행위로 하나님의 구원에 영향을 끼치고 강요하겠다는 의지를 표명한 것입니다. 더 나아가 아예 행위를 통해, 곧 행함으로 스스로 구원을 선포하기까지 했습니다. 이것이 '지식 없는 자의 열심'으로 나타난 결과입니다.

열심만 부러워하지 마십시오. 열심을 만나거든 그 지식이 바른 지식인지 따져보십시오. 지식의 초점이 그 자신을 향하는지 살피는 것은 매우 중요한 분별의 요소가 될 수 있기 때문입니다. 이것도 저것도 잘 모르겠다면 좋은 선생님을 만나면 됩니다. 좋은 길로 인도할 것이기 때문입니다.

구원이 가까이 있다

롬 10:5-9

앞 장에서 살핀 것처럼 바울이 문제 삼은 것은 열심이 아니고 '올바른 지식'에 관한 것입니다(롬 10:2). 단순히 왜곡된 지식을 지적하기 위해 올바른 지식을 말한 것은 아닙니다. '경험적으로 이해하고 깨닫고 확인된 지식'이어야 하므로, 그런 의미에서 '올바른 지식'이며 동시에 '완전한 지식'을 따르라고 말합니다. 이런 이해에서 10장에서 이어지는 말씀을 읽어야 합니다. 바울은 우선 모세가 말한 율법과 구원에 대한 이야기는 틀리지 않다고 말합니다.

> 모세는 사람이 율법을 통해서 하나님과의 올바른 관계를 가질 수 있다고 하면서 "율법을 지키는 사람은 그것을 지킴으로써 생명을 얻는다"고 기록하였습니다.
> _롬 10:5, 공동번역

그런데 앞 장에서 설명한 이해를 통해 볼 때 완전한 지식은 아니라는 말입니다. 예를 들어 늘 운전하며 다니는 경로가 있습니다. 그 경로로 가면 약 30분이 걸려 목적지에 도착합니다. 하지만 어느 날 새로운 길이 생겼습니다. 새 길로 가면 약 15분 만에 도착하게 되었습니다. 그런데 어떤 사람은 30분 걸려 가는 옛 길만 알고 있다고 가정하겠습니다. 그렇다면 이제 통상적으로 30분이 걸렸던 옛 길에 대한 지식은 '완전한 지식'이라고 말할 수 없게 되었습니다. 그렇지만 "그 길로도 갈 수는 있다"라고 말할 수 있습니다. 바울이 말한 것이 그 뜻입니다.

예를 이렇게 들었지만, 율법과 믿음을 통한 구원의 관계는 이런 예로 비교할 수 없을 만큼 절대적인 차이가 있습니다. 거의 불가능한 것과 쉽게 이룰 수 있는 것의 차이라고 말할 수 있을 것입니다.

입으로 예수를 주로 시인하라

여하튼 율법에 빠져 있었고 그것이 선민사상과 완전하게 연합해서 율법에 대해 강조하던 유대인들은 당연히 예수를 믿음으로 얻는 의, 곧 구원을 간과했습니다. 그것만이 아닙니다. 율법을 잘 지킨다고 말하지만 사실은 여러 가지 핑계를 대며 제대로 지키지 않았습니다. 이때 바울이 인용한 구약 말씀이 신명기 30장 14절 말씀입니다. 로마서 10장 8절과 비교해서 읽어보십시오.

오직 그 말씀이 네게 매우 가까워서 네 입에 있으며 네 마음에 있은즉 네가 이를 행할 수 있느니라 _신 30:14

그러면 무엇을 말하느냐 말씀이 네게 가까워 네 입에 있으며 네 마음에 있다 하였으니 곧 우리가 전파하는 믿음의 말씀이라 _롬 10:8

분명 율법을 다 지킬 수 없기에 율법으로 구원에 이를 수는 없지만, 율법을 지키는 것은 하나님의 은혜로 나아갈 수 있는 가능성입니다. 그러나 유대인들은 하나님의 은혜에 기댈 의사가 없었습니다. 은혜에 기대는 순간 공로나 행위로 자신을 드러낼 수도, 뽐낼 수도 없었기 때문입니다. 그런데 더 완전한 복음, 곧 예수를 믿음으로 구원에 이르는 놀라운 복음이 전해졌습니다. 은혜를 통한 율법도 제대로 따르지 못한 이들이 어떤 행위도 중요하지 않은 믿음을 따르는 것은 불가능했습니다.

드디어 바울이 비장의 무기, 곧 복음과 믿음 그리고 구원의 관계를 확실하게 정리한 선포적 의미의 말씀을 선포합니다.

하나님의 구원 계획은 간단했습니다. 어떤 사람이든지 구원에 이르는 길은 매우 쉽습니다. 공부가 필요한 것도 돈이 필요한 것도 아닙니다. 어린 아이든, 어른이든 누구든지 할 수 있는 방법입니다. 입으로 예수를 주로 시인하는 것입니다. 동시에 예수의 죽음과 부활을 믿는 것입니다.

네가 만일 네 입으로 예수를 주로 시인하며 또 하나님께서 그를 죽은 자 가운데서 살리신 것을 네 마음에 믿으면 구원을 받으리라 _롬 10:9

우선 중요한 것은 예수를 주(主)로 시인하는 것입니다. 그것이 시작입니다. 그런데 주로 시인한다는 게 마냥 쉽지는 않습니다. 나의 주권(主權)을 하나님께 드리는 것이기 때문입니다. 내 인생의 주인이 내가 아니라 하나님이라고 인정하는 것이 시인(是認)이기 때문입니다.

사실 예수를 '주로 시인하는 것'은 '마음으로 믿는 것'보다 더 중요합니다. 그래서 바울이 이것을 먼저 꺼낸 것으로 보입니다. 엄밀하게 말해서 믿는 것은 육체적 관심사, 세상, 물질 같은 모든 것들에 침해를 받지 않습니다. 믿음이란 단순히 '하나님께서 그를 죽은 자 가운데서 살리신 것을 마음에 믿는' 것이기 때문입니다. 그러나 '주로 시인한다'는 것은 정확하게 말하면 예수님을 나의 주인으로 받아들이는 것입니다. 돈, 명예, 권력, 지식뿐만 아니라 나의 신체조차 주인의 것이라고 고백해야 합니다. 그러므로 완전한 구원은 주님이 나를 위하여 죽으시고 부활하신 것을 믿는 것과 함께, 예수를 주인으로 시인하는 주권이양이 함께 이루어져야 하는 것입니다. 그런데 주권이양이 쉽지 않습니다. 우리가 믿고 있지만 온전한 믿음에 이르지 못하는 이유입니다.

자기부인의 훈련

우리는 모두 예수를 믿습니다. 나를 구원하시기 위하여 십자가에 매달리신 것을 믿고, 우리가 믿을 때 주의 자녀가 되는 것도 믿습니다. 그런데 안 되는 것이 있습니다. 그것이 예수를 '주로 시인하는 것'입니다. 그래서 9절에서 '예수를 주로 시인'하는 것을 먼저 강조하였지만, 구원에 이르는 길의 핵심은 '입으로 시인하는' 것임을 10절에서 다시 강조했습니다.

> 사람이 마음으로 믿어 의에 이르고 입으로 시인하여 구원에 이르느니라 _롬 10:10

그런 까닭에 구원의 완성, 제자도의 성취에는 언제나 '예수를 주인으로 시인하는 것'이 있어야 합니다. 주님의 언어로 바꾸면 '자기를 부인하는 것'을 말합니다. 제자들이 예수를 주라고 고백하자 주님이 제자들에게 하신 말씀이 '자기부인'이었습니다.

… 아무든지 나를 따라오려거든 자기를 부인하고 날마다 제 십자가를 지고 나를 따를 것이니라 _눅 9:23

그렇다면 성화가 이루어지는 과정과 단계는 무엇의 훈련이어야 합니까? 당연히 자기부인의 훈련이 그 시작과 정점에 있어야 합니다. 그것의 결과가 겸손과 겸비, 그리고 하나님을 향한 절대 의존과 종속으로 드러나는 것입니다. 그런데 늘 내가 살아 있고, 분쟁을 일으키고, 여전히 세상을 누리고 싶고, 그것들을 즐기고 싶어합니다. 그렇게 살고 있다면, 아직 구원의 완성에 이르기에 먼 상태입니다.

주의 이름을 부르다

롬 10:10-15

앞 장에서 우리는 '주로 시인하는 것'이 '마음으로 믿는 것'보다 어렵다는 것을 배웠습니다. 하나님이 내 주인이라고 시인하는 것은 나의 주권을 하나님께 드리는 것이기 때문입니다. 로마서가 쓰인 시대적 배경을 볼 때, 사람들 앞에서 예수를 공개적으로 주님이라고 시인하는 것은 매우 위험한 일이었습니다. 물론 그랬을 것입니다. 하지만 바울은 그런 위험성에 대해 이렇게 일갈하였습니다.

> 성경에 이르되 누구든지 그를 믿는 자는 부끄러움을 당하지 아니하리라 하니
> _롬 10:11

이같은 측면 때문에 다시 믿음이 제한적인 것이 될 것이라고 우려한 것이, 이어지는 다음 구절에서 역력히 드러납니다.

> 유대인이나 헬라인이나 차별이 없음이라 한 분이신 주께서 모든 사람의 주가 되사 그를 부르는 모든 사람에게 부요하시도다 _롬 10:12

'부르는 모든 사람'에 대해 다음 절에서 좀 더 구체적으로 말합니다.

누구든지 주의 이름을 부르는 자는 구원을 받으리라 _롬 10:13

사실 이 말씀은 매우 위험할 수 있는 표현입니다. '부른다'는 것의 주도권이 부르는 자에게 있기 때문입니다. 김춘수의 시 '꽃'을 읽어보겠습니다.

내가 그의 이름을 불러 주기 전에는
그는 다만
하나의 몸짓에 지나지 않았다.
내가 그의 이름을 불러 주었을 때
그는 나에게로 와서
꽃이 되었다. (하략)

이 시에서도 알 수 있듯이 주도권은 부르는 자에게 있습니다. 그런데 우리가 주님의 이름을 부를 수 있다는 것입니다. 스스로 존재하는 존재가 수동적 존재에게, 누군가에 의해 불리는 존재가 되기로 결정하셨습니다. 즉, 절대주권의 하나님이 절대 수동적 태도를 취하신 것입니다. 기막힌 일이 아닐 수 없습니다.

진리의 근본 성질
노자의 도덕경 제1장의 첫 구절을 읽어보겠습니다.

道可道 非常道 道可道 非常道

직역하면 이런 뜻입니다.

도를 도라 할 수 있지만 항상 도가 되는 것은 아니다. 그 이름을 그 이름이라고 할 수 있지만 항상 그 이름이 되는 것은 아니다.

'도' 곧 '진리'라는 근본은 이런 성질을 갖고 있습니다. 쉽게 말해서 '진리는 이것이다'라고 어떤 상자에 넣고 규정하는 순간 그것의 원래 모습은 사라진다는 말입니다. 더 이상 진리일 수 없다는 뜻입니다. 왜냐하면 진리란 우리가 '이것이다'라고 말할 수 있을 만큼 작은 것이 아니기 때문입니다. 뿐만 아니라 우리가 진리이신 그분의 이름을 부를 수 있다는 것이 상당한 불경일 수도 있습니다. 그런데 그분이 그것을 내려놓으셨습니다. 피조물이 부를 수 없는 하나님의 이름을 이스라엘과 우리에게는 가르쳐주셨기 때문입니다. 얼마나 아름다운 내려놓음인지 알 수 없습니다.

그렇다면 이제 남은 위험성은 우리가 그 이름을 부를 때, 우리의 편협한 사고 속에서 그 이름이 왜곡되고 가벼워질 가능성입니다. 이 사실을 주님이 모르실 리 없으십니다. 그럼에도 불구하고 이름을 부르게 하신 이유는 한 가지, 우리의 구원 때문입니다. 이름을 부른다는 것은 그 이름의 대상과 인격적 관계를 맺으며 그 대상을 믿는다는 표현이기 때문입니다. 그렇지만 하나님이 매우 제한된 분으로 축소되고 왜곡될 가능성도 생겼습니다. 주님은 그런 현상이 벌어질지라도 감내하시겠다는 말입니다. 우리가 구원에 이를 수 있다면 말입니다. 하나님은 그 위험성을 줄이기 위하여 십계명에서 제2계명을 주셨습니다.

⁴너를 위하여 새긴 우상을 만들지 말고 또 위로 하늘에 있는 것이나 아래로 땅에 있는 것이나 땅 아래 물 속에 있는 것의 어떤 형상도 만들지 말며 ⁵그것들에게 절하지 말며 그것들을 섬기지 말라 나 네 하나님 여호와는 질투하는 하나님인즉 나를 미워하는 자의 죄를 갚되 아버지로부터 아들에게로 삼사 대까지 이르게 하거니와 ⁶나를 사랑하고 내 계명을 지키는 자에게는 천 대까지 은혜를 베푸느니라 _출 20:4-6

이어서 주신 제3계명이 이름을 부르는 방법에 대한 것입니다.

너는 네 하나님 여호와의 이름을 망령되게 부르지 말라 여호와는 그의 이름을 망령되게 부르는 자를 죄 없다 하지 아니하리라 _출 20:7

하나님을 내 입맛에 맞는 상자에 집어넣거나 자신을 위하여 함부로 사용하거나, 쓰기 쉬운 도구적 존재로 전락시키는 것을 경고하신 것입니다. 이같은 위험성이 있음에도 불구하고 은혜와 구원을 우리에게 쉽게 허락하고자 하신 것입니다. 어떻게 보면 하나님 스스로 흔해빠진 이름이 되기로 자처하셨습니다.

유대인이나 헬라인이나 차별이 없음이라 한 분이신 주께서 모든 사람의 주가 되사 그를 부르는 모든 사람에게 부요하시도다 _롬 10:12

그러므로 우리가 주의 이름을 부르는 것은 정말로 아름다운 일입니다. 그 이름을 부르는 순간 이미 스스로 자신을 내려놓으신 그분과 놀라운 관계를 맺는 사이가 되기 때문입니다. 그러므로 이 이름 예수는 모두를 위한 것입니다. 누구나 부를 수 있도록 증거해야 하는 것입니다. 그래서 바울이 이렇게 반문했습니다.

> 그러나 믿지 않는 분의 이름을 어떻게 부를 수 있겠습니까? 또 들어 보지도 못한 분을 어떻게 믿겠습니까? 말씀을 전해 주는 사람이 없으면 어떻게 들을 수 있겠습니까? _롬 10:14, 공동번역

이제 바울이 유대인들을 꾸짖는 이유를 말합니다. 이 계획을 실행하기 위하여 이스라엘을 불렀는데, 그 사명을 잘 수행하지 않았습니다.

> 이스라엘에 대하여 이르되 순종하지 아니하고 거슬러 말하는 백성에게 내가 종일 내 손을 벌렸노라 하였느니라 _롬 10:21

그렇다면 왜 이스라엘은 이 아름다운 일을 하지 않은 걸까요? 그분의 이름을 제한하고 사유화하고 싶었던 것입니다. 하나님의 축복과 구원을 자신들만 위하는 것으로 국한시키고 상자 속에 가둬놓은 것입니다. 그래서 주님이 이스라엘이 아닌 다른 민족을 일으키셨습니다. 그 이름을 나누기 위함입니다.

신앙은 독점해선 안 된다

우리는 언제든지 하나님의 이름을 부를 수 있습니다. 얼마나 행복하고 좋은 일입니까? 독점하지 않고 흘려보내고 나누는 일은 그래서 아름답습니다. 바울이 그래서 이 문단을 이렇게 매듭짓습니다.

보내심을 받지 아니하였으면 어찌 전파하리요 기록된 바 아름답도다 좋은 소식을 전하는 자들의 발이여 함과 같으니라 _롬 10:15

신앙은 독점이 아닙니다. 마치 물과 같은 것입니다. 노자가 도덕경 제8장에서 말했듯이 말입니다.

上善若水(상선약수)
水善利萬物而不爭(수선이만물이부쟁)
處衆人之所惡(처중인지소악)
故幾於道(고기어도)

가장 높은 선(善)은 물과 같다.
물은 만물을 이롭게 하면서 다투지를 않고
뭇 사람이 싫어하는 곳에 자리 잡으니,
그런 까닭에 도(道)에 가깝다.

상선약수(上善若水), 하나님의 진리에 이른 자가 물처럼 보이는 이유입니다. 그래서 진리에 이른 자들의 삶의 태도가 무위[32]로 드러나는 것입니다. 여기서 '무위'란 아무 것도 하지 않는 것이 아니라, 모든 것을 전심으로 하지만 하나님의 인도하심과 그 흐름에 순종하는 것을 말합니다. 바울이 감옥에서 보낸 편지인 빌립보서에 그 기막힌 삶의 모습이 드러납니다.

---

32 無爲 : 그대로 두어 가하지 않음, 인위人爲의 반대개념

내가 이미 얻었다 함도 아니요 온전히 이루었다 함도 아니라 오직 내가 그리스도 예수께 잡힌 바 된 그것을 잡으려고 달려가노라 _빌 3:12

이것이 신앙이 깊어진 자가 보이는 태도입니다. 무엇을 강력히 주장하지 않고, 무엇에 대단히 집착하지도 않습니다. 이유가 무엇입니까? 도를 가졌기 때문입니다. 진리를 품었기 때문입니다. 통달한 것입니다. 하나님이 우리에게 최고의 만족이 되셨습니다. 그래서 이름을 부르는 것만으로 우리는 모든 것을 이룬 것입니다.

하나님의 계획은 영원히 유효하다

롬 10:16-11:1

타락 이후 죄 가운데 있는 사람들을 향한 하나님의 계획의 정점에 아브라함을 택하신 일이 있습니다. 하나님이 역사 속으로 찾아오셔서 한 사람 아브라함을 택하셨고, 당신의 놀라운 구원계획을 이루고자 하신 것입니다. 그래서 하나님은 아브라함을 마음껏 축복하셨고 그를 복의 근원으로 삼으셨습니다.

> 내가 너로 큰 민족을 이루고 네게 복을 주어 네 이름을 창대케 하리니 너는 복의 근원이 될찌라 _창 12:2, 개역한글

하나님이 말씀하신 복의 근원이 된다는 의미는 매우 놀랍고 파괴력 있는 권세를 갖게 된다는 말이었습니다. 복의 근원이 된다는 것이 어떤 것인지, 하나님은 계속해서 말씀하셨습니다.

> 너를 축복하는 자에게는 내가 복을 내리고 너를 저주하는 자에게는 내가 저주하리니 땅의 모든 족속이 너로 말미암아 복을 얻을 것이라 하신지라 _창 12:3

이 부분을 반드시 잘 기억해야 합니다. 하나님이 아브라함을 부르신 이유는 "땅의 모든 족속이 너를 인하여 복을 얻게"(창 12:3) 하기 위함이었습니다. 아브라함, 이삭, 야곱, 이스라엘로 그 사명과 복은 이어졌습니다.

네 자손을 하늘의 별과 같이 번성하게 하며 이 모든 땅을 네 자손에게 주리니 네 자손으로 말미암아 천하 만민이 복을 받으리라 _창 26:4, 이삭

네 자손이 땅의 티끌 같이 되어 네가 서쪽과 동쪽과 북쪽과 남쪽으로 퍼져나갈지며 땅의 모든 족속이 너와 네 자손으로 말미암아 복을 받으리라 _창 28:14, 야곱

하나님의 계획은 아브라함과 그의 자손들을 통하여 세상이 복을 받는 것이었습니다. 그래서 아브라함과 맺은 약속이 아들 이삭과 손자 야곱에게 계속 이어진 것입니다. 약간 심하게 말하면, 모든 민족에게 복을 유통시키는 사명을 받고 부름받은 족속이 이스라엘인 것입니다.

복을 유통시키는 사명

모세가 하나님의 부름을 받고 시내산으로 올라갔을 때입니다(출 19:1-3) 하나님은 매우 분명한 어조로 출애굽 사건의 의미를 말씀하기 시작하셨습니다.

내가 애굽 사람에게 어떻게 행하였음과 내가 어떻게 독수리 날개로 너희를 업어 내게로 인도하였음을 너희가 보았느니라 _출 19:4

하나님은 그때 모세에게 이스라엘을 애굽에서 이끌어내신 이유를 말씀하셨습니다.

> ⁵세계가 다 내게 속하였나니 너희가 내 말을 잘 듣고 내 언약을 지키면 너희는 모든 민족 중에서 내 소유가 되겠고 ⁶너희가 내게 대하여 제사장 나라가 되며 거룩한 백성이 되리라 너는 이 말을 이스라엘 자손에게 전할지니라 _출 19:5-6

하나님께서 이스라엘을 통하여 하고자 하신 일은 이스라엘을 하나님의 소유로 삼아 거룩하게 구별하고 '제사장 나라'가 되게 하려는 것이었습니다. 원래 제사장은 죄인과 하나님 사이에서 중보자 역할을 하는데, 이스라엘을 하나님과 세상 모든 민족 사이에 중보자로 세우신 것입니다. 다시 말해 이스라엘을 통하여 세상을 구원하시겠다는 말씀이었습니다.

실제로 하나님은 이스라엘을 통하여 민족들을 구원하는 일을 행하신 예가 있습니다. 그 대표적인 경우가 요나를 통하여 니느웨를 구원하는 이야기입니다. 니느웨는 분명히 바벨론의 수도로서 이스라엘의 대표적인 원수 국가였고, 요나 자신도 죽기보다 싫은 것이 니느웨가 구원받는 일이었습니다. 그렇지만 하나님의 계획은 이스라엘의 적국이기에 미워하는 것이 아니라 그들을 구원하는 것이었습니다. 하나님은 니느웨를 구원하심으로 이스라엘만의 하나님만이 아니라 모든 민족의 하나님이심을 드러내셨습니다. 그 같은 사실을 요나도 알고 있었습니다. 그래서 요나가 처음엔 도망친 것입니다.

> ¹요나가 매우 싫어하고 성내며 ²여호와께 기도하여 이르되 여호와여 내가 고국에 있을 때에 이러하겠다고 말씀하지 아니하였나이까 그러므로 내가 빨리 다시스로

도망하였사오니 주께서는 은혜로우시며 자비로우시며 노하기를 더디하시며 인애
가 크시사 뜻을 돌이켜 재앙을 내리지 아니하시는 하나님이신 줄을 내가 알았음
이니이다 _욘 4:1-2

그래서 요나는 죽고 싶었습니다. 하지만 하나님은 그런 요나의 의지와
관계없이 니느웨를 구원할 계획이 너무나도 확고했습니다. 분명히 하나님
은 이스라엘 민족만을 위한 하나님이 아니셨습니다.

하물며 이 큰 성읍 니느웨에는 좌우를 분변하지 못하는 자가 십이만여 명이요 가
축도 많이 있나니 내가 어찌 아끼지 아니하겠느냐 하시니라 _욘 4:11

하나님은 모든 민족의 하나님이십니다. 이스라엘은 제사장 나라로 세워
하나님과 세상 민족 사이의 중보자로, 복음 전도자로 쓰려고 계획하신 민
족입니다. 그런데 이스라엘은 그렇게 단순히 생각하지 않았습니다. 그들은
자신들만이 하나님으로부터 특별히 택함받았고 자신들에게만 복을 주신다
고 생각했습니다. 온 우주의 하나님이라는 사실을 부정하는 것은 아니었지
만, 여호와 하나님은 오직 자신들만을 위한 하나님이라고 여긴 것입니다.
애굽에서 430년 동안의 노예생활, 40년 광야생활, 그리고 70년의 포로
생활을 겪으면서도 이스라엘은 온 세상 민족을 구원하시려는 하나님의 계
획을 바르게 이해하지 못하였습니다. 하나님의 뜻대로 행동하지 않았습니
다. 그들은 하나님을 이기적으로 이해했습니다. 하나님의 계획에는 관심을
기울이지 않았을 뿐만 아니라, 요나의 예에서 보듯이 순종하지도 않았습니
다. 그런 이스라엘을 향하여 하나님은 계속 순종을 요청하셨습니다. 바울은
그런 모습을 이사야서 말씀을 인용해 이렇게 적었습니다.

이스라엘에 대하여 이르되 순종하지 아니하고 거슬러 말하는 백성에게 내가 종일 내 손을 벌렸노라 하였느니라 _롬 10:21

하나님은 이스라엘이 돌아오도록 하시려고 이방인들을 사용하기도 하시고 "백성 아닌 자로 시기나게"(롬 10:19) 하기도 하셨지만, 이스라엘은 전혀 하나님의 부르심에 응답하지 않았습니다. 수없이 많은 선지자들과 예언자들을 통하여 이 하나님의 뜻이 전달됩니다. 그러나 이스라엘은 하나님의 뜻에 응답하지 않습니다. 여기서 우리는 이런 질문을 던지게 됩니다.

"이처럼 하나님의 뜻에 응답하지 않는 백성을 하나님이 그냥 두시는가?" 바울도 똑같은 질문을 로마 교회에 던집니다.

그러므로 내가 말하노니 하나님이 자기 백성을 버리셨느냐… _롬 11:1

바울은 즉시 "그럴 수 없느니라"(롬 11:1)라고 자문자답합니다. 하나님의 뜻을 수행하지 못한 백성, 제사장 나라 이스라엘은 당연히 폐기되어야 마땅하고 멸망당해야 하지만, 여전히 이스라엘을 남겨두신 것을 알기 때문이었습니다. 이어서 바울은 그 이유에 대하여 놀라운 말을 합니다.

하나님의 은사와 부르심에는 후회하심이 없느니라 _롬 11:29

그러나 아쉽게도 이스라엘은 더 이상 복음을 위해서는 쓰임받지 못하는 민족이 되고 말았습니다. 바울이 이같이 이해하며 이런 질문을 던집니다. 부름받은 자들이 그들(이스라엘)처럼 복음을 전하지 않으면 어떻게 되는 것이냐고 말입니다.

"주님의 이름을 부르는 사람은 누구든지 구원을 얻으리라"는 말씀이 있지 않습니까? 그러나 믿지 않는 분의 이름을 어떻게 부를 수 있겠습니까? 또 들어 보지도 못한 분을 어떻게 믿겠습니까? 말씀을 전해 주는 사람이 없으면 어떻게 들을 수 있겠습니까? _롬 10:13-14, 공동번역

바울이 이렇게 질문한 것은 이스라엘이, 그리고 우리가 복음을 전하지 않으면 세상 사람들이 정말 복음을 듣지 못한다는 말을 하려는 것이 아닙니다. 그래서 바울은 다시 반어적 표현으로 질문합니다. "우리가 복음을 전하면 반드시 복음이 전해지는가?"

전도자로서 파견받지 않고서 어떻게 전도를 할 수 있겠습니까? "기쁜 소식을 전하는 이들의 발이 얼마나 아름다운가!" 라는 말이 바로 그 말씀입니다. 그러나 모든 사람이 다 그 복음을 받아 들인 것은 아닙니다. "주님, 우리가 일러 준 말을 누가 믿었습니까?" 하고 이사야도 한탄한 일이 있습니다. _롬 10:15-16, 공동번역

복음을 전한다고 반드시 전해진다는 보장은 없습니다. 그러나 복음을 전하지 않으면 세상이 복음을 들을 기회도 분명히 없습니다. 바울은 이것을 반복해서 강조합니다.

[17]그러므로 믿음은 들음에서 나며 들음은 그리스도의 말씀으로 말미암았느니라 [18]그러나 내가 말하노니 그들이 듣지 아니하였느냐 그렇지 아니하니 그 소리가 온 땅에 퍼졌고 그 말씀이 땅 끝까지 이르렀도다 하였느니라 _롬 10:17-18

소리의 주체

그런데 여기에서 재미있는 표현이 등장하였습니다. 개정개역이 "그 소리가 온 땅에 퍼졌고"라고 번역한 '그 소리'의 주체가 누구인가 하는 물음입니다. 개정개역은 모호하게 번역하였습니다. 이에 대하여 공동번역은 분명하게 그 주체를 '그들'이라고 번역하였습니다.

"그들의 소리가 온 땅에 울려 퍼졌고 그들의 말이 땅 끝까지 이르렀다."

언뜻 보기에 공동번역이 옳아 보입니다. 왜냐하면 헬라어 성경에는 '호 프흐동고스 아우톤'이라고 쓰여 있습니다. 영어로 표현하면 'the their voice'라고 번역해야 합니다. 문법적으로 맞지 않습니다. 그러니까 바울이 이렇게 표현한 것은 우선 'the voice'가 중요하다는 것을 말하려고 한 것입니다. 그런 의미에서는 개정개역 번역이 옳습니다.

"그 소리가 온 땅에 퍼졌고."

하지만 분명히 3인칭 소유격 대명사 '아우톤'이 있으므로 공동번역의 번역이 옳습니다.

"그들의 소리가 온 땅에 울려 퍼졌고."

바울은 이같은 혼동을 일부러 초래하게 했는지도 모릅니다. 그래서 이어지는 20절 말씀이 중요합니다.

> 이사야는 매우 담대하여 내가 나를 찾지 아니한 자들에게 찾은 바 되고 내게 묻지 아니한 자들에게 나타났노라 말하였고 _롬 10:20

이렇게 번역한 이유는 분명히 '호 프흐동고스'에 강조점을 두었기 때문일 것입니다. 반면에 '프흐동고스 아우톤'에 강조점을 둔 공동번역 계열의 역본들은 이렇게 번역하였습니다.

또 이사야는 더욱 대담하게, "나를 찾지 않던 사람들이 나를 만났고 나를 구하지 않던 사람들이 나를 보았다"고 하였습니다. _롬 10:20, 공동번역

공동번역은 분명 그들이 전한 복음 때문에 하나님을 찾지 않던 사람들이 하나님을 만났다는 뉘앙스로 번역하고 있습니다. 이미 설명한 대로 '프호동 고스 아우톤'에 강조점을 뒀기 때문입니다. 그런 것입니까? 20절을 헬라어 성경으로 읽어보겠습니다.

'휴레데인 엔 토이스 에메' 여기서 '휴레데인'은 '나는 찾은 바 되었다'라는 직설법 과거 수동태입니다. '엔 토이스'에서 '엔'은 '에게'라는 뜻의 여격 전치사이고, '토이스'는 정관사 '호'의 남성 여격 복수 형태로 '자들에게'라고 번역됩니다. 그리고 이어지는 단어 '에메'가 중요한데, 이 단어는 '에고'의 1인칭 목적격 단수로서 '나를'이라고 번역됩니다. 직역하면 이렇게 됩니다.

"나는 나를 …한 자들에게 찾은 바 되었다."

'휴레데인'이라는 수동태에서 '찾지 아니한 자들'을 찾은 주체가 하나님 이라는 점이 중요합니다. 이것은 신적 수동태입니다. 하나님은 사람들이 찾지 않아도 찾은 바 된 것입니다. 바꿔 말해 찾는다고 해서 찾아지는 분이 아니라는 뜻이기도 합니다. 이같은 이해를 가지고 전체를 뉘앙스를 따라 새로 해석하면 이렇게 됩니다.

복음을 누군가 전하지 않으면 어떻게 복음을 사람들이 들을 수 있겠는가?(14) 물론 그렇게 전한다고 해서 들은 그들이 듣고 믿을 수는 있는 것인가?(16) 하지만 어쨌든지 간에 그들이 증거하는 그 소리 곧 복음은 온 세상에 전해졌다(18).

그리고 20절이 중요합니다.

"나는 나를 찾지 아니한 자들에게 나를 찾을 수 있게 하였다."

주어가 하나님이십니다. 하나님이 당신을 드러내셨다는 말입니다. 다시 의역해보겠습니다.

> 분명히 복음을 전해야 들을 수 있지만 전한다고 반드시 듣는 것은 아니다. 그리고 듣는다고 믿는 것은 또한 아니다. 물론 전해야 사람들이 들을 수는 있는 것이지만 … 그러면 전하지 않는다고 들려지지 않는가? 그런 것도 아니다. 언제든지 나는 나를 찾지 않는 사람들에게도 나를 만나도록 내가 스스로 나타났다. 지금까지 그렇게 해왔다.

포기하지 말아야 할 이유

하나님의 복음은 온 세상에 전파될 것입니다. 어떤 방법으로 어떻게 진행될지는 알 수 없습니다. 우리를 통해서든지, 아니면 우리가 아닌 다른 방법을 통해서든지 말입니다. 세상을 구원하는 것은 하나님의 뜻이기 때문입니다. 물론 우리를 사역자로 부르시지만, 이스라엘의 경우에서 보듯이 하나님의 뜻은 방해받거나 제한되거나 정지되지 않습니다. 그런데 하나님이 이스라엘에게 이런 태도를 취하셨습니다.

> 이스라엘에 대하여 이르되 순종하지 아니하고 거슬러 말하는 백성에게 내가 종일 내 손을 벌렸노라 _롬 10:21

주님은 너무나도 아름다우신 분이십니다. 바울이 이스라엘의 질문을 이어서 적어놓았지만, 하나님은 이스라엘을 버릴 의사가 없으십니다. 그들 없이 복음이 증거되지 않기 때문이 아닙니다. 하나님은 얼마든지 세상에 자신을 스스로 드러내어 하나님을 알 수 있도록 하실 수 있는 분입니다. 요한 웨슬레가 회심하기도 전에 전했던 복음을 듣고 교도소의 죄수들이 예수를 영접한 일이 있었던 것처럼 말입니다.

우리 없이도 복음은 퍼져나갈 것입니다. 하지만 우리에게 복음 전파의 기회가 주어졌습니다. 우리가 포기하지 말아야 할 이유입니다. 우리가 전하는 소리가 설령 깊이가 부족하더라도, 하나님은 우리를 통하여 일하시기 때문입니다. 하물며 우리의 복음 전도가 진정성이 있다면 어떤 일이 벌어지겠습니까? 그러므로 이 말씀을 잊지 마십시오.

"하나님은 하나님을 찾지 아니한 자들에게도 하나님을 찾을 수 있게 하셨다."

몇 명이나 있습니까?

롬 11:1-6

어느 사이엔가 복음이 세상에 가득해졌습니다. 바울은 자기 없이도 복음이 퍼져나간 것을 알았습니다. 이같은 논조의 말씀을 나누면서, 유대인들 사이에서는 하나님이 자신들을 버리신 것은 아닌가 하는 의심이 생겼습니다.

> 그러므로 … 하나님이 자기 백성을 버리셨느냐? _롬 11:1

바울은 이런 의심에 대해 많은 이야기를 하는데, 그 시작점에서부터 강력한 증거를 들이댑니다. 바로 바울 자신이었습니다.

> … 그럴 수 없느니라 나도 이스라엘인이요 아브라함의 씨에서 난 자요 베냐민 지파라 _롬 11:1

사실 하나님이 바울을 쓰신 것만큼 강력한 증거는 없습니다. 바울은 모든 사람들이 알고 있듯이 하나님의 아들 예수를 공개적으로 대적하던 적그리스도였고 원수였기 때문입니다. 그런데 이제 하나님이 그를 사용하고 계시다는 것은 '하나님이 버리지 않으셨다'는 강력한 증거였습니다. 오히려 여전히 사용하고 계시다는 반증이었습니다.

여기서 사람들은 이스라엘이 오해한 것처럼 오해합니다. '하나님이 아쉬웠던 것은 아닌가?'라고 생각하는 것입니다. 하나님이 정말로 아쉬워서 그러신 것입니까? 하나님이 '아쉽다'고 말씀하실 수는 있습니다. 하지만 실제로 아쉬워하실 이유는 전혀 없습니다. 하나님은 우리와 질적으로 다른 분이십니다. 빈틈 없도록 대안도 준비해놓으셨기 때문입니다. 바울이 3절에서 꺼낸 이야기입니다.

엘리야도 처음에 하나님 앞에 바르게 서 있는 사람은 자신뿐이라고 생각했습니다. 그가 갈멜산에서 850명의 아세라 선지자와 바알 선지자들과 싸울 때 그랬습니다. 그가 그들과의 싸움에서 이겼을 때 이제는 다 되었다고 생각한 것 같습니다. 그런데 의외로 이세벨과 바알의 세력은 강력했습니다. 당황한 것은 오히려 엘리야였습니다. 그때 엘리야가 경험한 그 세력은 거대한 벽 같았습니다. 그래서 도망치다가 죽고 싶었던 것입니다.

이세벨은 엘리야에게 전갈을 보내었다. "네가 예언자들을 죽였으니 이번에는 내가 너를 내일 이맘때까지 반드시 죽이리라. 그렇지 아니하면 천벌 아니라 그 이상이라도 내가 받으리라." 엘리야는 두려워 떨며 목숨을 구하여 급히 도망쳤다. 그는 유다 브엘세바에 이르러 그 곳에 시종을 남겨 두고 자기는 하룻길을 더 여행하여 거친 들로 나갔다. 싸리나무 덤불이 있는 곳에 이르러 그 아래 앉은 그는 죽여 달라고 기도하였다. "오, 야훼여, 이제 다 끝났습니다. 저의 목숨을 거두어 주십시오. 선조들보다 나을 것 없는 못난 놈입니다." _왕상 19:2-4, 공동번역

하나님은 광야로 숨어들어가는 엘리야를 좇아가셔서 신비한 음식으로

핵심 로마서

먹이시고 위로하셨습니다. 결국 다시 선지자로서 사역할 수 있도록 만드셨습니다. 엘리야 같은 사람이 없어서입니까? 그런 것은 아닙니다. 엘리야가 자기만 남았다고 말할 때 하나님이 하신 말씀에서 알 수 있습니다. 바울은 열왕기상 19장 4절의 말씀을 인용하였습니다.

> 그에게 하신 대답이 무엇이냐 내가 나를 위하여 바알에게 무릎을 꿇지 아니한 사람 칠천 명을 남겨 두었다 하셨으니 _롬 11:4

엘리야는 이세벨과 바알이 무서워 도망쳤지만. 하나님에게는 무릎을 꿇지 않은 사람 칠천 명이 있었습니다.

무릎 꿇지 않은 자

하나님이 엘리야를 계속 쓰시고자 하는 것은 사람이 없어서가 아닙니다. 단지 하나님은 이런 상황에서 쉽게 포기하고 버리는 존재가 아니실 뿐입니다. 버리는 태도는 하나님의 성품이 아닙니다. 여기서 우리는 매우 놀라운 사실을 알게 됩니다.

첫째, 칠천 명으로 표현되는 것에서 알 수 있듯이 우리가 모르는 익명의 진실한 크리스천들이 존재한다는 사실입니다. 하나님이 아껴두신 사람들입니다. 하나님이 환난으로 집어넣기를 원치 않으시는 사람들, 하나님이 깊이 사랑하는 사람들입니다. 혹은 하나님이 조용히 사용하는 사람들입니다. 그것은 사실 제가 경험한 것입니다. 이 세상에는 사람들 눈에 띄는 일을 하기 때문에 요란한 사람들이 있습니다. 하지만 하나님의 사람들 중에는 그렇지 않은 사람들이 매우 많습니다. 당연히 그들은 하나님과 깊은 관계를 맺은 사람들이기 때문에 기도의 사람들일 것입니다. 세상에 드러나지 않았을 뿐, 하나님의 사람들입니다.

둘째, 칠천 명이 있다는 사실은 우리를 안심하게 만듭니다. '내가 없어도 하나님의 나라의 운동력은 멈춰지지 않는다'는 사실 때문입니다. 언제든지 모든 것을 내려놓고 가도 됩니다. 누군가 있기 때문입니다. 더욱이 성령이 계십니다.

이 사실을 몰랐던 예전의 저는 무엇을 꾸미고 해결하려고 무던히 노력하였습니다. 하지만 이제는 내려놓습니다. 간혹 사람들로부터 '너무 관심이 없다'는 말을 듣기도 합니다. 하지만 저에게 버릇이 생겼는데, 앞이 잘 보이지 않을 때, 도무지 방법이 보이지 않을 때, 옳은 것과 그른 것이 모호할 때, 그런 때는 성령께서 일하시기를 기다리는 버릇입니다. 조급했던 저에게 내리신 하나님의 만지심입니다. 오랜 시간 동안 변해온 저의 모습입니다. 엘리야에게도, 바울에게도, 이스라엘에게도 같은 말씀을 하고 계십니다. '칠천 명이 있다'는 것은 '기다려라'라고 말씀하시는 것입니다.

그렇다면 왜 유대 크리스천들이 그런 오해를 한 것입니까? 그들이 오랜 시간 동안 행위에 기초한 율법을 지켜오면서, 구원이 행위와 밀접한 관계가 있다고 생각했기 때문입니다. 일종의 오해였고 자기중심적인 생각의 결과였습니다. '행위'를 너무 깊이 묵상한 것입니다.

여기에서 이런 질문이 생길지 모릅니다.

"왜 칠천 명은 스스로 움직이지 않는가?"

바울은 가만히 있을 수 없었습니다. 저만 봐도 그렇습니다. 그렇다면 당연히 '칠천 명 역시 행동하지 않겠는가?'라는 질문이 생길 수 있습니다. 그런데 그들은 드러나지 않았습니다. 이같은 물음에 바울이 대답합니다.

이와 같이 지금도 은총으로 뽑힌 사람들이 남아 있습니다. 그 사람들은 자기 공로로 뽑힌 것이 아니라 하나님의 은총을 받아 뽑힌 것입니다. 만일 그들이 무슨 공로가 있어서 뽑힌 것이라면 그의 은총은 은총이 아닐 것입니다. _롬 11:5-6, 공동번역

칠천 명은 은혜로 뽑힌 사람들이었습니다. 하나님의 주권 앞에 순복한 사람들이라는 말입니다. 그들은 부르심을 기다리고 있습니다. 그런 의미에서 자기 열망을 따라 행동한 바울이나 엘리야보다, 우리보다 훨씬 신앙이 깊은 자들입니다.

어쩌면 이들 가운데 전혀 드러나지 않은 채 살다가 주님 앞에 간 사람들도 많을 것입니다. 그들은 골방에서, 홀로 교회에서, 누가 뭐라지 않아도 기도의 제단을 쌓으며 기도한 사람들입니다. 아무도 모릅니다. 오직 하나님만 아십니다. 하지만 이것이 그 교회의 크기입니다.

저는 '우리 교회에는 그런 사람이 몇 명이나 있을까?' 하는 질문을 던져 보았습니다. 제가 강단에서 목청을 높이지 않아도 기도하는 사람, 하나님의 일을 묵묵히 하는 사람이 몇 명이나 될까? 기도하는 사람, 하나님이 감춰둔 사람, 조용히 교회와 나라와, 우리가 꿈꾸는 하나님이 주신 비전을 좇아 기도하는 사람 말입니다. 하나님께 묻고 싶습니다.

"몇 명이나 있습니까?"

이상한 방법

롬 11:7-12

하나님이 숨겨두신 칠천 명은 하나님이 쓰실 수 있는 하나님의 사람들입니다. 엘리야만 있는 것이 아니라 하나님이 언제든지 쓰실 수 있는 사람이 칠천 명이나 더 있다는 사실이 중요합니다. 하나님의 은혜로 세우신 사람들입니다. 바울은 그것을 분명하게 말했습니다.

> [4]그에게 하신 대답이 무엇이냐 내가 나를 위하여 바알에게 무릎을 꿇지 아니한 사람 칠천 명을 남겨 두었다 하셨으니 [5]그런즉 이와 같이 지금도 은혜로 택하심을 따라 남은 자가 있느니라 _롬 11:4-5

칠천 명이 남은 것은 하나님의 은혜입니다. 칠천 명이 잘난 것이 아니라, 하나님께서 주권적인 은혜를 베푸셨기 때문입니다. 약간 복잡해졌습니다. 이어지는 말씀을 보면 더 복잡해질 수 있습니다.

> 그런즉 어떠하냐 이스라엘이 구하는 그것을 얻지 못하고 오직 택하심을 입은 자가 얻었고 그 남은 자들은 우둔하여졌느니라 _롬 11:7

바울은 칠천 명의 남은 자와 함께 또 다른 남은 자가 있다는 것을 강조하였습니다. 하지만 갈수록 복잡해지는 이유는, 세상적 견지로 보면 버림받은 것처럼 보이기 때문입니다. 실제로 하나님은 그들에게 "혼미한 영을 주셔서 눈이 있어도 보지 못하고 귀가 있어도 듣지 못하게"(롬 11:8, 쉬운성경) 하셨습니다.

이것이 하나님의 일방적인 절대주권을 말하는 것입니까? 물론 그렇습니다. 그러나 어떤 뉘앙스가 있음을 잊어서는 안 됩니다. '기록된 바'라는 표현에서 알 수 있듯이, 바울은 8-9절 말씀을 신명기 29장과 시편 69편을 인용하여 설명하고 있습니다. 그 중에서 신명기 29장을 중심으로 설명하겠습니다.

'뉴 버전'의 율법

신명기 29장은 이스라엘 백성이 40년 광야 생활을 마치고 가나안 땅을 점령하기 전에 요단 북편 모압 땅에서 전한 고별 메시지입니다. 애굽에서 나온 세대가 아니라 광야에서 태어난 신세대들에게 말하는, 새롭게 해석된 '뉴 버전'(new version)의 율법이라고 말할 수 있습니다.

신명기는 모세가 한 세 개의 설교로 구성되어 있습니다. 그 중에서도 바울이 인용한 신명기 29장은 모세의 세 번째 설교에 해당하는 것입니다. 모세는 28장까지 이어진 두 번의 설교 이후 세 번째 설교를 시작하는데, 29장은 그 시작입니다. 하지만 29장과 30장은 28장까지 두 번의 설교를 요약하는 내용입니다. 31장은 여호수아를 후계자로 세운 이야기, 32장은 모세의 노래, 33장은 모세의 이스라엘 축복, 그리고 34장은 모세의 죽음 이야기로 끝을 맺습니다. 이런 까닭에 29장은 단순 요약이 아니라 이스라엘에게 하고 싶었던 말의 전부가 들어 있다 해도 과언이 아닙니다. 29장과 30장을 다 읽지 않아도 29장 전반부만 일부 읽어도 충분히 이해할 수 있습니다.

²모세가 온 이스라엘을 소집하고 그들에게 이르되 여호와께서 애굽 땅에서 너희의 목전에 바로와 그의 모든 신하와 그의 온 땅에 행하신 모든 일을 너희가 보았나니 ³곧 그 큰 시험과 이적과 큰 기사를 네 눈으로 보았느니라 ⁴그러나 깨닫는 마음과 보는 눈과 듣는 귀는 오늘까지 여호와께서 너희에게 주지 아니하셨느니라 ⁵주께서 사십 년 동안 너희를 광야에서 인도하셨거니와 너희 몸의 옷이 낡아지지 아니하였고 너희 발의 신이 해어지지 아니하였으며 ⁶너희에게 떡도 먹지 못하며 포도주나 독주를 마시지 못하게 하셨음은 주는 너희의 하나님 여호와이신 줄을 알게 하려 하심이니라 ⁷너희가 이 곳에 올 때에 헤스본 왕 시혼과 바산 왕 옥이 우리와 싸우러 나왔으므로 우리가 그들을 치고 ⁸그 땅을 차지하여 르우벤과 갓과 므낫세 반 지파에게 기업으로 주었나니 ⁹그런즉 너희는 이 언약의 말씀을 지켜 행하라 그리하면 너희가 하는 모든 일이 형통하리라 _신 29:2-9

이 말씀의 핵심은 하나님이 이스라엘을 지금까지 복 주시고 보호하시며 기적과 기사로 이끌어 오셨다는 것입니다. 그런데 이상한 말씀을 하셨습니다. 특히 2-4절 말씀입니다.

²모세가 온 이스라엘을 소집하고 그들에게 이르되 여호와께서 애굽 땅에서 너희의 목전에 바로와 그의 모든 신하와 그의 온 땅에 행하신 모든 일을 너희가 보았나니 ³곧 그 큰 시험과 이적과 큰 기사를 네 눈으로 보았느니라 ⁴그러나 깨닫는 마음과 보는 눈과 듣는 귀는 오늘까지 여호와께서 너희에게 주지 아니하셨느니라 _신 29:2-4

"주지 아니하셨다"라는 말씀이 이상하게 들릴지 모르지만, 저는 이것이 치명적인 하나님의 은혜라고 생각합니다. 주는 순간 모든 것이 끝나기 때문입니다. '준다'는 말은 주는 대상을 '안다'는 뜻입니다. 아는 순간, 용서하기 힘든 상황으로 진행됩니다. 그러니까 차라리 '모른다'는 것은 하나님의 은혜의 핵심입니다. 주님이 하신 이 말씀이 얼마나 아름다운지 모릅니다.

… 아버지 저들을 사하여 주옵소서 자기들이 하는 것을 알지 못함이니이다 …

_눅 23:34

'주지 아니하셨다'는 말은 깨달을 때까지 '모르는 것으로 하겠다'는 하나님만의 표현이심을 우리는 빨리 눈치채야 합니다. 그래서 놀라운 은혜의 표현입니다. 이것이 로마서 11장 7절의 '남은 자들은 우둔하여졌다'는 표현의 뜻입니다. 바울이 이 기막힌 신명기의 말씀을 인용한 것입니다.

기록된 바 하나님이 오늘까지 그들에게 혼미한 심령과 보지 못할 눈과 듣지 못할 귀를 주셨다 함과 같으니라 _롬 11:8

그러므로 우둔해진 것은 하나님의 심판의 유보이고, 은혜의 연속선상에 놓여 있는 매우 적극적 구원의 행위이심을 알 수 있습니다. 이렇게 이해하고 11절, 12절을 읽으면 쉽게 알 수 있습니다.

11그러므로 내가 말하노니 그들이 넘어지기까지 실족하였느냐 그럴 수 없느니라 그들이 넘어짐으로 구원이 이방인에게 이르러 이스라엘로 시기나게 함이니라 12 그들의 넘어짐이 세상의 풍성함이 되며 그들의 실패가 이방인의 풍성함이 되거든

하물며 그들의 충만함이리요 _롬 11:11-12

아직 끝난 것이 아니라는 말입니다. 아직 깨닫는 마음을 주지 않으시고 기다리고 계신 것입니다. 그런데 그것만이 아니었습니다. 우둔해진 이스라엘 백성의 어리석음과 실패가 하나님의 진심을 설명하는 데 쓰인 것입니다. 하나님의 본심을 전한 셈입니다.

11… 그들이 넘어짐으로 구원이 이방인에게 이르러 이스라엘로 시기나게 함이니라 12 그들의 넘어짐이 세상의 풍성함이 되며 그들의 실패가 이방인의 풍성함이 되거든 … _롬 11:11-12

이것은 구원의 기준이 얼마나 쉬운지를 말하는 것이었습니다. 사실 이방인들은 유대인들이 지키는 율법을 따르는 것이 매우 어려운 일이었습니다. 그런데 유대인들이 지키는 율법의 노력으로 얻을 수 없는 구원이 믿음과 은혜로 이루어진다는 것을 하나님께서 보여주신 것입니다. 어떤 의미에서 구원에 이르는 기준이 하향 조정된 것이었습니다.

사실 이같은 하나님의 행위는 바울이 표현한 것처럼 '이스라엘로 시기나게 함'과도 관계가 있었습니다. 이사야서의 말씀을 인용한 10장 19절에서 살핀 것처럼, '시기나게 함'은 하나님의 멋진 구원 계획임을 알 수 있습니다. 그러면서 하나님의 본심을 찾아낸 바울이 이 놀라운 고백을 한 것입니다. 개역성경에서 매우 짧게 표현한 부분입니다.

하물며 그들의 충만함이리요 _롬 11:12

다른 번역본들은 매우 익사이팅하게 번역하였는데, 새번역으로 소개하겠습니다.

> 이스라엘의 허물이 세상의 부요함이 되고, 이스라엘의 실패가 이방 사람의 부요함이 되었다면, 이스라엘 전체가 바로 설 때에는, 그 복이 얼마나 더 엄청나겠습니까? _롬 11:12, 새번역

"이스라엘 전체가 바로 설 때"는 더 이상 감출 필요가 없을 때를 말합니다. 그러나 이 말씀 속에 숨어 있는 매우 중요한 것은 '바로 설 때'입니다. 이제 뉘앙스를 알 것입니다. 바로 이스라엘이 '바로 설 때'까지 하나님이 당신의 절대주권을 제한하신 것입니다. 기다리시는 것입니다.

두 번째 알게 되는 매우 중요한 것은 하나님이 모두를 용서하시고 받아들이시고 기회를 주시지만, 사용하시는 조건이 반드시 있다는 것입니다. 그 조건은 '바로 설 때'입니다. 그것은 구원의 문제와 다른 것입니다. 바울은 이것을 칠천 명을 남겨놓은 사건에서 이해했습니다. 그러므로 칠천 명이 있다는 말의 핵심은 그 칠천 명을 수식하는 조건입니다. '바알에게 무릎을 꿇지 아니한'(롬 11:4)입니다. 바알에게 무릎 꿇지 않은 사람들이 하나님이 쓰실 사람들인 것처럼, 하나님은 오늘도 하나님이 아닌 것에 무릎 꿇지 않은 사람들을 찾고 계십니다.

잘난 척하지 말아야 한다

롬 11:13-24

잊지 말아야 할 것은 구원의 문제와 쓰임의 문제는 차원이 다르다는 사실입니다. 우리가 한 일이 아무 것도 없을지라도 예수를 믿으면 구원을 얻습니다. 구원과 쓰임의 문제는 하나님의 '부르심'에서 갈라지기 시작합니다. '부르심'에는 두 가지 차원, 곧 '구원'과 '쓰임'의 차원이 함께 있는 것입니다. 주님의 부르심은 먼저 '하나님의 자녀'로 부르심입니다. 영적 구원의 문제입니다. 그 부르심에 대한 응답이 바로 '믿음'입니다. 그때 구원이 이루어집니다. 이것은 위대한 진리입니다.

> 하나님이 세상을 이처럼 사랑하사 독생자를 주셨으니 이는 그를 믿는 자마다 멸망하지 않고 영생을 얻게 하려 하심이라 _요 3:16

부르심과 믿는 자에게 이루어진 구원에는 차별이 없습니다. '누구든지'에게 주어지는 은혜입니다. '자녀됨'의 기반은 하나님의 절대주권적 은혜이지, 우리의 공로가 아닙니다. 바울이 그것을 강조하였습니다. 이스라엘이 그토록 자랑하는 아브라함을 예로 들었습니다. 치명적이었습니다.

¹… 육신으로 우리 조상인 아브라함이 무엇을 얻었다 하리요 ²만일 아브라함이 행위로써 의롭다 하심을 받았으면 자랑할 것이 있으려니와 하나님 앞에서는 없느니라 ³성경이 무엇을 말하느냐 아브라함이 하나님을 믿으매 그것이 그에게 의로 여겨진 바 되었느니라 _롬 4:1-3

바울은 아브라함을 예로 들면서, 하나님을 아예 '일을 아니할지라도 경건하지 아니한 자를 의롭다 하시는 이'(롬 4:5)라고 경험적으로 정의하였습니다. 이것이 구원의 문제입니다. 하지만 하나님이 우리를 부르실 때는 '자녀됨', 곧 구원의 부르심이 있지만 '쓰임'으로의 부르심도 있습니다. 바울이 빌립보서에 이야기하는 두 번째 구원의 이야기입니다. 그래서 하나님은 사람을 부르실 때 '사명'을 주시는 것입니다. 주님이 제자들을 갈릴리 호숫가에서 부르실 때도 예외가 아니었습니다.

예수께서 이르시되 나를 따라오라 내가 너희로 사람을 낚는 어부가 되게 하리라 하시니 _막 1:17

이것이 부르심의 두 번째 차원, 곧 '쓰임'의 차원입니다. 여기서 대두되는 것이 훈련의 차원입니다. 예수님의 제자들이 3년 동안 훈련받은 이유입니다. 40년 동안 이스라엘이 광야를 지난 이유이기도 합니다.

하나님을 오해하는 지점

이 지점에서 우리가 하나님을 오해합니다. 부르시고 자녀로 삼으셨으니 그냥 쓰실 것이라고 오해하는 것입니다. 앞에서 설명한 것처럼 '쓰임'의 차원은 다른 문제입니다. 하나님이 쓰시는 사람은 '바알에 꿇지 않은 자'입니다. 이스라엘이 대표적으로 이것을 오해했습니다. 하나님이 그들을 부르시고 장자로 삼으셨지만 쓰지는 않으셨습니다. 분명히 사용하시려는 계획은 있었습니다. 하나님과 세상 사이에서 중보적 개념의 '제사장 나라'로 쓰시려 했던 것입니다. 출애굽 후 시내산에서 하신 하나님의 말씀에서 분명히 알 수 있습니다.

> [5] 세계가 다 내게 속하였나니 너희가 내 말을 잘 듣고 내 언약을 지키면 너희는 모든 민족 중에서 내 소유가 되겠고 [6] 너희가 내게 대하여 제사장 나라가 되며 거룩한 백성이 되리라 너는 이 말을 이스라엘 자손에게 전할지니라 _출 19:5-6

"너희가 내 말을 잘 듣고 내 언약을 지키면"이라는 조건이 있었습니다. 이것은 훈련의 측면이었습니다. 하지만 이들이 하나님의 뜻을 이해하지 못하고 자녀로서의 특권만 주장하고, 하나님을 자신들만의 하나님으로 제한하였고, 쓰임받기 위한 하나님의 부르심에는 관심이 없었습니다. 더욱이 그들이 자신들의 뜻대로 하나님을 조종하려 했다가 잘 되지 않자, 자신들의 뜻에 맞게 하나님을 변형시켰습니다. 그 사례가 바로 '금송아지 하나님'입니다. 하나님이 이스라엘을 쓰실 수 없는 이유였습니다.

'쓰임'의 차원에서 이스라엘은 소망이 없었습니다. 하지만 하나님의 '자녀'로서 이스라엘과 '쓰임'의 대상으로서 이스라엘을 향한 계획이 다 사라진 것은 아니었습니다. 그래서 하나님이 훈련과 함께 시기나게 하신 것입니다(롬 10:19). 그 애절한 하나님의 표현을 들어보십시오.

이스라엘에 대하여 이르되 순종하지 아니하고 거슬러 말하는 백성에게 내가 종일

내 손을 벌렸노라 하였느니라 _롬 10:21

하나님이 기다리셨습니다. 하나님이 쓰시는 또 다른 방법이 '기다림'인 것입니다. 그런데 그게 '유기, 곧 버리심'처럼 보입니다. 그래서 바울의 이같은 설명을 들은 유대 크리스천들이 물었습니다.

"우리를 버리신 것이 아닙니까?"

바울은 매우 단호하게 그렇지 않다고 대답합니다.

그러므로 내가 말하노니 하나님이 자기 백성을 버리셨느냐 그럴 수 없느니라 …
_롬 11:1

왜냐하면 부르심의 두 번째 차원인 '쓰임'의 문제일 뿐, '자녀됨' 곧 '구원'의 문제가 취소된 것은 아니기 때문입니다. 그래서 이것 역시 바울이 매우 분명하게 편지에 적었습니다.

하나님의 은사와 부르심에는 후회하심이 없느니라 _롬 11:29

이같은 사실을 드러냄으로, 바울은 확실하게 이스라엘이 다시 쓰임받는 날을 소망한 것입니다. 하나님의 부르심은 끝난 적이 없기 때문입니다. 그래서 바울은 이제부터 자신이 이스라엘에게 시기심을 불러일으키고 싶다고 말한 것입니다.

13내가 이방인인 너희에게 말하노라 내가 이방인의 사도인 만큼 내 직분을 영광스럽게 여기노니 14이는 혹 내 골육을 아무쪼록 시기하게 하여 그들 중에서 얼마를 여기서 다시 강조하고 싶은 것이 하나님의 방법입니다. 하나님은 자신의 자녀들이라 할지라도 사람들을 일방적으로 마음대로 다루지 않으신다는 사실입니다. 하나님의 일이 중요하지만, 절대 마음대로 하지 않으십니다. 하나님이 우리를 꼭두각시처럼 여기지 않으시기 때문입니다. 우리를 통하여 일하기를 원하시지만 함부로 대하지 않으시는 이유입니다. 그래서 기다리시는 것입니다. 물론 우리가 하나님의 구원 계획에 동의한다고 다 끝난 것은 아닙니다. '바알에게 무릎을 꿇지 않은 칠천 명'처럼 준비되어 있어야 합니다. 정결해야 하고 훈련받아야 합니다. 그것이 절대조건입니다.

여기서 또 알아야 할 것이 '훈련'에 대한 것입니다. 훈련을 통하여 우리가 어떤 능력을 가져야 한다는 생각은 오해입니다. 하나님이 원하시는 것은 능력이 아니라 하나님의 자녀로서 자발적으로 헌신하는 마음입니다. 하나님에게는 그것이 필요하실 뿐입니다. 하나님이 능력이시기 때문입니다. 그래도 우리는 능력이 중요할 것이라고 오해합니다. 그렇지 않습니다. 그래서 하나님은 기드온을 부르셨을 때 3만 2000명의 군사들을 다 정리하여 300명으로 싸우게 하셨습니다. 사실 미디안의 10만 대군 앞에서 3만 2000명도 적은 숫자였을 텐데 말입니다. 하나님은 그 이유를 매우 분명하게 말씀하셨습니다.

주님께서 기드온에게 말씀하셨다. "네가 거느린 군대의 수가 너무 많다. 이대로는 내가 미디안 사람들을 네가 거느린 군대의 손에 넘겨 주지 않겠다. 이스라엘 백성이 나를 제쳐놓고서, 제가 힘이 세어서 이긴 줄 알고 스스로 자랑할까 염려된다."
_삿 7:2, 새번역

하나님에게 우리의 능력은 2차적이라는 말입니다. 그래서 하나님은 외모를 보지 않으신다고 사무엘에게 말하신 것입니다. 그 말은 '능력을 보지 않으신다'는 뜻입니다.

쓰임의 문제

하지만 이 기막힌 사실을 이스라엘은 모르고 있었습니다. 그들은 하나님이 자신들을 용도폐기시켰다고 생각했습니다. 단순히 이스라엘 사람들만 그렇게 생각한 것이 아니라 일부 이방인 크리스천들까지 그런 오해를 하였습니다. 심지어 그들은 하나님께서 자신들을 위하여 이스라엘을 폐기하였다고 생각했습니다. 돌감람나무인 자신들을 구원하기 위하여 참감람나무에 붙어 있던 가지들(이스라엘)을 잘랐다고 본 것입니다.

> 여러분은 잘려 나간 가지를 향해 자랑하지 마십시오 … 여러분은 이렇게 말할 수도 있을 것입니다. '나를 접붙이기 위해 가지들이 잘려 나갔다'라고 말입니다.
> _롬 11:18,19, 쉬운성경

이같은 생각에 바울은 동의하였습니다(롬 11:20). 하지만 이스라엘이 잘려 나간 이유는 이방인 크리스천들이 생각하는 것과 달리 그들의 믿음 때문이었습니다.

> 이것은 백 번 지당한 말입니다. 그 가지들은 믿지 않았기 때문에 잘려 나갔고, 반대로 여러분은 믿었기 때문에 나무에 붙어 있습니다. 그러니 자만하지 말고, 오히려 두려워하십시오. _롬 11:20, 쉬운성경

오해하지 마십시오. 하나님께서 버리신 것이 아닙니다. 이것은 '쓰임'의 문제일 뿐입니다. 그래서 바울이 이스라엘의 회복을 확실히 말한 것입니다.

그리고 잘려 나간 가지가 다시 믿게 되면 그들도 다시 접붙임을 받게 될 것입니다. 왜냐하면 하나님께는 그들을 다시 접붙이실 능력이 있기 때문입니다.

_롬 11:23, 쉬운성경

이 놀라운 사실을 알지 못한 이스라엘이 '잘난 척'해서 망한 것처럼, 믿음으로 자녀가 된 우리 이방인들도 그런 지경에 이를 수 있다는 것을 잊어서는 안 됩니다. 잘난 척해서는 안 됩니다.

이제 우리가 추구해야 할 것은 '쓰임'받는 것입니다. 그 일을 위해 우리는 '바알에게 무릎을 꿇지 않은 칠천 명'처럼 온전한 마음으로 하나님 앞에 서야 할 것입니다. 그리고 하나님이 편하게 쓰실 수 있도록 훈련과 성장을 게을리하지 말아야 합니다. 그 과정이 좋지 않겠습니까?

이스라엘이 회복될 때

롬 11:25-27

몇 해 전 이스라엘에 갔을 때, 겉으로는 매우 평온했지만 속으로는 술렁이는 분위기를 느낄 수 있었습니다. 술렁임의 1차 진앙지는 유대인들이었습니다. 또 다른 진앙지는 외부에 있었습니다. 이른바 이스라엘 회복 운동으로도 불리는 백투예루살렘(Back to Jerusalem) 운동입니다. 둘 다 하나에 집중한 것인데, 바로 이스라엘의 회복에 관한 것입니다. 사람들의 관심이 이스라엘에 집중된 이유는 바로 이 말씀 때문입니다.

> 형제들아 너희가 스스로 지혜 있다 함을 면키 위하여 이 비밀을 너희가 모르기를 내가 원치 아니하노니 이 비밀은 이방인의 충만한 수가 들어오기까지 이스라엘의 더러는 완악하게 된 것이라 _롬 11:25, 개역한글

바울이 '비밀'이라고 말한 이유는 이스라엘이 다시 회복되는 시기를 '이방인의 충만한 수', 곧 복음이 땅 끝까지 이르는 순간이라고 이해했기 때문입니다. 그와 같은 이해가 '백투예루살렘' 운동을 확산하게 하였습니다. 이 운동은 개신교만 아니라 이스라엘에도 있습니다. 그것을 이스라엘에서 느

낄 수 있었습니다. 이 말씀에서 바울이 근거로 삼은 구약성경이 이사야서입니다. 비교해서 보겠습니다.

> ²⁶그리하여 온 이스라엘이 구원을 받으리라 기록된 바 구원자가 시온에서 오사 야곱에게서 경건하지 않은 것을 돌이키시겠고 ²⁷내가 그들의 죄를 없이 할 때에 그들에게 이루어질 내 언약이 이것이라 함과 같으니라 _롬 11:26-27

> ²그 날에 여호와의 싹이 아름답고 영화로울 것이요 그 땅의 소산은 이스라엘의 피 난한 자를 위하여 영화롭고 아름다울 것이며 ³시온에 남아 있는 자, 예루살렘에 머물러 있는 자 곧 예루살렘 안에 생존한 자 중 기록된 모든 사람은 거룩하다 칭 함을 얻으리니 ⁴이는 주께서 심판하는 영과 소멸하는 영으로 시온의 딸들의 더러 움을 씻기시며 예루살렘의 피를 그 중에서 청결하게 하실 때가 됨이라 _사 4:2-4

구약에 정통한 바울이 '이스라엘의 회복'과 관련해 중요한 책인 이사야 서에서 매우 중요한 메시지를 인용한 것입니다. 이사야서에서 반복되고 있 는 '그 날'에 이스라엘의 '남은 자'들이 회복되고 예루살렘이 중심이 되는 일에 대한 메시지입니다. 유대인들이 가지고 있던 소망입니다. 유대인들 은 이스라엘이 다시 세상의 중심이 되는 것을 기대하고 있는 것입니다. 그 들에게 하나님의 회복은 당연히 예루살렘에 남아 있는 자들의 회복을 통해 이뤄지는 것입니다. 예루살렘의 회복이 모든 것의 중심이라고 믿는 것입니 다. 이것이 소위 말하는 시오니즘입니다.

> 이새의 그루터기(줄기, 개역성경)에서 햇순이 나오고 그 뿌리에서 새싹이 돋아난다
> _사 11:1, 공동번역

그 남은 자를 통하여 하나님은 메시아의 도래를 계획하셨습니다(사 9:6-7, 11:1-5) 우리는 우리 관점에서 이 말씀을 해석하지만, 이스라엘은 이스라엘의 관점에서 해석합니다. 유대인에게 이스라엘의 회복은 고토(古土), 예루살렘으로 이스라엘 백성들이 돌아오는 것입니다.

[1]여호와께서 야곱을 긍휼히 여기시며 이스라엘을 다시 택하여 자기 고토에 두시리니 나그네 된 자가 야곱 족속에게 가입되어 그들과 연합할 것이며 [2]민족들이 그들을 데리고 그들의 본토에 돌아오리니 이스라엘 족속이 여호와의 땅에서 그들을 얻어 노비를 삼겠고 전에 자기를 사로잡던 자를 사로잡고 자기를 압제하던 자를 주관하리라 _사 14:1-2, 개역한글

에스겔 선지자 역시 이 놀라운 꿈을 꾸고 있었습니다.

[23]열국 가운데서 더럽힘을 받은 이름 곧 너희가 그들 중에서 더럽힌 나의 큰 이름을 내가 거룩하게 할찌라 내가 그들의 목전에서 너희로 인하여 나의 거룩함을 나타내리니 열국 사람이 나를 여호와인줄 알리라 나 주 여호와의 말이니라 [24]내가 너희를 열국 중에서 취하여 내고 열국 중에서 모아 데리고 고토에 들어가서 [25]맑은 물로 너희에게 뿌려서 너희로 정결케 하되 곧 너희 모든 더러운 것에서와 모든 우상을 섬김에서 너희를 정결케 할 것이며 [26]또 새 영을 너희 속에 두고 새 마음을 너희에게 주되 너희 육신에서 굳은 마음을 제하고 부드러운 마음을 줄 것이며 [27]또 내 신을 너희 속에 두어 너희로 내 율례를 행하게 하리니 너희가 내 규례를 지켜 행할찌라 [28]내가 너희 열조에게 준 땅에 너희가 거하여 내 백성이 되고 나는 너희 하나님이 되리라 _겔 36:24-28, 개역한글

이스라엘의 회복에 대한 이같은 설레임이 과거 50년 이상 이스라엘을 사로잡아온 시오니즘 운동입니다.

왜 돌아오는가?

사실 제가 몇 해전 이스라엘에 가서 경험한 가장 중요한 것은 이스라엘이 참 무서운 나라라는 생각과 함께 "이스라엘이 회복되고 있다"라는 느낌이 었습니다. 문제는 이스라엘의 회복에 단순한 회복으로 설명할 수 없는 무엇인가가 있다는 데 그 중요성이 있습니다. 무려 2천년이 지난 지금 이스라엘이 돌아오고 있다는 점입니다. 소위 '알리야' 운동입니다. 알리야는 '올라감'이라는 뜻의 히브리어로, 세계 도처에 흩어진 유대인들 가운데 고국 이스라엘로 돌아오는 이들을 칭할 때 사용하는 용어입니다. 대다수의 유대인은 알리야를 "약속의 땅으로 귀환하라"는 계시로 받아들이며, 하나님이 아브라함, 이삭, 그리고 야곱의 자손들에게 하신 약속의 성취로 생각합니다.

[5]두려워하지 말라 내가 너와 함께 하여 네 자손을 동쪽에서부터 오게 하며 서쪽에서부터 너를 모을 것이며 [6]내가 북쪽에게 이르기를 내놓으라 남쪽에게 이르기를 가두어 두지 말라 내 아들들을 먼 곳에서 이끌며 내 딸들을 땅 끝에서 오게 하며 _사 43:5-6

내가 그들을 여러 백성들 가운데 흩으려니와 그들이 먼 곳에서 나를 기억하고 그들이 살아서 그들의 자녀들과 함께 돌아올지라 _슥 10:9

[27]내가 그들을 만민 중에서 돌아오게 하고 적국 중에서 모아 내어 많은 민족이 보

핵심 로마서

는 데에서 그들로 말미암아 나의 거룩함을 나타낼 때라 [28]전에는 내가 그들이 사로잡혀 여러 나라에 이르게 하였거니와 후에는 내가 그들을 모아 고국 땅으로 돌아오게 하고 그 한 사람도 이방에 남기지 아니하리니 그들이 내가 여호와 자기들의 하나님인 줄을 알리라 _겔 39:27-28

그러므로 이스라엘이 돌아오고 있다는 사실은 단순하게 바라볼 수는 없는 일입니다. 실제로 역사상 조국으로부터 1백년 이상 떠나 있던 민족이 다시 고국으로 돌아온 예는 없는데, 무려 2천 년이나 흩어졌던 민족이 자신들의 땅으로 돌아가기 때문입니다.

사실 이스라엘은 그들이 돌아가고 싶지 않은 곳입니다. 유대인들이 팔레스타인 지역에서 추방돼 디아스포라가 된 것이 거의 1,800년 전의 일입니다. 알다시피 유대인들은 BC 538년 바빌로니아를 정복한 페르시아의 다리우스 왕 때 해방되어 귀국, 예루살렘 성전을 재건하고 유대교를 성립시킵니다. 하지만 BC 4세기에 알렉산더 대왕 군대의 통치 하에 들어갔으며, BC 1세기에는 로마의 속주(屬州)로 편입됩니다. 로마 지배 하에서 반독립 정권을 형성하고 로마 제국에 저항하였으나, 티투스 황제 때 탄압당하여 세계 각지로 흩어져 수세기 동안 표류하며 박해받는 생활을 하게 되었습니다. 그 후 오랜 세월동안 이스라엘은 박해의 중심에 있었습니다. 그러던 중 유대인들에 대한 핍박이 매우 심각해지는 계기가 발생하는데 바로 십자군 전쟁입니다. 그 전쟁은 단순히 이슬람과의 전쟁만이 아니라 유대교를 향한 박해이기도 했습니다.

기독교인은 예수를 십자가에 못박히게 한 유대인에게 복수한다는 명분으로 반 유대주의 운동을 일으켰습니다. 이런 까닭에 십자군 전쟁이 지속되는 동안 유대인은 표적이 되었습니다. 그래도 그때까지 유대인들은 나름대로 삶을 유지하고 있었습니다. 물론 기독교와 유대교의 갈등이 게토현상으로 나기도 했지만(1179년 라테라노공의회에서 기독교도와 유대교도의 교류를 금지했다) 고리대금업 등에 종사하며 살고 있었습니다. 그것이 표적이 되기도 하였습니다. 흑사병이 유럽을 휩쓸든 14세기 중반에는 유대인에게 흑사병을 퍼뜨렸다는 죄를 뒤집어 씌어 죽이기도 하였습니다.

18세기 계몽주의 시대에 유대인들이 사람답게 인정받는 것 같았지만, 독일에서 민족주의에 기반을 둔 게르만적 기독교가 태동되면서 유대인은 다시 표적이 되었습니다. 특히 나치는 '그리스도를 죽인 자들'(die Mörder Christi)이란 깃발을 들어 유대인을 핍박함으로 자신을 정당화하는 도구로 사용하였고, 유대인 학살을 자행한 것입니다. 이런 역사적 배경에서 등장한 것이 시오니즘이었습니다.

시오니즘의 태동은 1887년 헤르첼이 주동한 스위스 바젤 시오니스트 대회부터 정치운동화되었습니다. 그래서 예루살렘으로 돌아가는 이주가 시작되었지만 지진부진했습니다. 1917년까지 35년 동안 3만여 명 정도만 이주했을 뿐입니다. 하지만 1차 세계대전 중인 1917년 팔레스타인 땅을 전략적으로 지키기 위하여 유대인들의 도움이 필요했던 영국이 전쟁 후 팔레스타인에 유대인의 나라 재건을 허락한다는 약속을 담은 '밸푸어 선언'을 발표하면서 본격화되기 시작했습니다. 더욱이 1930년대에 히틀러의 나치즘이 등장하고 유대인 대학살이 시작되자 시오니즘 운동은 더 힘을 얻었습니다. 그같은 영향 때문에 2차 세계대전 당시 팔레스탄의 유대인 인구는 40만 명으로 늘어났습니다. 특히 이스라엘이 건국된 1948년부터 1950년 이스라엘의 건국까지 대규모의 이민자들이 유입되기 시작하였는데, 예를 들어 1950년에만 12만명의 유대인들이 이라크를 탈출하여 이스라엘로 돌아왔습니다. 그들은 느부갓네살에 의해 바벨론으로 잡혀간 유대인들의 후

손이었습니다. 이후 에디오피아 유대인들이 돌아오고, 구 소련의 붕괴와 페레스트로이카 시절의 러시아 경제 악화는 대규모 이주를 야기시켰습니다. 약 100만 명이 넘는 유대인들이 이스라엘로 귀환한 것입니다. 더불어 이스라엘은 팔레스타인에서 영토전쟁을 벌입니다. 1967년 6월전쟁, 1973년 4차 중동전쟁 등을 통하여 지금의 국가를 형성하게 됩니다.

그렇다면 시오니즘은 유대인이 그토록 기대하던, 이사야서 같은 선지자들의 예언의 성취입니까? 예루살렘이 세상의 중심이 되고 다시 메시야 왕국이 예루살렘에 이루어지는 것입니까?

그들은 물론 팔레스타인 땅의 회복을 보면서 예언이 이뤄지고 있다고 생각합니다. 많은 영토를 회복하고 독립국가를 이뤘으니 그렇다고 말할 수도 있습니다. 하지만 한 가지 조건이 분명히 이뤄져야 합니다. 이방인의 충만한 수가 들어오는 것입니다. 그때까지 이스라엘의 더러는 우둔하게 된 것이라고 말하며, 이스라엘이 우둔함에서 벗어나야 한다고 말합니다.

형제들아 너희가 스스로 지혜 있다 하면서 이 신비를 너희가 모르기를 내가 원하지 아니하노니 이 신비는 이방인의 충만한 수가 들어오기까지 이스라엘의 더러는 우둔하게 된 것이라 _롬 11:25

바울이 말하는 이스라엘의 우둔함은 예수 그리스도를 통한 하나님의 계획을 받아들이지 않고, 여전히 믿음 없이 행위를 주장하고 자랑하는 것을 의미합니다. 그것이 그들에게 걸림돌이 된 것입니다.

그런데 이스라엘은 하느님과의 올바른 관계를 가지는 법을 추구하였지만 끝내 그 법을 찾지 못했습니다. 왜 그렇게 되었습니까? 그들은 믿음을 통해서 얻으려 하지

않고 공로를 쌓음으로써 얻으려고 했기 때문입니다. 이를테면 그들은 그 걸림돌에
걸려 넘어진 것입니다. _롬 9:31-32, 공동번역

그러므로 하나님의 뜻이신 그리스도 예수를 인정하고 믿음으로 하나님
앞에 서지 않는 모든 노력은 인간적인 노력이 될 뿐입니다. 현재 팔레스타
인 땅에서 벌어지고 있는 이스라엘의 무모한 행동들이 그것을 증명합니다.

이방인의 충만한 수

또 한 가지 짚고 가야 할 문제는 바울이 언급한 11장 25절을 종말론적으로
해석하는 태도입니다. '이방인의 충만한 수'가 채워지는 것을 마태복음과
주님의 부탁하신 사도행전 말씀을 연결시켜 복음이 땅 끝까지 이르는 현상
으로 이해하는 것입니다.

이 천국 복음이 모든 민족에게 증언되기 위하여 온 세상에 전파되리니 그제야 끝
이 오리라 _마 24:14

오직 성령이 너희에게 임하시면 너희가 권능을 받고 예루살렘과 온 유대와 사마
리아와 땅 끝까지 이르러 내 증인이 되리라 하시니라 _행 1:8

온 세상, 곧 땅 끝까지 복음이 전해지는 것을 이스라엘이 회개하고 예수
를 믿는 일로 보는 접근입니다. 그것이 그토록 열심히 예루살렘을 비롯한
팔레스타인 땅에서 무모하게라도 전도하는 이유입니다. '땅 끝'을 예루살렘
으로 해석하기 때문입니다. 그래서 그 '땅 끝'까지 복음이 전파되는 날에 주

님이 오실 것을 믿습니다. 하지만 그 '땅 끝'을 예루살렘으로 해석하는 것에는 동의할 수 없습니다.

이스라엘의 시오니즘이나 경도된 일부 기독교 단체들의 접근 방식은 모두 한 가지 공통점을 갖고 있는데, 바로 하나님 나라의 도래를 인간적인 노력으로 이루려는 시도입니다. 그러나 하나님 나라를 앞당길 수 있는 길은 없습니다. 그것은 주님의 계획 아래 있을 뿐입니다. 그러므로 그 날을 지나치게 인위적으로 해석하거나 그 날이 오는 것을 우리의 노력으로 이루려 하는 모든 시도는 교만한 것입니다. 또한 그리 할 수도 없습니다. 오로지 하나님의 섭리 가운데 있기 때문입니다.

> 그러나 그 날과 그 때는 아무도 모르나니 하늘의 천사들도, 아들도 모르고 오직 아버지만 아시느니라 _마 24:36

분명히 우리는 복음을 땅 끝까지 전하는 일에 열심을 기울여야 합니다. 종말을 기다리기 때문이 아니라 한 영혼이라도 구원하려는 주님의 마음을 알기 때문입니다.

> 주의 약속은 어떤 이들이 더디다고 생각하는 것 같이 더딘 것이 아니라 오직 주께서는 너희를 대하여 오래 참으사 아무도 멸망하지 아니하고 다 회개하기에 이르기를 원하시느니라 _벧후 3:9

하나님의 속 보이시는 핑계

롬 11:28-36

"이스라엘은 어떻게 되는가?" "유대인은 폐기되었는가?"

아무리 설명해도 계속되는 질문입니다. 이 이상한 질문 앞에 바울은 더 이상한 대답을 하였습니다.

복음으로 하면 그들이 너희로 말미암아 원수 된 자요 택하심으로 하면 조상들로 말미암아 사랑을 입은 자라 _롬 11:28

무슨 뜻인지 이해하기 참 어렵습니다. 공동번역으로 읽어보겠습니다.

복음의 견지에서 보면 이스라엘 사람들은 여러분이 잘 되라고 하나님의 원수가 되었지만 하나님의 선택의 견지에서 보면 그들의 조상 덕택으로 여전히 하나님의 사랑을 받는 백성입니다. _롬 11:28, 공동번역

이 말씀이 이상하게 보이는 이유는 "우리가 잘 되라고 이스라엘을 하나님의 원수로 만들었다"라는 의미이기 때문입니다. 바울이 잘못 말한 것이

아닙니다. 바울은 우리가 이 말씀의 뜻을 다르게 이해할 수 없도록 계속 확인해주며 강조합니다.

> 너희가 전에는 하나님께 순종하지 아니하더니 이스라엘이 순종하지 아니함으로
> 이제 긍휼을 입었는지라 _롬 11:30

이스라엘이 순종하지 않으므로, 그걸 핑계로 이방인인 우리들에 대한 구원을 이루셨다는 말입니다.

하나님은 그동안, 로마서 10장에서 강조하신 것처럼, 이스라엘의 구원을 위하여 수없이 많은 기회를 주었습니다. 이방인들의 등장을 통하여 이스라엘을 자극하는 방법이었습니다. 그런데 이스라엘은 적절히 응답하지 못한 채 계속 무너졌습니다. 결국에는 이스라엘이 이방인만도 못한 위치까지 떨어진 것입니다. 하나님이 버리신 것이 아닌가 하는 질문을 던져도 틀리지 않을 만큼 말입니다. 그래서 "하나님이 이스라엘을 폐기했는가?" 하는 질문까지 나온 것입니다. 그런데 바울은 이 질문 앞에 하나님의 기막힌 의지를 매우 분명하게 밝혔습니다.

> 하나님이 자기 백성을 버리셨느냐 그럴 수 없느니라 _롬 11:1

여전히 하나님은 이스라엘을 사랑하고 계시며, 하나님의 부르심에는 후회하심이 없다는 말로 쐐기를 박음으로 말입니다.

> 하나님의 은사와 부르심에는 후회하심이 없느니라 _롬 11:29

뿐만 아니라 이스라엘 백성의 조상들이 살아왔던 신앙적 삶의 결과를 이스라엘 백성이 계속해서 받아먹고 있다는 말까지 첨부하였습니다.

… 하나님의 선택의 견지에서 보면 그들의 조상 덕택으로 여전히 하나님의 사랑을 받는 백성입니다. _롬 11:28, 공동번역

구원의 하향 조정

이미 이방인만도 못한 신세가 된 이스라엘이 여전히 구원 가운데 있다는 것을 기준으로 삼고, 우리가 그 정도로 잘못하고 죄를 짓더라도 용서하시겠다고 하나님이 정하신 것입니다. 구원의 하향 조정이 이루어진 셈입니다. 다른 말로 구원의 커트라인을 낮춘 것입니다. 그것의 일차적 혜택이 바로 이방인, 곧 우리들인 것입니다. 그것은 제가 정한 이 장의 제목처럼 '하나님의 속 보이시는 핑계'였습니다. 우리를 구원하시기 위해 별의별 방법을 다 쓰신 것입니다. 우리를 살리시는 것이 그분의 확고한 의지였기 때문입니다.

그 순간 놀라운 일이 또 벌어졌습니다. "정말 한심하고 별 볼 일 없던 이방인들이 구원받게 되었는데 하물며 이스라엘일까 보냐?" 하는 질문과 함께, 이스라엘을 향한 하나님의 계획도 슬그머니 드러나게 된 것입니다.

이와 같이 지금은 순종하지 않고 있는 이스라엘 사람들도 여러분이 받은 하나님의 자비를 보고 회개하여 마침내는 자비를 받게 될 날이 올 것입니다. _롬 11:31, 공동번역

정말 기막힌 말씀이 아닐 수 없습니다. 바울이 32절에서 이 연속된 이야

기의 결론을 내립니다.

하나님이 모든 사람을 순종하지 아니하는 가운데 가두어 두심은 모든 사람에게
긍휼을 베풀려 하심이로다 _롬 11:32

이 구절은 좀 오해할 수 있는데, "순종하지 아니하는 가운데 가두어 두다"라는 표현 때문입니다. 하나님이 일부러 우리를 불순종하게 만들었고 가두어두었다는 말로 해석할 수 있기 때문입니다. 하나님의 절대주권을 언급하면서 말입니다. 이 구절을 정확하게 이해하기 위해서는 '가두어 두다'라는 표현의 헬라어 단어인 '성클레이오'를 잘 해석할 필요가 있습니다.

'성클레이오'의 사전적 의미는 '결론 짓다, 완전히 닫다'입니다. 현대인의 성경이 번역한 것처럼 '모든 사람을 불순종'한 상태로 매듭지셨다는 뜻입니다. 인간의 불순종으로 하나님 사이에 쌓은 담을 하나님이 그냥 자연스레 놔두셨다는 말입니다. 하나님의 뜻에 순종하도록 강요하거나 몰아붙이지 않으셨다는 뜻이기도 합니다. 하나님은 계획을 갖고 계셨기 때문입니다. "모든 사람에게 긍휼을 베풀려" 하시는 계획 때문입니다. 우리의 상태와 상관없이 우리를 구원하려 하신 것입니다. 구원의 하향 조정, 곧 구원을 위한 핑계를 쌓으신 것입니다. 그러니까 이스라엘을 핑계로 우리를 구원하려는 것이었습니다. 이 기막힌 하나님의 뜻을 알게 된 바울이 이렇게 고백했습니다. 감격에 차서 말입니다.

33깊도다 하나님의 지혜와 지식의 풍성함이여, 그의 판단은 헤아리지 못할 것이며 그의 길은 찾지 못할 것이로다 34누가 주의 마음을 알았느냐 누가 그의 모사가 되었느냐 35누가 주께 먼저 드려서 갚으심을 받겠느냐 36이는 만물이 주에게서 나오

고 주로 말미암고 주에게로 돌아감이라 그에게 영광이 세세에 있을지어다 아멘

_롬 11:33-36

정말 개역성경이 멋있게 번역하였습니다.

"그의 길은 찾지 못할 것이로다!"

정말 근사하지 않습니까? 우리의 머리로는 도무지 이해할 수 없다고 바울이 말하고 싶었던 것입니다. 견딜 수 없는 아름다움, 하나님의 깊이 말입니다!

이 말씀을 읽어가면서 갑자기 새삼스럽게 깨달은 것이 있었습니다. 하나님의 핑계에 관한 것입니다. 주님 자신이 이 세상에 오신 이유를 "죄인을 부르러 왔노라"(막 2:17)라고 하신 이유입니다. 주님이 오신 것은 당연히 죄인들을 구원하시기 위함이시지만, 동시에 죄인들에게 집중하심으로 "(죄인보다 나은, 덜 죄를 지은) 사람들을 구원하는 것은 얼마나 당연한 일인가"라는 핑계로 삼으려 하신 것입니다. 예수님이 죄인을 부르러 오셔서 죄인과 보잘것없는 자들과 더불어 사신 이유도 바로 이것이었습니다. 물론 덜 죄를 지은 자, 열심히 일해서 부를 쌓은 자, 바른 삶의 태도로 정치와 교육 분야에서 탁월한 영향력을 보이는 자들을 죄인보다 하찮게 여기신다는 뜻은 아닙니다. 사실은 성실하게 살아가는 자들을 향해 주님의 진한 사랑을 보여주신 것이고, 그들이 더 근사하고 멋있게 쓰임받기를 강력히 원하시는 표현이 "죄인을 부르러 왔노라"인 것입니다. 참, 정말 좋지 않습니까?

4부

복음을
가진 자의
삶

고통이 행복하다는 사람을 만나면
우리는 할 게 없습니다. 우리는 고통을
피하고 저들은 고통을 즐기는데, 싸움이
되겠습니까? 하나님의 거룩한 일은 바로
이런 사람들에 의해서 진행되었습니다.
세상에서 사는 것도 주를 위한 것이고,
그것이 삶의 목적이기 때문입니다.

거룩한 산 제물

롬 12:1

11장까지는 정체성에 관한 토론으로 대부분 신학적 논쟁이었습니다. 사실 신학적 논쟁들은 우리가 살고 있는 현실을 마주하면 무의미해보일 수 있습니다. 우리가 만나고 싸우고 있는 현실은 정말 치열하기 때문입니다. 그럼에도 불구하고 오랜 시간 동안 바울이 믿음, 행위, 율법, 은혜라는 주제를 다룬 것은 그것이 우리 현실의 삶을 지탱하는 근거이기 때문입니다.

신학적 토론은 내면의 싸움 같은 것이어서 어떤 깨달음에 이르게 할 수 있습니다. 로마서에서 토론의 끝도 그런 상황에 이른 것입니다. 하나님의 풍성함과 우리의 모자람 같은 깨달음의 결과입니다. 그 결과를 바울이 다음과 같이 정리하였습니다.

> [33]깊도다 하나님의 지혜와 지식의 풍성함이여, 그의 판단은 헤아리지 못할 것이며 그의 길은 찾지 못할 것이로다 [34]누가 주의 마음을 알았느냐 누가 그의 모사가 되었느냐 _롬 11:33-34

이같은 깨달음은 현실적 삶의 문제에 대한 고민으로 들어가게 하였습니다. 하나님의 은혜와 부르심에 대한 이해가 되었기 때문입니다. 당연히 이런 질문이 나올 수밖에 없을 것입니다.

"그렇다면 이제 우리는 이 세상을 어떻게 살아야 하는가?"

사람들은 어떤 대단한 사회적 공헌, 민족적 결단 같은 행동을 답으로 생각할 것입니다. 그런데 의외로 바울의 제안은 놀라웠습니다.

> … 너희 몸을 하나님이 기뻐하시는 거룩한 산 제물로 드리라 이는 너희가 드릴 영적 예배니라 _롬 12:1

기대와 달리 이상한 결론이 나온 것입니다. 그것은 진정한 예배자로의 부르심이었습니다. 다른 번역본으로도 읽어보겠습니다.

> … 여러분 자신을 하나님께서 기쁘게 받아 주실 거룩한 산 제물로 바치십시오. 그것이 여러분이 드릴 진정한 예배입니다. _롬 12:1, 공동번역

그렇다면 진정한 예배, 영적 예배란 어떤 것입니까? 바울은 그것을 '거룩한 산 제물'에 모두 내포시켰습니다. NIV 성경이 삶을 통한 행동에 초점을 맞춘 까닭에 'living sacrifices'라고 복수형으로 번역하였지만, 헬라어 성경을 보면 단수입니다. '뒤시안 조산'(a living sacrifice), 현재 살아 숨 쉬는 상태의 희생제물을 뜻합니다. 내 몸 전체와 인격이 살아 있는 상태로 사는 것입니다. 당연히 희생의 제물로서입니다. 그래서 고통이 다가올 수 밖에 없지만 회피하지 않고 고통 앞에 서는 것입니다. 몽롱한 상태가 아니라 눈을 시퍼렇게 뜬 상태로 고통을 느끼며 받아들이는 것입니다. '왜'입니까? 고통의 아름다움 때문입니다. 그래서 예수님은 십자가 위에서 그의 고통을

불쌍하게 여긴 군병들이 마취 효과가 있는 '쓸개 탄 포도주'(마 27:34)를 마시게 하였지만 거절하셨던 것입니다. 고통을 사랑하셨고, 고통을 피할 의사가 없으셨던 것입니다.

고통이 오더라도 행복한 종교

언제부터인가 기독교가 고통을 회피하는 종교가 되었습니다. 원래는 고통이 오더라도 행복한 종교입니다. 예수께서 십자가에서 고통을 기뻐하시고 행복해하셨기 때문입니다. 바로 우리 때문에 말입니다. 고통이 사랑의 표현이었던 것입니다.

제 어머니가 저를 위해 못 먹고 가난하게 사신 것은 어머니의 자랑이었습니다. 아들을 부요하게 하시려는 일념이 있으셨기 때문입니다. 주님도 그러셨습니다. 그분이 가난해짐으로 우리를 부요하게 하신 것입니다.

> 우리 주 예수 그리스도의 은혜를 너희가 알거니와 부요하신 이로서 너희를 위하여 가난하게 되심은 그의 가난함으로 말미암아 너희를 부요하게 하려 하심이라
> _고후 8:9

그래서 고통을 택하셨습니다. 우리를 살리시기 위해서 말입니다.

> [4]그는 실로 우리의 질고를 지고 우리의 슬픔을 당하였거늘 우리는 생각하기를 그는 징벌을 받아 하나님께 맞으며 고난을 당한다 하였노라 [5]그가 찔림은 우리의 허물 때문이요 그가 상함은 우리의 죄악 때문이라 그가 징계를 받으므로 우리는 평화를 누리고 그가 채찍에 맞으므로 우리는 나음을 받았도다 [6]우리는 다 양 같아

서 그릇 행하여 각기 제 길로 갔거늘 여호와께서는 우리 모두의 죄악을 그에게 담당시키셨도다 _사 53:4-6

이것이 신앙의 종결판입니다. 생각해보십시오. 고통이 행복하다는 사람을 만나면 우리는 할 게 없습니다. 우리는 고통을 피하고 저들은 고통을 즐기는데, 싸움이 되겠습니까? 주를 위해 고통당하는 것이 즐겁고, 자기를 위해서 사는 것은 꿈도 꾸지 않겠고, 주를 위해 기꺼이 죽겠다는데, 싸움은 끝난 것입니다. 하나님의 거룩한 일은 바로 이런 사람들에 의해서 진행되었습니다. 세상에서 사는 것도 주를 위한 것이고, 그것이 삶의 목적이기 때문입니다.

우리가 살아도 주를 위하여 살고 죽어도 주를 위하여 죽나니 그러므로 사나 죽으나 우리가 주의 것이로다 _롬 14:8

할 말이 없습니다. 이런 사람을 세상이 감당할 수 있겠습니까? 세상에 존재하는 이유가 주를 위한 것이고, 주를 위한 삶을 위하여 스스로 자발적 희생제물이 되겠다고 하니 말입니다. 선혈이 낭자한 채로, 산 채로 죽임을 당하는 'a living sacrifice' 상태를 즐기고 받아들이니 말입니다. 바울은 이것이야 말로 진정한 예배라고 말한 것입니다. 실제로 초대교회의 제자와 크리스천들은 그렇게 살았습니다. 아무리 채찍질해도, 그렇게 모욕을 줘도 그런 삶을 오히려 기뻐하였습니다. 그것이 기독교였습니다.

⁴⁰그들이 옳게 여겨 사도들을 불러들여 채찍질하며 예수의 이름으로 말하는 것을 금하고 놓으니 ⁴¹사도들은 그 이름을 위하여 능욕 받는 일에 합당한 자로 여기

심을 기뻐하면서 공회 앞을 떠나니라 ⁴²그들이 날마다 성전에 있든지 집에 있든지 예수는 그리스도라고 가르치기와 전도하기를 그치지 아니하니라 _행 5:40-42

이런 삶을 사는 사람들을 세상은 감당할 수 없습니다.

죽지는 않았지만 죽은 상태

그런데 여기서 주의해야 할 것이 있습니다. 그것은 '현재 살아 숨쉬는 상태의 희생제물'(a living sacrifice)이라는 단어의 이중성입니다. 죽지는 않았지만 더 이상 몸의 욕심을 따라 움직이지 않는다는 뜻입니다. 살아 있지만 죽은 제물과 같은 상태를 말하기 때문입니다. 하나님의 통치가 이루어진 나의 선한 자아가 내 몸을 자유롭게 움직이는 것입니다. 그러니까 완벽하게 죽은 몸처럼 내가 내 몸을 통치하고 있다는 표현입니다. 인간이 이를 수 있는 최고치입니다.

희생제물은 사실 죽은 상태를 말합니다. 예전에는 살아 있는 양이었지만 더 이상 양이 아니라 완벽한 순종의 상징인 고깃덩어리에 불과하게 된 것입니다. 양이라는 못된 성질, 곧 존재가 사라졌습니다.

하지만 우리는 여전히 살아 있는 상태라는 것이 문제입니다. 그래서 바울은 자기 몸을 완벽하게 다스리게 하기 위하여 자기를 쳐서 복종시키는 노력을 기울였습니다.

나는 내 몸을 사정없이 단련하여 언제나 민첩하게 움직일 수 있게 합니다. 이것은 내가 남들에게는 이기자고 외쳐 놓고 나 자신이 실격자가 되지 않게 하려는 것입니다. _고전 9:27, 공동번역이 말씀의 요점은 살아 있으면서도 희생제물로서 고깃덩어리가 되는 것처럼 철저한 순종적 존재가 되라는 것입니다. 그것이 '산 제물'입니다. 시퍼렇게 살아 있기 때문에 행동하지만 육체가 전혀 방해가 되지 않는 상태입니다.

이제 보이실 것입니다. 오늘날 교회의 부패, 크리스천의 무기력함이 어디에 기인하는지 말입니다. 하나님 나라에 대한 관심은 없이 오로지 자기 연민, 자기 자신의 즐거움에만 초점을 두기 때문입니다. 육체가 살아 있는 것입니다. 육체를 편하고 풍성하게 하는 것이 세상 교훈의 초점이었기 때문입니다. 그래서 말씀이 칼로 살을 도려내는 것 같다면, 그 말씀은 옳은 것입니다. 이제 이어지는 질문은 이것입니다.

"그러면 어떻게 이런 존재에 이를 수 있습니까?"

오직 마음을 새롭게 함으로

롬 12:2

우리의 심각한 문제는 하나님의 통치가 이루어진 나의 선한 자아에 의해 내 몸이 자유롭게 움직이지 않는 것입니다. 그것이 바울의 최대 고민이었 습니다. 그의 고민을 우리는 로마서 7장에서 읽었습니다. 그렇다면 바울은 이 문제를 해결했습니까? 물론 주님의 은혜로 해결하였습니다. 정죄 받는 것에서부터 놓임 받았습니다. 하지만 바울의 본질이 바뀐 것은 아닙니다. 바울은 나름대로 신앙적 노력을 기울였고 어떤 방법을 구했습니다. 그렇게 찾은 바울의 해결책이 바로 12장 1절 말씀입니다. 바로 온전한 예배자가 되는 것이었습니다.

> 그러므로 형제들아 내가 하나님의 모든 자비하심으로 너희를 권하노니 너희 몸을
> 하나님이 기뻐하시는 거룩한 산 제물로 드리라 이는 너희가 드릴 영적 예배니라
> _롬 12:1

'산 제물'은 '현재 살아 숨쉬는 상태의 희생제물'(a living sacrifice), 곧 살 아 있지만 죽은 제물처럼 더 이상 몸의 욕심을 따라 움직이지 않는 상태입

니다. 하나님의 통치가 이루어진 나의 선한 자아가 내 몸을 자유롭게 움직이는 상태로서 인간이 이를 수 있는 최고치입니다. 그렇다면 "어떻게 이런 존재에 이를 수 있습니까?" 앞 장을 마치면서 던진 질문입니다. 바울은 그 대답을 이어지는 12장 2절에서 합니다.

> 너희는 이 세대를 본받지 말고 오직 마음을 새롭게 함으로 변화를 받아 하나님의 선하시고 기뻐하시고 온전하신 뜻이 무엇인지 분별하도록 하라 _롬 12:2

이 세대를 본받지 말고

바울이 제일 먼저 강조한 권면은 '이 세대를 본받지 말고'였습니다. 알다시피 우리 안에는 이미 무엇을 읽을 때 그것을 읽는 독법(讀法), 이른바 세계관이 형성되어 있습니다. 그 밑그림에 의해 우리는 자동적으로, 마치 패턴처럼 움직입니다. 이것을 NIV가 재미있게 번역하였습니다.

Do not conform any longer to the pattern of this world.

우리에게 어떤 패턴이 있다는 말입니다. 왜 그렇습니까? 주입된 세계관에 의해 우리가 왜곡되었기 때문입니다. 세상의 생각이 우리를 이미 사로잡은 것입니다. 교회는 더 이상 생각하지 않습니다. 생각하는 크리스천은 찾아보기 힘들게 되었습니다. 이 부분을 유진 피터슨은 그가 의역한 〈메시지〉 성경에서 이렇게 번역하였습니다. 재미있습니다.

Don't become so well-adjusted to your culture that you fit into it without even thinking. Instead, fix your attention on God.

_Rom 12:2, Message

너희는 아무런 생각도 없이 너희 문화에 너무 잘 순응함으로 그 문화에 딱 맞게 어울리는 삶을 살지 말고 오히려 하나님에게 너의 관심과 주의를 기울여라.

_롬 12:2, 메시지

그러므로 우선 우리가 시도해야 할 것은 이 세상에 의해 학습된 패턴을 따라 아무 생각 없이 살지 않는 것입니다. 한 개그 프로에서 말한 유행어를 좀 깊이 생각했으면 합니다.

"생각, 생각, 생각 좀 하고 말해!"

마음을 새롭게 하는 법

바울이 그 다음으로 중요하게 강조한 것이, 그런 생각과 패턴이 흘러나오는 근본 장소인 마음을 새롭게 하는 것이었습니다.

너희는 이 세대를 본받지 말고 오직 마음을 새롭게 함으로 변화를 받아(be transformed by the renewing of your mind) 하나님의 선하시고 기뻐하시고 온전하신 뜻이 무엇인지 분별하도록 하라 _롬 12:2

왜 그런 것입니까? 마음이 문제이기 때문입니다. 다윗 역시 그것이 답답했던 것 같습니다. 그가 밧세바를 범한 사건을 두고 나단이 하나님의 예언을 말하였을 때, 그는 자신 안에 있는 더러운 마음을 보았습니다. 매우 일상화되어버린 생각의 모습이었습니다. 뻔뻔하게 죄를 범하는 타락한 마음 말입니다. 그는 즉시 스스로 자신의 죄를 해결할 수 없다는 것을 알았습니다.

여기서 우리가 할 수 있는 것이 바로 침묵기도입니다. 제가 침묵기도를 강조하는 이유 중 하나입니다. 실제로 침묵기도는 우리를 정화시켜줍니다. 침묵기도 자체가 정화시키는 것이 아니라, 침묵기도를 하면서 내 안의 거짓 자아의 정체가 드러나는 데 도움을 주는 것입니다. 거짓 자아의 정체가 드러나면 자신의 죄를 의식하게 됩니다. 깊은 침묵이 무의식 혹은 반의식에 숨어있던 동기들을 드러내기 때문입니다. 하나님을 받아들인 사람은 당연히 그 드러나는 죄와 싸우게 될 것이고, 그 죄의 문제들을 하나씩 해결해가기 때문에 정화되는 것입니다. 이것이 바울이 말한 '마음을 새롭게 함으로'의 측면입니다. 침묵기도가 그렇게 할 수 있도록 돕습니다. 하지만 그렇다고 우리 마음이 그냥 변화되는 것은 아닙니다. 침묵기도는 철저히 수동적입니다. 우리가 변화를 주도할 수 없습니다. 하나님의 임재, 그분의 일하심을 기대하는 것이기 때문입니다.

말씀으로 운동력을 가지라

이제는 우리가 할 수 있는 두 번째 시도인 말씀에 집중해야 합니다. 말씀묵상, 곧 큐티를 강조하는 이유입니다. 말씀은 우리 마음의 생각과 뜻과 의도를 정확하게 드러내기 때문입니다. 그로 인해 우리가 우리 자신이 어떤 존재임을 깨달아 모든 것을 전적으로 주님께 맡기고 살아갈 수 있게 역사하기 때문입니다.

> [12]하나님의 말씀은 살았고 운동력이 있어 좌우에 날선 어떤 검보다도 예리하여 혼과 영과 및 관절과 골수를 찔러 쪼개기까지 하며 또 마음의 생각과 뜻을 감찰

하나니 [13]지으신 것이 하나라도 그 앞에 나타나지 않음이 없고 오직 만물이 우리를 상관하시는 자의 눈앞에 벌거벗은 것 같이 드러나느니라 _히 4:12-13. 개역한글

개역개정판에서는 '활력'이라고 번역하였지만 개역한글판에서 번역한 '운동력'이라는 말이 참 매력적입니다. 헬라어 성경으로 읽어보면 '살았고'는 '살아 숨쉬고 있다'는 의미의 동사 '자오'이고, '운동력이 있어'는 '활동적이다 혹은 능력있다'는 의미의 단어 '에넬게스'입니다. 여러 가지 번역이 가능하지만, 이어지는 설명 문장을 읽고 이 단어들을 생각해보면 KJV가 가장 적절하게 번역한 것 같습니다. KJV는 이 문장을 "the word of God (is) quick, and powerful"이라고 번역하고 있습니다. '매우 민첩하고 강력하다'는 뜻입니다. 말씀은 정말 그렇습니다. 말씀은 언제나 이토록 능력 있는 운동력을 갖고 있어서 일하기 시작하면 우리를 순식간에 바꿔놓을 수 있습니다. 마치 필름을 넣어 찍는 구형 사진기에 빛이 슬쩍 들어가기만 해도 필름이 하얗게 변하는 것과 같은 이치입니다. 말씀이 우리 안으로 들어오기만 하면 그렇게 모든 것이 끝난다고 말할 수 있습니다.

성령께서 일하시는 지점

침묵기도와 말씀묵상 같은 것들이 우리가 바로 시작할 수 있는 마음을 새롭게 하는 행위입니다. 하지만 이렇게 한다고 해서 우리 마음이 스스로 새로워지는 것은 아닙니다. 마음을 새롭게 하실 수 있는 분은 오직 하나님 한 분뿐이십니다. 그래서 다윗이 이렇게 기도했습니다.

오 하나님, 내 속에 깨끗한 마음을 만들어 주시고 내 안에 올바른 마음을 새롭게

해주소서. _시 51:10, 쉬운성경

다윗은 지금 자신의 마음이 어떻게 할 수 없는, 대책을 세울 수 없는 상태인 것을 알고 있었습니다. 성령께서 하시는 일임을 알 수 있습니다. 그래서 바울이 "오직 마음을 새롭게 함으로 변화를 받아"라는 표현을 쓴 것입니다. 변화가 수동적이라는 말입니다. 바로 이 지점에서 성령께서 일하십니다. 우리의 노력이 우리 마음을 온전히 새롭게 할 수 없지만, 어느 시점인지 몰라도 우리가 그런 모습을 보일 때, 하나님의 때에 성령이 일하시는 것입니다. 에스겔 선지자가 성령의 사역을 이렇게 설명하였습니다.

> 26또 새 영을 너희 속에 두고 새 마음을 너희에게 주되 너희 육신에서 굳은 마음을 제거하고 부드러운 마음을 줄 것이며 27또 내 영을 너희 속에 두어 너희로 내 율례를 행하게 하리니 너희가 내 규례를 지켜 행할지라 _겔 36:26-27

새 마음을 주시는 것이 성령의 사역의 핵심입니다. 다윗은 걱정했던 일이지만 성령께서 그를 변화시켰습니다. 오늘 우리에게도 주님의 때에 우리 안에 새 마음을 창조하시고 하나님을 기뻐할 수 있게 하십니다. 새로운 존재가 되는 것입니다. 그래서 바울은 그 새로운 존재가 '하나님의 선하시고 기뻐하시고 온전하신 뜻이 무엇인지 분별'할 수 있다고 말한 것입니다.

자신을 한번 돌아보십시오.

나는 어떤 존재인가? 나의 분별력은 옳은가? 죄와 더러움을 민감하게 의식하고 있는가?

분수대로 생각하라

룸 12:3

바울은 우리가 구체적으로 마음의 문제를 어떻게 다루어야 하는지 설명하기 시작합니다.

> 내게 주신 은혜로 말미암아 너희 각 사람에게 말하노니 마땅히 생각할 그 이상의 생각을 품지 말고 오직 하나님께서 각 사람에게 나누어 주신 믿음의 분량대로 지혜롭게 생각하라 _롬 12:3

우선 바울은 자신이 이렇게 말하는 근거가 '하나님이 주신 은혜'에 있음을 말합니다. 그 실천 지침의 핵심은 "마땅히 생각할 그 이상의 생각을 품지 말라"는 것입니다. 우리에게 발생하는 문제의 시작은 항상 자신이 누구인지, 어느 정도의 존재인지를 모르고 착각하기 때문입니다.

'그 이상의 생각을 품지 말고'라고 번역한 헬라어 단어 '휘펠프로네오'의 의미는 '자신을 과대평가한다'는 뜻입니다. 뱁새가 뱁새인 줄 모르고 황새처럼 가랑이를 벌립니다. 개구리가 황소처럼 보이려고 자기 몸을 자꾸 부풀리려 합니다. 그 결과는 자신을 파괴하는 것입니다.

김명민이 주연한 영화 '페이스메이커'가 있습니다. 다리에 부상을 입은 이유 때문이기도 하지만, 그는 어린 동생을 양육하기 위하여 마라토너와 함께 30킬로미터 지점까지 달리는 '마라톤 페이스 메이커'로 살고 있었습니다. 영화에서 그의 역할은 유력한 런던올림픽 금메달 후보인 마라톤 대표선수를 30킬로미터 지점까지 1시간 28분을 초과하지 않도록 도와주며 같이 달리는 것이었습니다.

사람들은 이런 삶이 비참하다고 말합니다. 영화에서도 누군가 자기 경주를 하라고 말합니다. 그것이 자기를 찾는 것이라고 말합니다. 그렇습니까? 그렇지 않습니다. '페이스메이커'도 아름답지 않습니까? 남을 도와주는 삶이 왜 아름답지 않습니까? '일등만 존중하는 사회'를 비판하기 위해 그 영화를 만들었는지 모르지만, 만약 페이스메이커가 자기도 선수로 뛰어서 자기만의 레이스를 펼치려 했다면 '일등만 존중하는 사회'를 스스로 인정하는 것이 아니겠습니까?

페이스메이커는 아름답습니다. 바울이 그것을 말한 것입니다. 특히 하나님나라를 위해 사는 우리에게 일등은 중요하지 않습니다. 하나님의 나라가 이루어지는 것이 중요하기 때문입니다. 그렇다면 페이스메이커로라도 쓰임 받는 것이 얼마나 소중하고 아름다운 일입니까? 이것이 바울이 말한 "마땅히 생각할 그 이상의 생각을 품지 말라"의 의미입니다.

주신 은사대로, 자기 분수대로

우리는 무슨 대단한 일을 결단해야 한다고 생각합니다. 그것도 언제나 나를 중심으로 말입니다. 놀랍게도 우리에게 필요한 것은 무슨 대단한 결단이 아닙니다. 하나님의 뜻을 분별하는 일의 시작은 '자신의 분량'을 알고 그

분량만큼의 생각을 하고 분량대로 살아가는 것입니다. 그것이 더 중요합니다. 그러므로 우리의 판단이 흐려지고 쉽게 세속화되는 이유는 자신의 분량을 넘어서 살기 때문입니다. "자신을 과대평가하지 말고"(롬 12:3, 공동번역) 살아가는 삶의 태도가 얼마나 중요한지 생각해야 할 것입니다.

이처럼 자신의 분량, 자신의 크기를 알게 될 때 우리에게 생활의 즐거움이 시작될 것입니다. 무슨 대단한 일을 계획하기보다 내가 정말 잘 할 수 있는 일, 내가 정말 행복한 일을 하면 되기 때문입니다. 하나님이 주신 은사를 따라 살면 되는 것입니다. 그때 하나님이 모든 것을 서로 작용하게 해서 하나님의 선을 이루실 것입니다.

> 우리가 알거니와 하나님을 사랑하는 자 곧 그의 뜻대로 부르심을 입은 자들에게는 모든 것이 합력하여 선을 이루느니라 _롬 8:28

그런데 우리는 자신을 모릅니다. 분수를 잃어버립니다. 뱁새 이야기의 결론은 가랑이가 찢어지는 것이고 개구리 이야기의 결론은 배가 터지는 것입니다. 황새보다 다리가 짧은 것이 비참합니까? 황소보다 작은 것이 속상합니까? 그렇지 않습니다. 우리는 우리 모습 그대로 아름답습니다. 왜곡된 생각을 과감히 버리십시오. 이것에 대하여 바울이 고린도교회에게 편지한 내용의 일부를 읽겠습니다.

[14]몸은 한 지체뿐만 아니요 여럿이니 [15]만일 발이 이르되 나는 손이 아니니 몸에 붙지 아니하였다 할지라도 이로써 몸에 붙지 아니한 것이 아니요 [16]또 귀가 이르되 나는 눈이 아니니 몸에 붙지 아니하였다 할지라도 이로써 몸에 붙지 아니한 것이 아니니 [17]만일 온 몸이 눈이면 듣는 곳은 어디며 온 몸이 듣는 곳이면 냄새 맡

핵심 로마서

는 곳은 어디냐 [18]그러나 이제 하나님이 그 원하시는 대로 지체를 각각 몸에 두셨으니 [19]만일 다 한 지체뿐이면 몸은 어디냐 [20]이제 지체는 많으나 몸은 하나라 [21]눈이 손더러 내가 너를 쓸 데가 없다 하거나 또한 머리가 발더러 내가 너를 쓸 데가 없다 하지 못하리라 _고전 12:14-21

이 말씀의 흐름에 어떤 체념이나 포기가 들어 있습니까? 비록 페이스메이커라고 해도 스스로 위안하라는 것입니까? 뱁새니까, 개구리니까 어쩔 수 없다고 자위하라는 것입니까? 그렇지 않습니다. 그것 자체로 아름답다고 말하는 것입니다.

믿음의 분수와 분량

그런데 12장에 약간 이상한 부분이 있습니다. 바로 이 말씀입니다.

> 믿음의 분량대로 지혜롭게 생각하라 _롬 12:3

무슨 말씀인지 아시겠습니까? 우리의 크기(분량)는 믿음의 크기라는 말입니다. 우리의 무게와 크기는 믿음으로 결정된다는 말이기도 합니다. 내면의 확신과 성령의 감동으로 확증된 믿음의 크기 말입니다. 당연히 하나님의 만지심에서 나오는 것입니다.

우리는 처음부터 뱁새도, 황새도 아닙니다. 개구리도, 황소도 아닙니다. 우리는 하나님의 자녀입니다. 그 크기를 결정하는 것은 믿음입니다. 믿음의 크기란 내 다짐 혹은 의지의 크기가 아니라, 하나님의 통치를 받음으로, 하나님을 의존하므로 그분이 주시는 비전과 역사의 크기를 말합니다.

12장 3절을 다시 읽어보십시오.

내게 주신 은혜로 말미암아 너희 각 사람에게 말하노니 마땅히 생각할 그 이상의 생각을 품지 말고 오직 하나님께서 각 사람에게 나누어 주신 믿음의 분량대로 지혜롭게 생각하라 _롬 12:3

하나님이 나눠주시는 믿음에 따른 크기를 말합니다. 우리 안에 이뤄진 믿음의 크기에 따라 하나님이 그 역할을 결정하신다는 말씀입니다. 그러므로 무엇이 될 것을 기대하기보다 중요한 것은 지금 내게 있는 것, 맡겨진 것을 따라 충성되게 감당하고 섬기며 사는 것입니다. 내게 주어진 사명을 근사하게, 멋있게 잘 감당하는 것입니다. 그것이 충성되게 헌신하는 것이고 내 믿음의 크기입니다. 그럴 때 하나님이 다음 단계로 이끄실 것입니다. 그것을 신뢰하십시오. 이 얼마나 멋있는 일입니까?

내 믿음에 제한이 있음을 안다

롬 12:4-8

마음 교정의 방법은 두 가지입니다. 첫 번째는 마땅히 생각할 그 이상의 생각을 품지 않는 것입니다. 두 번째는 하나님이 나누어 주신 믿음의 분량대로 지혜롭게 생각하는 것입니다. 그렇다면 '믿음의 분량'은 어떻게 측정할 수 있습니까? 이를 설명하기 위해 바울이 사용한 예가 몸의 지체의 기능이 각각 다르다는 것이었습니다. 로마서보다 조금 앞서 쓴 고린도전서 12장에서 지체의 기능에 대해 자세히 설명한 것을 볼 때, 바울은 이 문제에 대해 매우 큰 관심을 갖고 있던 것으로 보입니다.

바울은 고린도전서와 마찬가지로, 로마서에서도 각 지체가 각기 독특한 기능을 갖고 있음을 강조하였습니다. 고린도전서에서는 12장 전체에서 이 주제를 다루었지만, 로마서에서는 논지를 정확하게 하기 위해 분명하게 시작하였습니다.

> 사람의 몸은 하나이지만 그 몸에는 여러가지 지체가 있고 그 지체의 기능도 각각 다릅니다 _롬 12:4, 공동번역

이 말씀은 반드시 바로 앞 구절인 3절과 함께 생각해야 합니다. 3절을 보충하여 설명하는 구절이라는 뜻입니다. '믿음의 분량'에 대해 지체의 기능으로 설명한 것입니다. 그렇다면 바울이 말하고자 하는 의도는 분명해집니다. 바울이 '믿음의 분량'에 대한 이해를 지체의 기능으로 설명한 것은 '믿음의 분량'의 제한성을 말하려고 한 것입니다.

실제로 '분량'(롬 12:3)으로 번역된 단어 '메트론'은 우리가 잘 아는 단어 '미터'의 원형인데, 주로 '척도, 한정된 범위, 한계' 등으로 번역됩니다. 이같은 단어의 의미를 살려 다시 번역하면 '믿음의 한계'라고 해야 옳습니다. 우리 믿음에 한계가 있다는 말입니다. 각 지체가 각기 역할로 한계가 규정되듯이 말입니다.

우리가 상대적으로 근사해 보이는 일을 한다고 해서 그 지체가 다른 지체보다 더 낫다고 말할 수 없습니다. 단지 '차이'의 문제이기 때문입니다. 그러므로 '다르다'는 것을 인정할 때 우리는 자유할 수 있습니다. 내가 잘하는 것, 내가 할 수 있는 것을 하면 되기 때문입니다. '규정, 한계'의 문제일 뿐입니다.

믿음 분량 측정 방법

우리는 여기서 믿음이란 '무제한성'이 아니라 '제한성'의 차원임을 알게 됩니다. 좀더 쉽게 말해 내가 할 수 있는 것이 무엇인지 아는 것입니다. 믿음의 분량대로 행동하는 것입니다.

귀신 들린 아들 때문에 고통 받던 아버지가 예수님을 찾아왔습니다. 그가 예수님에게 "무엇을 하실 수 있거든 우리를 불쌍히 여기사 도와주옵소서"(막 9:22)라고 말할 때 주님은 이런 말씀을 하셨습니다.

… 할 수 있거든이 무슨 말이냐 믿는 자에게는 능히 하지 못할 일이 없느니라

_막 9:23

예수님의 이 말씀은 "믿는 사람들에게 불가능한 일은 없다"라는 뜻임에 틀림이 없습니다. 하지만 조금 다르게 이 말씀을 읽어보겠습니다.

"할 수 있다면이 무슨 말이냐? 믿는 사람은 무엇이든지 할 수 있다."

_막 9:23, 현대인의 성경

분명 능력에 관한 이야기인데, 사실 아버지에게는 실제적으로 병든 아들이 낫기 위해 무엇을 할 수 있는 능력이 없습니다. 그렇다면 말씀 그대로 "믿는 사람들은 포기하지 않고 무슨 일이든지 지금 할 수 있는 일을 하는 사람이다. 그러므로 무엇이든지 구하고 시도하라"라는 의미로 해석할 수 있습니다. 그래서 그 아버지가 구하고 시도했습니다.

그러자 곧 아이의 아버지가 소리쳤습니다. "내가 믿습니다! 믿음이 부족한 나를 도와주십시오!" _막 9:2, 우리말성경

이 부르짖음이 그 아버지가 할 수 있는 일이었습니다. 주님의 말씀대로라면 이 부르짖음이면 되었습니다. 실제로 주님은 그 고백만으로 아들을 고치셨습니다.

마가복음 7장의 수로보니게 여인의 이야기도 같습니다. 헬라인인 이여자는 자기 딸의 병을 고칠 수 없었습니다. 그래서 주님을 찾아와 살려달라고 간청하였습니다. 그런데 주님은 냉대하였습니다.

예수께서 이르시되 자녀로 먼저 배불리 먹게 할지니 자녀의 떡을 취하여 개들에게 던짐이 마땅치 아니하니라 _막 7:27

그 여인이 할 수 있는 일은 사라지는 듯 하였습니다. 그때 그 여인이 할 수 있는 일은 비참한 고백뿐이었습니다.

여자가 대답하여 이르되 주여 옳소이다마는 상 아래 개들도 아이들이 먹던 부스러기를 먹나이다 _막 7:28

그래도 할 수 있는 일이 남아 있었던 것입니다. 주님은 이 여인의 비참한 고백을 들으시고 말씀하셨습니다.

예수께서 이르시되 이 말을 하였으니 돌아가라 귀신이 네 딸에게서 나갔느니라 하시매 _막 7:29

그녀가 할 수 있는 유일한 일, '이 말을 한 것'이 기적을 일으킨 것입니다. 그 말이 물리적으로 기적을 일으킨 것은 아닙니다. 우리는 이것을 믿음의 기적이라고 부를 뿐입니다. 그러나 로마서 말씀으로 설명하면 '믿음의 분량', 곧 '믿음의 제한성'을 안 것이라고 말할 수 있습니다. 정리하면 이렇게 말할 수 있습니다.

"그 정도만 해도 된다!"

이것이 '분량'의 의미입니다. 그래서 예수를 믿는 것이 자유해지는 것이고 신나는 일입니다. 그런데 우리는 '모든 것이 가능한 믿음'에 물질적인 개념을 사용하기를 좋아합니다. 왜 이렇게 된 것입니까? '마땅히 생각할 그 이상의 생각을 품었기' 때문입니다. 왜곡된 가르침 때문이기도 합니다.

다를 뿐 열등하지 않다

이같이 '지체'의 제한성을 통하여 '믿음의 분량'을 설명한 바울이 사역의 관점에서 말씀을 이어갑니다.

> ⁶우리에게 주신 은혜대로 받은 은사가 각각 다르니 혹 예언이면 믿음의 분수대로, ⁷혹 섬기는 일이면 섬기는 일로, 혹 가르치는 자면 가르치는 일로, ⁸혹 위로하는 자면 위로하는 일로, 구제하는 자는 성실함으로, 다스리는 자는 부지런함으로, 긍휼을 베푸는 자는 즐거움으로 할 것이니라 _롬 12:6-8

바울이 첫 번째 강조한 것은 '다르다'는 것입니다. 다르기 때문에 나에게 없는 것이지 열등한 것은 아니라고 말한 것입니다. 예로 예언의 은사를 드는데, 이렇게 말하였습니다.

> 예언이면 믿음의 분수대로 _롬 12:6

여기서 쓰인 '믿음의 분수'는 3절의 '믿음의 분량'과 같은 말처럼 보이지만 다른 단어입니다. '분량'으로 번역된 '메트론'이 '척도, 한정된 범위, 한계'라는 뜻이고 '분수'로 번역된 단어 '아날로기아'는 '비율', '부분', 'proportion'이란 의미입니다. 그러니까 '믿음의 정도' 혹은 '믿음의 크기'로 번역해야 적절한 것 같습니다.

그러면 어떻게 이해해야 합니까? 가장 중요한 것은 우리의 믿음을 하나님이 주셨다는 사실입니다. 예언을 행하는 믿음의 크기 역시 하나님이 정해놓으신 것입니다. 제한성이 있다는 말입니다. 그러므로 주의해야 할 점은 우리가 하나님이 아니라는 것과 제한적 존재라는 것을 인식하는 것입니다. 그런데 어느 날부터인가 우리가 모든 것을 할 수 있다고 착각하기 시작했습니다. 그때부터 사람들은 하나님이 되고 싶어합니다. 아담의 원초적 죄처럼 말입니다. 신앙의 깊이는 자신의 제한됨을 아는 것이고, 그래서 하나님을 더욱 의존하는 것으로 나타나게 되는 것인데 말입니다.

그러므로 '할 수 없는 것은 할 수 없다'라고 분명히 말하는 것이 자신의 믿음의 분량, 믿음의 제한성을 아는 것입니다. 자신이 할 수 있는 만큼의 분량을 알기 때문입니다. 그렇다면 이제 무엇이 필요합니까? 믿음의 분수대로, 내가 할 수 있는 능력을 가지고 최선을 다하는 것입니다. 그것을 바울이 이렇게 정리합니다.

부지런하여 게으르지 말고 열심을 품고 주를 섬기라 _롬 12:11

이제 우리에게 스스로 점검해야 할 것들이 생겼습니다.
나는 과연 부지런한가?
나는 게으르지 않은가?
나에게는 열렬한 마음이 있는가?'

부지런하여 게으르지 말고

롬 12:6-13

믿음의 분량, 곧 자신이 가진 믿음의 한계를 알았다면, 그 다음에는 믿음의 분수, 곧 내 믿음이 감당할 만한 크기를 아는 것이 중요합니다. 그 크기를 아는 방법은 의외로 간단합니다. 행동해보면 알 수 있습니다. 높이뛰기 선수가 마음 같아서는 2미터 높이의 바를 충분히 넘을 수 있을 것 같습니다. 하지만 뛰어보면 자신이 넘을 수 있는 높이를 알게 됩니다. 그것과 같습니다. 그래서 바울은 약간의 위험을 무릅쓰고, 어떤 틀에 갇힐 위험이 있음을 알면서도 이렇게 말한 것입니다

> ⁶우리에게 주신 은혜대로 받은 은사가 각각 다르니 혹 예언이면 믿음의 분수대로, ⁷혹 섬기는 일이면 섬기는 일로, 혹 가르치는 자면 가르치는 일로, ⁸혹 위로하는 자면 위로하는 일로, 구제하는 자는 성실함으로, 다스리는 자는 부지런함으로, 긍휼을 베푸는 자는 즐거움으로 할 것이니라 _롬 12:6-8

예언, 섬기는 일, 가르치는 일, 위로하는 일, 구제하는 일, 다스리는 일, 긍휼을 베푸는 일을 구분하고 그것을 각각의 은사로 말한 것입니다. 사실 우

리는 이 모든 것을 조금씩은 다 할 수 있습니다. 굳이 은사로 나누지 않아도 될 일입니다. 그렇다면 왜 바울은 이렇게 구분하고 제한한 것입니까?

믿음의 분수

우선 이 문제를 풀기 위해 기억해야 할 것은 앞에서 살핀 '믿음의 분수'라는 말입니다. 믿음이 감당할 만한 크기가 있다는 것입니다. 믿음이 감당할 만한 크기는 어느 정도의 크기입니까? 바울이 한 말 속에서 답을 찾는다면, 그 크기란 '성실함'의 크기, '부지런함'의 크기, '즐거움'이 생기는 크기를 말합니다. 우리 믿음의 분수, 곧 크기 때문에 할 수 있는 사역의 성실함과 부지런함과 즐거움이 결정된다는 뜻입니다. 이것은 우리가 어떤 일을 할 수 없기 때문에 문제가 발생한다는 말이 아닙니다.

우리는 누구라도 가르치고, 섬기고, 구제하고, 다스리는 여러 사역을 다 할 수는 있습니다. 그런데 얼마 가지 않아 문제가 발생합니다. 너무 일이 많아 버거운 것입니다. 그래서 일은 하고 있지만 어느 날부터인가 무엇인가 사라지고 맙니다. '성실함', '부지런함', '즐거움' 같은 것입니다. 그때부터 의무가 등장하게 됩니다. 시간이 갈수록 예전에 없던 것들이 생겨나기 시작하는데, '게으름', '나태', '방임' 같은 것입니다. 그러므로 '믿음의 분수'대로 신앙생활을 할 것을 권면하고 싶습니다. '성실함', '부지런함', '즐거움'이 유지될 만큼의 사역을 하는 것입니다. 그래서 가끔 분에 넘치게 너무 많은 일을 하는 이들을 보면 걱정이 되는 것이 사실입니다. 그런 사람에게 제가 일을 좀 줄이라고 권면하는 이유가 위와 같은 것입니다.

이것과 반대되는 개념에서도 권면할 것이 있습니다. '믿음의 분수'만큼은 일해야 한다는 의미도 있기 때문입니다. 그래서 바울은 우리에게 은사,

곧 하나님이 주신 은총의 선물이 있다고 말한 것입니다.

하나님께서 우리에게 주신 은총의 선물은 각각 다릅니다. _롬 12:6, 공동번역

우리 각자에게 하나님이 주신 것이 있습니다. 그것을 꼭 해야 합니다. 바울은 이같은 전제에서 다음 말씀을 이어갑니다. 그 첫 권면이 매우 의미심장하게 다가옵니다.

사랑에는 거짓이 없나니 악을 미워하고 선에 속하라 _롬 12:9

바울은 이 말씀의 '사랑'에 '아가페'라는 단어를 썼습니다. 하나님이 하신 아가페 사랑에 대한 응답, 곧 하나님을 향한 사랑을 말하는 것입니다. 그러므로 '사랑에는'이라는 말씀에 '하나님을 사랑함에 있어서'라는 늬앙스가 있음을 알 수 있습니다. 6절에서 8절까지의 모든 일은 하나님의 은총의 선물로서, 그 일을 하는 것이 하나님을 사랑하는 표현이라고 말합니다. 그러니까 어떻게 하나님을 사랑하는가, 어떻게 하나님의 일을 하는가, 어떻게 하나님의 뜻을 추구하는가에 대해 답을 쓴 것입니다. 바울은 그 답을 이렇게 축약합니다.

… 악을 미워하고 선에 속하라 _롬 12:9

하나님을 사랑하고 하나님의 일을 할 때는 '선', 곧 항상 옳은 것에 기초해야 한다는 뜻입니다. 하나님이 주신 은총의 선물을 사용하여 하나님을 사랑하는 일을 하는 것은 그 자체로 절대적인 의무입니다. 누구 때문에 하

고, 누구 때문에 하지 않는 것이 아니라 반드시 해야 하는 것입니다.

가끔 교회에서 제가 걱정하는 일이 생길 때가 있습니다. 어떤 성도에게 하나님이 주신 은사, 곧 은총의 선물이 있는데, 목회자나 리더들과 갈등이 있어서, 사람이 마음에 안 들어서 어떤 교회 일을 할 수 없을 때입니다. 그것은 목회자에게 일차로 잘못이 있습니다. 목회자는 교회 구성원이 자신이 받은 은사를 따라 자유롭게 하나님의 일을 할 수 있도록 도와주어야 하기 때문입니다. 그래서 목사인 저 때문에, 제가 모자라서 어떤 교인이 하나님의 일을 하지 않고 있는 것은 아닌지 걱정하는 것입니다.

하나님은 분명히 저에게 그 일차적 책임을 물으실 것입니다. 그렇다 해도 교인으로서 하나님의 일, 혹은 교회 일을 하지 않는 것에 대한 면죄부는 될 수 없습니다. 그래서 바울이 '선에 속하라'고 말한 것입니다. '악'은 온전하지 않은 것입니다. 선에 속하여, 하나님이 나에게 주신 절대적인 선물인 은사를 따라 꼭 교회와 하나님나라를 위해 일하겠다고 다짐하십시오.

이 사실을 잘 알고 있었던 바울의 다음 말은 당연히 어떤 형제와의 관계에 대한 이야기였습니다. 이렇게 권면하였습니다.

형제의 사랑으로 서로 사랑하고 다투어 서로 남을 존경하는 일에 뒤지지 마십시오. _롬 12:10, 공동번역

부지런하여 게으르지 말고

이제 남은 것이 무엇인지 아실 것입니다.

부지런하여 게으르지 말고 열심을 품고 주를 섬기라 _롬 12:11

우리가 하는 모든 일은 '주를 섬기는 일' 곧 '주를 예배하는 일'입니다. 그 일을 하도록 하나님이 '은총의 선물' 곧 '은사'를 주신 것입니다. 그러므로 우리는 그 일을 사랑해야 합니다. 다만 욕심이 커서 '믿음의 분수'를 넘어서 일하므로 즐거움이나 성실함이 사라지지 않도록 믿음의 크기만큼 일하도록 해야 합니다. 받은 은총의 선물은 하나님께서 주신 것이기에 다른 사람을 의식하지 말고 내가 해야 할 것을 해야 합니다. 그것이 하나님께서 나에게 주신 일이기 때문입니다. 그런 태도로 하나님의 일을 하는 것이 곧 '선에 속한다'는 말의 의미입니다.

그런 까닭에 '부지런하여 게으르지 말고 열심을 품고 주를 섬기는' 사역을 하는 것은 당연합니다. 그것이 하나님을 온전히 섬기고 예배하는 것이기 때문입니다. 그럴 때 놀라운 일이 벌어집니다. 하나님이 우리에게 '믿음의 분수' 곧 '믿음의 크기'를 넓히시는 것입니다. 우리가 여러 가지 사역을 감당할 수 있는 능력, 곧 '은사'를 더하신다는 뜻입니다. 시간이 갈수록 풍성해지고 더 놀라운 존재로 변해갈 것입니다. 그리고 언젠가 기적처럼 하나님의 사람이 되어 있을 것입니다. 기대가 되지 않으십니까?

악을 이기는 방법

롬 12:14-21

"어떻게 살아야 하는가"라는 질문에 대해 로마서 12장은 주님이 주신 믿음의 분수대로 주님을 섬길 것을 먼저 강조합니다. 자세히 보면 그 초점이 "악을 미워하고 선에 속하라"(롬 12:9)는 것에 맞춰 있음을 알 수 있습니다. 얼핏 들으면 악을 미워하는 것이 우리가 일반적으로 생각하는 '적대적 대처 방법'일 수 있지만, 바울은 우리에게 악에 대처하는 전혀 다른 접근 방법을 요구합니다. 놀랍게도 축복입니다.

> 너희를 박해하는 자를 축복하라 축복하고 저주하지 말라 _롬 12:14

사실 나를 박해하고 힘들게 구는 자들을 축복한다는 것은 거의 불가능한 일입니다. 그게 어려운 게 우리들입니다. 우리에게 악을 행하는 자들에게는 악으로 되갚아주고 싶은 것이 진심입니다. 그런데 바울은 절대로 악을 악으로 갚지 말고, 모든 사람들이 볼 때 선하다고 인정할 만한 방법으로 대하라고 말합니다.

아무에게도 악을 악으로 갚지 말고 모든 사람 앞에서 선한 일을 도모하라

_롬 12:17

바울은 한 걸음 더 나아가 원수를 갚지 말고 하나님께 맡기라고 말합니다. 손에 피를 묻히는 악역은 하나님이 직접 담당하시겠다고 말씀하셨음을 상기시켜줍니다.

내 사랑하는 자들아 너희가 친히 원수를 갚지 말고 하나님의 진노하심에 맡기라 기록되었으되 원수 갚는 것이 내게 있으니 내가 갚으리라고 주께서 말씀하시니라

_롬 12:19

이런 분위기로 이어지던 말씀이 20절에 이르면 좀 이상해보일 수 있습니다.

네 원수가 주리거든 먹이고 목마르거든 마시게 하라 그리함으로 네가 숯불을 그 머리에 쌓아 놓으리라 _롬 12:20

새번역으로 읽어보겠습니다.

"네 원수가 주리거든 먹을 것을 주고, 그가 목말라 하거든 마실 것을 주어라. 그렇게 하는 것은, 네가 그의 머리 위에다가 숯불을 쌓는 셈이 될 것이다"

_롬 12:20, 새번역

만일 머리 위에 숯불을 쌓는다면 얼마나 뜨겁고 고통스럽겠습니까? 그

러니까 선한 방법으로 악을 대한다면 하나님이 나중에 지옥처럼 고통스럽게 그 악인의 머리 위에 숯불을 올려놓을 것이라고 이해할 수 있습니다. 그렇다면 지금까지 주님이 말씀하셨던 선을 행하라는 말씀이 분노가 들어 있는 방법이라는 의미가 됩니다. 진정한 사랑이나 축복이나 화평이라고 말할 수 없습니다. 주님이 이처럼 이중 의미로 우리에게 권면하신 것일까요? 그렇지 않습니다. 우리가 이렇게 오해하는 이유는 머리에 숯불을 쌓는다는 말을 현대 우리 상황(context)의 잣대로 해석했기 때문입니다.

매우 큰 호의

2000년 전에 '불'은 매우 소중한 것이었습니다. 불을 끄지 않고 유지하는 것이 매우 힘든 일이었기 때문에 불씨를 나눠주는 행위는 매우 큰 호의를 베푸는 것이었습니다. 그러므로 '머리에 숯불을 쌓는다'는 말은 불씨를 전달하는 행위로 이해하는 것이 오히려 맞습니다. 즉, 원수가 굶주릴 때 먹을 것을 주고, 목말라 할 때 마실 것을 주는 행위는 원수에게 가장 소중한 불씨를 주는 것과 같다는 말입니다. 그 소중한 불씨를 건네받는 원수는 매우 미안해 할 것입니다. 그런 점에서 볼 때 현대인의 성경이 적절하게 번역한 것 같습니다.

> 또 '네 원수가 굶주리거든 먹을 것을 주고 목말라하거든 마실 것을 주어라. 그러면 네 원수는 머리에 숯불을 놓은 것같이 부끄러워 견딜 수 없을 것이다.'
> _롬 12:20, 현대인의 성경

이렇게 하는 것이 악을 미워하고 이기는 방법이라고 말한 것입니다. 바울의 결론입니다.

> 악에게 지지 말고 선으로 악을 이기라 _롬 12:21

그러므로 악을 이기는 무기는 '선'이라고 말한 것입니다. 참 기막힌 이야기입니다. 이것이 기독교이고, 크리스천의 삶입니다. 이런 점에서 볼 때 요즘 기독교가 많이 사나워진 것이 사실입니다.

여하튼 '선으로 악을 이기는 것'이 크리스천이 악을 미워하는 핵심 방법입니다. 그런데 정말 쉽지 않습니다. 바울은 그것이 하나님을 섬기는 방법이라고 말했지만, 생각해보십시오. 누군가가 나에게 악한 말로 도발할 때 인내할 수 있습니까? 그를 위하여 기도할 수 있습니까? 인내함으로 그에게 자세히 설명할 수 있습니까? 분노하지 않고 미소 지을 수 있습니까? 무엇보다, 그 악 앞에서 외롭지 않게 견딜 수 있겠습니까?

이런 싸움을 하는 방법으로 먼저 필요한 것이 아군을 충분히 확보하는 일이라고 바울은 말하고 싶었던 것 같습니다.

> 형제를 사랑하여 서로 우애하고 존경하기를 서로 먼저 하며 _롬 12:10

놀랍게도 이 말씀은 11절의 "부지런하여 게으르지 말고 열심을 품고 주를 섬기라"라는 말씀보다 앞에 나옵니다. 악을 이기는 것의 핵심이 아군, 곧 믿음의 친구와 함께 있는 것이라고 말하고 싶었던 것 같습니다. 사실 그렇습니다. 이 지루하고 긴 싸움의 가장 중요한 준비는 친구입니다. 사랑하는 사람입니다. 바울은 드디어 말씀의 행간에 악을 대하는 방법과 함께 친구들을 만나는 방법을 썼습니다.

성도들의 쓸 것을 공급하며 손 대접하기를 힘쓰라 _롬 12:13

단순히 먹고 입히는 것만이 아니라 정말 마음으로 함께 하라는 권면을
이어갑니다.

즐거워하는 자들과 함께 즐거워하고 우는 자들과 함께 울라 _롬 12:15

사람들과 관계를 맺을 때 절대 잘난 체하지 말고, 같은 위치에 서거나 오
히려 낮아질 것을 강조하였습니다. 함께 하는 방법을 설명한 것입니다.

서로 마음을 같이하며 높은 데 마음을 두지 말고 도리어 낮은 데 처하며 스스로
지혜 있는 체 하지 말라 _롬 12:16

바울은 결론적으로 가능한 모든 사람들과 화목하고 아군으로 삼으라고
권면합니다. 가능한 많은 친구를 삼으라는 이야기였습니다.

할 수 있거든 너희로서는 모든 사람과 더불어 화목하라 _롬 12:18

이것이 기독교이고, 이것이 교회이고, 이것이 크리스천의 삶입니다. 우리
가 놓쳐버린 방법이 아닙니까?

권력에 대한 태도

롬 13:1-5

각 사람은 위에 있는 권세들에게 복종하라 _롬 13:1

참 어려운 이야기입니다. 현대인의 성경은 아예 직접적으로 '권세'를 '정부 당국'이라고 번역하였습니다.

누구든지 정부 당국에 복종해야 합니다. _롬 13:1, 현대인의 성경

바울은 우리가 복종해야 하는 이유를 모든 권세가 하나님에게서 나왔기 때문이라고 말합니다.

각 사람은 위에 있는 권세들에게 복종하라 권세는 하나님으로부터 나지 않음이 없나니 모든 권세는 다 하나님께서 정하신 바라 _롬 13:1

한 걸음 더 나아가, 바울은 권세들에게 복종하지 않는 것은 하나님을 거스르는 것이라고 쐐기를 박습니다.

그러므로 권세를 거스르는 자는 하나님의 명을 거스름이니 거스르는 자들은 심
판을 자취하리라 _롬 13:2

바울은 이같은 말씀을 따른 행보를 보인 듯합니다. 우선 그는 그 시대에
세계 패권을 갖고 있던 로마 황제 가이사를 인정하여 가이사에게 재판을
받습니다. 예루살렘 성전 모독 사건으로 기소되었을 때 바울 스스로 그 재
판을 원했습니다. 가이사로 대표되는 로마는 전쟁과 살육을 통하여 나라들
을 정복해가고 영토를 확장시켰고, 수없이 많은 사람들을 노예와 성적 노
리개로 삼는 일도 서슴지 않았습니다. 그런데 바울이 이같은 말을 한 것입
니다. 그렇다면 바울은 그 당시 절대 권력인 가이사를 인정하고 타협한 것
입니까? 여기서 바로 나오는 질문이 "불의한 통치자의 경우에는 어떻게 할
것인가?" 하는 것입니다. 다시 묻습니다. 불의한 권력일지라도 무조건 승복
하라는 말입니까? 그렇게 보입니다. 그렇습니까? 그렇게 보일 수도 있지만,
바르게 해석하기 위해서는 바울이 여기서 언급하고 있는 권세 혹은 권력에
대한 묘사를 주의 깊게 볼 필요가 있습니다.

통치자들은 악을 행하는 자에게나 두려운 존재이지 선을 행하는 사람들에게는
두려울 것이 없습니다. 통치자를 두려워하지 않으려거든 선을 행하십시오. 그러면
그에게서 칭찬을 받을 것입니다. 통치자는 결국 여러분의 이익을 위해서 일하는
하나님의 심부름꾼입니다. 그러나 여러분이 잘못을 저지를 때에는 두려워해야 합
니다. 그는 공연히 칼을 차고 있는 것이 아닙니다. 그는 하나님의 심부름꾼으로서
악을 행하는 자들에게 하나님의 벌을 대신 주는 사람입니다. 그러므로 하나님의
벌이 무서워서뿐만 아니라 자기 양심을 따르기 위해서도 권위에 복종해야 합니다.
_롬 13:3-5, 공동번역

핵심 로마서

본문을 읽으면서 바울이 언급하고 있는 권세의 역할이나 모습은 이렇게 정리될 수 있습니다.

- 권세는 악을 행하는 자에게 두려운 존재입니다. 즉, 악을 징계하는 권세라는 말입니다.
- 권세가 좋아하는 이들은 선을 행하는 사람들입니다. 선을 행하면 칭찬을 받습니다. 그것이 권세가 하는 일입니다.
- 권세는 우리들의 이익을 위해서 일합니다. 그런 의미에서 하나님의 심부름꾼입니다.

바울이 말하는 권세 혹은 권력은 하나님의 심부름꾼으로서 하나님의 선을 드러내고 악을 징계하는 역할을 하는 의로운 세력이어야 합니다. 심지어 바울은 매우 치명적인 이야기로 자신의 이런 주장을 뒷받침하였습니다.

그러므로 복종하지 아니할 수 없으니 진노 때문에 할 것이 아니라 양심을 따라 할 것이라 _롬 13:5

양심을 따라 행동하는 것과 권력의 뜻에 따르는 것이 동일하다는 말입니다. 그러므로 권세에 복종하라는 것입니다. 그렇다면 그들이 불의할 때는 어떻게 해야 합니까? 논리적으로 생각하면 당연히 따르지 않아도 됩니다. 왜냐하면 그 권세가 악을 행하는 자이고, 선한 자들의 불이익을 방치하기 때문이고, 하나님의 심부름꾼이 아니라 악의 도구이기 때문입니다. 최소한 하나님 앞에 우리가 할 말이 생겼습니다.

권력은 어떻게 생겨났는가?

이제는 관점을 달리해서 권력의 입장이 아니라 하나님의 입장에서 권력을 보겠습니다. 가장 먼저 기억해야 할 것은 권력이 어떻게 생겼는가 하는 것입니다.

> 권세는 하나님으로부터 나지 않음이 없나니 _롬 13:1

모든 권세는 하나님으로부터 나왔다는 말입니다. 그러니까 권세는 하나님의 심부름꾼입니다. 권세는 절대로 자기 임의대로 행해서는 안 됩니다. 만일 자기 임의대로 행하므로 하나님의 백성들을 위하지 아니하고, 오히려 불의하게 다스린다면 하나님에 대해 반역하는 것이 됩니다. 하나님이 권세에게 권력을 준 것은 하나님의 선을 행하게 하기 위함이기 때문입니다. 그러므로 바울이 말한 논지는 권세가 어떤 태도로 통치해야 하고 백성들을 대해야 하는지, 그 원칙을 말한 것입니다. 그렇다면 모든 권세가 하나님이 정하신 것이라는 말씀이 잘못된 것입니까? 그렇지 않습니다. 이 말씀은 옳습니다.

모든 권세는 하나님으로부터 나온 것입니다. 그래서 성경을 자세히 읽어 보면 하나님을 믿지 않는 나라의 권력도 하나님으로부터 나온 것이었습니다. 하나님을 무시하며 옳지 못하고 교만한 권력에 대한 하나님의 심판은 엄중하였습니다. 하나님을 믿지 않는 바벨론 왕 느부갓네살에 대한 하나님의 태도를 보면 알 수 있습니다. 그는 세상에서 무서운 것을 모르는 왕이었습니다. 그가 어느 날 세계 7대 불가사의 중 하나로 꼽히는 바벨론의 유적, 소위 '공중 정원'으로 추측되는 '바벨론 왕궁 지붕'(단 4:29)을 거닐다가 스스로 자신을 높입니다. 그 위용과 영광이 지대했기 때문일 것입니다.

핵심 로마서

이 큰 바벨론은 내가 능력과 권세로 건설하여 나의 도성으로 삼고 이것으로 내 위엄의 영광을 나타낸 것이 아니냐 _단 4:30

이같은 느부갓네살에게 하나님은 소처럼 변하는 이상한 병에 걸리게 하였습니다. 현대 의학이 '라이캔트러피'라고 부르는 일종의 정신질환이었습니다. 자신이 짐승으로 변했다고 여기는 질환이었습니다. 하나님이 이런 질환을 주신 것은 한 가지 이유 때문입니다. 느부갓네살이 강력한 왕권을 가진 것은 하나님의 계획 때문인데, 왕 스스로 자신의 능력이라고 생각한 것을 하나님이 내버려두지 않으신 것입니다. 왕은 비참한 고통을 겪으면서 깨닫습니다. 하나님만이 왕이시고, 자신이 왕이 된 것이 하나님의 은혜였음을 깨닫습니다. 그 마음으로 '하늘을 우러러 보는 순간'(단 4:34) 원래로 돌아갑니다. 그리고 고백합니다.

그러므로 지금 나 느부갓네살은 하늘의 왕을 찬양하며 칭송하며 경배하노니 그의 일이 다 진실하고 그의 행하심이 의로우시므로 교만하게 행하는 자를 그가 능히 낮추심이라 _단 4:37

그 뒤를 이은 벨사살 왕도 유사했습니다. 하나님을 믿지 않는 왕이었습니다. 그 역시 자신이 세상의 중심인 것처럼 행동하였습니다. 하나님은 그에게도 교만을 문제 삼으셨습니다. 저울에 달아보셨고, 미달되자 멸망에 이르게 하셨습니다.

25기록된 글자는 이것이니 곧 메네 메네 데겔 우바르신이라 26그 글을 해석하건대 메네는 하나님이 이미 왕의 나라의 시대를 세어서 그것을 끝나게 하셨다 함이요

²⁷데겔은 왕을 저울에 달아 보니 부족함이 보였다 함이요 _단 5:25-27

사실 그동안 우리가 이 말씀을 해석할 때 모든 권세가 하나님에게서 나왔으니 복종해야 한다는 말에 강조점을 두었습니다. 그럴 수 있습니다. 하지만 결국 불의한 권력을 정당화시켜준 것입니다. 그래서 놓친 것이 있었습니다. 하나님이 느부갓네살을 심판하시고 벨사살을 심판하셨다는 사실을 강조하지 않은 것입니다. 그것은 권세자들을 향한 하나님의 엄중한 경고입니다. 그들이 잊지 말아야 할 것은 모든 권력이 하나님으로부터 나왔으므로 다 하나님에게 복종하고 하나님의 통치를 받아야 한다는 것입니다. 그런데 그동안 한국교회는 모든 권력이 하나님으로부터 나왔으니 그 권력에 복종하라는 부분만 강조했습니다. 치우친 태도였습니다.

우리나라에 어떤 대통령이 세워지든 그가 하나님의 통치를 받는 대통령이 되기를 기도해야 합니다. 말년의 느부갓네살처럼 되지 않기를 바라며, 비록 이방신을 섬겼지만 하나님의 종으로 일한 페르시아 왕 다리오나 고레스 같은 이들이 이 나라에서 나오기를 기도해야 할 것입니다. 모든 권력은 하나님으로부터 나오기 때문입니다. 그러므로 권력을 가진 모든 리더들은 똑바로 하십시오!

세금에 대한 태도

롬 13:6-7

'세금을 내야 하는가? 아니면 '내지 않아도 되는가?' 하는 문제에는 대한민국 국민이 되는 순간 예외가 없습니다. 세금에 관한 문제는 주님께서 분명히 언질을 주셨기 때문입니다(막 12:17).

성경에서 세금에 대한 첫 논의는 바리새인과 헤롯당원들이 예수를 흠잡으려는 계획을 꾸미는 이야기에서 나온 것입니다(막 12:13). 당시 이스라엘은 자칭 신이라고 주장하는 가이사의 통치를 받는 상황이었습니다. 그래서 유대인이 볼 때 세금을 바치지 않는 것이 진짜 유대인 같고 신앙적인 것으로 보이던 시절이었습니다. 그런 상황에서 이 질문이 나온 것입니다.

> 14... 당신은 참되시고 아무도 꺼리는 일이 없으시니 이는 사람을 외모로 보지 않고 오직 진리로써 하나님의 도를 가르치심이니이다 가이사에게 세금을 바치는 것이 옳으니이까 옳지 아니하니이까 15우리가 바치리이까 말리이까 ... _막 12:14-15

참 절묘한 질문이었습니다. 만일 예수가 바치지 말라고 말하면 바로 로마의 요주의 인물이 될 것이고, 바치라고 말하면 유대인들로부터 비난 받을 것이었습니다. 예수님은 얼마든지 노코멘트로 입장을 정리하실 수 있었습니다. 하지만 예수님은 가이사의 형상이 새겨진 동전을 보이면서 그것이 '가이사의 것'이라는 대답을 이끌어냈습니다. 세상에 살고 있는 유대인들의 소속에 대한 이야기였습니다. 이어 기막힌 말씀을 하셨습니다.

가이사의 것은 가이사에게, 하나님의 것은 하나님께 바치라 _막 12:17

위험할 수도 있는 이야기였지만 명료했습니다. '가이사의 것은 가이사의 것'이므로, 세상에서 얻은 소득에 대해서는 세금을 내야 한다는 말이었습니다. 세상에 속해 있는 한 그렇게 해야 한다는 말씀이셨습니다. 바울도 주님의 말씀에서 벗어남 없이 같은 말을 합니다.

모든 자에게 줄 것을 주되 조세를 받을 자에게 조세를 바치고 관세를 받을 자에게 관세를 바치고 두려워할 자를 두려워하며 존경할 자를 존경하라 _롬 13:7

이것으로 다 정리될 이야기입니다. 우리는 대한민국 국민이니 말입니다. 그래서 헌법은 이것을 규정하고 있습니다.

모든 국민은 법 앞에 평등하며(11조), 모든 국민은 법률이 정하는 바에 의하여 납세의 의무를 진다(38조).

간단합니다. 세금은 국민으로서의 의무이고 약속이기 때문입니다. 근로소득의 일부를 세금으로 내는 것은 당연한 일입니다. 목회자도 예외일 수는 없습니다.

그런데 원래 목회자에게 세금은 의미가 없습니다. 목회자는 자기 이익을 위하여 재물을 축적하는 사람이 아니기 때문이고, 엄밀하게 말해서 이 세상에서 자기 재산은 존재하지 않는다고 해야 옳기 때문입니다. 그런데 세상이 목회자에게 세금을 내라는 것입니다. 재산을 증식하고 재산을 개인의 유익을 위해 쓰고 온통 여기저기서 세습이나 부정축재 등 말로 할 수 없는 일들이 벌어지고 있기 때문입니다. 그래서 세상이 더 이상 목회자를 믿지 않겠다는 것입니다. 명목은 '국민개세주의'와 '조세 형평성' 등의 원칙을 지키려는 것이라고 하지만 말입니다.

고린도교회가 바울을 공격할 때 사도직 문제만이 아니라 뒤에서 몰래 이익을 취하고 있다는 모함도 하였습니다. 그때 바울이 한 이야기입니다. 오히려 고린도교회에서 사역할 때는 사역비조차 마게도냐 교회들이 후원했다고 밝힙니다.

8내가 너희를 섬기기 위하여 다른 여러 교회에서 비용을 받은 것은 탈취한 것이라 9또 내가 너희와 함께 있을 때 비용이 부족하였으되 아무에게도 누를 끼치지 아니하였음은 마게도냐에서 온 형제들이 나의 부족한 것을 보충하였음이라 내가 모든 일에 너희에게 폐를 끼치지 않기 위하여 스스로 조심하였고 또 조심하리라

_고후 11:8-9

바울은 재물 등 세속적인 것에 대한 관심이 없었습니다. 그가 두 번째 편지인 고린도전서에서 밝힌 것처럼 복음을 전할 수 있는 것이 그의 봉급이라고 말했습니다. 주님이 먼저 바울의 모든 죄를 위해 값을 이미 지불하셨기 때문입니다. 그러므로 바울은 예수 그리스도의 구속사건 앞에서 당연히 해야 할 사명이며, 그 부르심을 따라 사역할 수 있는 것은 영광이었습니다.

그런 까닭에 보수를 말하는 것은 있을 수 없었습니다. 복음을 전하는 것 자체가 그에게는 보수였기 때문입니다.

> 만일 내가 내 자유로 이 일을 택해서 하고 있다면 응당 보수를 바랄 수 있을 것입니다. 그러나 사실은 내 자유로 택한 것이 아니라 하느님께서 그 일을 내 직무로 맡겨 주신 것입니다. 그러니 나에게 무슨 보수가 있겠습니까? 보수가 있다면 그것은 내가 복음을 전하는 사람으로서 응당 받을 수 있는 것을 요구하지 않고 복음을 거저 전할 수 있다는 사실입니다. _고전 9:17-18, 공동번역

이것이 목회자의 태도여야 합니다. 국가와 사회가 세금을 내라고 결정했다는 것은 하나님의 종으로서 목회자와 교회가 제대로 하지 못했기 때문입니다. 이 세상에 연연했기 때문입니다. 그래서 세금을 내라고 결정한 것입니다. 그래서 부끄럽고 하나님께 죄송합니다.

복음을 전할 수 있는 자유, 그것이 월급이라는 바울의 말에 전적으로 동의하는 까닭에, 우리가 소유한 재산은 우리의 것이 아닙니다. 제 이름으로 계약하였지만 제가 살고 있는 집은 교회 재산이며 저와 제 아내가 살아 있는 동안 교회가 허락한다면 은혜로 사는 장기임대주택일 뿐입니다. 또한 저희가 갖고 있는 모든 재산은 저희의 것이 아니라 하나님의 것입니다.

가이사의 것과 하나님의 것

이 세상을 사는 동안 세금을 내는 것은 당연한 일입니다. 앞에서 언급한 것처럼 주님께서도 동의하셨습니다. 그런데 주님의 그 말씀 중에 우리가 간과하는 부분이 있습니다.

가이사의 것은 가이사에게, 하나님의 것은 하나님께 바치라 _막 12:17

가이사의 것은 가이사에게 바치는 것이 옳지만 하나님의 것은 하나님에게 바치는 것이 옳습니다. 그렇다면 하나님의 것은 무엇입니까? 아브라함은 조카 롯이 소돔에서 난 전쟁으로 네 왕의 연합군에게 잡히자 사병 318명을 데리고 가서 조카 롯을 비롯하여 모든 재물과 사람들을 구해냅니다. 그리고 돌아오는 길에 살렘 왕이면서 제사장인 멜기세덱의 영접을 받습니다. 그때 멜기세덱은 아브라함을 축복하며 이렇게 말하였습니다.

¹⁹그가 아브람에게 축복하여 이르되 천지의 주재이시요 지극히 높으신 하나님이여 아브람에게 복을 주옵소서 ²⁰너희 대적을 네 손에 붙이신 지극히 높으신 하나님을 찬송할지로다 하매… _창 14:19-20

이 말을 듣고 아브라함은 그가 얻은 것에서 '십분의 일'(창14:20)을 멜기세덱에게 줍니다. 하나님께 바친 것입니다. 십일조의 기원입니다. 그렇다면 아브라함은 왜 이렇게 한 것입니까? 멜기세덱이 하나님을 표현할 때 쓴 '천지의 주재'라는 말을 이해했기 때문입니다. '주재'로 번역된 히브리어는 '카나'의 의미는 '소유하다'입니다. KJV이 이 단어를 'possessor', '소유자, 주인'으로 번역한 것처럼 온 천하가 하나님의 것이라는 사실을 알았기 때문입니다. 이것은 이스라엘의 중요한 고백이 되었습니다.

하늘과 모든 하늘의 하늘과 땅과 그 위의 만물은 본래 네 하나님 여호와께 속한 것이로되 _신 10:14

그러므로 십일조는 모든 것이 하나님께 속하여 있다는 신앙고백임을 알 수 있습니다. 돈의 문제라서 민감한 주제지만 한 가지는 분명합니다. 모든 것이 하나님의 것이란 사실이고 그런 까닭에 가이사의 것 곧 세금보다 우선하는 주제임을 잊어서는 안됩니다.

사랑의 의무

롬 13:8-10

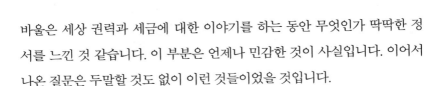

바울은 세상 권력과 세금에 대한 이야기를 하는 동안 무엇인가 딱딱한 정서를 느낀 것 같습니다. 이 부분은 언제나 민감한 것이 사실입니다. 이어서 나온 질문은 두말할 것도 없이 이런 것들이었을 것입니다.

"그 권세가 과연 옳은 권세인가?"

"(권세가) 악을 행한다면 어떻게 해야 하는가?"

"악법이라도 지켜야 하는가?"

이같은 질문들이 들어설 순간이었습니다. 이야기가 이렇게 확장되려는 순간 바울이 한 이야기가 기준, 곧 하나님의 법에 대한 이야기였습니다.

피차 사랑의 빚 외에는 아무에게든지 아무 빚도 지지 말라 남을 사랑하는 자는 율법을 다 이루었느니라 _롬 13:8

바울은 아예 한 마디로 요약합니다.

사랑은 율법의 완성이니라 _롬 13:10

그렇다면 어떻게 사랑해야 되는 것입니까? 본문은 헬라어 단어 '옵헤일로'를 일반적인 의미인 '빚을 지다'로 번역했지만, 또 다른 의미인 '의무를 지다'로도 번역할 수 있습니다. 공동번역은 '의무를 지다'라는 의미로 번역하였습니다. 훨씬 쉽게 번역이 된 것 같습니다.

> 남에게 해야 할 의무를 다하십시오. 그러나 아무리 해도 다할 수 없는 의무가 한 가지 있습니다. 그것은 사랑의 의무입니다. _롬 13:8, 공동번역

약간은 경직되게 들리지만, 늘 자신만 사랑하는 일에 익숙한 우리에게 사랑을 반드시 갚아야 하는 빚 같은 것으로, 피해선 안 되는 의무 같은 것으로 강조한 것입니다. 하지만 사랑은 오해가 가능한 개념입니다. 반드시 어떤 종류의 사랑인지 질문이 나오기 때문입니다.

사랑은 의무이므로

어떤 두 남녀가 매우 깊이 사랑하였습니다. 죽음이라도 막을 수 없다고 고백하였습니다. 옳습니까? 옳은 것처럼 보이지만 그들은 옳지 않습니다. 두 사람 모두 학교를 다니는 자녀까지 둔 유부남, 유부녀였기 때문입니다.

사랑의 의무를 이야기하다가 갑자기 엉뚱한 이야기를 하느냐 할지 모르겠지만, 바울 역시 같은 고민을 한 것으로 보입니다. 그래서 사랑의 빚과 의무를 이야기하는 시점에서 먼저 이 말씀을 꺼낸 것입니다.

> 간음하지 말라 _롬 13:9

사실 사랑의 의무를 이야기하면서 '간음하지 말라'를 먼저 말하는 건 배려 깊지 못한 접근으로 보입니다. 이어지는 다른 권면으로 충분해 보이기 때문입니다.

> 9··· 살인하지 말라, 도둑질하지 말라, 탐내지 말라 한 것과 그 외에 다른 계명이 있을지라도 네 이웃을 네 자신과 같이 사랑하라 하신 그 말씀 가운데 다 들었느니라
> 10사랑은 이웃에게 악을 행하지 아니하나니 그러므로 사랑은 율법의 완성이니라
> _롬 13:9-10

그런데 바울이 '간음하지 말라'는 말을 먼저 했습니다. 왜 바울은 이 무겁고 천박해 보일 수 있는 주제를 먼저 꺼냈을까요?

제가 앞에서 예로 든 것처럼 유부남 유부녀의 사랑도 그들에겐 사랑일 것입니다. 사랑의 복잡성이 있습니다. 그런데 사랑의 의무를 말하면서 '간음하지 말라'를 먼저 꺼낸 것은 바울이 하고 싶었던 이야기가 분명했기 때문입니다. 깊이 생각하지 않아도 알 수 있는 것은, 간음에도 분명히 사랑이 있겠지만 그 사랑은 이기적이라는 사실입니다. 오로지 자신만 생각하므로 아내나 남편, 자녀들과 가족에게 상처를 주는 행위이기 때문입니다. 설명하지 않아도 충분히 이해할 수 있는 측면입니다.

사실 사랑은 쉽지 않습니다. 사랑이 처음 만났을 때처럼 천년만년 뜨거울 수 있습니까? 그렇지 않은 것이 사실입니다. 그래도 사랑해야 하는 것은 사랑의 다른 측면이 있기 때문이라고 바울은 말합니다. 바울은 그것을 '빚'의 측면으로 설명했습니다.

내 아내는 내가 젊은 시절의 방황을 견디고 이기게 하였고, 죽음 같은 절망 속에서도 걸어갈 수 있도록 도와주었습니다. 언제나 나의 절대적인 지

지자가 되어주었습니다. 사랑하는 어머니가 죽음 앞에 서실 때는 나보다 더 깊이 내 어머니를 사랑하였습니다. 시어머니를 더 많이 사랑하지 못하였다고 무덤 앞에 갈 때마다 눈시울을 적십니다. 내가 암에 걸려 누워 있을 때 정말 사랑으로 간호하였고, 하루에 아홉 끼를 만들어 먹였습니다. 나는 내 아내에게 빚을 진 것입니다. 그래서 저에게 아내에 대한 사랑은 의무입니다.

사랑은 서로에 대한 빚이다

여기서 간과하지 말아야 할 것이 있는데, 사랑의 행위는 피차 서로에게 해야 한다는 것입니다.

> 피차 사랑의 빚 외에는 아무에게든지 아무 빚도 지지 말라 남을 사랑하는 자는 율법을 다 이루었느니라 _롬 13:8

상대방을 배려하면서 내가 해야 할 의무를 생각하라는 것입니다. 사랑하는 사람을 생각하니 살인이나 도둑질이 불가능합니다. 당연합니다. 그렇다면 이 시대의 위기는 무엇입니까? 충분히 사랑을 받지 못한 사람들이 넘쳐나는 것입니다. 그것이 이기적 사랑으로 변형되기 시작하였습니다. 그런 사람은 언제나 자기를 사랑하는 행위를 먼저 생각합니다. 이 땅에 죄와 더러움이 넘쳐나기 시작한 이유입니다. 그래서 예수님이 사랑을 말씀하시고 참된 사랑을 몸소 보여주신 것입니다. 우리에게도 그렇게 '사랑하라'고 말씀하셨습니다. 아니, 아예 새로운 계명으로 주셨습니다.

새 계명을 너희에게 주노니 서로 사랑하라 내가 너희를 사랑한 것 같이 너희도 서로 사랑하라 _요 13:34

내 계명은 곧 내가 너희를 사랑한 것 같이 너희도 서로 사랑하라 하는 이것이니라 _요 15:12

바울은 이 말씀에 기초하여 이렇게 선언하였습니다.
사랑은 이웃에게 악을 행하지 아니하나니 그러므로 사랑은 율법의 완성이니라 _롬 13:10

여기에서 반복해서 등장하는 단어는 '사랑하라'와 '서로'입니다. 그런데 걱정입니다. 우리에게 '서로 사랑하는 것'이 사라지고 있기 때문입니다. 그래서 바울이 사랑의 빛, 사랑의 의무를 강조한 것입니다. 사랑은 의무입니다. 이기적인 우리를 향한 처방입니다.

밤은 지났고 이미 낮입니다

롬 13:11-14

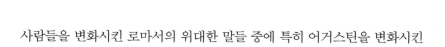

사람들을 변화시킨 로마서의 위대한 말들 중에 특히 어거스틴을 변화시킨 말씀이 로마서 13장 13-14절입니다.

> 13낮에와 같이 단정히 행하고 방탕하거나 술 취하지 말며 음란하거나 호색하지 말며 다투거나 시기하지 말고 14오직 주 예수 그리스도로 옷 입고 정욕을 위하여 육신의 일을 도모하지 말라 _롬 13:13-14

어거스틴의 고백록에는 그 회심의 사건을 이렇게 적어놓고 있습니다.

어거스틴은 황제의 수행원인 폰티키아누스(Ponticianus)로부터 애굽의 수도사 안토니우스(Antonius)에 대한 이야기와, 세상에 대한 미련을 버리고 하나님에게 자신들의 생을 바치기로 결심한 황제 수행원들의 회심에 대한 이야기를 들었다. 어거스틴 자신도 그들처럼 되고 싶었다. 그러나 그의 마음은 그렇게 움직여지지 않았다(8, 6, 14-8, 7, 18). 그래서 그는 자기가 살고 있던 집의 정원(동산)에 들어가 어느 무화과나무 밑에 주저앉고 말았다. 그의 혼은 이제 벌거숭이로 하나님 앞에 선 것이다. 눈물이 소낙비처럼 쏟아져 나왔다. 참회의 눈물, 하나님께 용서를 구하는 눈물이기도 하였다.

그때 어거스틴은 다음과 같이 기도하였다.

"주여 언제까지입니까? 당신은 나에게 영원히 진노하시렵니까? 나의 이전의 죄를 기억치 마옵소서. … 또 내일입니까? 왜 지금이 아닙니까? 왜 바로 이 시간에 내 불결함이 끝나지 않습니까?'

이때 갑자기 이웃집 뜰에서 "들고 읽어라! 들고 읽어라!"(Tolle lege! Tolle lege!)라는 어린아이들의 노랫소리가 계속 들려왔다. 그는 울음을 뚝 그치고 일어나 성서를 펴들고 첫눈에 들어온 구절을 읽었다. 로마서 13장 13-14이었다.

"낮에와 같이 단정히 행하고 방탕하거나 술 취하지 말며, 음란하거나 호색하지 말며 쟁투와 시기하지 말고 오직 주 예수 그리스도로 옷 입고 정욕을 위하여 육신의 일을 도모하지 말라."

이제 폭풍우와 그의 마음을 뒤덮고 있던 검은 구름은 사라지고 밝은 진리의 태양이 그의 마음을 비추기 시작하였다. 이 통회의 눈물과 함께 그의 옛 사람은 죽고 새 사람이 무화과나무 밑에서 태어난 것이다.[33]

회심의 폭발은 13절과 14절에서 터졌지만 11절과 12절의 이해가 있었기 때문이라고 봐야 합니다. 그러므로 이 말씀을 여는 11절과 12절이 중요합니다.

또한 너희가 이 시기를 알거니와 자다가 깰 때가 벌써 되었으니 이는 이제 우리의

---

33 어거스틴, 성 어거스틴의 고백록, 선한용 역, 대한기독교서회

구원이 처음 믿을 때보다 가까웠음이라 _롬 13:11

11절에서 중요한 단어는 '이 시기'로 번역된 '톤 카이론'과 '벌써'로 번역된 '에데'입니다. '톤 카이론'이 핵심인 까닭은 '카이로스' 때문입니다. 시간을 표현할 때는 쓰는 헬라어 단어 중에 카이로스와 크로노스가 있는데, 크로노스는 연대기적 시간을 말하지만 카이로스는 정해진 시간을 말할 때 쓰기 때문입니다. 그러니까 '카이로스'는 반드시 일어나야 하는 시간입니다. 주님이 공생애를 시작하시면서 하신 말씀에도 그 시간 개념을 쓰셨습니다.

때가 찼고 하나님의 나라가 가까이 왔으니 회개하고 복음을 믿으라 _막 1:15

'때' 곧 '카이로스'가 찼다는 말과 하나님의 나라가 가까웠다는 말을 같은 의미로 쓰신 것입니다. 이것은 하나님의 주권에 관한 문제입니다. 우리가 받아들이든 받아들이지 않든, 진행되는 시간을 말합니다. 바울은 지금이 바로 카이로스의 때라는 말을 하는 것입니다. 이미 모든 것은 준비되었습니다. 남은 것은 우리의 문제일 뿐입니다. 이후로는 우리가 참여하든 참여하지 않든 관계없이, 우리와 상관없이 진행될 것입니다. '카이로스'의 때라서 그렇습니다. 그래서 '벌써'로 번역된 단어 '에데'를 사용한 것입니다. 그 의미는 'already, now'이지만 뉘앙스는 '지금'을 염두에 둔 '이미'입니다. 그래서 공동번역이나 새번역은 그 의미를 강화시켜 번역하였습니다.

여러분은 지금이 어느 때인지를 알아야 합니다 _롬 13:11, 공동번역

여러분은 지금이 어느 때인지 압니다 _롬 13:11, 새번역

이미 하나님의 나라가 가득한 때라는 말입니다. 그 때가 이미 온 것입니다. 다시 번역하면 이렇게 됩니다.

여러분은 지금이 그 때라는 것을 압니다 _롬 13:11, 하정완의 역

바울은 이 부분을 명확히 설명하기 위하여 12절 말씀을 이어갔습니다.

밤이 깊고 낮이 가까웠으니 그러므로 우리가 어둠의 일을 벗고 빛의 갑옷을 입자
_롬 13:12

'밤이 깊고 낮이 가까웠다'는 것은 오해하기 쉬운 번역입니다. 공동번역이 '밤이 깊었다'를 '밤이 거의 새어'라고 번역한 것처럼 밤이 이미 지나갔다고 해석해야 옳습니다. '깊었다'로 번역된 '프로콥토'의 시제가 과거 능동태형이기 때문입니다. 그럼에도 불구하고 '거의 새어'라고 번역한 것은 '낮이 가까웠으니'를 염두에 둔 의역입니다. '가까웠으니'를 '아직 오지 않았다'는 뜻으로 해석한 것입니다.

여기서 쓰여진 단어 '엥귀스'는 이미 이루어진 것이지만 이루어지지 않은 상태를 말합니다. 요한계시록의 이야기가 비유로 적절한데, 마치 주님이 문밖에 서서 문을 두드리고 있는 상태입니다. 이 시간 개념을 아직 이루어지지 않은 것처럼 봐선 안 됩니다. 마치 주님이 해야 할 무엇인가 남아 있거나, 혹은 아직 시간이 남은 것처럼 해석해선 안 되는 것입니다. 주님의 때, 카이로스는 이미 이루어진 상태입니다. 남은 것은 우리에게 달려 있습니다. 그러므로 우선 이렇게 번역하는 것이 적절할 것 같습니다.

밤은 지났고 이미 낮입니다. _하정완의 역 1

그러나 이 번역도 만족스럽지 않습니다. 저는 '아침'이나 '새벽'이란 표현을 쓰지 않고 '낮'이라고 번역된 부분이 갑자기 재미있어집니다. 하지만 이것 역시 적절하지 않습니다.

헤 뉘크스 프뢰코펜 헤 데 헤메라 엥기켄

the night is gone, now the day is here(at hand)

낮으로 번역되는 '헤메라'는 매우 중요한 단어입니다. 단순히 낮이 아니라 하루 24시간 전체를 표현하기 때문입니다. 그러므로 "이미 낮입니다"라는 번역도 적합하지 않습니다. "이미 그 날입니다"라고 번역해야 그 의미가 정확히 통한다고 할 수 있습니다. 그러므로 다시 번역하면 이렇습니다.

밤은 지났고 이미 그 날입니다. _하정완의 역 2

하나님 나라가 이루어진 것입니다. 밤은 지나갔습니다. 이제 더 이상 밤은 없습니다. 24시간이 낮이기 때문입니다. 주님이 문밖에 서 계신 상황입니다. 단지 우리가 문을 잠그고 있을 뿐입니다. 그것은 마치 내 위로 억수같이 비가 쏟아지는데 단지 그릇 뚜껑을 씌어놓은 것과 같습니다. 그러므로 남은 일은 닫은 문을 여는 것, 덮은 뚜껑을 벗기는 것뿐입니다. 그러나 우리는 아직 자고 있습니다. 그런 의미에서 밤이 아닌데 밤입니다. 아직 주님이 내 집에 들어오지 못하셨습니다. 그런 의미에서 주님이 문밖에 서 계십니다. 억수같이 쏟아지는 비가 그치지 않았는데 내 그릇에는 아직 물이 없습니다. 그런 의미에서 구원사역은 이미 이루어진 것이지만, 나에게만 아직 완성되지 않았습니다.

> 11또한 너희가 이 시기를 알거니와 자다가 깰 때가 벌써 되었으니 이는 이제 우리의 구원이 처음 믿을 때보다 가까웠음이라 12밤이 깊고 낮이 가까웠으니 그러므로 우리가 어둠의 일을 벗고 빛의 갑옷을 입자 _롬 13:11

이제 모든 주도권이 우리에게 넘어왔습니다. 남은 것은 우리가 할 일입니다. '깰 때'가 된 것입니다. 그래서 바울은 나머지 구절에서 우리의 역할을 기록했습니다. 반드시 깨어나야 한다고 말입니다.

성경을 자세히 읽으면 알겠지만, '깨다'는 표현에 쓰인 동사가 '에게이로'인데, 그 시제가 과거 수동태입니다. 신적 수동태 개념에서 이해할 수 있습니다. 내가 깬 것이 아니라 깨워지고 있는 상태입니다. 주님이 우리를 끊임없이 깨우고 계신 것입니다. 그것이 요한계시록의 문 밖에 서 계신 주님의 형상입니다. 이미 이루어졌고, 우리를 깨웠습니다. 우리도 그것을 알고 있습니다. 마치 어머니가 잠을 깨우셨는데, 침대에서 뒹굴고 있는 형상입니다. 그것이 이 본문에 맞는 해석입니다.

> 이렇게 살아야 하는 여러분은 지금이 그 때라는 것을 압니다. 이미 주님이 우리를 깨우셔서 우리도 해가 중천에 떠있다는 것을 알기 때문입니다. 이미 구원 사역은 이루어졌습니다. 우리가 받아들이면 됩니다. 바로 지금 밤은 지났고 이미 그 날입니다. 그러므로 … _롬 13:11, 하정완의 역

문제는 우리가 침대와 이불을 즐기고 있는 것처럼, 아직 어둠에 머물러

있으니 어둠의 일을 따라 사는 것입니다. 이제 필요한 것은 '일어나 행동'하는 것입니다. 이미 이루어진 하나님 나라의 백성으로 사는 것입니다. 이를 위해 맨 처음으로 해야 하는 일이 바로 '어둠의 일'을 벗는 것입니다. 이불을 벗는 것입니다.

13절은 바울이 일반적으로 권면했던 말씀이지만 어거스틴이 살았던 삶이기도 했습니다. 어거스틴은 11절과 12절이 이해되자 드디어 13절에서 무너진 것입니다. 13절이 자신의 모습이었기 때문입니다.

13낮에와 같이 단정히 행하고 방탕하거나 술 취하지 말며 음란하거나 호색하지 말며 다투거나 시기하지 말고 14오직 주 예수 그리스도로 옷 입고 정욕을 위하여 육신의 일을 도모하지 말라 _롬 13:13-14

이처럼 신앙은 말씀을 통해 자신이 보일 때 변하는 것입니다. 회심이 이루어지는 경로입니다. 그러므로 우선 11절과 12절부터 깊이 묵상할 필요가 있습니다. 다시 읽어보겠습니다.

이렇게 살아야 하는 여러분은 지금이 그 때라는 것을 압니다. 이미 주님이 우리를 깨우셔서 우리도 해가 중천에 떠있다는 것을 알기 때문입니다. 이미 구원 사역은 이루어졌습니다. 우리가 받아들이면 됩니다. 바로 지금 밤은 지났고 이미 그 날입니다. 그러므로 … _하정완의 역

새 사람을 입으라

롬 13:13-14

우리는 이미 구원받았고, 해는 중천에 떠 있는 대낮입니다. 어둠은 지났고 하나님의 나라는 이미 이루어졌습니다. 그런데 우리는 여전히 어둠을 즐기며 살고 있습니다. 이미 빛의 자녀인데 어둠의 자녀로 살아갑니다. 가능한 두 왕국을 즐기고 싶습니다. 하나님 나라의 백성으로 살면서 동시에 어둠의 나라 백성으로도 살고 싶은 것입니다. 그래서 이미 대낮이지만 어둠에 있는 것처럼 눈을 감고 자고 있는 상태입니다. 그것이 13장 11-12절의 이야기입니다. 우리는 왜 이렇게 사는 것입니까? 바울이 이렇게 말했습니다.

> 내가 원하는 바 선은 행하지 아니하고 도리어 원하지 아니하는 바 악을 행하는도다 _롬 7:19

바울은 원하지 않아도 내가 행하고 있다는 말로 표현했지만, 그 강조점은 원함의 강력함에 대한 표현에 있었습니다. 즉, 내가 이성적으로 원하는 것을 넘어서는 어떤 강력한 원함이 내 안에 있다고 말한 것입니다. 그러므로 핵심은 내가 원한다는 사실입니다. "내가 원하고 있다." "내가 즐기고 있다." 그래서 가만히 있어도 어둠의 일을 만들고 꾸밉니다. 어둠의 일에는 밝습니다. 바울은 이 모든 것에 대한 처방전을 이렇게 내렸습니다.

> 오직 주 예수 그리스도로 옷 입고 정욕을 위하여 육신의 일을 도모하지 말라
> _롬 13:14

사실 모든 어둠의 일은 내가 원해서 이루어지는 것입니다. 그러니까 골치 아픕니다. 내가 원하는 선한 일을 추구하기보다 원하지 않는(사실은 원하는 것이지만) 악에 대한 추구가 더 강하기 때문입니다. 그러면 어떻게 해야 합니까? 바울이 에베소 교회에게 한 말씀을 통해 14절의 의미를 좀 더 살펴보겠습니다.

> 22너희는 유혹의 욕심을 따라 썩어져 가는 구습을 따르는 옛 사람을 벗어 버리고 23오직 너희의 심령이 새롭게 되어 24하나님을 따라 의와 진리의 거룩함으로 지으심을 받은 새 사람을 입으라 _엡 4:22-24

에베소 교회에 보낸 편지에서 바울은 로마서 13장의 '어둠의 일을 즐기는 자', 로마서 7장의 '원하는 바 선은 하지 아니하고 원하지 아니하는 바 악을 행하는 자'를 '옛 사람'이라고 말합니다. NIV 표현으로 하면 'old self'입니다. 이 '옛 사람'은 '어둠의 일'을 즐기는데, 바울은 그런 사람을 '유혹의 욕심을 따라 썩어져 가는 구습을 따르는 옛 사람'이라고 말합니다. 그러니까 옛 사람의 행동양식은 '구습' 곧 오래된 습관입니다. 로마서 13장으로 말하면 술을 즐기고 음란하고 호색을 즐기는 등 세상적인 것들이 습관처럼 자리잡은 상태입니다. 어쩌다 한번이 아니라 눌러 붙은 습관적 삶입니다.

왜 금욕이 아닙니까?

일반적으로 이같은 상태에서 신앙훈련이란 새로운 습관을 만드는 것입니다. 훈련을 함으로써 이 문제를 해결하려고 애쓰는 것입니다. 다른 말로 하면 근육을 키우는 것입니다. 참는 것입니다. 견디는 것입니다. 신앙훈련의 금욕적인 측면입니다. 매우 중요합니다. 오래든 짧게든 해본 것이지만, 그래도 잘 되지 않습니다. 그래서 어렵습니다.

훈련은 기본 바탕이 괜찮은 친구들이 잘 합니다. 소위 깡이 좋은 친구들이 잘 견뎌냅니다. 그런 점에서 저는 신앙이 좋지 않은 사람이었습니다. 특히 참고 금욕하는 일을 정말 못했습니다. 신앙이 좋은 사람으로 분류될 것 같지 않았습니다. 하지만 제가 신앙생활을 하면서 알게 된 놀라운 사실은 신앙이 금욕이 아니라는 사실입니다. 신앙이 그것으로 시작되어서도 안 됩니다. 그럴 경우 40일 금식기도 한 후에 교만해지는 경우가 생기고 은사를 받은 자들이 잘난척하는 모습을 보이는 것입니다.

쉽게 말해서, 내가 나를 꽉 누르고 금욕하는 것은 현상적인 것을 다루는 행위이기 때문입니다. 물론 그것도 중요합니다. 하지만 더 중요한 것은 내면적인 것입니다. 하고 싶지도 않지만 하게 되는, 어쨌든 옳은 일이 아니니까, 어둠의 일이니까 버리고 싶어도, 여전히 그 일을 하고 싶은 내 안의 내가 존재합니다. 그래서 바울은 그것의 근거를 "유혹의 욕심을 따라 썩어져 가는 구습을 따르는 옛 사람" 곧 '유혹의 욕심'이라고 말한 것입니다.

우리에게 강력한 죄의 원함(desire)이 있는 것입니다. 그것이 죄의 뿌리인데 아직 해결되지 않은 상태입니다. 마치 튜브가 물 위로 올라오지 못하게 꽉 누르고 있는 모습과 같습니다. 보통은 의지가 있고, 근육이 단련되어 있으니까 전혀 문제가 없습니다. 그런데 문제가 발생할 때가 있습니다. 컨디션이 좋지 않거나 지쳤거나, 아니면 어떤 충격이나 상처를 입었을 때입니다. 그래서 마음을 내려놓거나 의지를 잃었을 때, 눌러둔 튜브가 자연스럽게 물 위로 올라옵니다. 그때가 문제입니다. 금욕이 해답이 아닌 이유입니다. 우리의 노력으로 해결할 수 없습니다. 금욕적으로 참고 견디며 공부하는 사람이, 공부를 그냥 즐기는 사람을 이길 방법은 없습니다. 그런 사람은 엄밀히 말해서 옛 사람입니다. 바울은 노력하는 사람을 새 사람이라고 말하지 않습니다. 바울은 새 사람에 대해 이렇게 말하였습니다.

> 23 오직 너희의 심령이 새롭게 되어 24 하나님을 따라 의와 진리의 거룩함으로 지으심을 받은 새 사람을 입으라 _엡 4:23-24

'심령이 새롭게 되다'에서 쓰인 '아나네오오'는 '새롭다, 방금 태어난'이란 의미의 '네오스'에 반복 혹은 강조의 뜻을 담은 '아나'가 합쳐진 합성어로, '완전히 새롭게 되는'이라는 의미입니다. 컴퓨터를 새롭게 포맷하는 것처럼 다 지워버리고 완전히 새로운 시작을 하는 것입니다. 바울은 그렇게 해서 만들어진 사람이 '새 사람'(new self)이라고 말합니다.

그러므로 우리 내면에 새로운 사람을 만드는 것이 먼저입니다. 떠오르려는 튜브를 누르는 것도 중요하지만, 그것보다 튜브의 바람을 빼는 것이 먼저 중요하다는 말입니다. 누르는 것보다 더 근본적인 방안입니다. 이것이 제가 침묵기도를 강조하는 이유입니다. 침묵기도의 연장선상에 있는 걷기 묵상, 시(글) 쓰기(journaling), 사진 찍기, 노래하기 등 영적인 영역에서의 행동들이 우리에게 필요한 이유입니다. 그리스도의 흔적, 포이에마 같은 존재로 사는 것입니다. 생활의 영역으로 발전된 신앙생활, 쉽게 말하면 금욕이 아니라 즐기는 신앙 양식을 갖는 것입니다. 그렇지 않은 상태에서 금욕은 어느 정도 견딜 수 있지만 곧 무너집니다. 언제나 그렇습니다. 금욕 대신 내 안에 하나님의 말씀을 넣어야 합니다. 그래서 하나님의 음성을 듣는 큐티가 중요합니다. 그래서 말씀 묵상을 추구하는 것입니다.

이미 대낮인데

이미 대낮입니다. 그런데 우리는 아직도 어둠의 일을 좋아하고 있습니다. 이런 나를 인식하는 것이 우선입니다. 그 다음에 '어둠의 일'을 버려야 합니다. 그동안 살아왔던 삶의 패턴을 바꾸는 것입니다. 하지만 끝나지 않았습니다. 우리는 언제 과거의 모습으로 돌아갈지 모릅니다. 그러므로 '오직 예수 그리스도로 옷 입어야' 합니다.

'옷 입다'는 참 재미있는 표현입니다. 여기에 쓰인 헬라어 단어 '엔뒤오'는 '안으로'의 의미인 '엔'과 '스며들다, 침몰하다'는 의미의 '뒤노', 두 단어의 합성어입니다. 그러므로 단어의 의미만 살리면 '안으로 스며든다'라는 뜻이 됩니다. 이런 이해로 이 문장을 다시 번역하면 이렇습니다.

"오직 예수 그리스도로 내 안으로 스며들게 하고."

내면의 변화를 말하는 것입니다. 이 일은 어떻게 벌어집니까? 깨달음입니다. 거룩한 행위, 곧 늘 기도와 함께 예수 그리스도가 내 안으로 들어오시도록 마음을 열고, 말씀에 집중하며 삶 속에서 거룩한 일들을 행하며, 거룩한 독서를 하고, 글쓰기로 상징되는 삶의 놀이로 하나님을 예배하는 삶을 살고, 거룩한 예배에 참여함으로 깨달음이 계속 이루어져, 우리 안에 그리스도가 스며들어 연합하는 것을 말합니다. 이를 위해 우리는 늘 하나님을 기다리는 긴장이 필요합니다. 이 세상의 바쁜 시스템에 사로잡혀 정신없이 살아가는 것이 아니라 늘 하나님을 의식하는 긴장, 곧 그리움의 상태를 유지해야 합니다. 이것을 영성가들은 '헤시키아'(하나님을 만날 준비가 된 고요한 상태)라고 불렀습니다. 그런 까닭에 침묵기도가 중요합니다. '침묵'이 하나님을 기다리는 상태라면 '기도'는 하나님의 음성을 듣고 대화하는 상태이기 때문입니다.

주를 위한 것인가, 아닌가

롬 14:1-6

바울은 로마 사람들에게 보내는 편지를 마무리하면서 현실적인 문제를 좀 더 세밀히 다루기 시작했습니다. 드디어 삶의 문제, 먹고 마시는 문제까지 건드린 것입니다. 사실 바울 당시엔 음식 문제가 매우 민감하였습니다. 당시 음식들은 우상에게 바쳤던 제물과 관계가 많았기 때문입니다. 특히 고기가 그랬습니다. 그래서 엄격한 크리스천들은 아예 우상에게 드렸던 음식을 먹지 않고 채소만 먹기를 주장했습니다.

안식일 문제도 민감했습니다. 유대인이 그동안 지켜오던 안식일과 주님이 부활하신 주일, 두 날 중에 언제 예배를 드리는 것이 옳은가 하는 문제가 대두되었습니다. 그 결정을 따라 믿음을 정하는 기준을 삼은 사람들도 있었습니다.

하지만 바울에게는 아무런 문제가 없었습니다. 먹는 문제로 논의하는 것이 수치스러울 수도 있었습니다. 사실 바울이 하고 싶었던 말은 이 말이었습니다. 이 말을 꺼내면 모든 것은 종료되는 것입니다.

우리가 살아도 주를 위하여 살고 죽어도 주를 위하여 죽나니 그러므로 사나 죽으

나 우리가 주의 것이로다 _롬 14:8

생각해보십시오. 이미 죽는 것을 생각하는데 먹고 마시는 일이 무슨 문제가 되겠습니까? 더욱이 바울에게 죽음은 더 이상 두려운 것이 아니었습니다. 죽음의 사선을 넘어온 그에게 먹는 문제는 일고의 가치도 없는 것이었습니다. 그런데 이 문제를 언급했습니다. '나'의 문제가 아니라 '너'의 문제로 고민했기 때문입니다. 이것이 성숙한 크리스천의 자유로운 모습이고 태도입니다.

너의 문제로 고민하기

하나님이야말로 '나'(하나님)가 아닌 '너'(우리들, 사람)의 문제로 고민하시는 분입니다. 하나님은 우리가 죄로 말미암아 죽게 된 것을 보시며 고민하셨습니다. 고민의 결과가 예수 그리스도셨습니다. 예수 그리스도가 높은 보좌를 버리시고 피조물인 인간으로, 낮은 종의 모습으로 오신 것입니다. 그것은 예수의 자유였습니다. 자신을 위해서가 아니라 너, 곧 우리를 위한 존재가 되는 선택을 하신 자유입니다. 이것이 기독교입니다. 바울 또한 마찬가지였습니다. 그에게 먹을 것이 문제겠습니까? 그는 복음을 통해 율법적으로 먹고 마시는 문제는 초월한 사도였습니다. 그런 그가 자신은 별로 상관하지 않는 먹을 것의 문제를 꺼낸 이유는 무엇일까요?

믿음이 연약한 자를 너희가 받되 그의 의견을 비판하지 말라 _롬 14:1

너무 멋있지 않습니까? 먹고 마시는 것에 쩔쩔매는 사람들을 바울은 '연약함'이라고 이해한 것입니다. 그것은 비판의 대상이 될 수 없다는 이야기입니다. 어린 아이가 똥오줌을 못 가리는 것은 연약함의 문제입니다. 그래서 우리가 비판하지 않습니다. 바울은 음식의 문제도 그렇게 본 것입니다. 기준이 똥오줌을 못 가리는 아기 자신인 것처럼, 바로 우리 자신이 기준이기 때문입니다. 그것을 바울은 '어떤 사람'이란 말로 표현하였습니다.

> [2]어떤 사람은 모든 것을 먹을 만한 믿음이 있고 믿음이 연약한 자는 채소만 먹느니라 [3]먹는 자는 먹지 않는 자를 업신여기지 말고 먹지 않는 자는 먹는 자를 비판하지 말라 이는 하나님이 그를 받으셨음이라 [4]남의 하인을 비판하는 너는 누구냐 그가 서 있는 것이나 넘어지는 것이 자기 주인에게 있으매 그가 세움을 받으리니 이는 그를 세우시는 권능이 주께 있음이라 _롬 14:2-3

그러므로 문제는 기준입니다. 사실 우리에게는 어떤 기준이 있습니다. 그 기준이 믿음의 척도를 만들기도 합니다. 기준은 시대의 규범, 전통 혹은 생활 습관(라이프 스타일)과 관계가 있습니다. 예를 들어 과거 독일에서는 담배를 어떤 형태로 피우는가 하는 것이 관심사였습니다. 신학자 칼 바르트는 파이프 담배를 피웠는데, 학자들 사이에 어떤 모습으로 피우는가에 따라 학파가 형성되기도 하였습니다. 우리나라에서는 담배 피우는 것 자체를 금하지만 말입니다. 왜 그렇게 된 것입니까?

담배는 우리나라가 일본의 식민 지배를 받을 때 일본이 용인한 것들 중 하나입니다. 술, 담배, 양귀비 등의 마약과 기생, 첩, 깡패, 노름 등 우리를 파괴시키는 것들은 모두 허용하였습니다. 조선이 갖고 있던 나쁜 악습들, 양반과 천민제도, 여자를 천시하는 태도도 내버려두었습니다. 그래서 선교사들이 이 땅에 왔을 때 가장 시급했던 일이 그런 악습과 구습을 없애는 것이었습니다. 교육을 통하여 계몽하는 한편 함께 어떤 기준을 정하기 시작했습니다. 그때 정한 것이 한국교회의 기준이 되었습니다. 그 대표적인 것이 술과 담배를 끊고 교회 오는 것이었습니다.

사실 교회를 다니려면 술담배만이 아니라 기생과 첩질, 노름, 마약, 반상(양반과 상놈)을 구분하고 노비를 부리는 것, 여자를 천시하는 태도까지 다 버려야 했지만, 그 중에 가장 먼저 눈에 흔히 띈 것이 주초(술담배) 문제였던 것입니다. 사실 이것들은 구원의 조건은 아닙니다. 그것을 끊는다고, 안한다고 해서 믿음이 좋은 것도 아닙니다. 요즘 같아서는 인터넷 게임, 야동 시청, 도박, 지나친 음주 등이 더 문제인데, 그런 것을 즐긴다면 교회 오지 못하게 했으면 좋겠습니다. 그러나 그런 것들 역시 구원에 이르지 못하는 기준은 아닙니다. 바울이 그것을 말한 것입니다. 이 모든 것들은 상황과 규범, 생활 습관과 관계된 것입니다. 바울은 우상의 제물을 금하는 것 같은 유대인의 기준을 부정하지는 않았습니다. 하지만 그런 기준으로 다른 이들의 믿음을 평가하거나 단정하는 것은 잘못이라고 지적한 것입니다.

바울 당시에는 먹는 문제 못지않게 '날'의 문제도 심각했습니다. 바로 안식일과 주일의 문제였습니다. 많은 크리스천들이 주님이 부활하신 날을 자연스레 주일로 지키고 있었지만, 이방 크리스천들과 달리 유대교 출신으로 개종한 크리스천들은 그것이 계속된 시험이었습니다.

많은 유대 크리스천들이 자유롭지 못한 이유는 안식일, 곧 날의 기준 때문이었습니다. 그래서 바울이 기준을 문제 삼은 것입니다. 전체 뉘앙스로 보면 기준을 무시하거나 없애자고 말하는 것처럼 보이지만 바울은 그렇게 말하지 않습니다. 오히려 기준은 기준대로, 기준이 없으면 없는 대로 모든 것이 중요하다는 약간 이상한 입장이었습니다.

어떤 사람은 이 날을 저 날보다 낫게 여기고 어떤 사람은 모든 날을 같게 여기나니 각각 자기 마음으로 확정할지니라 _롬 14:5

바울은 무책임하게 '자기 마음대로' 각자 결정할 것을 요청한 것입니다. 하지만 바울이 이렇게 말한 이유는 이것이 본질적인 문제가 아니라는 뜻이기도 합니다. 먹는 것과 날의 기준이 구원의 전제가 아니라는 말입니다. 더욱이 기준 때문에 본질, 곧 은혜를 잃는 것은 바람직하지 않기 때문입니다. 바로 이것이 주님이 지적했던 안식일 논쟁의 핵심이기도 합니다. 주님은 이렇게 말씀하심으로 끝을 내셨습니다.

안식일이 사람을 위하여 있는 것이지, 사람이 안식일을 위하여 있는 것은 아니다. _막 2:27, 공동번역

사람이 중요하다는 것이 예수님의 뜻이었습니다. 기준을 세우더라도 그것이 사람을 살리는 기준이어야 하지, 사람을 죽이는 것이 되어선 안 된다는 말씀이었습니다.

예수가 기준이다

바울은 정확하게 알고 있었습니다. 기준을 버리자고 말한 것은 아닙니다. 예수님 역시 안식일을 버리자고 말하신 것이 아닙니다. 바울이 강조하고 싶은 것은 음식 문제도 날의 문제도 아닌 태도와 관계된 것이었습니다. 바울에겐 모든 것이 주를 위한 것인가 아닌가(롬 14:6) 하는 태도가 중요했습니다. 그래서 이렇게 말하였습니다.

어떤 날을 더 존중히 여기는 사람도 주님을 위하여 그렇게 하는 것이요, 먹는 사람도 주님을 위하여 먹으며, 먹을 때에 하나님께 감사를 드립니다. 그리고 먹지 않는 사람도 주님을 위하여 먹지 않으며, 또한 하나님께 감사를 드립니다.

_롬 14:6, 새번역

어떤 기준을 가지고, 어떤 방식으로 먹느냐 먹지 않느냐는 중요하지 않습니다. 바울은 태도가 문제라고 말합니다. 기준은 필요하지만, 사람을 죽이는 기준이 아니라 사람을 살리는 기준이 되어야 합니다. 더 중요한 것은 주님을 향한 태도입니다. 그럴 때 기준은 더 강화됩니다. 주를 위하는 태도를 모든 것의 기준으로 세우기 때문입니다. 그러면 자신에게는 더 엄격해집니다. 주를 위해 살고 싶기 때문입니다. 그때 우리는 새로운 존재가 됩니다. 타인에게는 무한히 관대하며, 기준보다 사람을 중시하는 태도로 바라볼 것입니다. 자신을 향해서는 가능한 철저한 기준을 세우며 살아가는 태도를 가질 것입니다. 그런 사람이 세상을 바꿉니다.

신명기를 보면, 종이 된 자가 6년을 섬기면 7년째엔 자유로워질 수 있었습니다. 그때 주인은 종에게 후하게 대우할 것을 신명기 법은 정해놓고 있습니다. 그런데 만일 그 종이 자유해지지 않고 계속 그 주인을 섬기는 종이 되겠다고 하면, 신명기 법은 이렇게 하라고 정하고 있습니다.

16종이 만일 너와 네 집을 사랑하므로 너와 동거하기를 좋게 여겨 네게 향하여 내가 주인을 떠나지 아니하겠노라 하거든 17송곳을 가져다가 그의 귀를 문에 대고 뚫으라 그리하면 그가 영구히 네 종이 되리라 네 여종에게도 그같이 할지니라

_신 15:16-17

종이 주인을 떠나지 않겠다고 귀에 송곳으로 구멍을 내는 것은 알고 보면 스스로 삶의 기준을 정하고 살겠다는 것입니다. 어쩌면 바울은 그런 종과 같은 사람인지 모릅니다. 그가 갈라디아서 6장 17절에서 말한 '예수의 흔적'(스티크마)은 바로 그것일지도 모릅니다.

이 후로는 누구든지 나를 괴롭게 하지 말라 내가 내 몸에 예수의 흔적을 지니고 있노라 _갈 6:17

이렇게 예수를 기준으로 삼고 살아가는 사람이 세상을 바꿉니다. 세상과 사람에 대해서는 예수의 심장으로 무한히 관대하며 최대한 기준을 없애지만, 자신을 향해서는 무한히 엄격하고 기준을 정확히 들이대는 사람입니다.

오로지 태도의 문제

롬 14:7-9

크리스천은 어떤 사람이 되어야 합니까? 지금 당장은 아니더라도, 어디까지 이르러야 하는 사람인지 바울은 매우 분명하게 말하였습니다. 그것은 죽음을 생각하는 순간까지입니다. 크리스천의 정체성은 죽고자 하는 순간에 선명하게 드러나는 것입니다.

> 우리 중에 누구든지 자기를 위하여 사는 자가 없고 자기를 위하여 죽는 자도 없도다 _롬 14:7

7절의 하반절은 전반절의 댓구 표현으로서 주제의 뜻을 강조하는 것이라고 볼 때, 이 말씀의 중심 주제는 전반절에 있습니다. 크리스천이란 자기를 위해 사는 사람이 아니라고 정의한 것입니다. 크리스천의 진실성을 가름하는 지점은 자기를 위하여 살지 않는 것입니다. 사람은 원래 자기를 위하여 살기 때문입니다. 그런 까닭에 신앙 역시 자기를 풍요하게 하려는 수단으로 삼아버립니다. 그래서 본래 의미의 신앙이 변질되고 종교가 되고 마는 것입니다. 그때 하나님은 우리 자신을 위해 필요한 도구적 존재, 본회

퍼의 표현을 빌리면 'deus ex machina', 자동 판매기 같은 존재가 되어버리고 맙니다. 무엇이 잘 되느냐 잘 되지 않느냐에 따라 신앙이 오락가락하고, 잘 위로해주고 근사하게 축복해주는 우아한 교회를 찾아가는 것입니다. 이 무슨 한심한 경우입니까?

신앙은 그런 것이 아닙니다. 신앙은 초월적인 하나님을 믿고 그분과 일치하는 어떤 경험입니다. 그 순간, 우리는 이 세상을 넘어서 살게 됩니다. 이 세상에 살지만 마치 저 세상에서 사는 것처럼, 매 순간 천국을 경험하는 것입니다. 교회는 이것을 가르쳐야 합니다. 기본적인 신앙을 가르쳐 성숙한 사람이 되도록 도와주어야 합니다. 성숙하지 않으면 자기를 부인하는 과정에 들어갈 수 없습니다. 성숙해지면 다니엘의 세 친구처럼 하나님을 알고 있는 하나님의 사람이 되기에, 고민할 것도 없이 '그리 아니하실지라도'를 말할 수 있는 존재가 됩니다.

'그리 한다'는 것의 내용은 세상적인 것입니다. 그러므로 '그리 아니하실지라도'는 세상적인 것이 내 뜻대로 되지 않더라도 상관없다는 말입니다. 왜 그렇습니까? 초월적인 하나님을 경험했기 때문입니다. 동시에 초월적 관심사를 가진 존재가 되었기 때문입니다. '초월'이란 말에는 이미 '세상적이지 않다'는 말이 포함되어 있습니다. 정확히 말하면, 세상을 넘어서서 관조한다는 의미입니다. 그것이 신앙입니다. 다니엘과 세 친구들은 그 정도의 신앙을 가졌던 것입니다.

신앙의 업그레이드

이제 필요한 것은 신앙의 업그레이드입니다. 새로운 신앙 양식이 필요한 것입니다. 초보자나 세상 종교의 틀 같은 방식을 벗어버리고 더 깊은 단계로 나아가야 합니다. 그 경계선을 넘어가지 못하니까 예수를 믿지만 결국 세상적으로 사는 것을 선택하고, 그것 때문에 괴로워하고 넘어지고 투덜대는 삶을 사는 것입니다.

우리가 신앙하는 것은 이 수준을 넘어서야 합니다. 이 세상에 살지만(in it), 이 세상에 속하지 않고(not of it), 이 세상을 넘어서서(above it) 사는 것입니다. 이같은 삶을 살고 있는 바울이 볼 때, 세상에서 먹고 사는 문제는 전혀 문제가 될 수 없었습니다. 그래서 이렇게 말한 것입니다.

우리가 살아도 주를 위하여 살고 죽어도 주를 위하여 죽나니 그러므로 사나 죽으나 우리가 주의 것이로다 _롬 14:8

그렇다면 먹고 사는 것이 중요한 문제가 아니라는 말입니까? 물론 중요합니다. 그래서 바울은 먹고 사는 문제에 대하여 앞 절에서 설명했습니다. 그렇지만 그 문제에 신앙이란 기준을 들이대니 죽도록 토론하거나 목숨 걸 일은 아니더라는 말입니다. 먹고 사는 문제는 '우리가 살아 있는 동안에만 적용되는 문제'이기 때문입니다. 한마디로 말해 영원한 문제는 아닙니다. 이 세상을 떠난 후 하나님 나라까지 가서 토론할 문제가 아닙니다. 매우 유한한 문제라는 뜻입니다. 그렇다면 먹는 것의 문제로 우리 신앙을 단정할 수 없다는 것이 바울이 하고 싶은 이야기였습니다.

8절을 쉬운 성경으로 읽어보겠습니다.

우리가 산다면 그것은 주님을 위해 사는 것이고, 죽는다면 주님을 위해 죽는 것입니다. _롬 14:8, 쉬운성경이 말씀을 풀어 쓰면 이렇게 될 것입니다.

사는 것이 중요한 것이 아닙니다. 죽는 것도 중요한 것이 아닙니다. 중요한 것은 주님을 위한 것인가 아닌가 하는 문제일 뿐입니다.

삼국지를 보면 조조가 유비를 부러워하는 이유는 관우의 의리 때문이었습니다. 자신과 형제의 의를 맺은 주군 유비를 위하여 목숨을 내어놓고 모든 것을 바치며 살았습니다. 관우에게는 사는 것도 중요하지 않고 죽는 것도 그리 중요하지 않았습니다. 유비와 맺은 의를 위하여 사는 것이 중요했을 뿐입니다. 그래서 황제가 매우 큰 벼슬을 내리고 부귀영화를 제시해도 거절한 것입니다. '의'를 지키는 것이 관우에게 쾌락이었기 때문입니다.

믿음을 지키는 것이 쾌락입니다. 말씀대로 사는 것이 쾌락입니다. 주님을 위해 내 물질과 시간, 재능을 쓰는 것이 쾌락입니다. 사는 날 동안, 목숨이 붙어 있는 동안 주님을 위해, 살든지 죽든지 상관없이 그분과 누리는 것이 쾌락입니다. 이것이 신앙입니다.

하나님 앞에 서게 될 것이다

롬 14:10-13

로마 교회는 놀라운 교회였습니다. 그곳에서 베드로는 십자가에 거꾸로 매달려 순교했고 바울은 교수형으로 순교하였습니다. 로마 교회는 목숨을 걸고 예수님을 믿었습니다.

그런데, 앞 구절에서 살핀 것처럼 그들은 먹는 문제를 고민하였고 안식일과 주일을 지키는 문제로 다투었습니다. 절체절명의 상황인데도 사소해 보이는 음식과 날의 문제에 목숨을 걸고 각자 자기만 옳다고 주장했던 것입니다. 그것이 다른 사람을 비판하는 잣대가 되었습니다. 바울의 말을 보면 충분히 짐작할 수 있습니다.

> 네가 어찌하여 네 형제를 비판하느냐 어찌하여 네 형제를 업신여기느냐 우리가 다 하나님의 심판대 앞에 서리라 _롬 14:10

그렇다면 왜 이런 일이 벌어지는 것입니까? 하나님을 믿지 않아서가 아닙니다. 별 것도 아닌 것에 목숨을 걸기 때문입니다.

첫째는 도그마(dogma) 때문입니다. 자신을 지배하고 있는 어떤 교리가 문제인 것입니다. 예정론 같은 교리 때문에 분열된 교회의 역사는 그래도 참고 볼 만합니다.

두 번째 경우부터가 문제가 됩니다. 명예 문제, 곧 자존심 문제로 나뉘고 서로 업신여기는 경우입니다. 이 경우에도 어떤 도그마, 곧 기준이 구분 방법으로 사용됩니다. 바울은 이것을 '부딪칠 것이나 거칠 것을 형제 앞에 두는 행위'라고 말합니다.

그런즉 우리가 다시는 서로 비판하지 말고 도리어 부딪칠 것이나 거칠 것을 형제 앞에 두지 아니하도록 주의하라 _롬 14:13

세 번째 경우가 가장 좋지 않은데, 물질적인 관심에 사로잡혀 있을 때입니다. 가룟 유다 역시 주님의 부르심에 순종하여 3년 동안 주님을 쫓아다니던 제자였습니다. 그런 그가 예수를 팔고 배반했습니다. 이유는 한 가지, 돈 때문이었습니다.

그는 마리아가 옥합을 깨뜨릴 때도 삼백 데나리온이나 되는 옥합을 깨뜨린다고 투덜댔습니다. 그의 입에서 이런 말이 나왔습니다.

⁴제자 중 하나로서 예수를 잡아 줄 가룟 유다가 말하되 ⁵이 향유를 어찌하여 삼백 데나리온에 팔아 가난한 자들에게 주지 아니하였느냐 하니 _요 12:4-5

하지만 주님은 그의 마음을 정확하게 알고 있었습니다. 오로지 돈 때문이었습니다.

이렇게 말함은 가난한 자들을 생각함이 아니요 그는 도둑이라 돈궤를 맡고 거기

넣는 것을 훔쳐 감이러라 _요 12:6

유다는 흥정 끝에 은 30냥을 받고 예수를 팔아넘기기로 결정했습니다. 헬라어 사전을 보면 '은'으로 쓰여진 '아르귀리아'가 '은 한 세겔'을 의미하는데, 은 삼십은 약 4일 정도의 노동자 품삯입니다. 그런 까닭에 하루 품삯을 10만원으로 잡을 때 약 1200만원 정도의 적지 않은 돈임을 알 수 있습니다.

내가 예수를 너희에게 넘겨 주리니 얼마나 주려느냐 하니 그들이 은 삼십을 달아 주거늘 _마 26:15

3년 동안 함께 있었던 예수님의 제자였어도 소용없었습니다. 순전히 돈 때문이었습니다. 사탄이 예수님을 시험할 때 떡의 문제가 그 시작이었던 것처럼 유다는 거기에서 넘어졌습니다.

그런데 누가복음은 유다의 행동을 심상치 않게 표현하는데, 그가 그 돈을 받고 예수를 팔기로 결정했을 때 사탄이 그 안으로 들어갔다고 기록하기 때문입니다. 고작 돈 정도에 이 엄청난 일이 벌어진 것입니다.

열둘 중의 하나인 가룟인이라 부르는 유다에게 사탄이 들어가니 _눅 22:3

마음의 문제

"유다에게 사탄이 들어갔다." 마음과 생각이 사탄의 지배를 받았다는 뜻입니다. 겉으로 볼 때는 단순히 돈의 문제였지만 사실은 마음의 문제였던 것입니다. 그래서 언제나 성령이 임하실 때 먼저 하시는 일이 마음을 새롭게 하는 것입니다.

> 26또 새 영을 너희 속에 두고 새 마음을 너희에게 주되 너희 육신에서 굳은 마음을 제거하고 부드러운 마음을 줄 것이며 27또 내 영을 너희 속에 두어 너희로 내 율례를 행하게 하리니 너희가 내 규례를 지켜 행할지라 _겔 36:26-27

"새 마음을 주신다." 우리의 믿음은 바로 이 새 마음으로 인해 시작되는 것이기 때문입니다.

> 네가 만일 네 입으로 예수를 주로 시인하며 또 하나님께서 그를 죽은 자 가운데서 살리신 것을 네 마음에 믿으면 구원을 받으리라 _롬 10:9

바울도 문제는 마음이라고 보았습니다. 로마서 12장 2절에서도 마음을 강조하였습니다. 우리가 훈련을 쉬지 말아야 하는 이유입니다.

> 너희는 이 세대를 본받지 말고 오직 마음을 새롭게 함으로 변화를 받아 하나님의 선하시고 기뻐하시고 온전하신 뜻이 무엇인지 분별하도록 하라 _롬 12:2

바울은 이와 함께 매우 도발적인 권면을 하였습니다. 그것은 심판 곧 종말을 생각하라는 것이었습니다.

> 9이를 위하여 그리스도께서 죽었다가 다시 살아나셨으니 곧 죽은 자와 산 자의 주가 되려 하심이라 10네가 어찌하여 네 형제를 비판하느냐 어찌하여 네 형제를 업

신여기느냐 우리가 다 하나님의 심판대 앞에 서리라 [11]기록되었으되 주께서 이르시되 내가 살았노니 모든 무릎이 내게 꿇을 것이요 모든 혀가 하나님께 자백하리라 하였느니라 [12]이러므로 우리 각 사람이 자기 일을 하나님께 직고하리라

_롬 14:10-12

하나님의 심판대 앞에 설 때는 모든 것이 드러납니다. 그때 자기 나름의 도그마를 가지고 폼 잡던 것이 다 사라질 것이 아니겠느냐 하는 것입니다. 그러므로 중요한 것은 우리가 언제나 주님의 명령과 부르심에 집중하는 것입니다. 무엇에 집중하는지가 그 사람을 결정하고 무엇에 사로잡혔는지가 그 사람을 만들기 때문입니다.

우리는 위대한 명령, 하나님의 부르심에 집중해야 합니다. 거기에 사로잡혀 있어야 합니다. 그런데 어쩌면 우리는 어느 날, 사소하고 작은 일을 놓고 밤새도록 토론하고 있을지 모릅니다. 그런 날이 오지 않기를 바랍니다. 그런 날이 오면 회개하십시오. 하나님의 심판대 앞에 설 것을 생각하십시오. 저는 사소한 것에 사로잡혀 하나님을 떠날까 두렵습니다. 그러므로 더 많이 주님의 '위대한 명령, 부르심'에 집중하고 싶습니다.

믿음을 좇아 해야 한다

롬 14:14-23

힘들고 어려운 고난의 상황이었을 텐데 여전히 먹는 문제를 놓고 고민하는 로마 교회에게, 바울은 먹는 문제를 의외로 길게 다루었습니다. 로마 교회는 정말 사소한 문제를 도그마로 만들어 밤새도록 토론하고 따지고 있었기 때문입니다. 정말 소망이 없는 싸움을 하고 있었습니다.

먹는 문제는 바울에게 정말 사소한 문제입니다. 그때는 순교를 각오하며 믿어야 하는 시대였습니다. 그러니 바울은 자신이 옳다는 것을 강조하면서, 여전히 먹는 문제에 매달린 사람들을 책망할 수도 있었습니다. 하지만 바울은 그렇게 하지 않았습니다. 그 이유를 이렇게 설명하였습니다.

> 여러분에게 어떤 신념이 있다면 그것은 여러분과 하나님 사이의 일로만 간직해 두십시오. _롬 14:22, 쉬운성경

바울은 모든 것을 언제나 하나님과 자신의 문제로 바라보았습니다. 절대적으로 평가한 것입니다. 자신과 비교하며 다른 사람을 폄하하지 않았습니다. 그러니까 먹는 것과 같은 사소한 문제들이 그에게 아무 것도 아니었을

지라도, 누군가에게는 매우 심각할 수 있다는 것을 안 것입니다. 그래서 여전히 먹는 문제를 고민하는 수준의 크리스천을 만나면 그 수준에 맞게 행동하고 같이 고민했습니다. 그 영혼들을 사랑하기 때문에 나온 반응이었음을 알 수 있습니다. 바울로서는 사랑하면 그렇게 행동하는 것이 당연했습니다.

> 음식 문제로 여러분의 형제가 상처를 받았다면, 여러분은 사랑으로 행동한 것이 아닙니다. 그리스도께서 대신해서 죽으신 그 형제를 음식 문제로 망하게 하지 마십시오. _롬 14:15, 쉬운성경

그리고 바울은 우리가 매우 중요한 인식을 하도록 돕습니다. 음식을 포함해서 세상은, 다시 말해 물질은 악하거나 더럽지 않다는 인식입니다. 놀랍습니다.

> 내가 주 예수 안에서 알고 확신하노니 무엇이든지 스스로 속된 것이 없으되 …
> _롬 14:14

공동번역의 표현으로 "무엇이든지 그 자체가 더러운 것은 하나도 없다"라는 말씀입니다. 옳습니다. 당시 상황에서 말하면 술, 음식, 심지어 우상에 쓰이는 나무, 돌, 철 같은 어떤 물질도 그 자체로 더러운 것은 없습니다. 바울은 그것들이 더러워진 이유를 사람 때문이라고 말합니다. 또 놀랍습니다.

> … 다만 속되게 여기는 그 사람에게는 속되니라 _롬 14:14

공동번역은 "다만 더럽다고 생각하는 사람에게만 더럽게 여겨진다"라고 번역했습니다. 기막힌 말씀이 아닐 수 없습니다. 이같은 이해를 기초로 지금 상황에서 다시 해석하면 이런 질문으로 표현할 수 있습니다.

"술과 담배가 무슨 문제이겠습니까?"

"심지어 제사 자리에서 절하는 것이 무슨 문제이겠습니까?"

그것을 내가 어떻게 바라보고 생각하는지가 문제인 것입니다. 바울은 내면의 생각은 염두에 두지 않고 무조건 눈에 보이는 현상만을 정해놓은 도그마로 칼질하고 있다고 경고한 것입니다. 그리고 바울이 강력하게 한방을 먹입니다.

… 그리스도께서 대신하여 죽으신 형제를 네 음식으로 망하게 하지 말라

_롬 14:15

음식을 보지 말고 사람을 보라는 말입니다. 그 행위의 기저에 사랑이 있어야 한다고 말한 것입니다. 그것이 바울이 이해한 하나님의 뜻이었습니다. 이런 문제로 하나님의 사업이 무너지고 하나님의 일이 방해된다면, 더욱이 사람이 하나님을 떠난다면 얼마나 어이없는 일이냐는 말입니다.

음식으로 말미암아 하나님의 사업을 무너지게 하지 말라 만물이 다 깨끗하되 거리낌으로 먹는 사람에게는 악한 것이라 _롬 14:20

신앙의 양심에 맡기라

그러면 먹고 마시는 것으로 표현된 이같은 행동들, 곧 기독교 도그마의 기

준으로 볼 때 위배되는 행동을 해도 좋은가 하는 문제가 대두될 수 있습니다. 바울은 그것에 대해 이어지는 문장에서 이중적으로 보이는 대답을 하였습니다.

> 고기도 먹지 아니하고 포도주도 마시지 아니하고 무엇이든지 네 형제로 거리끼게
> 하는 일을 아니함이 아름다우니라 _롬 14:21

약간 초점이 흐려지는 느낌이 들지만, 그렇지 않습니다. 그 문제들이 문제가 아니라 그것을 둘러싸고 있는 사람들이 중요하기 때문입니다. 바울은 우리가 그것을 적용할 때 도그마를 가지고 말하는 자들까지 배려해야 한다고 말한 것입니다. 사람이 무너지는 것은 정말 위험한 일이기 때문입니다.

드디어 바울이 매우 놀라운 결론을 말합니다. 우리가 그 같은 것들에 너무 신경 쓰지 말고 각자의 신앙의 양심에 맡기자는 것입니다. 각자의 양심과 수준에 따라 기준을 삼고 결정하라는 것입니다.

> 이런 문제는 하나님 앞에서 여러분의 믿음대로 하십시오. 자기가 옳다고 생각하
> 는 일을 할 때 죄책감을 느끼지 않는 사람은 행복한 사람입니다. 그러나 의심을 하
> 면서 음식을 먹는다면 그것은 믿음으로 먹은 것이 아니기 때문에 죄가 됩니다 _롬
> 14:22-23, 현대인의 성경

우리가 최종적으로 관심을 가지고 집중해야 할 부르심이 있고, 먹고 마시는 것이 하나님 나라보다 앞선 관심사일 수 없기 때문입니다.

> 하나님의 나라는 먹는 일이나 마시는 일이 아니라, 성령 안에서 누리는 의와 평강

과 기쁨입니다. 이런 마음으로 그리스도를 섬기는 사람은 하나님을 기쁘시게 하고 사람들에게도 인정을 받습니다. _롬 14:17-18, 쉬운성경

이 긴 이야기의 결론은 매우 인격적입니다. 바울이 사람을 생각하시는 하나님의 마음을 알았기 때문이었습니다.

… 믿음을 따라 하지 아니하는 것은 다 죄니라 _롬 14:23

놀라운 말씀입니다. 왜냐하면 우리는 믿음이 크다 혹은 적다고 쉽게 말할 수 있지만, 믿음은 크기를 규정할 수 없기 때문입니다. 그건 오로지 주님만 아시기 때문입니다. 그러므로 '믿음을 따라 한다'는 것은 오로지 하나님의 기준으로만 측정될 수 있는 것입니다. 그런 까닭에 기준이 하나님이 아니라 우리 자신에게 넘어온 것이라고 말할 수 있습니다. 나의 믿음이 곧 기준이 되었다는 뜻입니다. 우리의 윤리적 삶이 크든 작든 관계없이, 하나님 앞에서 거짓 없는 믿음이 유일한 기준이 된다고 바울은 말한 것입니다.

이제 이런 질문을 자신에게 던져보십시오.

"어떤 기준에서 볼 때 믿음의 크기가 작을 수도, 클 수도 있습니다. 하지만 그것과 상관없이 나의 믿음의 평가 기준에서 나를 볼 때, 나는 믿음을 따라 행동하고 있습니까?"

자기 좋을 대로 하지 않는다

롬 15:1-3

바로 앞 장에서 이 질문을 던졌습니다.

"어떤 기준에서 볼 때 믿음의 크기가 작을 수도, 클 수도 있습니다. 하지만 그것과 상관없이 나의 믿음의 평가 기준에서 나를 볼 때, 나는 믿음을 따라 행동하고 있습니까?"

그렇다면 '믿음이 강하다'라고 말할 때, 그 기준은 무엇입니까? 믿음의 기준은 어떤 도그마에 의해 정해지지 않습니다. 우리는 어떤 기준을 정해놓고 믿음이 좋다, 그렇지 않다고 판단합니다. 예를 들어 헌금하는 것을 보니까, 봉사하는 것을 보니까 믿음이 좋은 사람이라고 말하기를 좋아합니다. 그런 기준을 우리 스스로 정한 것입니다. 그리고 안심하고 괜찮다고 말합니다. 하지만 진짜 믿음이 강하고 좋은 사람이란 어떤 사람입니까?

> 믿음이 강한 우리는 마땅히 믿음이 약한 자의 약점을 담당하고 자기를 기쁘게 하지 아니할 것이라 _롬 15:1

좀 더 명확하게 보기 위해 줄여서 읽어보겠습니다.

믿음이 강한 우리는 … 자기를 기쁘게 하지 아니할 것이라 _롬 15:1

이 구절을 공동번역으로 읽어보겠습니다.

믿음이 강한 사람은 자기 좋을 대로 하지 말고 _롬 15:1

믿음이 강한 사람은 간단히 말해서 '자기 좋을 대로 하지 않는 사람'입니다. 어떤 기준을 세워놓고 그 기준에 맞으니까 됐다고 말하는 사람이 아니라는 말입니다.

물론 믿음이 강한 사람 역시 다른 사람을 봅니다. 한 가지 다른 점이 있다면 기준을 세워놓고 보는 것은 아닙니다. 내 기준을 세웠을 때, 내 앞에 서 있는 다른 사람이 내 기준에 맞지 않으면 정말 한심해보입니다. 저 정도의 문제로 고민하고 힘들어하느냐고 비난할 수도 있습니다.

나는 믿음이 강해서 저런 문제에 흔들리지 않는다고 말할 수 있습니다. 우리가 그렇게 해왔습니다. 그런데 바울은 다르게 말합니다. "자기 좋을 대로 하지 말고"라고 말입니다. 특히 자신의 행위가 괜찮은 사람, 소위 말해 믿음이 강해보이는 사람이 자신을 기준으로 삼지 말고 앞에 있는 사람을 존재 그대로 보라는 것입니다.

¹믿음이 강한 우리는 마땅히 믿음이 약한 자의 약점을 담당하고 자기를 기쁘게 하지 아니할 것이라 ²우리 각 사람이 이웃을 기쁘게 하되 선을 이루고 덕을 세우도록 할지니라 _롬 15:1-2

내 기준을 내세우지 말고 그 사람 자체를 보라는 것이고, 그냥 그 사람이 되어서 그 사람을 받아들이라는 말입니다. 이런 태도를 가진 사람이 진정 믿음이 강한 사람입니다.

내 기준을 내세우지 말고

《하나님의 임재연습》을 쓴 로렌스 형제를 아실 것입니다. 로렌스 형제는 1611년에 태어나 젊은 나이에 수도원으로 들어가 요리와 설거지와 신발 수선하는 일로 일생을 보내다 1691년 80세 되던 해에 하나님 품에 안긴 사람입니다. 그에 관한 재미있는 일화가 있습니다. 그가 수도회 본부로부터 싸움이 많기로 소문난 어떤 수도원의 원장으로 임명을 받아 부임했을 때 일입니다. 버릇없는 젊은 수도사들이 나이 든 로렌스 수도사에게 식당의 접시 닦기 일을 시킨 것입니다. 신입 수도사는 접시 닦기부터 해야 했기 때문이지만, 그들이 로렌스가 새 원장인 것을 눈치 채지 못한 이유도 있었습니다. 로렌스는 원장으로 부임했으면서도 그렇게 수도원 생활을 시작하였습니다. 접시 닦는 일뿐 아니라 온갖 무시와 구박을 받으며 신입 수도사들이 자는 좁은 문간방에서 잤습니다. 그렇게 세 달이 흐른 어느 날, 본부 수도회 감독이 순시하러 그 수도원에 들렀습니다. 버릇없는 젊은 수도사들도 감독 앞에서만큼은 쩔쩔맸습니다. 그런데 원장의 모습이 보이지 않자 감독이 물었습니다.

"원장님은 어디 가셨는가?"

"아직 부임하지 않았습니다."

그러자 감독이 깜짝 놀라며 말했습니다.

"아니, 그게 무슨 소린가! 본부에서 로렌스 수도사님을 3개월 전에 이 수도원 원장으로 임명하고 파송했는데…."

로렌스 수사는 그냥 미숙하고 버릇없는 젊은 수사들의 위치에서 행동했습니다. 말도 안 되는 일이었지만 말입니다.

지도자는 어떤 사람이어야 합니까? 기준을 세우지 않고 백성들을 보고, 그들의 삶의 수준으로 내려가 함께 하는 사람이어야 합니다. 이 나라에 그런 지도자가 있기를 꿈꾸며 기도합니다. 그런 지도자가 정치판에 있겠습니까? 교회에서도 희귀해지기 시작했는데 말입니다. 누구라도 그런 지도자의 흉내라도 내면 좋겠습니다. 그래서 예수 그리스도가 우리의 주님이신 것입니다. 그분은 그렇게 행하셨습니다. 바울이 그것을 강조하였습니다.

> 그리스도께서도 자기를 기쁘게 하지 아니하셨나니(그리스도께서도 당신이 좋으실 대로 하시지 않고, 공동번역) 기록된 바 주를 비방하는 자들의 비방이 내게 미쳤나이다 함과 같으니라 _롬 15:3

그리스도께서 당신이 좋으실 대로 하시지 않으신 것이 당연하지 않습니까? 주님이 만일 당신이 좋으실 대로 기준을 세우셨다면 그 날로 우리는 끝입니다. 우리는 기준에 한참 모자랄 것이 분명하기 때문입니다. 더욱이 예수 그리스도가 기준이라면 영원한 심판인데, 그 기준을 버리신 것입니다. 그냥 우리 자체만을 보신 것입니다. 그것이 바로 사랑입니다. 요한이 그것을 알았습니다.

> 하나님이 세상을 이처럼 사랑하사 독생자를 주셨으니 이는 그를 믿는 자마다 멸망하지 않고 영생을 얻게 하려 하심이라 _요 3:16

이 방법을 따라 사랑하사

"하나님이 세상을 이처럼 사랑하사"를 NIV는 "God so loved the world"라고 번역했습니다. 헬라어 성경에서 '후토'로 쓰여진 부사를 '이처럼'(so)으로 번역한 것입니다. 그런데 자세히 살필 필요가 있습니다. 부사 '후토'의 어원은 '이것, this' 등으로 번역되는 대명사인 '후토스'입니다. 그런 까닭에 부사 '후토'는 '이것'이라는 지시적 의미를 담고 있습니다. 그러므로 '후토'를 단순히 '이처럼'(so)으로 번역하는 것은 그 뜻을 충분히 담았다고 볼 수 없습니다. 오히려 원래 의미를 강조할 필요가 있습니다. 부사 '후토'의 의미를 어휘사전(렉시콘)에서 이렇게 설명하고 있습니다.

> '이 길로'(진행 혹은 추종하는 것에 대한 언급), 그후에, 이 방법을 따라, 처럼,
> 심지어(그렇게), 힘껏, 더 이상 아니, 이런 방법으로, 그렇게(같은 방법으로),
> 그러므로('미션 디럭스 성경' 참조)

'후토'의 어원인 지시대명사 '후토스'의 의미를 따라 번역하면 "하나님이 세상을 이 방법을 따라 사랑하사"라고 번역해야 더 적절하다는 말입니다. 그러면 '이 방법'은 무엇입니까? 당연히 앞의 절들을 지시하고 있다고 보아야 합니다. 앞의 두 절만 읽어보겠습니다.

> [14]모세가 광야에서 뱀을 든 것 같이 인자도 들려야 하리니 [15]이는 그를 믿는 자마다 영생을 얻게 하려 하심이니라 _요 3:14-15

'이 방법'은 예수 그리스도의 십자가 죽음을 말하는 것입니다. '뱀을 든 것 같이'입니다. 그것은 수치를 말합니다. 광야에 버려진 뱀처럼, 가장 비참

한 존재가 된다는 말입니다. 스스로 비참하게 버려진 뱀 같은 존재와 동일시하신 것입니다. 이것이 주님이 하신 것입니다. 예수님이 기준을 자신에게 두지 않았기 때문입니다.

십자가의 죽음에는 자기 기준을 포기하시는 절대 포기가 숨어 있고, 우리만 바라보시는 하나님의 절대 사랑과 긍휼이 숨어 있습니다. 이것이 믿음이 강한 사람의 모습입니다.

그런데 우리가 어느 날 자신을 그리스도와 동일시할 때가 생긴다면 어떻게 되겠습니까? 사실 그것은 거의 불가능한 일일지도 모릅니다. 그래서 주님이 말씀하셨습니다.

> … 아무든지 나를 따라오려거든 자기를 부인하고 날마다 제 십자가를 지고 나를 따를 것이니라 _눅 9:23

'주님의 십자가'가 아니라 '자기 십자가'를 지라는 말씀입니다. 우리가 조금이라도 주님과 같이 자기 십자가를 지게 될 때 어떤 일이 벌어지겠습니까? 그렇게 되기를 기대하고 사는 사람이 믿음의 사람이 아니겠습니까?

받아들이라!

롬 15:4-13

하루는 공동체 리더들과 리더수련회를 하던 중에 상명대학교 입구의 중국집에서 자장면을 먹었습니다. 식사를 마치고 나오는 길에 사진의 조각 작품을 보았습니다(사진 1). 아마 그곳이 예술대학의 조각공원으로 조성했던 곳이었나 봅니다. 작품은 나무를 머리에 인 어떤 남자의 조각이었습니다. 몸보다 나무가 훨씬 커서 참 무거워보였습니다. 그때 한 이야기가 생각났습니다. 종교개혁을 일으킨 마틴 루터의 말이라고 추정되는 것입니다.

사진1

"새가 머리 위로 날아가는 것은 막을 수 없지만 머리에 둥지를 트는 것은 막을 수 있습니다."

머리에 둥지를 튼 새가 물어온 씨앗 하나가 머리에 심겨 나무로 자라는 상상을 한 것입니다. 그날 제 페이스북에 이런 글을 썼습니다.

처음에는 괜찮았다.
떨어진 씨앗을 그냥 두었더니
머리에 뿌리를 내리고
잎을 피웠다.

그런대로 근사했다.
잎이 견고해지고
나무가 되기 시작했다.
무거워지는 것 같았다.

어느 날 단단한 나무가 되어 있었다.
내 머리에 뿌리를 내린 나무
수풀을 무성히 낼만한 굵기의 나무

무거워졌다.
고개를 들 수가 없게 되었다.
처음에는 괜찮았는데

무릎을 굽혀 그 조각상의 모습을 찍었더니 엄청난 고통이 숨어 있었습니다(사진 2). 옆에서 찍으니 다른 표정이 보였습니다(사진 3). 체념이었습니다. 그가 머리에 놓은 새와 둥지와 씨앗이 모두 그가 사랑하는 것이었습니다. 저는 글을 이렇게 마무리 했습니다.

사진2   사진3

이 조각을 보면서 내 인생의 무게가 느껴졌다. 무겁다. 그래도 내가 사랑하는
것들(이다) … 원래 죄가 그런 것 아닌가? 내가 사랑하는 것들이 아닌가? 처
음에 심었던 작은 씨앗이 아름드리나무가 되는 이야기, 그것이 죄의 이야기
가 아닌가? 주님의 십자가는 이 나무를 베어 만들었다고 전해지지 아마… 내
죄의 나무를 가지고….

**주님이 우리의 죄를 대신 지시고 담당하셨습니다. 그것이 십자가를 지신
이유입니다.**

친히 나무에 달려 그 몸으로 우리 죄를 담당하셨으니 이는 우리로 죄에 대하여 죽
고 의에 대하여 살게 하려 하심이라 그가 채찍에 맞음으로 너희는 나음을 얻었나

486

니 _벧전 2:24

바울은 매우 적나라하게, 예수님께서 그 나무 위에서 바로 자신과 우리를 위하여 저주를 받은 바 되어 죽으신 것을 깨닫습니다.

그리스도께서 우리를 위하여 저주를 받은 바 되사 율법의 저주에서 우리를 속량하셨으니 기록된 바 나무에 달린 자마다 저주 아래에 있는 자라 하였음이
_갈 3:13

이 사실을 로마서에서는 이렇게 표현했습니다.

그리스도께서도 당신이 좋으실 대로 하시지 않고 오히려 "하나님을 모욕하는 자들의 모욕을 내가 대신 다 받았습니다"라는 성서 말씀대로 사셨습니다.
_롬 15:3, 공동번역

바로 이것이 바울이 나무에 달리신 예수 그리스도를 보면서 깨닫게 된 고백입니다. 또한 우리가 소망을 갖게 된 이유입니다. 바울이 그것을 강조한 것입니다.

무엇이든지 전에 기록된 바는 우리의 교훈을 위하여 기록된 것이니 우리로 하여금 인내로 또는 성경의 위로로 소망을 가지게 함이니라 _롬 15:4

더욱이 주님이 대신 담당하신 십자가가 우리에게 소망이 되는 이유는, 단순히 우리를 위해 당하신 고난 정도가 아니라 하나님에게는 '모욕'이기

때문입니다. 우리가 지은 죄가 우리에게만 해당되는 것이 아니라, 다른 사람들도 아니고 하나님을 모욕하는 것입니다. 주님이 담당하신 십자가는 하나님이 모욕을 다 받으신 사건이었던 것입니다. 그러므로 그리스도의 십자가는 하나님이 우리가 지은 죄를 담당하시면서 완벽히 모욕을 받으신 사건이었습니다. 모든 것을 받아들이신 '완벽한 용납'이었습니다.

바울은 바로 이 이유 때문에 우리가 서로 받아들일 것을 요청합니다. 일백 데나리온 빚진 자와 일만 달란트 빚진 자의 이야기에서처럼, 이미 일만 달란트를 탕감 받은 우리가 일백 데나리온 빚진 자를 용납하는 것은 매우 당연하기 때문입니다. 일백 데나리온 빚진 자를 받아들이는 것이 일만 달란트를 탕감 받은 위로의 완성이기 때문입니다.

용납하고 받아들이라

바울이 쓴 표현 중에 "위로로 소망을 가지게 함"(롬 15:4)이라는 구절을 주의해 보아야 합니다. 무슨 위로이고, 무슨 소망인지 알아야 합니다. 인지하셨는지 모르겠지만, 이 '위로와 소망'이란 일만 달란트 빚진 자의 고통과 관계가 있습니다. 엄청난 빚을 진 그가 받았던 고통에 대한 위로와 새로운 삶의 소망입니다.

가끔 신문을 보면 살인과 같은 죄를 범한 자가 수년을 숨어 살다가 잡혔을 때 하는 말을 보게 됩니다. "죗값을 치르게 되어 속 시원합니다. 그동안 하루도 발 쭉 펴고 자본 적이 없습니다." 일만 달란트의 빚이 이런 것이라 해도 틀리지 않습니다. 예수 그리스도의 십자가가 우리에게 그런 '위로와 소망'을 주신 것입니다. "살인범이 살인한 것으로 인해 고통 받은 것을 위로 받다"라는 이야기입니다. 예수 그리스도의 십자가의 기막힌 위로입니다. 그래서 바울이 이렇게 말한 것입니다. 우리도 예수 그리스도를 흉내 낸 삶이라도 살아보자고.

> 5이제 인내와 위로의 하나님이 너희로 그리스도 예수를 본받아 서로 뜻이 같게 하여 주사 6한마음과 한 입으로 하나님 곧 우리 주 예수 그리스도의 아버지께 영광을 돌리게 하려 하노라 7그러므로 그리스도께서 우리를 받아 하나님께 영광을 돌리심과 같이 너희도 서로 받으라 _롬 15:5-7

바울은 그런 다음 성경의 예언들로 부연 설명을 한 다음, 이렇게 정리하였습니다.

> 소망의 하나님이 모든 기쁨과 평강을 믿음 안에서 너희에게 충만하게 하사 성령의 능력으로 소망이 넘치게 하시기를 원하노라 _롬 15:13

죄인에게 소망이 생긴다는 것입니다. 살인범 혹은 일만 달란트 빚진 자에게 처음 주어진 것은 위로였습니다. 어불성설이지만 주님이 위로하시니 말입니다.

"그동안 얼마나 마음 고생을 하였는가?"

사실 그동안 살인범이나 일만 달란트 빚진 자에게 없었던 것이 소망, 희망이었습니다. 그런데 이제 생긴 것이 바로 소망입니다. 죄와 빚을 탕감 받은 자들에게 주어지는 축복입니다. 다른 말로 하면 비전, 꿈, 미래가 생긴 것입니다. 이 비전과 소망이 확증되는 것이 그 죄인이 일백 데나리온 빚진 자를 용납하는 것입니다. 그래서 '받아들이라'라고 권면합니다.

그러므로 그리스도께서 우리를 받아 하나님께 영광을 돌리심과 같이 너희도 서로 받으라 _롬 15:7

이것이 기독교입니다. 얼마나 좋습니까?

이 은혜를 위하여!

롬 15:14-18

바울의 감격은 주님이 다시 주신 기회와 관계가 있습니다. 사실 그가 다메섹에서 예수를 메시아로 만났을 때 모든 것이 끝났습니다. 그동안 대적한 예수가 메시아, 곧 하나님이셨기 때문입니다. 하나님을 대적한 것이었으니까, 그것은 그의 존재 자체가 사라지는 것이기도 했습니다. 엄밀하게 말해 그는 죽었습니다. 그런데 주님이 용서하신 것입니다. 바울의 죄가 사함받았다는 것을 확증하는 것이 '부르심'이었습니다. 적그리스도가 용서받은 것이었습니다. 다른 사람에게는 부르심이 될지 몰라도, 바울에게는 '부르심'이나 '소명'도 아니었습니다. 그냥 '은혜'였습니다. 그 은혜가 바울의 소망, 곧 비전이고 부르심이었습니다. 그래서 바울은 '이 은혜는'이라고 그의 부르심에 대해 말하기 시작합니다.

> 이 은혜는 곧 나로 이방인을 위하여 그리스도 예수의 일꾼이 되어 하나님의 복음의 제사장 직분을 하게 하사 이방인을 제물로 드리는 것이 성령 안에서 거룩하게 되어 받으실 만하게 하려 하심이라 _롬 15:16

사실 바울이 다메섹에서 주님을 만날 때 모든 것이 끝난 것이어서 그때 그는 스스로 곡기를 끊었습니다. 자발적인 자기 부정이었습니다. 주님의 처분만 기다리고 있었습니다.

> [8]사울이 땅에서 일어나 눈은 떴으나 아무 것도 보지 못하고 사람의 손에 끌려 다메섹으로 들어가서 [9]사흘 동안 보지 못하고 먹지도 마시지도 아니하니라
> _행 9:8-9

그런 바울에게 주님이 아나니아를 보내셨습니다. 바울은 아나니아를 통해 들은 말을 잊을 수 없었을 것입니다. 부르심이라는 은혜 말입니다.

> 주께서 이르시되 가라 이 사람은 내 이름을 이방인과 임금들과 이스라엘 자손들에게 전하기 위하여 택한 나의 그릇이라 _행 9:15

기막힌 말씀이었습니다. 바울은 그때의 감격을 잊지 않고 있었습니다. 기회가 주어진 것이었기 때문입니다. 기회를 얻을 수 없는 자에게 주어진 기회이기도 했습니다. 물론 그 다음 이어진 말씀에서, 주님의 부르심 속에는 바울의 적그리스도적인 삶에 대한 응분의 대가도 포함되어 있었습니다. 어쩌면 아나니아처럼 하나님이 바울을 사용하시는 것에 대해 의문을 갖고 있는 사람들을 무마하기 위한 것이었는지도 모르지만, 주님은 바울이 고난을 받아야 할 것이라고 말씀하셨습니다.

> 그가 내 이름을 위하여 얼마나 고난을 받아야 할 것을 내가 그에게 보이리라 하시니 _행 9:16

하지만 바울에게는 자신이 받아야 할 고난의 크기는 아무 문제가 되지 않았습니다. 그에게 주어진 기회만 중요했습니다. 이미 죽은 목숨이었는데, 그런 그에게 기회가 주어졌기 때문이었습니다. 은혜였습니다.

지체할 수 없었다

더구나 어이없게도 다메섹 체험 이전까지 그의 삶은 독선과 어리석음의 극치였습니다. 자신의 그 엄청난 죄의 모습이 다메섹에서 다 드러난 것입니다. 주님이 바울에게 "사울아 사울아 네가 어찌하여 나를 박해하느냐"(행 9:4)라고 물으시던 순간, 자신이 알고 있던 진리가 비진리라는 사실이 드러났습니다. 그가 그동안 추구했던 모든 열심의 내용, 곧 자신이 진리라고 알고 있었던 것이 비진리의 극치였던 것입니다. 그래서 이렇게 고백했습니다.

> 4그러나 나도 육체를 신뢰할 만하며 만일 누구든지 다른 이가 육체를 신뢰할 것이 있는 줄로 생각하면 나는 더욱 그러하리니 5나는 팔일 만에 할례를 받고 이스라엘 족속이요 베냐민 지파요 히브리인 중의 히브리인이요 율법으로는 바리새인이요 … 8또한 모든 것을 해로 여김은 내 주 그리스도 예수를 아는 지식이 가장 고상하기 때문이라 내가 그를 위하여 모든 것을 잃어버리고 배설물로 여김은 그리스도를 얻고 9그 안에서 발견되려 함이니 내가 가진 의는 율법에서 난 것이 아니요 오직 그리스도를 믿음으로 말미암은 것이니 곧 믿음으로 하나님께로부터 난 의라
>
> _빌 3:4-5,8-9

다메섹 이전의 그의 열심은 비진리에 대한 열심이었습니다. 그 순간부터 바울은 자신을 부인했습니다. 그가 갖고 있던 모든 지식을 배설물처럼 여

기기로 한 것입니다. 아니, 배설물 정도가 아니라 오히려 그에게 '해(害)'였습니다. '해'로 번역된 '제미아'는 난폭 혹은 손상이라는 뜻입니다. 그래서 심지어 자기에게 '폭력'이라고 여겼습니다.

> [7]그러나 무엇이든지 내게 유익하던 것을 내가 그리스도를 위하여 다 해로 여길뿐더러 [8]또한 모든 것을 해로 여김은 내 주 그리스도 예수를 아는 지식이 가장 고상하기 때문이라 … _빌 3:7-8

해로 여긴다 함은 아예 잊기로 했다는 뜻입니다. 그때부터 바울의 관심은 오직 예수는 그리스도라는 복음이었습니다. 자신의 죄와 모든 사람들의 죄를 대신하여 저주받아 죽으시고 부활하셔서, 믿는 자들에게 구원이 되신다는 복음입니다. 그 놀라운 복음 앞에서 바울이 할 수 있는 것은 그 복음을 전하는 것이었습니다. 그런데 주님이 부르심으로 기회를 주셨던 것입니다.

그러니 반복해서 말하지만, 부르심이 용서의 확증이고 은혜였습니다. 바울은 감격했습니다. 그런 까닭에 바울은 지체할 수 없었고, 쉴 수 없었습니다. 그가 할 수 있는 일, 곧 복음을 전하는 것은 영광이었고 자랑스러운 일이었을 뿐입니다. 바울은 흥분하기 시작하였습니다. 자신을 부르시고 쓰시고 계신다는 사실이 너무나 뿌듯하고 자랑스러워진 것입니다. (그러므로 우리도 주를 위해 일할 수 있다는 것을 자랑스럽게 여기십시오.) 사람들에게 그 사실을 알리고 싶었습니다. 바울의 말을 들어보시겠습니까?

> [17]형제들아 너희는 함께 나를 본받으라 그리고 너희가 우리를 본받은 것처럼 그와 같이 행하는 자들을 눈여겨 보라 [18]내가 여러 번 너희에게 말하였거니와 이제도

눈물을 흘리며 말하노니 여러 사람들이 그리스도의 십자가의 원수로 행하느니라
_롬 15:17-18

이 본문을 알기 쉽게 번역해보겠습니다.

내가 그리스도 예수 안에서 하나님을 섬기는 일을 자랑스럽게 생각합니다. 그것은 그리스도께서 이방인들을 인도하여 하나님께 순종하게 하기 위하여 나를 통하여 역사하셨다는 것입니다. 이것을 강조하고 싶습니다. 너무 자랑스러워서 견딜 수가 없습니다. _롬 15:17-18, 하정완의 역

이런 바울에게 주를 위해 일하고 고통당하는 것은 쾌락이었습니다. 고통의 현장으로 가야 한다 해도 주를 위하는 일이라면 빛의 속도로 움직였습니다. 다메섹에서도 즉시로 움직였던 사람입니다.

19 … 사울이 다메섹에 있는 제자들과 함께 며칠 있을새 20즉시로 각 회당에서 예수가 하나님의 아들이심을 전파하니 _행 9:19-20

그의 선교사역이 위험하다는 것을 알았고 주님이 막으셨음에도 불구하고, 그가 정신없이 복음을 위하여 움직인 이유는 주를 위해 사는 것이 그에게 쾌락이었기 때문입니다. 저도 지금 같은 고백을 하고 있습니다.
"제가 주를 위해 일할 수 있다는 것은 자랑스러운 일입니다."

끝까지 걸어가다

롬 15:19

바울이 자신이 걸어온 길을 돌아보면서 했던 자랑을 기억하십니까? 다시
한번 소개하고 싶습니다.

내가 그리스도 예수 안에서 하나님을 섬기는 일을 자랑스럽게 생각합니다. 그것은
그리스도께서 이방인들을 인도하여 하나님께 순종하게 하기 위하여 나를 통하여
역사하셨다는 것입니다. 이것을 강조하고 싶습니다. 너무 자랑스러워서 견딜 수가
없습니다. _롬 15:17-18, 하정완의 역

바울은 이 자랑할 만한 내용을 이어서 설명하였습니다.

표적과 기사의 능력으로 성령의 능력으로 이루어졌으며 그리하여 내가 예루살렘
으로부터 두루 행하여 일루리곤까지 그리스도의 복음을 편만하게 전하였노라
_롬 15:19

공동번역으로 읽어보겠습니다.

나는 그분에게서 기적과 놀라운 일을 할 수 있는 힘 곧 성령의 힘을 받아 예루살렘에서 일리리쿰에 이르기까지 두루 다니면서 말과 활동으로 그리스도의 복음을 남김없이 전파하였습니다. _롬 15:19, 공동번역

개역성경은 '복음을 편만하게'라고 번역했지만, 복음이 예루살렘에서 일루리곤, 지금의 유고슬라비아 지역, 마게도니아의 북서쪽에 해당하는 지역까지 다 퍼지도록 전한 것이라고 볼 수는 없기 때문에, 그런 의미에서 "말과 활동으로 그리스도의 복음을 남김없이 전파하였다"라는 공동번역의 번역이 저는 더 좋습니다. '끝까지, 남김없이 전파하였다'는 이 기막힌 삶의 기저에는 오로지 그리스도의 복음이 있었습니다. 바울이 사는 이유였습니다.

우리가 살아도 주를 위하여 살고 죽어도 주를 위하여 죽나니 그러므로 사나 죽으나 우리가 주의 것이로다 _롬 14:8

바울에게는 먹는 것이든 마시는 것이든, 무엇이든 하나님의 영광이 목적이었습니다.

그런즉 너희가 먹든지 마시든지 무엇을 하든지 다 하나님의 영광을 위하여 하라 _고전 10:31

바울의 머릿속에는 온통 예수 그리스도, 복음만이 가득했던 것입니다. 이것이 바울의 힘이었습니다. 뿐만 아니라 복음은 바울의 자랑이었습니다. 바울에게 복음이 전부였던 것입니다. 복음은 바울에게 쾌락이었습니다. 그것이 바울을 이토록 정신없이 세상을 다니며 복음을 전하게 만든 이유였습

니다. 도무지 가만히 있을 수 없었던 것입니다. 바울이 복음 전도를 위해 매일 새로운 시도를 한 이유이기도 했습니다. 그런 자신에 대해 감사하고 자랑스러워했습니다.

사실 하나님을 만나는 것은 새로운 길로 들어서는 것을 말합니다. 다른 존재, 새로운 피조물이 된다고 성경은 말합니다. 다른 생각을 하고, 다른 가치를 가지고, 다른 행동을 하게 되는 것입니다. 언제나 주님이 성령을 통하여 우리에게 불처럼, 열정으로 찾아오시고, 우리 안에 꿈과 비전을 불어넣으시기 때문입니다. 그렇다면 우리의 신앙은 언제 힘을 잃고 무너집니까? 언제 그저 그런 것이 됩니까?

하나님을 잊어버린 사람들

시편 50편 말씀을 잘 보면 어떤 예배자들이 나옵니다. 그들은 열심히 예배드리고 제물을 하나님께 드립니다. 하나님은 그 예배와 제물을 문제 삼지 않으십니다.

> 나는 너희가 바친 제물을 두고 너희를 탓하지는 않는다. 너희는 한 번도 거르지 않고 나에게 늘 제물을 바쳤다. _시 50:8, 표준새번역

그런데 몇 구절 지나 갑자기 말씀의 색깔이 바뀝니다. 하나님이 이들이 드리는 예배와 제사를 싫어하신다고 말씀하십니다. 심지어 "내가 너희를 찢으리니"(시 50:22)라는 극단적 표현까지 하십니다. 하나님이 왜 이토록 분노하신 것입니까? 우리는 그 이유를 다음 말씀에서 찾습니다.

¹⁷네가 교훈을 미워하고 내 말을 네 뒤로 던지며 ¹⁸도둑을 본즉 그와 연합하고 간음하는 자들과 동료가 되며 ¹⁹네 입을 악에게 내어 주고 네 혀로 거짓을 꾸미며 ²⁰앉아서 네 형제를 공박하며 네 어머니의 아들을 비방하는도다 _시 50:17-20

이것들이 그들의 중요한 잘못이긴 합니다. 하지만 이런 행동이 나오게 된 것은 다른 이유 때문입니다. 하나님이 분노하신 근본 이유는 다른 데 있었습니다.

하나님을 잊어버린 너희여 이제 이를 생각하라 그렇지 아니하면 내가 너희를 찢으리니 건질 자 없으리라 _시 50:22

그들의 가장 큰 잘못은 하나님을 잊어버린 것입니다. 예배는 드리지만 하나님을 잊고 있었습니다. 아무 생각 없이 예배했던 것입니다. 예배는 오히려 하나님을 이용하는 것이었고, 그래놓고 하나님께서 자신들의 불의한 삶을 용인하신다고 여겼던 것입니다. 주님이 언제나 성령을 통하여 우리에게 불, 곧 열정으로 찾아오시고 우리 안에 꿈과 비전을 불어넣으시는데, 그것은 잊은 것입니다. 왜 이런 일이 벌어졌을까요?

사실 일상적인 삶과 꾸준히 드리는 형식적인 예배 자체는 문제가 아닙니다. 생각을 잃은 것이 문제입니다. 생각을 잃는 순간 우리는 우리에게 밀어닥친 물결과 영향을 따라 철새처럼 떠돌게 되기 때문입니다.

늘 다니던 길로만 다니는가?

웨인 다이어는 사람들이 늘 다니던 길로만 다니는 이유를 "현상유지를 하면 절대 스스로 생각할 필요가 없기 때문이다"[34]라고 하였습니다. 그러니까 '스스로 생각할 필요가 없다'는 것이 문제입니다.

늘 다니던 길로 다니면 생각하지 않고 운전할 수 있습니다. 그때 다가오는 것이 무료함과 권태입니다. 제가 처음 집으로 이사 가서 교회로 오고 갈 때는 노선을 생각하면서 운전하였습니다. 그러나 길이 익숙해지자 생각하지 않게 되었습니다. 어느 날부터 출퇴근길의 운전은 생각 없는 행위가 되기 시작한 것입니다. 생각 없는 행위는 권태로 변했습니다. 변화가 없을 수밖에 없습니다. 이것이 늘 다니던 길로만 다니는 행위의 특징입니다.

바울이 쉼 없이, 남김 없이, 끝까지 복음을 전할 수 있었던 이유는 끊임없이 주님을 생각했기 때문입니다. 생각이 힘이었습니다. 주님의 십자가, 나를 위해 저주받으신 예수, 그 사랑과 복음의 은혜 같은 것을 마음에 품고 더 깊은 생각에 들어서게 하였습니다. 결론은 언제나 감사였습니다. '생각하고 잊지 않는 것'에서 감사가 나오기 때문입니다. 바울이 한 시도 쉴 수 없는 이유였습니다.

시편 50편의 예배자들은 분명 충분한 헌금과 제물을 하나님께 바쳤습니다. 하지만 그것은 일상적인 것이었습니다. 그뿐 아니라 예배가 마치 '자기에게 구걸하는 신들에게 큰 인심을 쓰는 것'처럼 되었습니다. 혹은 그것으로 하나님을 조종하려 하였습니다. 하나님이 '찢어버리겠다'라고 말씀하신 이유입니다. 그래서 하나님은 우리에게 '감사로 제사드릴 것'을 요청하시는 것입니다. 하나님의 관심사는 물질이 아니라 우리의 진정성이기 때문입니다. 감사는 생각하는 것이고, 느끼는 것이고, 만져보는 것입니다. 그래서 '생각한다'는 것은 진정성을 말합니다. 하나님은 살아 있는 나, 생각하는 나,

---

34 웨인 다이어, 행복한 이기주의자, 21세기북스, 166

고민하는 나를 만나고 싶어하십니다.

한번 생각해보십시오. 일상적인 삶 속에서 하나님을 생각하는 삶을 살고 있었습니까? 하나님의 뜻을 물어보고, 하나님의 뜻을 따라 나의 행동을 살펴보고 있습니까? 세상에 있기 때문에 괴로워하고 힘들어하고, 그러나 다시 기도하고 힘을 얻고 몸부림치는 삶을 살아보셨습니까? 이같은 삶을 살던 사람이 주님 앞에 나와 '감사'를 드릴 때, 그 제사가 하나님을 영화롭게 하는 것입니다. 시편 50편의 마지막 이야기입니다.

> 22하나님을 잊어버린 너희여 이제 이를 생각하라 그렇지 아니하면 내가 너희를 찢으리니 건질 자 없으리라 23감사로 제사를 드리는 자가 나를 영화롭게 하나니 그의 행위를 옳게 하는 자에게 내가 하나님의 구원을 보이리라 _시 50:22-23

바울은 이제 온통 하나님으로 가득한 삶을 자랑하고 있습니다. 그것이 가장 완벽하고 아름다운 제사이기 때문입니다. 감사라는 말을 한 마디도 쓰지 않았지만 가장 완벽한 감사제물, 인생 추수 감사를 드린 것입니다.

> 나는 그분에게서 기적과 놀라운 일을 할 수 있는 힘 곧 성령의 힘을 받아 예루살렘에서 일리리쿰에 이르기까지 두루 다니면서 말과 활동으로 그리스도의 복음을 남김없이 전파하였습니다. _롬 15:19, 공동번역

지도 밖으로 행군하라

롬 15:20-29

바울의 열정적인 전도사역은 소아시아 전역에 복음 열풍이 일게 만들었습니다. 바울의 사역은 소아시아 거의 전역에 복음이 전파되는 열매를 거두게 한 것입니다. 그가 언급한 것처럼 말입니다.

> 표적과 기사의 능력으로 성령의 능력으로 이루어졌으며 그리하여 내가 예루살렘으로부터 두루 행하여 일루리곤까지 그리스도의 복음을 편만하게 전하였노라
>
> _롬 15:19

그런데 바울이 갑갑해지기 시작했습니다. 주님이 보여주신 환상은 어쩌면 마게도냐가 전부였을지도 모릅니다. 그러나 바울은 그 환상을 넘어 로마와 스페인, 즉 당시 관점에서 땅 끝을 생각하고 있었기 때문입니다. 우리는 곳곳에서 그 흔적들을 살필 수 있습니다.

바울은 3차 전도여행을 마무리하면서 예루살렘으로 돌아가려 합니다. 15장이 설명하는 때입니다. 그러나 예루살렘에서는 이미 바울을 죽이려는 계획이 차근차근 진행되고 있었습니다. 그가 예루살렘으로 들어가는 것은

죽음을 의미하였습니다. 이미 예루살렘에는 40여 명의 '바울 살해 특공대'가 조직되어 기회를 노리고 있었고(행 23:12-14) 그들의 배후에는 대제사장들이 있었습니다. 뿐만 아니라 바울이 다녔던 소아시아, 마게도냐, 헬라 지역의 유대인들 또한 바울을 죽이려고 혈안이 되어 있었습니다(행 20:3). 그는 이처럼 안팎으로 죽음의 위협 가운데 있었습니다. 특히 예루살렘으로 돌아가는 것은 죽음을 의미했습니다. 바울은 그것을 알고 있었지만 아랑곳하지 않았습니다.

바울이 안디옥에서 시작하여 아시아, 무시아, 그리고 마게도냐의 끝 지점인 아덴과 고린도를 거쳐 베뢰아에 이르자, 거쳐온 육로를 다시 거슬러 빌립보를 경유해 드로아를 지납니다. 그가 사역했던 곳들을 돌아보고 한번 더 상황을 살펴보고자 했던 것으로 보입니다. 그리고 밀레도에 이르렀을 때입니다. 바울은 3년 동안 사역하였던 에베소의 장로들을 불러서 만납니다. 그 자리에서 바울은 자신의 심경을 털어놓았습니다.

보라 이제 나는 성령에 매여 예루살렘으로 가는데 거기서 무슨 일을 당할는지 알지 못하노라 _행 20:22, 개정개역

다만 내가 아는 것은 어느 도시에 가든지 감옥과 환난이 나를 기다리고 있다고 성령께서 내게 경고해 주셨다는 사실뿐입니다. 그러나 나는 내 목숨을 아깝게 생각하지 않습니다. 예수님께로부터 받은 사명, 곧 사람들에게 하나님의 은혜의 복음을 전하는 일을 다 마칠 수만 있다면 말입니다. 나는 여러분과 함께 있는 동안, 줄곧 하나님의 나라를 전했습니다. 이제 나의 설교를 들으신 여러분 중에는 나의 얼굴을 다시 볼 수 있는 사람이 아무도 없으리라는 것을 나는 압니다.
_행 20:23-25, 쉬운성경

성령께서는 바울에게 기막힌 환란이 기다린다는 사실을 이미 알려주셨습니다. 하지만 바울의 열정을 바꿀 수는 없었습니다. 바울은 자신의 생명이 아깝지 않았습니다. 오히려 환란을 즐거워했습니다.

주님의 배려

바울이 에베소 장로들과 눈물로 마지막 이별을 하고, 지중해를 건너 팔레스타인 땅 두로에 도착했을 때입니다. 이제 예루살렘까지 얼마 남지 않았습니다. 바울은 그곳에서 일주일간 지내면서 그곳의 크리스천들에게 임하신 성령의 음성을 듣습니다.

> 우리는 두로에서 신자들을 만나 일주일을 그들과 함께 지냈습니다. 그들은 성령께서 알려 주신 대로 바울에게 예루살렘에 가지 말라고 만류했습니다. 그러나 그들과 함께한 시간이 다 되자, 우리는 그 곳을 떠나 여행길에 올랐습니다. 모든 신자들이 아내와 아이들을 데리고 도시 바깥까지 나와 우리를 배웅해 주었습니다. 우리는 모두 바닷가에서 무릎을 꿇고 기도했습니다. _행 21:4-5, 쉬운성경

주를 위해 죽기로 작정한 것입니다. 바울의 마음은 이처럼 확고했습니다. 그리고 이제 땅 끝까지 복음을 전하고 싶었던 바울은 로마 교회에 동역을 구합니다. 바울의 계획은 간단했습니다. 예루살렘으로 돌아갔다가, 다시 정비한 후 로마를 지나 서바나로 가는 것입니다. 서바나까지 가기 위해 길목에 있는 로마 교회의 도움을 받고 싶었던 것입니다.

²³이제는 이 지방에 일할 곳이 없고 또 여러 해 전부터 언제든지 서바나로 갈 때에

너희에게 가기를 바라고 있었으니 ²⁴이는 지나가는 길에 너희를 보고 먼저 너희와 사귐으로 얼마간 기쁨을 가진 후에 너희가 그리로 보내주기를 바람이라

_롬 15:23-24

그런데 로마 교회는 바울을 약간 경계하고 있었던 것으로 보입니다. 사실 로마 교회는 고통을 많이 겪었습니다. 여기서 잠깐, 로마 교회의 형성 과정을 다시 언급하겠습니다.

신학자들은 사도행전 2장 10절을 주목합니다. 바로 오순절 때의 기록입니다. 오순절의 강력한 역사를 경험한 사람들 중에 로마에서 온 사람들이 있었음을 알 수 있습니다(로마로부터 온 나그네 곧 유대인과 유대교에 들어온 사람들, 행 2:10). 학자들은 대체로 이들이 오순절 때 성령의 체험을 강력하게 경험하고 난 후, 그들에 의해 로마에 복음이 전해진 것으로 봅니다. 그들은 로마로 돌아가 교회를 세웠을 것입니다. 4세기의 교부 암브로시우스도 같은 의견을 냅니다.

로마의 교회는 어떤 특정한 사도에 의해서 세워진 것이 아니라 유대인의 의식을 따라-유대인들 사이에서-그리스도에 대한 믿음을 소유하게 되었다.[35]

예루살렘에서 복음을 받고 돌아온 그들은 유대인의 규칙을 따라 회당에서 예배를 드렸을 것입니다. 그곳에서 복음이 전해지기 시작하였고, 특히 개종한 이방인 유대교인들이 적극적으로 복음을 받아들였을 것으로 보입니다. 복음이 점차 확장되자 유대 크리스천들과 유대인들 사이에 갈등

---

35 한천설, '로마서 설교를 위한 배경연구', 로마서 어떻게 설교할 것인가, 두란노 아카데미, 14

이 생겼을 것입니다. 이 갈등은 로마사회에 적지 않은 파장을 일으켰습니다. 드디어 클라우디우스(글라우디오) 황제가 AD 49년에 칙령을 내리기에 이르렀습니다. 클라우디우스 황제의 전기를 쓴 수에토니우스(Suetonius)의 기록입니다.

> 그(클라우디우스)는 크레스토(그리스도) 때문에 집요하게 분란을 선동하는 유대인들을 로마에서 추방하였다.[36]

바울이 이런 로마 교회의 상황을 알게 된 것은 고린도에서 만난 아굴라와 브리스길라 부부 때문이었습니다. 그들은 로마 교회 교인이었습니다. 그들의 직업은 바울처럼 천막을 만드는 것이어서 바울은 한동안 그들과 함께 살았다고 성경은 기록하고 있습니다(행 18:2-3). 그들이 바로 AD 49년 클라우디우스 황제의 유대인 추방령 때문에 로마를 떠난 사람들이었습니다.

> [1]그후에 바울이 아덴을 떠나 고린도에 이르러 [2]아굴라라 하는 본도에서 난 유대인 한 사람을 만나니 글라우디오가 모든 유대인을 명하여 로마에서 떠나라 한 고로 그가 그 아내 브리스길라와 함께 이달리야로부터 새로 온지라 바울이 그들에게 가매 _행 18:1-2

그러니까 클라우디우스 황제가 내린 추방령의 대상은 모든 유대인들이 었습니다. 크리스천이든 아니든 모든 유대인이 추방된 것입니다. 이 말은 그동안 유대인 중심의 로마 교회가 완전히 이방인 중심으로 바뀌게 되었다

---

36 "Iudaeos impulsore Chresto assidue tumultuantes Roma expulit", Life of Claudius, 25, 4

는 뜻입니다. 유대 크리스천이 중심이었던 이전과 달리 모임의 모습과 색깔도 바뀌게 되었습니다. 우선 모임 장소가 회당에서 '인술라'와 같은 일터와 주거공간이 합쳐진 장소로 바뀌기 시작했던 것으로 보입니다. 동시에 그동안 그들에게 끊임없이 요구되었던 안식일과 정결법 준수 같은 유대교 전통과 관습은 점차 불필요한 것으로 간주되었습니다.[37]

그리고 54년 클라우디우스가 죽고 네로가 새로운 황제가 되면서 유대인들은 로마로 돌아올 수 있었지만, 이미 교회는 이방인 크리스천 중심으로 재편된 후였습니다. 유대 크리스천이 소수로 전락한 것입니다.

바울의 관심

그러므로 로마서가 기록된 시기인 AD 57년경의 상황을 볼 때 로마 교회는 약간의 혼란이 있던 것으로 보입니다. 특히 추방당했던 경험과 유대 크리스천과 이방인 크리스천의 갈등으로 인해 외부 인원의 유입 자체를 매우 경계하던 시기였음을 이해할 수 있습니다. 로마 교회는 자신들을 추스리기도 힘들었을 것으로 판단할 수 있습니다. 바울은 이런 형편을 잘 알고 있었습니다. 그런 까닭에 바울이 로마 교회로부터 대단한 도움을 기대한 것은 아닙니다. 단지 개역성경이 번역한 것처럼 바울은 "지나가는 길에 너희를 보고 먼저 너희와 교제하여 약간 만족을 받은 후에"(롬 15:24) 서바나로 가고 싶었던 것입니다. 하지만 이같은 바울의 의도를 잘 모르고 있었던 로마 교회 입장에서는 바울을 경계했을지도 모릅니다. 그런 것을 의식했는지 모르지만, 바울은 "(로마에) 들렀다가 서바나로 가리라"(롬 15:28)는 말을 매우

---

37 정승우, 로마서의 예수와 바울, 31

강력한 어조로 재차 강조했습니다.

또 내가 그리스도의 이름을 부르는 곳에는 복음을 전하지 않기를 힘썼노니 이는
남의 터 위에 건축하지 아니하려 함이라 _롬 15:20

실제로 바울의 관심은 로마 교회에 있지도 않았고, 그곳에 교회를 세우
고 편안한 삶을 추구하는 것이 목적도 아니었습니다. 그의 머릿속에는 온
통 복음, 하나님나라, 순교, 땅 끝만이 있었습니다.

사실 바울은 고린도나 에베소에서 바로 서바나를 향해 갈 수도 있었습니
다. 하지만 그에게는 또 하나의 사명이 있었습니다. 예루살렘에서 정리할
일이 있었던 것입니다. 그것이 예루살렘으로 가는 이유였습니다.

[25]그러나 이제는 내가 성도를 섬기는 일로 예루살렘에 가노니 [26]이는 마게도
냐와 아가야 사람들이 예루살렘 성도 중 가난한 자들을 위하여 기쁘게 얼
마를 연보하였음이라 [27]저희가 기뻐서 하였거니와 또한 저희는 그들에게 빚
진 자니 만일 이방인들이 그들의 영적인 것을 나눠 가졌으면 육적인 것으
로 그들을 섬기는 것이 마땅하니라 [28]그러므로 내가 이 일을 마치고 이 열매
를 그들에게 확증한 후에 너희에게 들렀다가 서바나로 가리라 _롬 15:25-28

사실 이것은 바울이 자신의 사역을 마무리하는 일이었습니다. 바울의 이
방인 사역은 예루살렘 교회와 유대 크리스천들의 격렬한 반대에 직면해 있
었습니다. 아직 끝난 것이 아니었습니다. 특히 예루살렘 교회는 더 큰 핍박
에 직면하면서 보수적 유대주의로 회귀하고 있었습니다. 그래서 예루살렘
교회에 헌금하는 것은 매우 중요한 의미가 있었습니다. 헌금은 이방 교회

와 유대 교회의 하나됨의 상징이었기 때문입니다. 이 헌금을 받음으로 예루살렘 교회가 이방 교회를 정당한 교회로 인정하는 것이었습니다. 종말에 이방인들이 자기들의 보화를 가지고 시온을 찾아온다는 순례 사상의 고백이기도 했습니다. 그러므로 이 일은 바울이 마무리하고 싶었습니다.

지도 밖으로

바울의 관심은 자신이 할 수 있는 일이 아니었습니다. 자신이 할 수 없는 것, 자신의 힘이 부치도록 넘어서는 것, 바로 지도 밖으로 행군하고 싶었던 것입니다. 그런 점에서 바울이 생각했던 지도 밖으로 나가는 끝 지점이 서바나였던 것입니다. 이 놀라운 헌신과 비전은 어디에서 나온 것입니까? 예수를 앞서려는 것입니까? 그런 것이 아니었습니다. 예수의 꿈의 끝까지 참여하고 싶었던 것입니다. 그의 마음에는 예수의 말씀이 가득했습니다.

오직 성령이 너희에게 임하시면 너희가 권능을 받고 예루살렘과 온 유대와 사마리아와 땅 끝까지 이르러 내 증인이 되리라 하시니라 _행 1:8

'땅 끝'이 그를 사로잡고 있었습니다. 바로 그 '땅 끝'이 지도 밖으로 나가는 입구였기 때문이었습니다. 그래서 그는 아직 다 이룬 것이 아니라고 고백한 것입니다. 로마서를 기록했을 때보다 뒤인 대략 AD 62년 경, 로마 연금 상황에서 쓴 빌립보서에서 바울은 이렇게 고백합니다.

내가 이미 얻었다 함도 아니요 온전히 이루었다 함도 아니라 오직 내가 그리스도 예수께 잡힌 바 된 그것을 잡으려고 달려가노라 _빌 3:12

아직 멀었습니다. 많이 남았습니다. 그러니까 무엇을 먹을까 무엇을 마실까 무엇을 입을까에 초점을 두지 말고 하나님 나라에 초점을 두고 행동해보십시오. 이를 위해 지금 내가 걸어갈 땅 끝, 곧 지도 밖으로 나가는 경계선까지 경주해보십시오. 그것이 멋있는 크리스천의 삶이 아니겠습니까?

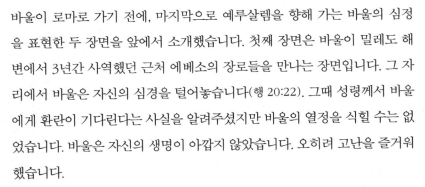

나를 위해 기도해주십시오

롬 15:30-33

바울이 로마로 가기 전에, 마지막으로 예루살렘을 향해 가는 바울의 심정을 표현한 두 장면을 앞에서 소개했습니다. 첫째 장면은 바울이 밀레도 해변에서 3년간 사역했던 근처 에베소의 장로들을 만나는 장면입니다. 그 자리에서 바울은 자신의 심경을 털어놓습니다(행 20:22). 그때 성령께서 바울에게 환란이 기다린다는 사실을 알려주셨지만 바울의 열정을 식힐 수는 없었습니다. 바울은 자신의 생명이 아깝지 않았습니다. 오히려 고난을 즐거워했습니다.

둘째 장면은 바울이 지중해를 건너 예루살렘으로 가기 전, 팔레스타인 땅 두로에 도착해 그곳의 크리스천들에게 임하신 성령의 음성을 들은 것입니다(행 21:4-5). 두 장면 모두 주를 위해 죽기로 작정한 바울에게 주님은 "가지 말라"고 말씀하시고 바울은 "가겠습니다"라고 고집부리는 모습입니다. 바울은 '번아웃'이 문제가 아니라 아예 불에 타서 사라지고 싶었던 것입니다. 주님은 그런 바울을 염려하시고, 바울은 주를 위해 마음껏 자신을 드리며 죽고 싶어합니다. 정말 기막히게 아름다운 장면입니다. 바울은 자신을 위해 저주받으신 주님을 위해 살고 싶었던 것입니다. 목숨을 버릴 수 있다면 더 행복하다고 외치면서 말입니다. 주님을 위해 분주하고, 생각하고, 시도하고, 쓰고, 나누고, 외치고, 전도하고 사는 것이 바울이었습니다. "주를 위해 죽는 것이 즐겁다!" 이것이 바울의 마음이었습니다. 그가 빌립보 교회에 보낸 편지의 표현처럼 말입니다.

> [17]만일 너희 믿음의 제물과 섬김 위에 내가 나를 전제로 드릴지라도 나는 기뻐하고 너희 무리와 함께 기뻐하리니 [18]이와 같이 너희도 기뻐하고 나와 함께 기뻐하라 _빌 2:17-18

그런 관점에서 보면 이 본문은 약간 이상합니다. 바울이 로마 교회에게 기도를 요청하고 있기 때문입니다.

> 형제들아 내가 우리 주 예수 그리스도와 성령의 사랑으로 말미암아 너희를 권하노니 너희 기도에 나와 힘을 같이하여 나를 위하여 하나님께 빌어 _롬 15:30

이렇게 읽으면 긴장감이 좀 떨어집니다. 사실 본문의 헬라어 성경의 어조는 좀더 강력합니다. 먼저 '너희를 권하노니'로 번역된 '파라칼레오'는 단순한 권고를 말하는 의미보다 '강력한 부탁'의 뉘앙스가 담긴 단어입니다. 그래서 NIV나 KJV은 아예 '강요하다'는 의미가 들어있는 'urge'라는 단어를 사용하였습니다. 그리고 '힘을 같이 하여'로 번역된 헬라어 '쉬나고니조마이'는 '함께 전쟁하다'는 뜻을 갖고 있습니다. 그러나 정작 중요한 부분은 '휘페르 에무'입니다. 직역하면 '나를 위하여'입니다. 바울이 지금 하고 있는 강력한 기도 요청은 바울 자신을 위한 것입니다. 이같은 이해를 기초로 풀어 번역하면 다음과 같습니다.

형제들이여 우리 주 예수 예수 그리스도와 성령의 사랑을 힘입어 여러분에게 강력하게 부탁합니다. 여러분도 나와 함께 전쟁에 나가는 심정으로 하나님께 기도해 주십시오. _롬 15:30, 하정완의 역

그럼에도 불구하고 바울이 헌금을 중요하게 여긴 것은 그것이 그들의 신앙을 알 수 있는 가장 중요한 모습이었기 때문입니다. 특히 바울이 고린도후서 9장 전체를 헌금에 대한 이야기를 썼는데 그 중 한 구절입니다.

5그러므로 내가 이 형제들로 먼저 너희에게 가서 너희가 전에 약속한 연보를 미리 준비하게 하도록 권면하는 것이 필요한 줄 생각하였노니 이렇게 준비하여야 참 연보답고 억지가 아니니라 6이것이 곧 적게 심는 자는 적게 거두고 많이 심는 자는 많이 거둔다 하는 말이로다 7각각 그 마음에 정한 대로 할 것이요 인색함으로나 억지로 하지 말지니 하나님은 즐겨 내는 자를 사랑하시느니라 _고후 9:5-7

헌금하는 참 목적

제가 고린도후서를 읽다가 깨닫게 된 중요한 것인데, 이 세상에서 정말 놀라운 삶을 사는 방법입니다. 고린도후서 9장 7절 다음절인 8절에 하나님의 놀라운 계획이 적혀 있습니다.

하나님이 능히 모든 은혜를 너희에게 넘치게 하시나니 이는 너희로 모든 일에 항상 모든 것이 넉넉하여 모든 착한 일을 넘치게 하게 하려 하심이라 _고후 9:8

바울은 "모든 착한 일을 넘치게 하게 하려 하시기" 위함이라는 것을 안

것입니다. 헌금하는 목적이 단순히 "교회가 가난하면 아무 일도 할 수 없기 때문"이거나, 혹은 "세상을 돕거나 이 땅의 고통을 돌아볼 수 없기 때문"이 아닙니다. 목사의 월급을 높이기 위한 것도 아니라 하나님의 모든 착한 일을 넘치게 하기 위해, 곧 하나님의 일을 위해 당연히 필요한 것임을 알 수 있습니다.

그렇다면 바울이 왜 이렇게 기도하는지 아십니까? 바울의 기도제목은 두 가지입니다.

> 나로 유대에서 순종하지 아니하는 자들로부터 건짐을 받게 하고 또 예루살렘에 대하여 내가 섬기는 일을 성도들이 받을 만하게 하고 _롬 15:31

한 가지는 자신이 가지고 가는 예루살렘 교회의 헌금을 그들이 기쁘게 받아들여서, 그들이 이방인 교회를 인정하는 계기가 되면 좋겠다는 것입니다. 또 한 가지는 직접적으로 표현한 것처럼 "유다에 있는 믿지 않는 사람들에게서 화를 입지 않기를"(공동번역) 위해 기도해달라는 요청입니다. 그동안 보았던 바울의 모습에 비하면 의외의 요청입니다. 자신을 위한 기도 요청을 매우 강력하게 하기 때문입니다. 왜 이렇게 요청한 것입니까? 답은 간단합니다. 바울도 두려운 것입니다. 두렵다기보다 외로운 것입니다. 바울도 누군가 자신을 위해 기도해주고 힘을 주기를 원한 것입니다. 그의 다음 글이 그 마음을 더 느끼게 합니다.

> 나로 하나님의 뜻을 따라 기쁨으로 너희에게 나아가 너희와 함께 편히 쉬게 하라 _롬 15:32

'쉬고 싶다'가 바울의 솔직한 표현입니다. 분명 바울은 죽음을 각오하고 있었지만, 죽음과 환난이 마냥 괜찮은 것은 아니었다는 말입니다. 그도 두려워하고 있었습니다. 외로웠습니다.

두렵고 외로울 때

제가 피를 토하며 쓰러지고 병원에 입원한 지 6일째 되던 1999년 12월 31일, 잠언서를 묵상할 때입니다. 특히 잠언서 25장 4절 말씀이 제 마음에 들어왔습니다.

> 은에서 찌꺼기를 제하라 그리하면 장색의 쓸 만한 그릇이 나올 것이요 _잠 25:4

제가 성경책 여백에 이렇게 적었습니다.

> 하나님, 죽음의 두려움에서 놓이게 하심을 감사드립니다. 그러나 "나를 데려가십시오"라는 교만한 말을 하지 않겠습니다. 겸허히 건강을 회복하길 소원합니다. 하나님을 위해서 … 부끄럽습니다. 저는 하나님의 용서하심과 은혜를 갚는 삶을 할 수만 있다면 하길 원합니다. 제 마음의 찌꺼기들을 제하시고, 종을 쓸 만한 그릇으로 만드소서.

죽음이 두렵지 않다고 말했지만, 물론 이 글을 쓸 때는 그랬는지 모르지만, 솔직히 두려웠습니다. 특히 모든 것을 두고 떠난다는 사실이 걱정되었습니다. 사랑하는 아내와 내가 사랑하는 교회와 사역들, 아직 이루지 못한 수많은 것들까지 모두 아쉬웠습니다. 다시 일상적인 삶을 살 수 없다는 것,

먹고 마시고 즐기고 깔깔대고 웃고, 영화를 보고 함께 축구를 하고 밤새도록 같이 놀고, 길에서 같이 호떡과 어묵을 먹고 자장면을 먹고, 이런 것들까지 생각났습니다. 다시 돌아갈 수 없는 일이 될 것처럼 느껴졌습니다. 제가 지금 나이가 들어가면서도 이런 삶을 즐기는 이유입니다. 너무 행복하니까 그렇습니다.

"주를 위해 죽는 것이 행복하다"는 바울의 또 다른 외침은 '두렵다'는 것이었습니다. 그의 글 행간에서 읽을 수 있는 말입니다. 물론 바울이 말하는 두려움은 일반적인 두려움은 아닐 것입니다. 그것은 외롭다는 말이었습니다. 주님이 주시는 위로와 평강이 답이지만 그래도 사람이 필요하다는 말이었습니다. 그래서 그런지 몰라도, 바울이 디모데에게 썼던 또 다른 편지가 이해될 것입니다. 디모데후서 4장의 어조는 강력했습니다.

> 7나는 선한 싸움을 싸우고 나의 달려갈 길을 마치고 믿음을 지켰으니 8이제 후로는 나를 위하여 의의 면류관이 예비되었으므로 주 곧 의로우신 재판장이 그 날에 내게 주실 것이며 내게만 아니라 주의 나타나심을 사모하는 모든 자에게도니라
> _딤후 4:7-8

그러나 이어지는 구절이 그의 두려움과 외로움을 잘 표현합니다.

> 9너는 어서 속히 내게로 오라 10데마는 이 세상을 사랑하여 나를 버리고 데살로니가로 갔고 그레스게는 갈라디아로, 디도는 달마디아로 갔고 11누가만 나와 함께 있느니라 네가 올 때에 마가를 데리고 오라 그가 나의 일에 유익하니라 … 20에라스도는 고린도에 머물러 있고 드로비모는 병들어서 밀레도에 두었노니 21너는 겨울 전에 어서 오라 으불로와 부데와 리노와 글라우디아와 모든 형제가 다

네게 문안하느니라 _딤후 4:9-11, 20-21

우리에게 공동체, 지체들이 필요한 이유입니다. 저는 마음 같아서는 교회를 사임하고, 쓰고 싶은 책을 쓰고 집회를 다니며 살고 싶습니다. 그러나 그러지 못하는 결정적 이유가 있습니다. 외롭고 두려워서 그렇습니다. 공동체의 사랑을 떠나게 되기 때문입니다. 나의 아픔을 같이 아파해주고, 나의 괴로움에 동참해주는 여러분을 떠날 수 없습니다. 교회에는 "나를 위해 기도해주십시오"라고 말할 수 있는 지체들이 있기 때문입니다. 그것이 교회의 이유입니다.

지금 옆에 있는 사람에게, 혹은 누군가에게 이렇게 말해보십시오.

"나를 위해 기도해주십시오."

"당신은 무슨 기도제목을 가지고 계십니까?"

즐거운 안부

롬 16:1-16

바울의 서신은 일반적으로 교회를 축복하는 것으로 끝을 맺습니다.

12 모든 성도가 너희에게 문안하느니라 13주 예수 그리스도의 은혜와 하나님의 사
랑과 성령의 교통하심이 너희 무리와 함께 있을지어다 _고후 13:12-13

형제들아 우리 주 예수 그리스도의 은혜가 너희 심령에 있을지어다 아멘 _갈 6:18

우리 주 예수 그리스도를 변함 없이 사랑하는 모든 자에게 은혜가 있을지어다
_엡 6:24

우리 주 예수 그리스도의 은혜가 너희 무리에게 있을지어다 _살후 3:18

이렇게 축복으로 마무리하기가 약간 아쉬운 경우에 바울은 추신을 붙입
니다. 주로 몇몇 사람들에게 안부를 묻는 것입니다. 그렇다고 길게 묻지는
않습니다. 그런 편지로는 빌립보서, 디모데후서, 골로새서가 있습니다. 축

복하는 것으로 편지를 마치려다 안부를 묻는 내용이 좀더 이어집니다. 빌립보서로 예를 들어보겠습니다.

> [20]하나님 곧 우리 아버지께 세세 무궁하도록 영광을 돌릴지어다 아멘 [21]그리스도 예수 안에 있는 성도에게 각각 문안하라 나와 함께 있는 형제들이 너희에게 문안하고 [22]모든 성도들이 너희에게 문안하되 특히 가이사의 집 사람들 중 몇이니라 [23]주 예수 그리스도의 은혜가 너희 심령에 있을지어다 _빌 4:20-23

로마서 역시 이런 형식을 택하고 있습니다. 편지의 마무리는 15장 33절에서 하였습니다. 축복으로 끝을 맺은 것입니다.

> 평강의 하나님께서 너희 모든 사람과 함께 계실지어다 아멘 _롬 15:33

이어진 16장에서는 간단한 안부 인사 정도가 아니라 매우 길게 '즐거운 안부'를 적었습니다.

추천할 사람이 있는 사람의 행복

편지의 추신, 거의 부록처럼 보이는 16장에서 첫 번째 등장하는 사람은 겐그레아 교회의 뵈뵈입니다. 겐그레아는 고린도 근처의 도시입니다. 아마 뵈뵈는 바울의 편지를 가지고 로마로 간 사람으로 보입니다. 그에게 붙은 수식어가 참 근사합니다.

> 겐그레아 교회의 일꾼으로 있는 우리 자매 뵈뵈 _롬 16:1

추천하는 수식어만 볼 때 바울은 분명 행복한 사역자임을 알 수 있습니다. 이렇게 표현할 수 있는 사람들이 있다는 사실이 그것을 증명합니다.

저도 가끔 추천서를 써야 할 때가 있습니다. 가장 난감한 경우는 제가 뭐라고 써야 할지 모르는 사람들을 위해 추천서를 써야 할 때입니다. 제가 그 사람을 소개할 만한 기억이 없기 때문입니다. 그럴 때 거짓으로 쓸 수도 없고, 그런데 도움은 주어야 하고, 참 힘듭니다. 하지만 어떤 경우는 너무 행복합니다. 쓸 말이 너무 많기 때문입니다. 어떤 경우는 A4 용지 한 장을 가득 채우고도 다음 페이지로 넘기는 경우도 있습니다.

최근에 쓴 추천서를 소개하겠습니다. 그와 함께 한 날이 있고, 그의 삶을 눈으로 확인한 정말 고마운 지체였습니다. 제가 쓴 추천서의 첫 줄입니다.

위의 사람은 요즈음 시대에 보기드물 만큼 하나님을 향한 신실함과 정직함뿐만 아니라 (학생)들을 향한 사랑과 배려로 잘 무장된 사람입니다. 어디를 가든지 귀한 역할과 그 공동체에 큰 도움을 줄 수 있는 사실을 알기에 자랑스럽게 추천합니다. 다음 몇 가지 점에서 그렇습니다.

이어서 그의 6가지 장점을 자세히 기술하였습니다. 그런데 더 쓰고 싶었습니다. 그래서 이렇게 추가했습니다.

이외에도 위의 사람을 추천할 이야기는 너무 많습니다. 지나치게 쓰고 있는 것처럼 보일지라도, 목사로서 이같은 추천의 기회가 있다는 것은 너무 행복한 일인 것 같습니다. 이같은 이유로 위의 사람을 강력하게 추천합니다. 주님의 아름다운 OO와 OO들을 잘 감당할 이로 큰 도움이 되리라 믿습니다.

이런 점에서 저도 행복한 사역자인 것 같습니다.

바울을 살린 힘

3절부터 16절까지는 브리스가와 아굴라 부부를 비롯하여 로마 교회의 교인들에게 안부를 묻는 것입니다. 바울이 아는 사람들은 다 쓴 것 같습니다. 재미있는 것은 그들에게 붙은 수식어들입니다.

브리스가와 아굴라, 내 목숨을 위하여 자기들의 목까지도 내놓았나니 _롬 16:4

에베네도, 내가 사랑하는 에베네도 … 아시아에서 처음 맺은 열매 _롬 16:5

안드로니고와 유니아, 나와 함께 갇혔던 … 나보다 먼저 그리스도 안에 있는 자
_롬 16:7

루포와 그의 어머니, 그의 어머니는 곧 내 어머니니라 _롬 16:13

이외에도 바울과 함께 한 사람은 많았습니다. 마리아, 암블리아, 우르바노와 스다구, 아벨레, 아리스도불로, 헤로디온, 나깃수의 가족, 드배나와 드루보사, 버시, 아순그리도와 블레곤, 허메와 바드로바와 허마와 및 그들과 함께 있는 형제들, 빌롤로고와 율리아와 또 네레오와 그의 자매와 올름바와 그들과 함께 있는 모든 성도입니다. 이들이 바로 바울을 살린 힘이었고,

바울을 만든 근거였습니다. 그들은 모두 바울의 연인이었고 가족이었습니다. 사랑하고 반가운 사람들끼리의 인사법이긴 하였지만, 바울의 이 말은 진심이었을 것입니다.

> 너희가 거룩하게 입맞춤으로 서로 문안하라 _롬 16:16

동시에 바울은 로마 교회가 알 법한 사람들의 안부를 적어 넣습니다. 아마 고린도와 인근에 머물고 있는 사람들로서, 이들 중에 로마 교회 출신이 있는 것으로 보입니다.

> [21]나의 동역자 디모데와 나의 친척 누기오와 야손과 소시바더가 너희에게 문안하느니라 [22]이 편지를 기록하는 나 더디오도 주 안에서 너희에게 문안하노라 [23]나와 온 교회를 돌보아 주는 가이오도 너희에게 문안하고 이 성의 재무관 에라스도와 형제 구아도 너희에게 문안하느니라 _롬 16:21-23

여기서 이런 질문이 생길 수 있습니다. 왜 바울은 다른 서신들과 달리 이렇게 많은 사람들에게 안부를 묻고 또 안부를 전하는 것입니까? 로마 교회는 자신이 세운 교회가 아니기 때문입니다. 특히 뵈뵈 편에 편지를 보내면서 의심할지 모르는 로마 교회에게 그가 알고 있는 사람들을 기술함으로, 신뢰를 높이려는 의도가 있었을 것입니다.

하지만 제가 이 편지의 추신, 이 즐거운 안부 인사를 읽으면서 들었던 강력한 느낌이 또 하나 있습니다. 그것은 '사람이 재산이다'라는 느낌이었습니다. 바울이 주장하고 싶은 것이 이것이었습니다.

"내게는 나의 사람이 있다!"

앞에서 언급한 그 지체의 추천서를 써주고 난 후 그의 반응을 들었습니다. 사실 그를 위해서는 두 번째 쓰는 추천서였는데, 감동받았다는 말이었습니다. 추천하는 사람이나 추천받는 사람이 모두 행복하고 감동스러운 것, 그것이 진짜입니다.

한 가지 더 근사했던 것은 바울이 안부를 물은 것의 힘이었습니다. '바울'이 썼기 때문입니다. 그래서 힘이 있었을 것입니다. 그래서 마지막으로 돌아보는 것은 바로 저 자신, 하정완이었습니다. '하정완'이라는 이름이 추천할 만큼 멋있는 사람인가 하는 것에 생각이 이르렀습니다.

"이름이 힘이 되어야 한다."

이것이 제가 지체들을 섬기는 또 하나의 방법임을 알게 되었습니다. 모두의 자랑이 되는 삶, 그런 지도자가 되는 것이 가장 중요한 섬김과 사역임을 알게 되었습니다. 더 열심히 공부하고 살 것을 다짐했습니다.

추천할, 추천해줄 사람이 있는가?

로마서를 마무리하면서 우리가 물어야 할 것이 있습니다. 우리에게 찾아올 인생의 마지막을 생각하면서 물어야 할 말이기도 합니다.

"세상을 떠날 때 내가 추천하여 내 일을 이어갈 사람이 있는가?"

"어디론가 여행을 떠나는 그에게 추천서를 쥐어줄 만큼, 나는 그런 사람이 되었는가?"

아니, 누구를 아는 것이, 누구의 친구라는 것이, 누구의 가족이라는 것이 부끄러운 사람이 되지는 말아야 할 것입니다. 이 글을 쓰면서 한 사람씩 이름을 떠올려 보았습니다. 저에게도 바울이 쓴 것처럼 쓸 수 있는 사람들이 있었습니다. 행복했습니다. 저를 사랑하는 사람, 저도 사랑하는 사람이 있었습니다.

이 시로 이 장을 마무리하겠습니다.

어디로 가든지
너희들이 있다면 괜찮지

그곳이 사막 한 가운데일지라도
네가 앞에 섰다가
내가 앞에 섰다가
그렇게 가면 되니까

슬슬 어둠이 올지라도
너희들과 함께
노래하면 되고
춤을 추면 되고

그렇게 거기 머물다가
바람이 불면
다시 떠나면 되고

너희들이 있으니까
그것으로 충분하니까

충분하니까

핵심 로마서

마지막 권면

롬 16:17-27

마지막 안부와 인사를 다 마치고 난 후, 바울이 권면의 말을 또 꺼냈습니다. 마지막 권면이 다시 시작된 것입니다. 그것은 어떤 사람들에 관한 것이었습니다.

> 형제들아 내가 너희를 권하노니 너희가 배운 교훈을 거슬러 분쟁을 일으키거나 거치게 하는 자들을 살피고 그들에게서 떠나라 _롬 16:17

바울의 이야기만 들으면 눈에 띄게 잘못을 한 어떤 무리가 있는 것으로 생각할 수 있습니다. 만일 그런 무리가 없었다면 바울이 이같은 언급을 더 했을 리가 없습니다. 그런데 잘못된 어떤 무리들의 모습은 충분히 매력적이고 유혹당할 만큼 근사했던 것 같습니다.

> 이같은 자들은 우리 주 그리스도를 섬기지 아니하고 다만 자기들의 배만 섬기나니 교활한 말과 아첨하는 말로 순진한 자들의 마음을 미혹하느니라 _롬 16:18

이 말씀에서 그들의 정체가 살짝 드러납니다. 우선 그들은 '우리 주 그리스도를 섬기는' 모습을 띠고 있습니다. 그런데 매우 기막힌 말로 순진한 자들을 미혹합니다. 멋있는 크리스천으로 보이지만 사실은 미혹하는 자들이라는 뜻입니다. 그래서 바울이 새삼스럽게 마지막 권면을 더 한 것입니다. 그런 자들에 대한 바울의 대응 처방은 매우 간단했습니다.

너희가 선한 데 지혜롭고 악한 데 미련하기를 원하노라 _롬 16:19

'선한데 지혜롭다'라는 말이 무슨 뜻입니까? 전체 문맥에서 보면, 근사한 크리스천들의 모습으로 나타나는 그들이 진짜인지 가짜인지 구별하는 법을 말할 때 나온 말인 것에 주목해야 합니다. 선한 데 지혜로우려면 선한 것을 구별할 줄 알아야 합니다. 선한 것을 구별하는 법은 다른 것이 아니고, 먼저 선한 것을 사랑하고 즐기는 것입니다. 왜냐하면 선한 것이 선한 것을 구분하기 때문입니다. 위조지폐를 구별하는 훈련이 진짜 지폐를 반복해서 살피는 것과 같은 이치입니다. 그렇다면 내가 먼저 선한 존재가 되어야 합니다. 그래야 선한 것이 보이기 때문입니다. 이것은 매우 중요한 가르침입니다.

또한 우리 안에 선한 것을 집어넣는 일에 게으르지 않는 것이 선한 일에 지혜로워지는 것입니다. 말씀을 내 삶에 집어넣고, 기도와 예배를 중요시하고 사는 것입니다. 선한 행위가 우리를 선하게 만들고, 선한 것으로 채워진 우리에게 가짜와 진짜, 곧 악한 것과 선한 것을 구별하는 지혜가 생긴다는 뜻입니다.

그러면 반대로 우리가 선을 구별하지 못하는 이유는 무엇입니까? 우리 안에 선한 것이 없기 때문입니다. 선한 것이 없는 이유는 선한 것들을 내 안에 넣는 것에 게으르고 세상 것만 잔뜩 담아 넣었기 때문입니다. 그래서 바울이 이어서 이렇게 말합니다.

… 악한 데 미련하기를 원하노라 _롬 16:19

참 번역을 근사하게 했습니다. 원래 '미련하다'는 헬라어 단어 '아케라이노스'는 '흠 없는, 단순한'이란 의미입니다. 악한 데 미련하다면 악에 대해 흠 없는 것이 됩니다. 그런데 어떻게 하면 죄에 대해 미련할 수 있습니까? 앞의 논지를 좇아 설명하자면 악과 죄를 모르면 됩니다.

사실 가만히 돌아보면 우리들의 죄는 일반적으로 학습된 것입니다. 우리가 죄인인 이유는 대부분 본래적 성품 때문이지만, 그것이 행위적 죄가 되는 것은 학습 때문입니다. 세상 사람들의 죄가 더욱 난폭해지고 악해지는 것은 학습되고 발전된 것이기 때문입니다. 특히 미디어의 영향이 큽니다. 어떤 의미에서 악한 오락거리와 악한 미디어들은 피하는 것이 좋습니다.

우리 교회에도 자녀에게 TV, 게임, 컴퓨터 등을 멀리 하도록 명하는 부모가 많이 계십니다. 그 폐해가 심각하기 때문일 것입니다. 옳은 태도입니다. 포르노 영상은 평생 보지 않는 것이 좋습니다. 쓸데없는 폭력 영상은 보지 않아도 됩니다. 의미없는 막장 드라마는 삼가는 것이 좋습니다. 게임 같은 소모적인 것에 중독되어서는 안 됩니다. 우리가 이런 것들에 노출되어 살아가면 우리가 그런 사람이 되어갑니다. 악한 일에 미련한 것이 아니라 악한 일을 '똑똑하게' 즐기는 사람이 되어가는 것입니다. 그 사람의 신앙이 어떤 모습으로 변할지 뻔하지 않겠습니까? 대신 좋은 것들을 보아야 합니다. 좋은 것을 생각해야 합니다. 그러므로 오늘 같은 시대에 필요한 것이 사막의 영성, 침묵, 깊은 묵상 같은 것들입니다. 거룩한 것들 말입니다.

핵심 로마서

The Core Romans